◎中国法学会保险法学研究会　编

保险法学的新方向

高　歌　任自力　主编

东南大学出版社
·南京·

图书在版编目（CIP）数据

保险法学的新方向 / 中国法学会保险法学研究会编；高歌，任自力主编. —南京：东南大学出版社，2022.12

ISBN 978-7-5766-0417-7

Ⅰ. ①保… Ⅱ. ①中… ②高… ③任… Ⅲ. ① 保险法－中国－文集 Ⅳ. ① D922.284.4-53

中国版本图书馆 CIP 数据核字（2022）第 227734 号

保险法学的新方向

Baoxian Faxue De Xin Fangxiang

主　　编：高　歌　任自力
出版发行：东南大学出版社
地　　址：南京市四牌楼 2 号　邮编：210096　电话：025-83793330
网　　址：http：//www.seupress.com
经　　销：全国各地新华书店
印　　刷：兴化印刷有限责任公司
开　　本：700 mm × 1000 mm　1/16
印　　张：22
字　　数：431 千字
版　　次：2022 年 12 月第 1 版
印　　次：2022 年 12 月第 1 次印刷
书　　号：ISBN　978-7-5766-0417-7
定　　价：78.00 元

本社图书若有印装质量问题，请直接与营销部联系。电话：025-83791830
责任编辑：刘庆楚　　封面设计：王　玥　　责任印制：周荣虎

谨以此论文集祝贺中国法学会保险法学研究会成立十周年，并恭祝为推动两岸保险法学交流及中国保险法学研究事业发展的施文森先生九秩华诞

序

2008年全球金融危机爆发后，中国高层对国内金融市场稳定和金融法律制度的重视度日益提升。在此背景下，中国法学会银行法学研究会、中国法学会证券法学研究会相继获批成立。同期，在部分保险法学界、法律界同仁的支持下，我们向中国法学会提出了设立中国法学会保险法学研究会的申请。2011年3月，经中国法学会批准，“中国法学会保险法学研究会成立大会暨中国保险法制30年高峰论坛”在北京大学百年纪念讲堂隆重召开。同年9月，根据社团管理要求，研究会更名为中国保险法学研究会（数年后，因相关管理规范变化，研究会名称又改回中国法学会保险法学研究会）。研究会成立后，很快即成为国内保险法领域专家学者们进行交流沟通的重要平台，并与中国台湾地区的保险法学界建立了联系。这期间，施文森先生作为中国台湾地区保险法学的创始人和公认的学界泰斗，给予了我们一系列重要指导和帮助。2015年，由施先生担任理事长的台湾保险法学会成立，之后不久，两岸间即正式确立了常态化的学术交流机制，具体即由两岸的保险法学会共同发起设立“两岸保险法学者论坛”，并由两岸每年轮流主办论坛，以加强学术与实务界沟通交流的方式推进两岸保险法制的进步。2015年7月，首届海峡两岸保险法论坛召开，两岸间80余位专家学者汇聚北京，围绕中国大陆保险业法的修订与前瞻等前沿问题进行了深入交流。之后，论坛每年在中国大陆和中国台湾间顺次轮流召开。2018年10月，两岸又联合美、日、韩等国的保险法研究机构共同发起设立了亚太保险法国际论坛。相关交流研讨均取得了丰硕成果。

如今，随着中国大陆保险市场的迅猛发展，中国法学会保险法学研究会已成为一个拥有超过200位理事会员、深度参与国家各层次保险立法与政策制定、充满生机与活力的全国性学术组织，其社会影响力和作用也在日渐显现。同期，保险法研究和保险法律实务的繁荣也在吸引越来越多的年轻人投入到此领域中来，两岸间的保险法学术交流活动亦进入了一个新的时期。在此背景下，回顾施老师在开创台湾保险法制事业、推动两岸保险法学交流方面的卓越贡献及提携后学方面的大师风范，对于保险法青年学人学习和铭记具有重要意义。

本论文集共收录中国大陆保险法学人论文19篇，论文内容涵盖保险法基础理论、责任保险与健康保险等方面，是大陆学人对于保险法制相关问题所思所想的一个集中体现。本论文集能够顺利出版，除了要感谢各位保险法同仁的论文支持外，还要感谢东南大学法学院高歌教授与东南大学出版社的鼎力支持。谨以此论文集恭祝施文森先生身体康泰、福寿绵长，并铭记先生在推动两岸保险法制进步方面的重大贡献。

尹　田
北京大学法学院教授
中国法学会保险法学研究会会长
2022年6月10日于北京

目 录

坚守道德保险理念，共创朝阳产业辉煌

徐卫东[①]

“道德保险”一词在目前学术界和保险行业内尚无人提及与使用。从基本概念的角度出发，它应当成为我国推动保险事业高质量发展，形成良好的保险营商环境，进一步规范保险经营活动，保护保险消费者利益，实现保险法治的重要基本理念。

一、改革创新时代的“道德保险观”

我们所定义的“道德保险”，是指反映时代要求、充分实现保险业对抗风险、发挥经济补偿功能的本质的内在表现，是构建现代保险服务业的时代特征。重申在优化基本经济制度和建立完备的法律制度体系过程中必须坚守行业伦理追求的指导性理念与原则，是因为“道德保险”的使用准确地反映了保险业的社会伦理价值、经济价值、市场价值，强调坚守保险的社会公益属性，是保险业初心与使命的理论揭示。在当前金融风险纷繁复杂的局面之下，倡导“道德保险”的标准，对于促进中国保险业的改革与未来发展，具有特殊的现实与实践价值。

“道德保险”的基本内涵，从广义上来说，应该包括三个方面：第一，就是社会文明构成视野下的道德保险，或者可以说是一种保险文明，或者更广义上说，包括整个制度构建、价值取向这个范围的广义的道德保险。第二，它包含了市场上风险管理者的道德保险，也就是“作为保险”主体的保险公司等保险业者，他们追求与坚守道德保险，实现该理念目标下的保险业经营行为与市场竞争。这是我们所定义的狭义的道德保险。第三，是指个人风险信托者的道

① 徐卫东：吉林大学法学院教授。

德保险。我们设计主题的时候，特别强调了全方位的诚实信用，当然包括监管部门、行业部门、保险公司，其他保险从业者，保险审判、仲裁和其他纠纷解决机构以及客户，都应该全方位受到诚实信用这个原则的约束。

狭义的道德保险，就是我们保险业者或者保险行业的道德保险理念应该如何理解和如何进行制度构建的问题。关于道德保险，经过网上搜索的结果，以这个为题，目前在国内学术界无人正式提出和使用。究竟道德保险这个提法能不能立得住？仍需要进一步深入研究。现在涉及和道德有关的词汇，在保险这个领域有“道德风险”“保险伦理”，也有论文题目是《我国保险业发展的伦理维度与道德基础》，可以看出，与我们探讨的内容几乎具有一致性的研究视域。

检索保险市场的“道德风险”，论文的数量很大，但是涉及的主要是董事责任保险等具体责任保险产品中的道德风险认定与规范问题，还有就是逆向选择与道德风险。这些内容和我所讲的这种道德保险理念不是一回事。《保险代理从业人员职业道德指引》当中，明确了保险代理从业人员在执业活动中应当做到守法遵规、诚实信用、专业胜任、客户至上、勤勉尽责、公平竞争和保守秘密。由此可见，现有的理论研究和大家的关注点，并没有从道德保险这个角度去思考。

我的基本观点是，道德保险所强调的是保险的道德性，是强调在保险业根本性质上必须坚持伦理目标的追求。道德保险的概念是一种大胆创新的理论尝试。从伦理学的角度，保险是一种道德的事业、道德的产业。坚持这一基本观点，在当前形势下可以督促保险业冷静理性思考问题，回答社会关切，提出未来发展的目标。

二、制度本源下的道德保险原理

基于“道德保险”的提法，用于审视保险社会与伦理价值，结论当然是：保险业、保险制度所提供的经济补偿服务，具有天然的道德属性，该产业从一开始出现就蕴含着明确的道德追求，与单纯经济价值实现的其他产业具有本质的不同。保险为社会公共利益而生，以推动社会生产生活稳定为其最基本任务，承担社会风险管理的崇高职责。其本质属性毋庸置疑，国家、政府以及社会对于保险业的基本态度应当定位在承认并尊重其道德伦理的价值追求上，至于采用商业化经营模式完全是增强其履职能力与补偿实力的选择问题考量。因此，广大的保险业者应当按照高尚事业与社会担当定位自己的经营目的，又要时刻检讨自己的行为是否符合这种经济与社会目标的时代要求。正是这种伦理层面的价值追求，也使关于该行业、产业或市场营销的行动，都应当自觉接受来自社会各方面的监督与评判。

为了说明上述观点，我们从以下几个方面加以论证，试图从形成道德保险的原理上作出合理的解释。

第一，保险业因承担社会范围内的经济风险而被定位具有公益性。保险行业在社会分工及经济体系中的角色，就是社会风险分担的承受者，它是一种非常光荣和崇高的事业，是维护社会稳定的一大善事。这是一个基本特征，也是其本源。那么现在社会对于保险经营活动中某些现象的一些非议和歪曲抹黑，我认为都是没有从本质上来认识保险究竟是一种什么样的事业，是一个什么样的产业，是一个什么样的社会价值而必然出现的。所以，我们讲要坚守或者回归保险的道德性。就保险业其初心使命而言，对于来自社会的批评应有包容态度，保险业的理性反应倒是应该反思我们坚守道德保险是否那么的坚定执著。

第二，保险业的经营方式决定了其对社会参与度的客观严重依赖。保险业营业风险的原理是要在全社会范围内分散风险及损失，过去我们讲大数法则，现在讲大数据，它必须依赖于全民的参与，经营仰赖全体公民及整个社会的支持，所以这个事业本身就是一种社会的事业；离开了全民参与，离开了它的社会性，这个事业就不可能得到发展。

第三，保险利益共同体决定保险公司居于受托人的法律身份。保险的原理和核心的原则基础就是社会共济的理念，从它最开始产生就依赖这种思想。所以团结互助的精神成为保险制度设计与经营模式的基础。客户支付的分散的小额的保险费，构成庞大的抗灾基金。那么真正的灾害的事故的赔付，并不是保险公司拿的钱，而是广大的消费者，是投保人形成的基金来承担赔偿责任。可见，保险公司仅仅是受托来管理这部分财产，它充当的是一种中间人的角色。正因为如此，我们完全可以说保险是一种团结互助的结果。基于增进社会福祉的事业能够推动社会的文明进步，增进社会的团结，它当然是一种善举。所以，形成保险原理的最常见最通俗化的说法即“我为人人，人人为我”，形成了这样的一个特殊的社会关系。[①]

第四，保险产品的设计要严格遵从主流社会的伦理道德。保险单的设计要坚定地依赖于社会伦理道德。在保单设计上维护的是社会公共利益和公序良俗，遵从的是主流的社会道德与价值观。保险与社会的伦理、公共道德具有高度的内在统一性，这个也是我们所讲的道德基础非常核心的地方。体现在保险条款的约定上，受益人对被保险人实施加害行为，想获得保险金的赔偿，保险公司必须被免除赔偿责任，这就是对于社会道德的一种尊重。亲属之间的行为发生了被保险财产的损失，或者保险事故的发生是由近亲属造成的，即使他不是故意原因造成的，保险公司也不能免除赔偿责任，这是什么道德基础？显然这是与我们社会所理解的那种公平、正义、合理具有内在的一致性。[②]

第五，基于公益性本质，法律认可了大量保险业便利企业推动的工作程序或流程要求。保险的业务活动当中适用的法律规则，对于行业当中认为公平合理的、有利于事业发展的行业惯例，法律都给予认可，这个在很多其他的行

① 保险公司和广大的保户，或者是保单持有者，他们共同形成了牢固的利益共同体，所以他们不是一种对立关系，他们是一种利益一致性的正向关系。这就从根本上厘清了我们现在的保险从业者是在为客户进行服务，他们的目标具有高度的一致性。如果说他们之间追求的利益不一致，即会发生投保人希望保险事故发生，那是典型的骗保行为，为保险业的法律法规所坚决禁止，构成了危险选择。正常的保险合同关系下，双方都不希望意外事故的发生。所以说在现实生活当中，个别案件中双方之间产生的对立，那是一种异化现象，与我们所阐述的保险本源所具有的这样一种社会关系完全不在一个层面上。

② 人寿保险合同当中规定，未成年人约定的以死亡为给付保险金的条件，如果不是亲生父母的话，那么这个合同是无效的。这是出于对未成年人生命安全保护的重大社会公益利益。即使是父母为子女投保，法律也约定，我们的保险单当中也可以找到，只能按照监管部门规定的保险金额，这个合同才有效。这样规定的目的在于防止对被保险人实行加害，这是道德伦理的一种体现。我们国家公营的保险企业，它们要承担像农业保险、渔业保险、地震保险、出口信用保险等高风险的产品，这些保险都具有高度的经营风险，那么为什么保险业还要开办这样一些高风险的产品？根本原因在于强调保险所承担的社会责任，要维护国家的利益，促进经济和社会的发展。开办这样一些险种，保险行业并不是基于利润的考虑，基本上没有逐利的因素。我国正在积极准备推出的巨灾保险，亦是同样道理。例如大家知道的巨灾保险，能够达到巨灾保险这种程度上的人身与财产的损失应该是无法计量，涉及面非常广泛的，现在属于除外责任。比如说现在的新冠肺炎，就属于巨灾的范围。这种情况下，哪个商业保险公司恐怕都不敢轻易承保。但是我们国家在“十四五”期间，应当会将巨灾保险纳入日程，现在已经将其列入规划。

我们具体分析一下如果保险公司勇于承保这项业务，是基于什么样的考虑？它是不是为了社会公共利益？显然是出于伦理道德的考虑，出于社会发展和公共利益的考虑。所以从这个方面看，保险行业的经营、产品设计一定充分地考虑了社会公益性，这一点也是证明它的道德性的一个重要的方面。

业是不可能存在的。比如说为了使保险行业能够健康发展，减少保险行业的经营成本，法律认可保险行业开展业务活动，出售保险，采取标准合同的形式，即格式化。这个格式化，我们知道国家只有在那些公用事业领域才放开。煤水电等公用事业领域在这些方面是允许采用标准合同的，但是对于保险行业，为什么国家也认可它采用标准合同？原因在于要大量节约社会成本。由于保险标的或者是人身的价值审核需要大量的费用，如果采取个别商议的办法，那么这个行业的经营成本就太高了，所以法律认可几百年形成的惯例，保险合同可以采取标准合同方式订立，业务可以运用这种经营模式，法律承认格式保单的效力。①

---

① 我们再看一下诚信原则运用在海上保险的场合。那么海上保险当中曾经出现过保险事故已经发生了，在此之后订立的保险合同，法律仍然认可这个合同成立，保险人不能免除赔偿责任的情况。原因在于，投保人在投保的时候船已经沉了，但是信息不对称，他不知道，他主观上是善意的。在此情形下就不能免除保险人的责任，因为你是承担着社会风险的，保险行业就应该有这样的一种胸怀，有这样的一种责任感。所以保险行业就必须承受这样的一种经济上的责任。

保险行业的业务活动可以大量地依赖于代理人制度也可以佐证我们所坚持的观点。我国目前大概一共有1 200万保险的个人代理人在推销保险。我们国家主流的行业中没有这样一种大量的代理人的方式，为什么法律允许保险行业采取这种代理的方式？保险为什么不能像银行那样设立业务窗口呢？如果那样的话，保险公司的经营成本会相当巨大。现在采取委托自由职业中介人的形式出售保险产品，招揽业务，采用佣金的办法，会节省很大的经营成本。节约的成本都体现在对于金融消费者的利益的维护上，所以对这样的一种大量的保险代理方式，法律能够承认它合法经营作为一种标准的现代保险经营方式，我觉得也是对保险这种道德保险的一种认可。

我们现在采用的银保合作的方式，即保险公司在银行的营业机构设置服务窗口，亦是国家坚定支持银保合作的典型例证。因为保险是善事，才会允许采取这样的经营模式，否则的话并没有对外服务的网络化、广覆盖的经营场所，保险公司作为一个经营主体这么做是被允许的，其他任何一个行业都是不被允许的。为什么保险可以？就是因为主体上它是一种道德的事情，符合社会伦理。保险公司在运行的过程当中，法律还规定被保险人，特别是财产保险合同，在保险合同有效期限内，对于被保险财产善尽了管理人的义务，那么在下一年再继续投保的时候，可以给予他减免保险费率优惠或者是奖励，现在在车险上也都体现了。那么这种政策在原来的传统的保险上是不被允许的。正是由于充分认可与倡导保险这种社会公益性，所以相关部门在作出这种减免优惠政策的时候，法律给予支持。这一方面，我认为也体现出了法律对于保险道德性的一种肯定。还有商业保险，现在越来越被纳入到广义的社会保障制度当中，学术界甚至中央文件当中已经正式承认了它属于广义的社会保障的一个组成部分。传统保险法教科书的提法，过去我们给学生讲课的时候，发现有的学者写的商业保险法教科书中，写上了社会保险，我们认为在逻辑关系上难以理解，因为商业保险就是商业保险，社会保险就是社会保险，它们的性质完全不一样，它们俩是截然分开的。但是在当下，随着我国社会保障制度的不断深入改革发展，商业保险逐渐被纳入到整个社会保障体系当中，从而使它的社会公益性得到了更大的彰显。我们国家提出要建立养老保险的第三支柱，个人商业养老保险这种社会保险事业改革发展的时代要求使得现在所讲的商业保险纳入到了社会保险的体系当中，此时我国的商业保险就应当被定义为广义社会保障制度的一个组成部分。很明显传统保险业具有的纯商业的性质发生了很大的变化，这同样支持了我现在所强调的道德保险的学术主张。

第六，用政府和法律公信力向投保人承诺保单利益获得保障。保险公司业务法律的特别授权制度，是指现在我们的商业保险公司可以经法律的授权直接经办法定保险业务。大家知道法定保险业务并没有双方意思表示合意的过程，是一种法律上的义务，它是基于社会更大的公共利益所建立的一种保险事业。这个险种不具有盈利性，甚至它在计算保费的过程当中也不完全考虑盈利性因素，甚至亏钱也是正常的。

那么这样的一个业务，正常的情况下是不能给商业保险公司经营的，国家应该设立单独的保险公司，应当由纯国有的保险公司来经营。但目前的通行做法是允许商业保险公司也可以经营法定保险。我认为这是基于对现在的商业保险公司道德性追求目标的一种肯定的表现，目前保险业的道德性在增强，我国整体的保险行业在理性支持下已经对社会道德这种价值观和价值理念形成了高度的自觉，所以政府和法律自然会信任现在的保险公司，完全支持保险公司承保这项业务。采用专款专用制度也好，建立独立的资金池也好，法律相信保险公司不会挪用这笔资金，公司在经营业务过程当中，甚至可能会牺牲公司某些其他的经济收益的利益。得到国家如此高度的信任，是我国保险业长期奋斗的大局意识所致，是不忘初心的结果，商业保险公司是自愿地为政府承担这部分责任。当然，保险公司可以经办这样的业务，同时法律也是在有意地树立保险公司的正面的形象和增强它的业务实力。

第七，国家采用保险单拥有维持效力上的制度安排。现代政府大都建立了保险业营业维持制度，各国现代保险法规定，人寿保险单在保险公司发生破产清算的情况下，实行业务转移制度，防止因为保险公司的破产，导致现有的保单持有人未来的可期待利益的落空。那么采取这样的一种制度，实际上从侧面来说，就是为保险公司开展那种长期寿险业务，如终身寿险业务、终身年金、企业年金这样的产品的推销，增加了来自官方的权威助力。假设现在的客户每天都在担心30年之后保险公司是否存在，保险公司破产了之后，保单还是否有效的问题，那么保单销售肯定会受到影响，保险的社会价值更无从谈起了。

业务转移制度保证了保险公司的生命线，政府的背书和经济后盾使该制度的可靠保险收益状况不用打广告，政府替保险公司设计的这种制度就体现了这种优越性。所以在这一点上，该制度可以有充分根据被看成是保险道德性得到了法律的认可，得到了社会的承认，得到了公众的共同的认知。

业务转移制度在我国已经是有现实例证的，安邦保险出现了那么大的经营问题，最后还是由政府出面接管，不使现有的保单丧失法律效力，政府最后出面组织公司的债务重整及业务调整。

第八，安全保障下多元投资选择表明对于保险业的倾斜政策。保险业现有资金运用模式，法律或者是监管上都给予了很多特殊的政策。原来的保险资金的运用受到非常多的法律限制（当然我们那个时候的保险公司整个的资金运用能力、资本市场的发达程度，也不允许有那么大的开放度），所以当时保险公司在资金运用上有很大的限制，很多地方都明确规定不允许保险公司投资。那么现在在保险资金使用问题上，法律与监管部门表现出很大的宽容，甚至国家把那些长期稳定的固定的高收益的项目，特别指向寿险公司或经营长期企业年金险的保险公司来进行投保，甚至是定向。这样做的目的非常明确，就是要保证保险企业不断成长壮大，使它不断发展，能够为社会提供更好的保障。

第九，国家财政给予保险业明确坚定的税收优惠政策。保险金收入在财税法上可以做一定的免税的安排，这是所有寿险公司业务员在推荐产品当中作为投保寿险优点的重要的理由。将来被保险人或受益人在领保险金的时候可以免税，免税的政策是国家对于特殊的涉及国计民生重要行业的一种明确政策导向，强调该事业、产业或项目的特殊社会价值。我们认为，正是基于保险这种道德性，所以才使保险业享受到这样的一个优惠。这里面隐藏的道理实际上也好理解，这项政策比我们做多少广告都有公信力，再好的广告宣传也不可能超过这个政策的规定或者是法律的规定给我们开辟了那么好的销售渠道，形成巨大的公信力。

第十，政府对于危机中的保险业拥有救助的政治及法律责任。在发生重大金融危机的特殊情况下，政府面临着巨大的金融压力，一般会主动出手救助保险公司，而不是其他的金融机构。典型的案例就是2008年金融危机造成了美国华尔街五大投资银行的黯然退场，美林、贝尔斯登和雷曼兄弟这三家公司直接破产了。高盛和另外一家公司变成了商业保险公司。所以2008年以后，华尔街就没有投资银行了。但是美国国际集团（AIG）陷入破产危机时，美国联邦政府出手，两次给它投了1 260亿美元来挽救这个企业，因为它是美国最大的保险公司。美国联邦政府当然最清楚，保险行业会很大程度影响到社会公共利益，并且涉及整个国家的金融安全，所以其与国家利益攸关，由不得政府不对它出手相助。[①]

保险业是一个充满着社会伦理精神的、体现出社会团结互助的共济精神的这么一种产业。我国当下的情况，它在整个社会当中的这种价值，这种本质目前尚没有得到充分彰显，才会导致我国社会的少数消费者形成对保险业较多的错误看法和偏见。

三、不应当动摇道德保险的价值追求

保险业是骨子里具有道德基因的崇高事业，为整个国家和社会在谋福祉，进行风险营业的意外事故灾害的经济补偿，保障社会安定与经济秩序的繁荣稳定，被赋予了极大的社会期待。作为保险行业的企业与个人都应当勇于担当，既然选择这个行业就应当坚守道德底线，牢记这个行业的道义责任，牢记使命，即是在从事造福当代、利在千秋的伟大事业。正因为如此，国家政策和法律在关照、鼓励与优待保险事业发展的诸多措施方法之下，同时亦会对保险业有极高的职业伦理与企业情怀方面的道德约束和法律限制，目的就是防止保险企业被追逐利润、不顾及社会公益利益的商业不良习气所影响，保证它们不能走偏，不能随波逐流，不能见利忘义，不能只顾局部眼前的经济效益的考量。我们在狭义上使用“道德保险”，重点在于约束保险企业及其他从业人员，要求他们应该培养自己较高的职业精神、职业操守和职业伦理，要求追求更加高尚的社会价值和全民的健康、生命、财产、安全、幸福与快乐，甚至应当达到公而忘私、大公无私的境界。用这样的观点去衡量我国当下的保险业经营状况及社会公众形象，尽管保险业自身很清醒，不断采取措施改进以提高质量与诚信，但仍然经常被舆论关注，受到攻击，遭受诟病。如果我们国家在讲好保险故事上没有达到预期效果的话，那么责任不在广大的金融消费者、客户和社会公众方面，而是保险公司自己的保险故事没有讲好，而且个别保险市场的主体营业者，也没有把保险看成是一种善的事业，更多考虑盈利性因素，这也就造成大家对保险行业那么广泛的诟病，出现了那么多的问题。比如说中国人寿，被媒体爆出10年7 000亿元惊人的退保金问题，什么原因造成的？这属于正常的经营吗？保险公司是否应该反思？中国人寿公司出现这么大的一个极

① 美国联邦政府为什么不救投资银行而救保险公司呢？就是因为你是一种道德保险，你的事业是崇高的，你代表的利益是未来的，是影响整个社会的。所以道德保险在这个方面也必然会有集中的体现，经常被高看一眼。

其特殊的现象，公司本来应该及早发现并作出适当处置，对社会应该有个交代，但遗憾的是我们并没有看到有说服力的合理解释。

好像这些问题和我们自身没有关系，但实际上事关我们能不能坚守道德保险底线的原则问题。保险就应该有情怀，得有一种理念，要有一种做善事、作出牺牲的理念。而且我们是替老百姓在管理支配保险基金，我们和客户之间是一种信托关系，这个钱不是我们自己的，我们应该管理好，让它增值，未来应该拥有切实的保障能力，这是我们应该做的。所以在这一点上来说，保险业应该清醒，应该坚守道德伦理的底线。

我国保险业一旦多数的从业公司和个人达到了一种伦理道德的高度，实现了我这里提出的关于道德保险观这样的一种理想的境界，我们所强调的"人民保险人民爱，人民保险为人民"的良好状态与理想中的服务与保障关系的良好氛围，就一定能够实现。可以肯定地说，我们目前难以享有"人民保险"的光荣称号。过去中国就一个中国人民保险公司，它是典型的经营保险业唯一的国有企业，那个时候我们敢说它是人民保险。现在看我国的保险业与"人民保险"的定性仍有相当大的差距。叫"人民保险公司"的，其经营理念、指导思想和企业发展目标难以令人信服地被称为响当当的"人民保险"。要经过严格的审视与考核才能得出结论，你的经营目标、经营理念与实际行动证明你是为了人民，你才能够享有这个光荣称号。

我们查阅到中国人民保险集团于2020年12月23日公布了该公司的战略广告语，叫作"人民有期盼，保险有温度"。这个口号我觉得实际上是接近于我所讲的道德保险。人民期盼什么？人民期盼一种保障。如果保险业实现了这种保障，保险就是人民的事业，就是一种高尚的事业。我很欣赏吉林银行的广告语，就是"一起成长，一起分享"。应当理直气壮地说保险公司的利益就是大家的利益，就是整个社会的利益。我国的保险行业如果在整体上能达到这样的一种共同的价值理念，我想我们现在所面临的很多问题，一些具体制度的设计和未来改革的方向都容易解决。

四、中国保险应有的道德情怀与使命担当

保险具有的社会公益性本质，使其经营目标上有较高的伦理追求，突出在管理风险与服务、保障生产生活与经济运行的积极作用上，能够得到最广大人民群众的理解与支持。保险业在世界范围内得到了稳定发展；在我国改革开放几十年内，我国的保险业由小变大、由弱到强、由默默无闻到成为现代金融

三大主力机构之一，保险的应有地位提升与对国家社会发展作出的贡献，是任何别有用心者、以偏概全者以及恶意中伤者的无端攻击都无法否定的，国家社会发展须臾也离不开保险的保障与服务。因此，我们呼吁要理性地认识保险经营中少数公司出现的问题，那不是中国保险业的主流，更不应当仅仅由此而否定保险制度精髓中体现出的伦理道德本质。团结互助、同舟共济、扶危济困、从良向善、崇尚诚信、坚守公平，永远代表着这个人类智慧精巧设计、与人类文明进步伴生的补偿制度的保险的德行。保险具有强大的生命力，具有无上的崇高社会价值，毕竟它是人类文明向善的积极推动力量。保险在21世纪具有最广阔的发展空间，保险是在中国未来会长盛不衰的超级朝阳产业。

上述观点有充分的理论支撑与实践成果的佐证。我们的党中央、国务院早已对保险的道德价值与公益性本质具有极高认识，已经在制度顶层设计方面将其确立为我国保险的基本原则的价值基础，这是一种科学、客观、实事求是思想路线的反映，对于保险业的历史地位、社会价值、经济功能和未来发展，作出了高屋建瓴、引领时代发展、透彻本质的理论总结与概括，还作出了引领方向的重大决策。在思维方式与事物性质的甄别上，肯定产业优长，以前所未有的高度定义了现代保险服务业。我们认为，这是对于保险道德性的充分肯定。

2014年，国务院发布的《国务院关于加快发展现代保险服务业的若干意见》（国发〔2014〕29号）中明确指出："保险是现代经济的重要产业和风险管理的基本手段，是社会文明水平、经济发达程度、社会治理能力的重要标志。"这个基本定性中，"是社会文明水平"的重要标志，充分地肯定了保险制度的道德伦理属性与经济社会价值。保险越是相伴于社会文明进步、助力于弘扬主流的价值观，越能够彰显其崇尚社会公共伦理与互助精神的巨大优势。

该文件中，对于我国保险业未来发展的指导思想的阐述中，首先重申了保险传统与本质上的经济职能与运行模式，具体表述为"以完善保险经济补偿机制、强化风险管理核心功能和提高保险资金的配置效率为方向"。就是说，保险的作用形态在承担社会分工与职能上，重点表现为以上三个方面。但是，现代保险业的追求目标，或者说具有中国特色的现代保险服务业，还要在更高的社会价值上设计发展规划，彰显其伦理性。这方面的创新性要求，表现在赋予了商业保险某些公共政策部门的特征，实际上已经突破了真正意义上的商业保险传统，保险被赋予更多反映时代要求的身份及职能。中国特色的现代保险服务业的身份与要求，具体被概括为"完善金融体系的支柱力量、改善民生保障的有力支撑、创新社会管理的有效手段、促进经济提质增效升级的高级引擎和转变政府职能的重要抓手”。中国现代保险服务业的这种定位，我们强调的是保险的“中国模式”，回归道德本质的味道极其强烈，充分体现出党中央、国务院对于中国保险业的高度重视和无限的期待。这里的“改善民生”“创新社会管理”“促进经济提质增效升级”“转变政府职能”是在郑重要求保险介入的新领域。就已有的功能定位角度而言，这些方面应该是政府职能部门、国有企业以及具有公用事业性质的组织应当考量的内容，它们应当更多地把关注点放在社会公共利益上。然而，国家却把现代保险服务业打造成承载那么多社会责任的市场主体，显然是突破了过去人们的传统认识，突破了原有的理论思维定式，更加明确地强化其推动公共利益、社会公共伦理价值，以及谋求多数人福祉的本质。保险在这里的地位显然不同于其他金融机构、其他社会组织或者市场主体。

不仅如此，《关于加快发展现代保险服务业的若干意见》更在“发展目标”项下，提出了更加惊世骇俗、锐意创新、引领时代、拥有中国气派的划时代的要求，保险业因此而任重道远、重任在肩。该文件特别强调，未来中国的现代保险服务业，应当成为“政府、企业、居民风险管理和财富管理的基本手段，成为提高保障水平和保障质量的重要渠道，成为政府改进公共服务、加强社会管理的有效工具”。这三大职能中，第二项、第三项对保险业的社会伦理性要求跃然纸上，异常明确，突出体现了党中央、国务院的理论制度创新。

从2014年开始，我国保险业的改革创新因为有了明确的发展方向，取得了辉煌的历史成就与工作业绩，经济效益与社会效益双丰收。截至2019年的统计，在我国318.69万亿的金融机构总资产中，保险业占据20.56万亿元。保险深度在2020年12月30日达到了创纪录的2.9%，保险公司的数量达到178家。保险业几十年的飞速发展，积累了可贵的经验，足以激励保险业砥砺前行，不断进取。保险业只要牢记使命，不忘初心，坚守道德底线，追求社会文明进步，崇尚公平正义，与社会发展同步伐，就能够找准自己的社会分工定位和在社会治理中的角色，弘扬团结互助精神必然成为其追求上的目标。2021年3月12日公布的《中华人民共和国国民经济和社会发展第十四个五年规划和2035年远景目标纲要》，对于我国现代保险服务业的发展指明了方向。尽管没有用明确的文字去揭示保险具有的道德伦理性，但具体的工作任务却再明白不过地揭示了中国特色的现代保险服务业要勇于担当，维护社会公共利益，顾全大局，超越纯经济利益的时代要求，它必须全力支持国家经济社会发展目标的实现。这些要求具体表现为：建立长期护理保险制度；健全重大疾病医疗保险；规模发展第三支柱的个人养老保险（商业养老保险）；建立重大科技装备保险、科技保险、农业保险、巨灾保险、环境污染强制责任保险；等等。这些保险产品面临高度的意外风险和财务风险，其实对企业来说是难以承受之重；但中国保险业就应该硬生生地擎起这些旗帜，向着未来全面建成高度发达的社会主义现代化强国的中国梦得以实现的伟大目标奋勇前进，永争先锋。

关于互联网保险监管的思考

姚　军　李　方[①]

一、互联网保险概况

近年来，随着“互联网+”一词的兴起，互联网金融方兴未艾。互联网保险作为互联网金融的重要方面，也得以蓬勃发展。但是，关于互联网保险的研究和规制却相对滞后，远远赶不上互联网保险业务的发展速度。

（一）互联网保险的发展现状

互联网保险最早在20世纪90年代中期的美国出现，目前，美国的互联网保险业在全球范围内是业务量最大、涉及范围最广、客户数量最多和技术水平最高的，几乎所有的保险公司都建立了自己的网站。美国互联网保险业务主要包括代理模式和网上直销模式。代理模式主要通过和保险公司形成紧密合作关系，实现网络保险交易并获得规模经济效益，优点在于其庞大的网络辐射能力可以获得大批潜在客户。网上直销模式通过保险公司自己的官网等销售保险产品。相比之下，网上直销模式更有助于提升企业的形象效益，能够帮助保险公司开拓新的营销渠道和客户服务方式。

在欧洲，1996年，全球最大的保险集团之一的法国安盛在德国实行网上直销。1997年，意大利KAS保险公司建立了一个网络保险销售服务系统。近十几年来，网络保险在英国发展迅速，其网络保险产品不仅局限于汽车保险，而且包括借助互联网营销的意外伤害、健康、家庭财产等一系列个人保险产品。

---

① 姚军：中国平安保险（集团）股份有限公司，法学博士，中国法学会保险法学研究会副会长；李方：中国平安保险（集团）股份有限公司法律合规部，法学硕士。

在亚洲，除中国大陆外，日本、韩国等国家和地区均在20世纪末出现了互联网保险业务。1999年，日本就有了一家完全通过互联网推销保险业务的保险公司。在韩国，互联网保险业务还仅仅是通过互联网平台销售保险，销售的产品范围也相对较小，还只处于起步阶段。在中国台湾，也主要是通过互联网平台销售保险，但其销售的范围较广，既可以通过互联网销售财产保险，也可以销售人身保险，并且在人身保险中，也可以销售年金保险和传统型人身保险。

在中国大陆，第一张电子保单出现在20世纪90年代。随着互联网技术的高速发展，一方面，我国除通过互联网平台销售保险产品外，还通过互联网提供远程的保险服务；另一方面，我国也发展了以互联网作为产品对象的保险产品。目前，我国也是互联网保险业务的发展、互联网保险产品的数量，以及互联网保险的类型世界上发展最快、数量最多、类型最丰富的国家之一。

20世纪末至今，全球范围内的互联网保险业务均取得了较大规模的增长和发展，只是各国在销售范围和销售形式上存在一些差异。整体呈现出互联网技术越发达的国家和地区，其互联网保险业务的发展也越快。因此，可以预见，随着我国互联网技术的发展，互联网保险业务也将迎来更大的发展。

（二）与互联网相关的保险业务类型

指在互联网保险的发展过程中，互联网保险可以平台和对象作为分类标准，分为：以互联网为平台的互联网保险和以互联网为产品对象的互联网保险。

1. 以互联网为平台

对于以互联网为平台的互联网保险，主要包括：⑴通过互联网进行保险产品的销售，并通过第三方进行保险费的支付；⑵通过互联网进行保险合同的变更、保险理赔等远程保险服务，并实现相应的支付等功能。

（1）通过互联网销售保险的类型

A. 保险公司官方网站模式

在互联网金融产品的交易平台上，大、中型保险企业、保险中介企业等为更好展现自身品牌、服务客户和销售产品所建立的自主经营的互联网站。

B. 第三方电子商务平台模式

即独立于商品或服务交易双方，使用互联网服务平台，依照一定规范，为交易双方提供服务的电子商务企业或网站，具有相对独立性，借助网络和流程专业等特点，提供互联网保险服务。例如，保险公司在淘宝上开设旗舰店，销售车险、意外险、旅行险、健康险、家财险等保险产品。

C. 网络代理模式

即通过网络兼业代理公司或者专业中介代理公司在网络上代理销售保险产品。如明亚保险经纪公司、开心保保险公司在淘宝保险平台销售保险产品。

此外，在金融业逐渐向互联网领域渗入的同时，传统的商家也进一步借助自身优势向金融业靠拢，成立相应的保险销售公司等。如2014年经保监会批准设立的"苏宁保险销售有限公司"。

D. 网站嵌套模式

即在相关网站中嵌套保险服务，如装修网站兔宝宝网站、育儿网站宝宝树网站上搭载销售相关保险产品。此类销售模式主要包括以下3种：

第一，通过网站赠送保险，即在相关网站中说明赠送的保险产品。

第二，通过自己的网站，实现兼业代理销售保险产品。

第三，仅仅只是一种宣传和指引，一旦有投保意愿的人点击进入宣传和指引页面后，将直接引导至保险公司官网的销售页面。

（2）通过互联网提供远程保险服务

此前，在全球范围内，以互联网作为销售平台的互联网保险为主。近期，有保险公司已经开始通过互联网为保险消费者提供部分远程保险服务。

A. 实现远程保险合同的变更等客户服务

从现有的保险公司操作流程来看，主要有以下几个类型的远程客户服务：

第一，通过一定的网络途径，利用电子签名等技术，实现远程的客户服务。如通过登陆网站，获取自己的保单信息后，针对需要办理的项目，进行网络上的操作。

第二，通过新的硬件设备，并结合电子签名技术，以实现无纸化的远程客户服务。如通过远程交换设备，实现无纸化的远程客户服务。

B. 实现远程理赔服务

部分保险公司现已实现利用智能移动设备，了解保险事故发生现场，并进行相应的理赔服务。如车祸现场，通过被保险人拍摄车辆受损情况及理赔所需的其他情况，传输至保险公司核赔的系统上，最终，保险公司根据该远程上传的信息作出相应的理赔决定和服务。

2. 以互联网为产品对象

（1）针对个人客户的保险需求

A. 在互联网金融交易环境下，为个人财产（包括虚拟财产）安全提供保险保障。如销售个人账户资金损失保险、支付宝网银损失险（与支付宝平台、财付通、网银等合作）以及防盗刷保险等。

B. 在互联网金融交易环境下，为个人在陌生人社会的交易安全、交易风险提供信用保险保障。如针对还款信用的还款信用保证保险。

C. 相互保险已有100多年的历史，早期源于船东互保协会，随着互联网技术的发展，市场对于保险创新的要求不断增加，基于互联网的社交场景，市场上涌现了大量互联网相互保险。相互保险主要是通过订立合同成为会员，并缴纳保费形成互助基金，该基金对合同约定的事故发生所造成的损失承担赔偿责任。

D. 以个人的日常生活风险为切入点，为个人的生活各方面需求提供保险保障，此外，以大数据、云计算为基础，计算个人行为习惯（包括但不限于消费习惯、个人健康），为其提供个性化的保险保障。如针对网购汽车零配件时搭配汽车配件安装服务保险。

（2）针对电子商务商家（以下简称“电商”）的保险需求

A. 为电商提供信用度证明及资金流转需求的保险产品

如保险公司推出的众乐宝，是国内首款网络保证金保险，以保险方式代替提供消费保证金，面向对象为淘宝集市上的卖家。

B. 贷款等交易风险的保险保障

如保险公司推出网购拒收运费险，保障卖家在淘宝网网上交易过程中，因买家拒收引起的运费损失风险。

C. 为电商的用工风险转移及员工的福利提供的保险需求

如保险公司与出租车公司合作，为使用某APP的出租车司机推出误工保险保障，提供当发生车损误工以及司机门诊误工的津贴保险。

（3）针对互联网平台、互联网服务提供商的保险需求

A. 为平台安全提供保险保障，如理财平台资金被盗损失险。

B. 为互联网服务提供商提供保险保障，如目前保险公司针对货到付款的情况推出的拒签险则是针对卖家的专属保障。

C. 为外卖平台的骑手等提供人身保险保障和意外保险保障等。

（三）互联网保险的定义

关于互联网保险的定义，中国保险行业协会曾在其编著的《互联网保险行业发展报告》中认为：“保险业界一般将互联网保险定义为保险公司或保险中介机构通过互联网为客户提供产品及服务信息，实现网上投保、承保、核保、

保全和理赔等保险业务，完成保险产品的在线销售及服务，并通过第三方机构实现保险相关费用的电子支付等经营管理活动。”根据中国银行保险监督管理委员会（以下简称“银保监会”）于2020年12月7日发布，于2021年2月1日起施行的2020年第13号文《互联网保险业务监管办法》（以下简称《监管办法》）第2条规定，互联网保险业务，是指保险机构依托互联网订立保险合同、提供保险服务的保险经营活动。

从互联网保险的发展来看，最早的互联网保险源于通过网络平台销售保险产品，而在这部分产品中主要以车险、财产险和简单的意外险、健康险为主。但是，随着全球互联网技术的发展，互联网不断改变人们的生活方式，同时，也给互联网保险产品的创新带来发展的契机。

从以上分类不难看出，与互联网相关的保险业务范围非常广，有部分观点认为，针对互联网特性推出的保险产品也应当属于互联网保险，例如针对网络游戏中虚拟财产的保险，针对淘宝卖家购买的运费险等。但我们认为，针对互联网特性推出的保险产品其与互联网的关联性在于，其保险标的是与互联网相关的，但实质仍然是财产或者是人身，其理应遵守保险法律法规关于保险基本原则、保险利益等的相关规定。因此，该类互联网保险业务与传统保险业务并无本质区别。同时，通过互联网销售的保险合同，在投保人的如实告知义务履行、保险人的明确说明义务等方面与传统保险均有显著差异，并面临法律适用和实际操作的极大挑战。因此，本文关于互联网保险的探讨仅限于通过互联网销售的保险。

二、我国互联网保险的监管现状

自1997年新华人寿保险售出第一张网上保险单起，我国正式迈入互联网保险之门。截至2013年年底，我国已有60家保险公司开展了互联网保险业务，规模保费达到291亿元。[①] 2011—2014年，互联网渠道保费规模提升了26倍。其中，2014年互联网保险累计实现保费收入858.9亿元，同比增长195%，占总保费收入的比例由2013年的1.7%增长至2014年的4.2%；对全行业保费增长的贡献率达到18.9%，比2013年提高8.2个百分点。[②] 2021年上半年，互联网财产保险市场累计实现保费收入472亿元，同比增长27%；2021年，互联网人身

① 曹洪俊：《关于互联网保险监管的思考》，载《中国保险报》，2014年8月27日。

② 载2015年3月24日《上海证券报》。

保险业务累计实现规模保费2 916.7亿元，较2020年同比增长38.2%。[①]但关于互联网保险规制的发展却远不如互联网保险业务本身的发展。

（一）监管现状

自我国第一张电子保单售出以来，在互联网保险的监管问题上，监管部门先后针对部分涉互联网保险产品下发了监管函，并提示了相关风险。2015年7月22日，原中国保险监督管理委员会（以下简称"原保监会"）印发了《互联网保险业务监管暂行办法》（以下简称《暂行办法》）的通知，根据《暂行办法》的规定，《暂行办法》的有效期为3年。但直到2020年12月银保监会才出台《监管办法》，并于2021年10月印发《关于进一步规范保险机构互联网人身保险业务有关事项的通知》（以下简称《互联网人身保险业务通知》）作为配套规范性文件，着力规范互联网人身保险领域的风险和乱象，统一创新渠道经营和服务标准。

目前，我国关于互联网保险的监管要求主要集中在《暂行办法》《互联网人身保险业务通知》和2020年6月银保监发〔2020〕26号《关于规范互联网保险销售行为可回溯管理的通知》（以下简称《可回溯管理通知》）中，相较于此前散见于各监管函、通知、公告及风险提示，关于互联网保险的规则建立更加体系化、系统化，也更加明确和清晰。从上述三个规定不难看出，整个互联网保险规范体系形成了"1+N"的模式，以《监管办法》为核心和统领，不断丰富"N"的构成，虽然目前"N"仅有关于销售行为可回溯、归档的《可回溯管理通知》和专门规制互联网人身保险的《互联网人身保险业务通知》，但不难发现整体的规范体系是清晰且具有逻辑性，相较于2015年的《暂行办法》已逐步构建起立体化的互联网保险制度体系。[②]

1. "1个规章制度"起到了提纲挈领的作用。主要体现在：

（1）明确了"互联网保险业务"和"互联网保险产品"的概念。《监管办法》开宗明义给出了"互联网保险业务"的定义，并在第5条中明确了开展互联网保险业务需要满足以下条件：

第一，保险机构通过互联网和自主终端设备销售保险或提供保险经纪服务；

第二，消费者能够通过保险机构自营网络平台的销售页面独立了解产品

① 资料来源：中国保险行业协会信息。

② 载2021年12月6日《上海证券报》。

信息；

第三，能够自主完成投保行为。

根据《监管办法》第2条规定，在现行互联网保险监管体系下，“互联网保险产品”仅指保险机构通过互联网销售的保险产品，并不包括线下销售面对互联网特殊行为或者特殊群体提供的保险产品等。

（2）优化了开展互联网保险业务的主体。根据保险行业的发展，《监管办法》明确了两类保险机构，分别是保险公司和保险中介机构。其中，保险公司又区分为保险公司、相互保险组织和互联网保险公司；保险中介机构又分为保险专业代理机构、银行类兼业代理机构、依法取得保险代理业务许可的互联网企业、保险经纪和保险公估公司。但是对于保险专业代理机构和保险经纪、代理机构，要求其必须是全国性机构。

（3）强调了互联网保险业务的持证要求。《监管办法》第23条明确规定，非保险机构不得开展互联网保险业务，包括但不限于提供保险产品咨询服务，比较保险产品、保费试算、报价比价，为投保人设计投保方案，代办投保手续；代收保费等。

（4）突破了互联网保险销售的区域限制，《监管办法》原则性地为保险公司跨区域经营互联网保险业务留下了空间，具体的保险产品、限制性条件仍有待银保监会作出相关规定。同时，《监管办法》删除了此前《暂行办法》明确规定的可以跨区域经营的保险种类。另外，虽然现行办法明确规定可以跨区域经营，但保险公司的服务水平无法达到《监管办法》的要求，也将会对互联网保险业务的险种和区域进行限制。但对于保险中介机构而言，保险专业代理机构、保险经纪人和保险公估人如从事互联网保险业务，应当是全国性机构。对银行类保险兼业代理机构而言，需要符合银保监会关于电子银行业务经营区域的监管规定，原则上不得在未开设分支机构的省（自治区、直辖市、计划单列市）开展业务。

（5）丰富了信息披露监管要求。《监管办法》在原有《暂行办法》的基础上增加了关于信息披露的相关要求，同时，结合《可回溯管理通知》，要求保险机构披露与产品销售相关、行业协会要求披露的信息、监管要求设置的互联网保险专栏的相关信息，以及保险机构提供保险服务的相关信息。

（6）丰富了互联网保险营销要求。随着“抖音”“小红书”等各类直播间自媒体的普及，以及在朋友圈、公众号上发布保险销售信息的流行，现行《监管办法》加大了对相关行为的管控力度，防止通过自媒体形式进行销售误导。

《监管办法》对互联网保险业务中的营销、宣传问题进行了专门规定，明确保险机构从业人员可以进行营销宣传，须符合在保险机构授权范围内、营销宣传内容由所属保险机构统一制作、不得误导、不得夸大等监管要求。同时，保险机构须对其所属从业人员的营销宣传承担法律责任。此外，《监管办法》明确“不得向未在本机构进行执业登记的人员支付或变相支付佣金及劳动报酬”，限制了通过大V、知名人士以及“网红”等进行保险销售的行为。

（7）明确了销售平台的要求。《监管办法》相较于《暂行办法》的另一较大变化是不再对第三方网络平台作出单独规定，而是对互联网保险自营网络平台作出统一规定，并要求该等自营网络平台满足互联网行业相关监管要求，包括但不限于系统搭建、安全保护等级、模型开发、销售流程、服务流程和运营流程都需符合相应的监管要求。

（8）新增关于网络安全、信息安全和个人信息保护的要求。《监管办法》要求设置数据保护及灾备恢复机制。此外，《监管办法》中加强了对个人信息的保护，“明确约定合作机构不得限制保险机构获取客户投保信息，不得限制保险机构获取能够验证客户真实身份的相关信息”。

2.“N个规范性文件”在可回溯和人身保险方面进行了有效补充。主要体现在：

（1）《可回溯管理通知》就互联网保险的销售行为进行了以下规定：一是明确互联网保险销售行为可回溯管理的定义和范围；二是明确销售页面和销售页面管理的定义；三是对保险机构互联网销售过程管理作出要求；四是明确可回溯内控管理；五是明确对融合业务和自助终端业务的管理要求，以及相关法律责任和实施时间。[①]

（2）《互联网人身保险业务通知》就互联网人身保险专项业务开展进行了补充规定，主要包括：

第一，限制了可以通过互联网销售的保险产品。根据《监管办法》的规定，并未对新型人身保险产品通过互联网销售进行明确，但在《互联网人身保险业务通知》中明确规定了，“互联网人身保险产品范围限于意外险、健康险（除护理险）、定期寿险、保险期间十年以上的普通型人寿保险（除定期寿险）和保险期间十年以上的普通型年金保险”。

第二，要求保险公司（不包括互联网保险公司）开展互联网人身保险业务

① 资料来源：2020年6月30日中国经济网。

应当具备综合偿付能力、风险综合评级、责任准备金以及公司治理评估的要求。

第三，明确了互联网人身保险服务的标准，对咨询接通率、核保确认时间、理赔时效、退保时效等进行了明确规定。

第四，要求对销售误导、虚假宣传等行为进行整改，要求告知文本内容清晰明确、文字浅显易懂、表达简洁流畅等。

第五，对产品定价提出了明确且具体的要求，规定“保险期间一年及以下的互联网人身保险产品预定附加费用率不得高于35%；保险期间一年以上的互联网人身保险产品首年预定附加费用率不得高于60%，平均附加费用率不得高于25%”。

由此可见，关于“1个规章制度+N个规范性文件”的监管体系已初见雏形。

（二）存在的问题

在目前已初见雏形的监管体系下，仍然存在以下几个方面的问题：

1. 缺少关于“互联网保险产品”的监管。该部分的“互联网保险产品”主要指的是针对特定的互联网特性推出的保险产品，主要是针对互联网环境下的虚拟财产、特定互联网服务推出的保险产品。

2. 关于互联网环境下“保险消费者”权益保护的问题，主要包括以下方面：

（1）关于保险消费者适当性的问题。尽管在《监管办法》第17条中明确要求，“把合适的保险产品提供给消费者”，但缺少对于保险消费者自身资质要求的规定。

（2）关于身份识别的问题。行业内对于身份识别的方式也是多种多样，极易导致部分保险消费者利用身份识别的弱点进行欺诈。如投保人在网上投保，发生保险事故时，相关权利人主张保险公司承担给付保险金的责任；未发生事故时，投保人基于非本人投保而要求保险公司全额退还保险费等。

（3）关于争议解决的问题。《监管办法》第31条、第32条对争议解决、投诉化解等问题进行了规定，但具体如何解决、如何化解，却留下了缺口。

（4）关于过度信息保护与技术提升之间的矛盾与平衡。《监管办法》第18条要求，“保险机构应丰富数据信息来源，强化技术应用，加强保险细分领域风险因素分析，不断完善核保模型，提高识别筛查能力，加强承保风险控制”，该要求需要丰富的数据来源，而这些数据主要来源于互联网保险业务开展活动中保险机构向保险消费者收集的数据。但该规定却与个人信息安全的相关规定存在一定程度的不可调和。在《监管办法》第38条中明确要求，保险机构“收集、处理及使用个人信息应遵循合法、正当、必要的原则”。但不论是系统能力的提升，还是核保能力的优化都离不开数据的使用，而数据越多，模型和系统的准确性也将越高，因此，现有规定本身即存在一定的矛盾。

3. 缺少有针对性的处罚规则。由于现行《监管办法》的效力层级较低，因此，更多的是倡导性规定，并没有明确的处罚规则和法律后果。但在《互联网人身保险业务通知》中增加了部分处罚规则，在第18条中明确规定，对于保险公司违反通知规定的，“视情况采取监管谈话、风险提示和依法在一定期限内禁止申报互联网人身保险新产品等监管措施”。

根据2021年修订的《中华人民共和国行政处罚法》（以下简称《行政处罚法》）第13条的规定，“国务院部门规章可以在法律、行政法规规定的给予行政处罚的行为、种类和幅度的范围内作出具体规定。尚未制定法律、行政法规的，国务院部门规章对违反行政管理秩序的行为，可以设定警告、通报批评或者一定数额罚款的行政处罚。罚款的限额由国务院规定”。也就是说，在互联网保险行业中的处罚，由于《中华人民共和国保险法》（以下简称《保险法》）并无针对保险行为的行政处罚规定，现行监管体系下仅有《监管办法》有权对违反行政管理秩序的行为进行设定，且设定的行政处罚仅限于“警告、通报批评或者一定数额的罚款”。事实上，纵观《监管办法》，其中并未提及任何监管处罚。而《互联网人身保险业务通知》在其上位法并无相关行政处罚规定的情况下，设置了“监管谈话、风险提示和禁止申报产品”的处罚规定，存在违反《行政处罚法》的嫌疑。因此，建议在《监管办法》中补充相关的法律后果和监管处罚的规定。

三、我国互联网保险监管体系的丰富和完善

在“1个规章制度+N个规范性文件”的监管体系下，理应逐步构建完善的互联网保险监管体系，才能在真正意义上促进互联网保险业务的健康发展。因此，对于完善现有的互联网保险监管而言，建议从纵向和横向领域进行拓展。

（一）纵向：关注与上位法、其他部门法的衔接和补充

1. 与《民法典》的衔接和补充

2020年颁布的《中华人民共和国民法典》（简称《民法典》）中比较大的一

个变化是加强了对数字化、信息化方面的规定。其中，对于当事人一方通过互联网等信息网络发布的合同行为效力和性质进行了明确规定，同时，对于网络侵权责任主体等也进行了明确规定。

结合互联网保险行业的发展和现行《保险法》《监管办法》等相关监管规定，不难发现，关于要约与承诺的规定存在明显不一致的情况。根据《民法典》第491条的规定，“当事人一方通过互联网等信息网络发布的商品或者服务信息符合要约条件的，对方选择该商品或者服务并提交订单成功时合同成立，但是当事人另有约定的除外”。而根据《监管办法》的规定，对于通过互联网订立的保险合同需要对其条款、服务提供方式等进行信息披露，该披露要求已经完全满足要约需明确、具体的相关要求，但根据《保险法》第13条的规定，“投保人提出保险要求，经保险人同意承保，保险合同成立”。因此，出现了互联网保险的法律体系下与《民法典》中关于“要约”的规定存在差异的情况。根据《民法典》的规定，只要通过互联网等发布的商品或服务信息符合要约条件的，该信息即构成要约，并且另一方当事人仅需选择商品和服务并提交订单后，合同即成立。但这一规定与互联网保险的实际操作存在显著差异，且与保险合同的订立存在明显不同。

第一，关于互联网保险的要约。根据《监管办法》《互联网人身保险业务通知》和《可回溯管理通知》的规定，互联网保险应当在其销售页面上展示投保及承保全流程页面，包含提示进入投保流程、展示说明保险条款、履行提示和明确说明义务、验证投保人身份，以及投保人填写投保信息、自主确认阅读有关信息、提交投保申请、缴纳保费等内容。也就是说，根据监管要求，保险机构在其销售页面上展示的内容需要非常全面且具体，不仅仅包括产品本身的内容，也包括相应的流程、服务等。按照《民法典》的相关规定，上述的披露内容完全符合关于要约的要求。但在保险合同中，上述内容并不构成保险机构对于订立保险合同的要约。《保险法》第13条中明确规定了，“投保人提出保险要求”才构成保险合同的要约。两者之间存在明显不同，在合同没有另行约定的情况下，一旦发生争议，将存在法律适用上的问题和困惑。

第二，关于互联网保险合同的成立。同样，根据《民法典》第491条的规定，一方当事人仅需选择商品和服务并提交订单后，合同即成立。事实上，根据《保险法》及互联网保险实务的相关操作，投保人在选择准备购买的保险产品并提交订单时，仅能认为投保人提出了保险要求，距离保险合同的成立，还欠缺保险人作出同意承保的意思表示。

综上，只能通过保险公司在销售页面或者保险条款中明确约定才能解决上述问题。根据《民法典》的规定，关于通过互联网发布的商品和服务信息类的要约，如当事人另有约定的，可以按照当事人约定处理。与《民法典》的衔接与补充，不仅仅是在相关法律法规中修改法律名称，更重要的是在内容上的衔接和协调。同时，也不仅仅是监管规定需要与《民法典》进行衔接与协调，更需要《民法典》《保险法》及相关监管规定的衔接与协调。

2. 与《保险法》的衔接和补充

互联网保险的相关监管规定理应在《保险法》的规定和要求范围下进行补充和完善，在我国现行《保险法》的立法体系中，将保险合同部分和保险业法部分均规定在《保险法》中，因此，在实际的监管立法中，不仅需要与业法部分的协调统一，也需要兼顾到保险合同法部分的协调、统一。

根据《互联网人身保险业务通知》第6条第6项的规定，"保险公司接收到投保人、被保险人或者受益人的保险事故通知后，应在1个工作日内一次性给予理赔指导；在接收到被保险人或者受益人的赔偿或者给付保险金请求后，保险公司认为有关证明和资料不完整的，应于2个工作日内一次性通知投保人、被保险人或者受益人补充；在接收到被保险人或者受益人的赔偿或者给付保险金请求及完整材料后，于5个工作日内作出核定，并于作出核定后1个工作日内通知申请人；如遇复杂情形，可将核定期限延展至30日"。上述规定是对《保险法》第23条的细化，同时兼顾了最高院相关司法解释对该条的补充和说明。根据《保险法》第23条的规定，"保险人收到被保险人或者受益人的赔偿或者给付保险金的请求后，应当及时作出核定；情形复杂的，应当在三十日内作出核定，但合同另有约定的除外"。同时，在2013年开始施行的《最高人民法院关于适用〈中华人民共和国保险法〉若干问题的解释(二)》(以下简称《保险法司法解释二》)第15条规定，"保险法第二十三条规定的三十日核定期间，应自保险人初次收到索赔请求及投保人、被保险人或者受益人提供的有关证明和资料之日起算。保险人主张扣除投保人、被保险人或者受益人补充提供有关证明和资料期间的，人民法院应予支持。扣除期间自保险人根据保险法第二十二条规定作出的通知到达投保人、被保险人或者受益人之日起，至投保人、被保险人或者受益人按照通知要求补充提供的有关证明和资料到达保险人之日止"。不得不说《互联网人身保险业务通知》的该条规定很好地与《保险法》及其司法解释进行了衔接，并在监管和操作层面，在法律框架下对具体操作进行了细化和补充，有效地形成了立法体系，并保护了保险消费者的权益。

3. 与《消费者权益保护法》《网络安全法》和《个人信息保护法》的衔接和补充

关于保险产品是否能适用《中华人民共和国消费者权益保护法》（简称《消费者权益保护法》）的问题，一直以来都存在争议。因此，在过往的保险纠纷中，不少保险消费者以《消费者权益保护法》为法律依据提起诉讼。主要的诉讼主张包括，依据《消费者权益保护法》第25条“经营者采用网络、电视、电话、邮购等方式销售商品，消费者有权自收到商品之日起七日内退货”；第55条“经营者提供商品或者服务有欺诈行为的，应当按照消费者的要求增加赔偿其受到的损失，增加赔偿的金额为消费者购买商品的价款或者接受服务的费用的3倍”等。但事实上，《保险法》及相关司法解释和监管规定才是对保险消费者更精准和专业的保护依据。因此，应当对保险消费者进行特别保护，而不是单纯依据《消费者权益保护法》进行保护。在（2017）最高法民申1462号石田慧敏、阳光人寿保险股份有限公司吉林分公司人寿保险合同纠纷一案中，石田慧敏向最高院申请再审，主张要求阳光保险公司承担保险费67万元的3倍的惩罚性赔偿金。最高院认为，该案应当适用《消费者权益保护法》的规定，该法未规定的，应适用保险法律法规的相关规定。关于二审判决对本案惩罚性赔偿金计算标准的问题。《消费者权益保护法》第55条规定：“经营者提供商品或者服务有欺诈行为的，应当按照消费者的要求增加赔偿其受到的损失，增加赔偿的金额为消费者购买商品的价款或者接受服务的费用的三倍；增加赔偿的金额不足五百元的，为五百元。法律另有规定的，依照其规定。”结合《消费者权益保护法》第2条“消费者为生活消费需要购买、使用商品或者接受服务，其权益受本法保护”的规定，惩罚性赔偿金的制度目的在于加大对消费者为生活消费需要购买商品或接受服务时遭受欺诈所致损失的保护力度。由于涉案两类保险产品，即分红型年金人寿保险、万能型年金人寿保险兼具财务投资和生活消费的性质，如以全部保险费做惩罚性赔偿金的计算标准，将会涵盖自然人财务投资的风险损失，不符合惩罚性赔偿金的制度目的。但事实上，保险消费与一般的消费具有显著差异，如最高院上述裁判中所述，部分保险产品“兼具财务投资和生活消费的性质”，特别是在财产保险中类似于企财险、营业损失险等产品并非生活消费所用，并非完全适用《消费者权益保护法》。对于保险消费者而言，特别是互联网保险消费者，保险法律法规才是对保险消费者保护的最专业、最全面的法律法规。

《中华人民共和国网络安全法》(简称《网络安全法》)和《中华人民共和国个人信息保护法》(简称《个人信息保护法》)都是随着近年来互联网技术发展,用来规范新出现的法律问题的。《网络安全法》主要侧重于对网络安全的保护;《个人信息保护法》主要侧重于规范个人信息处理活动,促进个人信息合理利用。而互联网保险的发展和创新,除保险本身的保障属性外,更重要的是信息技术、数据应用和个人信息的处理和使用,以促进和提升互联网保险的服务。但《网络安全法》和《个人信息保护法》主要是对信息使用进行限制,这也引发了关于个人信息和网络安全在互联网保险行业中的保护边界问题:

一方面,保险人的明确说明义务和投保人的如实告知义务的证明一直以来都是实践中的难点,随着互联网保险的发展能从技术上解决上述问题。特别是对于高额复杂的保险产品,可以通过视频、录音提示等方式向投保人说明条款内容,并通过视频、录音的方式由投保人回答是否明白清楚地知道保险合同和条款中的内容,并将相关信息留存在系统中。因此,需要与《中华人民共和国数据安全法》和《个人信息保护法》的保护边界相衔接,应当允许保险机构通过上述技术手段收集、使用信息。

另一方面,保险机构在通过互联网销售保险时,也应当符合必要性原则,不能毫无限制地询问。保险机构向投保人询问的问题、收集的信息与其投保行为应当具有相当的因果关系,建议把因果关系作为判断收集的数据和信息是否合理且必要的标准。

综上所述,对于互联网保险监管体系的丰富和完善,其症结在于对《保险法》的修订和完善。《保险法》是互联网保险监管规定的基础和根本,只有对《保险法》进行了修订和完善,才能确保互联网保险的相关监管制度在整个立法体系中是和谐、融合的。

(二)横向:补充保险消费者保护和互联网保险产品的监管细则

1. 完善互联网保险消费者权益的保护

(1)对合格的互联网保险消费者进行限制

从目前的互联网保险来看,主要是从网上获取保险产品、保险服务等方面的信息。而这种获取方式,往往是以文字的方式获取为主。因此,对于互联网保险而言,需要对互联网保险的消费者进行资格上的限制,并非所有人都是合格的互联网消费者。

首先,合格的互联网保险消费者必须是具有一定的阅读能力,能够完整阅读、理解保险合同的人。同时,由于互联网保险要求投保人能独立完成线上投保行为，因此，对于投保人的年龄也应当进行相应限制。

其次，对于使用保险专业术语频率较高，且不得不使用较难懂的保险专业术语的产品，建议在互联网上销售时，仅面向具备较丰富保险产品购买经验的保险消费者。例如涉及关于保单现金价值的描述，关于减额交清和交清增额的表述等保险产品，建议仅销售给购买过同类产品的保险消费者。

最后，关于风险较高的产品，根据《互联网人身保险业务通知》的规定，不允许通过互联网销售投连、分红、万能等险种，但事实上，投连险本身的保险属性并不复杂，其最大的特点是在兼具人身保险的同时具备投资的属性，且该类投资存在本金损失的风险。对于此类保险，建议参考银行通过互联网销售理财产品的相关做法，需要对合格投资人进行识别，要求投资人具备相应的风险识别和承担能力。同时，对于此类互联网保险产品，可以适当提高保险机构通过互联网销售保险时应当履行的明确说明义务，或者要求保险机构履行更严格的说明方式。

（2）对互联网保险消费者的识别

在互联网远程保险服务中，服务对象准确的识别是提供保险服务的前提。特别是在人寿保险中，需要识别投保人、被保险人，甚至是受益人。如果未对相关人员进行识别，则将导致保险合同的效力存疑。

因此，不能仅仅在《暂行办法》中规定“保险机构应建立健全客户身份识别制度”，而是应当确立一些切实可行的身份识别的认定标准。从现有的实际情况来看，已有保险公司通过以下变通的方式进行互联网保险服务对象的识别：

第一，投保人、被保险人和受益人可以通过人脸识别和身份证结合的方式进行识别，利用移动设备的智能性，用移动设备对保险消费者进行摄影或者摄像，并结合其在硬件设备上的签名，组成数据包，发送给CA认证公司进行认证，以进行保险消费者的身份识别。此种方式为保险公司自行对保险消费者识别的方式。

第二，被保险人和受益人可优先通过关联银行账户进行身份识别，由于被保险人和受益人并非保险合同的当事人，在签订合同时，往往不需要被保险人或者受益人在场。但被保险人和受益人又是获取保险金的人，在无法获取被保险人和受益人的身份证和人脸识别时，通过关联银行账号进行身份识别将成为行之有效的身份识别方式。通过信任银行端对开户人员的身份识别，关联被保险人或者受益人的银行账户，并结合银行的U盾技术对保险消费者的身份进行识别。此种方式完全依赖于银行的识别结果。

因此,在保险消费者的身份识别问题上,建议能够通过区分支付型和非支付型的保险服务项目,对于涉及支付一定金额的保险服务项目,需要至少按照第二种方式对保险消费者的身份进行识别;对于不涉及支付的保险服务项目,可以采用第一钟身份识别的方式。

综上,建议在监管要求上,只要保险公司能够做到以上对身份识别的方式,即可认为保险公司已经履行了身份识别的义务。

2. 关于互联网保险产品的监管

保险产品是保险服务的基础和依据,是保险合同的重要组成部分。因此,只有制定好符合国情、符合法律法规的规定,以及受广大人民群众欢迎的产品,才能使互联网保险有更大的发展空间。鉴于此,对于互联网保险产品的监管,建议建立健全互联网保险产品的备案审批制度。关于保险产品开发和保险条款的报备,根据《人身保险公司保险条款和保险费率管理办法(2015年修订)》和《财产保险公司保险条款和保险费率管理办法》的规定,"保险公司报送保险条款和保险费率备案,不得迟于使用后10日";"对于应当备案的保险条款和保险费率,财产保险公司应当在经营使用后10个工作日内报银保监会或其省一级派出机构备案"。由此可见,监管部门已经建立保险条款的报备和审批制度,但是在互联网保险的新形势下,在大量伪保险出现,以及某些保险产品上线后在短时间内就被叫停的情况下,上述报备和审批制度是否能够满足现实的需要,尚值得商榷。事实上,某些保险公司利用监管规定的空白之处制定备案类的保险条款和保险费率,在经营使用后十个工作日内报中国银保监会备案即可,导致有的保险公司先斩后奏。更有甚者利用这一期限,不管设计的保险产品是否合法合规,先上线赚足眼球再说。

因此,建议在保险产品和条款的备案、审批上,区分不同产品,分别实行产品或条款的备案或审批。对于一般的、常规性产品,可以实行产品、条款的备案制;对于有可能损害保险消费者利益、可能影响保险公司偿付能力的产品、条款需要报银保监会审核批准。

四、结语

对于互联网保险的发展,唯有配以完善的监管体系,才能使得其更好、更快地发展。而互联网保险的发展绝不是一蹴而就的,而是与互联网保险监管体系的构建和不断完善之间相辅相成。

因此，关于我国互联网保险监管体系的构建，现有的“1个规章制度+N个规范性文件”的监管体系已为互联网保险的监管体系构建了相对成熟的逻辑框架，接下来，需要不断对该体系和框架进行丰富和补充，以促进互联网保险可持续性发展，保障互联网保险合规经营。

更为重要的是，由于互联网保险仅仅只是保险行为或保险产品的一部分，而目前的“1个规章制度”的效力层级显然不够。我国现行的《保险法》自2009年修订以来，十余年时间里其内容未做实质性修改，而这十年又恰恰是互联网保险发展的黄金十年，不论是保险产品的类型，还是保险产品的销售模式，抑或互联网保险背后支撑的技术等，都发生了翻天覆地的变化。同时，相应的法制环境也发生了巨大变化。因此，对《保险法》的修订，在其中增加关于“互联网保险”的原则性规定也尤为重要，包括对互联网保险行为、保险产品以及法律责任和后果的相关规定，以更好地规制保险机构的互联网保险行为，更有力地保护保险消费者，让互联网保险也能够做成“有温度的保险”。

参考文献

[1] 姚军、苏战超:《互联网金融法律问题论纲: 基于金融企业实务的视角》，载《科技与法律》2014年第3期。

[2] 姚军、苏战超:《互联网金融视角下的消费者权益保护》，载《金融法苑》2014年第2期。

[3] 曹洪俊:《关于互联网保险监管的思考》，载《中国保险报》2014年8月27日。

[4] 邓建鹏:《互联网金融监管需硬法软法齐头并进》，载《法制日报》2015年5月18日。

[5] 李超:《互联网保险搅局车险业 依赖新理赔模式》，载《中国证券报》2015年05月18日。

[6] 王雅君:《互联网保险闹剧不断 产品创新应有底线》，载《上海商报》2015年04月22日。

[7] 鲁峰、李承:《互联网保险: 现状及未来》，载《当代金融家》2015年第3期。

[8] 路玮、赵胤钘:《互联网保险信息披露问题研究》，载《经济观察》2014年10月31日。

[9] 饶越:《互联网金融的实际运行与监管体系催生》，载《改革》2014年3期，第56–63页。

［10］黄蕾:《保监会: 互联网保险要严防的六大风险》,载《上海证券报·中国证券网》2014年9月26日。

［11］田宇申:《互联网保险中个人信息保护的法律规制——以个人信息保护政策为切入》,载《兰州学刊》2021年第9期。

［12］杨屹峰:《互联网保险消费者权益法律保护路径探讨》,载《法治与经济》2020年第4期。

［13］韩宋辉:《原中国保监会副主席周延礼: 构建立体化的互联网保险制度体系》,载《上海证券报》2021年12月6日。

保险欺诈主体的构成与法律责任

李玉泉　乔　石[①]

随着我国保险业的迅速发展，保险欺诈事件时有发生，且数量呈快速上升趋势。保险欺诈扰乱了保险市场的秩序和正常的保险经营活动，严重侵害了保险人和广大投保人、被保险人、受益人的合法权益，阻碍了保险业的健康发展。研究保险欺诈的特点和规律，探究保险欺诈的主体构成和法律责任，是有效防止和打击保险欺诈十分紧迫的课题。以互联网、大数据和云计算为基础的新科技发展，有效提升了不同行业之间数据的共享程度与识别水平，助力保险业增强反欺诈能力。与此同时，科技手段的进步也给保险欺诈实施者带来了便利，保险欺诈的方式也发生了新的变化。突出体现为幕后操纵者与保险合同当事人之间的分离，保险从业者与投保人、被保险人、受益人相互勾结等。从行业实践的视角来看，保险欺诈主体构成与法律责任的相关法律规定已无法适应实践发展的现状，需要尽快完善。

一、问题的提出

案例1：A汽车修理厂老板吴某，伙同员工李某、许某，以及B保险公司定损员陈某，利用所租赁的老旧高端二手车在上下班高峰时间段进行故意碰撞（包括故意变道追尾第三者车辆、追尾货车、掉水沟等手法），制造交通事故和摆放现场，向保险公司索赔，骗取保险公司赔偿金，涉案金额200余万元。

案例2：C民营医院负责人张某，组织医生、护士、财务结算等岗位人员，与D组织合作，为该组织成员办理“挂床”，制作假住院、假病历手续，将医院所

① 李玉泉：法学博士、研究员、资深仲裁员，中国保险学会法律专业委员会主任，中华联合保险集团股份有限公司独立董事，曾任中国人民保险集团股份有限公司执行董事、副总裁。乔石：法学博士，中国人民养老保险有限责任公司法律合规部/纪委办公室总经理助理。

开药品进行转卖，共骗取该地社会医疗保险统筹基金及各大保险公司保险赔偿金1 000余万元。

上述两则案例，均为典型的保险欺诈行为，且构成刑事犯罪，应当援用《中华人民共和国刑法》（以下简称《刑法》）第198条关于保险诈骗罪的规定①，但以下两个问题值得我们深思：

一是主体构成上。保险欺诈行为的主要实施者无法构成保险诈骗罪的犯罪主体。依照《刑法》第198条的规定，保险诈骗罪的犯罪主体只限于投保人、被保险人和受益人，共同犯罪主体可以延伸至保险事故的鉴定人、证明人、财产评估人。在前述两则案例中，保险欺诈的主要实施者吴某和张某，是保险诈骗团伙中的主犯，但因其并非保险合同的当事人，不能成为保险诈骗罪的犯罪主体，无法以保险诈骗罪论处。在团体犯罪行为中发挥重要作用的修理厂员工、医院员工等，虽然可以构成保险诈骗罪的共犯，但需要根据情节判断其是否构成保险事故的鉴定人、证明人、财产评估人。案例1中的保险公司定损员陈某，是实施保险诈骗行为的重要参与者，但以保险诈骗罪的共犯论处也存在困难。因为吴某等不构成保险诈骗罪的犯罪主体，何来的保险诈骗罪的共犯？只有案例2中构成被保险人的“患者”，才可以成为保险诈骗罪的犯罪主体。保险诈骗罪属诈骗罪的特殊形态，应体现保险法律关系的特点。但由案例观之，在越来越普遍的团体性质犯罪中②，犯罪主体的构成似乎与具体的实施主体相分离。

二是责任承担上。同一欺诈行为下的刑事责任与民事责任界定存在“理

① 《刑法》第198条规定：“有下列情形之一，进行保险诈骗活动，数额较大的，处五年以下有期徒刑或者拘役，并处一万元以上十万元以下罚金；数额巨大或者有其他严重情节的，处五年以上十年以下有期徒刑，并处二万元以上二十万元以下罚金；数额特别巨大或者有其他特别严重情节的，处十年以上有期徒刑，并处二万元以上二十万元以下罚金或者没收财产：（1）投保人故意虚构保险标的，骗取保险金的；（2）投保人、被保险人或者受益人对发生的保险事故编造虚假的原因或者夸大损失的程度，骗取保险金的；（3）投保人、被保险人或者受益人编造未曾发生的保险事故，骗取保险金的；（4）投保人、被保险人故意造成财产损失的保险事故，骗取保险金的；（5）投保人、受益人故意造成被保险人死亡、伤残或者疾病，骗取保险金的。有前款第四项、第五项所列行为，同时构成其他犯罪的，依照数罪并罚的规定处罚。单位犯第一款罪的，对单位判处罚金，并对其直接负责的主管人员和其他直接责任人员，处五年以下有期徒刑或者拘役；数额巨大或者有其他严重情节的，处五年以上十年以下有期徒刑；数额特别巨大或者有其他特别严重情节的，处十年以上有期徒刑。保险事故的鉴定人、证明人、财产评估人故意提供虚假的证明文件，为他人诈骗提供条件的，以保险诈骗的共犯论处。”

② 李玉泉、乔石：《大金融背景下保险欺诈的新特征和风险防范路径》，载《保险研究》2021年第4期。

论性”割裂。在前述两则案例中，保险欺诈行为均呈现为同一团伙、共同实施、共同获取非法利益，但基于法律规定的不同，刑事责任与民事责任需要从不同角度论证。刑事责任上，如前所述，同一团伙内的不同主体须根据《刑法》规定，分别处于保险诈骗罪、一般诈骗罪或渎职罪。如案例2中的“挂床”患者构成保险诈骗罪，医院负责人张某则构成一般诈骗罪。民事责任上，犯罪团体应共同承担对于保险公司的连带赔偿责任。如案例1中的修理厂老板吴某与保险公司定损员陈某承担连带赔偿责任。虽然刑事法律关系与民事法律关系的理论基础与实践操作存在本质差别，但在共同行为下，刑事责任界定与民事责任承担完全分离，在实体和程序上均无法形成关联的现状，非常不利于有效解决实践问题。①

二、保险欺诈与保险诈骗：概念错位引发的困境

关于保险诈骗罪的犯罪主体，刑法学者多有论述②，本文不深入探究。反思前述案例中问题的根源，似乎并不在于保险诈骗罪条文本身，而在于司法领域中的“保险诈骗”与保险实践中的“保险欺诈”出现了概念的错位，即对于同一团伙共同实施的保险欺诈行为，基于不同领域法律法规的差异，出现了不同的界定方式，给保险业实践带来了困扰。

（一）关于保险欺诈，《刑法》与《保险法》相关概念和规定的错位

众所周知，保险是舶来品。保险欺诈一词源自英文fraud，保险界约定俗成，一直将其翻译为保险欺诈。《保险法》自2009年修改时起在形式上沿用了《刑法》中保险诈骗的概念。《保险法》第174条将原称的“保险欺诈活动”改称为“保险诈骗活动”③，在主体构成与行为方式的界定上，《保险法》中规定的保险诈骗活动与《刑法》中的保险诈骗罪规定完全相同。即保险诈骗活动的主体同样为投保人、被保险人、受益人，以及保险事故的鉴定人、评估人、证明人；行为方式均包括故意虚构保险标的，编造未曾发生的保险事故，编造虚假

---

① 实践中，问题突出表现为保险欺诈民事责任的承担须等待刑事责任确定之后，而刑事司法程序一般周期较长，造成民事责任赔偿的解决旷日持久。

② 张明楷：《论身份犯的间接正犯：以保险诈骗罪为中心》，载《法学评论》2012年第6期。

③ 《保险法》第174条规定：“投保人、被保险人或者受益人有下列行为之一，进行保险诈骗活动，尚不构成犯罪的，依法给予行政处罚：（1）投保人故意虚构保险标的，骗取保险金的；（2）编造未曾发生的保险事故，或者编造虚假的事故原因或者夸大损失程度，骗取保险金的；（3）故意造成保险事故，骗取保险金的。保险事故的鉴定人、评估人、证明人故意提供虚假的证明文件，为投保人、被保险人或者受益人进行保险诈骗提供条件的，依照前款规定给予处罚。”

的事故原因、夸大损失程度，故意造成保险事故等情形。[①]《保险法》第174条实际上明确了保险诈骗活动罪与非罪的区分标准，即行为的危害程度。涉及刑事犯罪的，依据《刑法》以保险诈骗罪论处；尚不构成犯罪的保险诈骗活动，依据《保险法》作出行政处罚。

纵观《保险法》全文，其关于保险诈骗活动主体的规定，在实质上又突破了保险诈骗罪的规定。《保险法》除第174条外，第116条第6项和第131条第9项分别规定了保险公司及其工作人员和保险代理人、保险经纪人及其从业人员骗取保险金的行为。[②]从构成要件上看，保险公司及其工作人员和保险代理人、保险经纪人及其从业人员等保险从业者实施的保险诈骗行为，在行为方式上与《刑法》规定的保险诈骗罪、《保险法》规定的保险诈骗活动是一致的，但在主体构成上，显然突破了《刑法》保险诈骗罪的限定。《保险法》关于保险从业者实施保险诈骗行为的规定，实质上确立了保险从业者可以成为保险诈骗的独立实施者或共同参与者。如《保险法》第131条第9项规定了保险代理人、保险经纪人及其从业人员串通投保人、被保险人或者受益人骗取保险金的行为，作为对保险诈骗活动主体构成的补充；但在《刑法》层面，保险从业者无法成为保险诈骗罪的犯罪主体。《刑法》与《保险法》之间关于保险欺诈概念和规定的错位，造成保险实践中大量从事诈骗活动的保险从业者无法援用保险诈骗罪，而这些保险从业者实际上已经成为保险诈骗的特定群体。

（二）关于保险欺诈，行业监管规则与法律法规相关规定的错位

按照原中国保监会印发的《反保险欺诈指引》第3条第1款规定："保险欺

---

① 与《刑法》第198条相比，《保险法》第174条不再列明"故意造成财产损失的保险事故，骗取保险金的""故意造成被保险人死亡、伤残或者疾病，骗取保险金的"两种保险诈骗的情形，而是将其合并修改为"故意造成保险事故，骗取保险金的"这样的表述，使条文更为精练、准确。另外，《保险法》第174条将"保险欺诈活动"改为"保险诈骗活动"。2009年《保险法》修改以前的第138条规定："投保人、被保险人或者受益人有下列行为之一，进行保险欺诈活动，构成犯罪的，依法追究刑事责任：（1）投保人故意虚构保险标的，骗取保险金的；（2）未发生保险事故而谎称发生保险事故，骗取保险金的；（3）故意造成财产损失的保险事故，骗取保险金的；（4）故意造成被保险人死亡、伤残或者疾病等人身保险事故，骗取保险金的；（5）伪造、变造与保险事故有关的证明、资料和其他证据，或者指使、唆使、收买他人提供虚假证明、资料或者其他证据，编造虚假的事故原因或者夸大损失程度，骗取保险金的。有前款所列行为之一，情节轻微，尚不构成犯罪的，依照国家有关规定给予行政处罚。"

② 《保险法》第116条规定，"保险公司及其工作人员在保险业务活动中不得有下列行为：……（6）故意编造未曾发生的保险事故、虚构保险合同或者故意夸大已经发生的保险事故的损失程度进行虚假理赔，骗取保险金或者牟取其他不正当利益"；《保险法》第131条规定，"保险代理人、保险经纪人及其从业人员在办理保险业务活动中不得有下列行为：……（9）串通投保人、被保险人或者受益人，骗取保险金"。

诈（以下简称欺诈）是指假借保险名义或利用保险合同谋取非法利益的行为，主要包括保险金诈骗类欺诈行为、非法经营保险业务类欺诈行为和保险合同诈骗类欺诈行为等。除特别说明，本指引所称欺诈仅指保险金诈骗类欺诈行为，主要包括故意虚构保险标的，骗取保险金；编造未曾发生的保险事故、编造虚假的事故原因或者夸大损失程度，骗取保险金；故意造成保险事故，骗取保险金的行为等。”该条第2款进一步规定：“本指引所称保险欺诈风险（以下简称欺诈风险）是指欺诈实施者进行欺诈活动，给保险行业、保险消费者及社会公众造成经济损失或者其他损失的风险。”原中国保监会印发的《关于加强反保险欺诈工作的指导意见》对三种保险欺诈行为的具体方式进行了列举[①]，区分的主要标准是保险合同关系是否真实存在，即围绕真实保险合同关系实施的诈骗行为，构成保险金诈骗类欺诈；非法经营保险业务或虚构保险合同单据的诈骗行为，构成非法经营保险业务类欺诈或保险合同诈骗类欺诈。如果从前述保险行业监管制度的规定看，行业实践层面界定的“保险欺诈”应属于“保险诈骗”的上位概念，即保险诈骗（保险金诈骗）是保险欺诈中的一种类型。

在《刑法》《保险法》均仅规定“保险诈骗”的情况下，保险行业监管规则有时称保险欺诈，有时称保险诈骗，又将“保险欺诈”作为“保险诈骗”的上位概念，造成了混乱。一方面，行业监管规则虽然立法层级相对较低，但在保险行业内普遍适用。“保险欺诈”的概念在保险理论界和实务界普遍接受的前提下，要求保险行业能够从法律理论上辨析清楚保险欺诈和保险诈骗的差异，并不容易。加之原中国保监会印发的《反保险欺诈指引》中规定，“除特别说明，本指引所称欺诈仅指保险金诈骗类欺诈行为”，进一步加剧了实践中保险欺诈与保险诈骗在概念上的混同。另一方面，原中国保监会印发的《反保险欺诈指引》并没有对“保险金诈骗类欺诈行为”的主体构成作出界定，从适用对象上看，行业监管规则更多是规范保险机构及其工作人员的行为。保险行

---

① 原中国保监会印发的《关于加强反保险欺诈工作的指导意见》在其四“严厉打击各类保险欺诈行为”中，明确指出重点打击以下三类欺诈行为：（1）保险金诈骗类欺诈行为。包括：故意虚构保险标的，骗取保险金；编造未曾发生的保险事故，或者编造虚假的事故原因或者夸大损失程度，骗取保险金；故意造成保险事故，骗取保险金的行为等。（2）非法经营保险业务类欺诈行为。包括：非法设立保险公司、非法设立保险中介机构，设立虚假的保险机构网站，假冒保险公司名义设立微博、发送短信开展业务，非法开展商业保险业务、非法经营保险中介业务，以及销售境外保险公司保单等行为。（3）保险合同诈骗类欺诈行为。包括：销售非法设立的保险公司的保单、假冒保险公司名义制售假保单、伪造或变造保险公司单证或印章等材料欺骗消费者，以及利用保险单证、以高息为诱饵的非法集资等行为。

业中一般认定的保险欺诈活动实施主体显然不限于投保人、被保险人及受益人，实践中不仅包括了保险公司及其工作人员，还包括了保险中介机构及其从业人员等保险从业者，甚至还可以延伸至保险合同关系之外的其他主体，如汽车修理厂及其从业人员。

由上可见，保险行业监管规则中规定的保险欺诈，在概念界定和主体构成上，均大大突破了《刑法》《保险法》中关于保险诈骗的界定。当保险机构援用行业监管规则去处理保险欺诈行为时，对大量实施者无法援用《刑法》《保险法》的对应条文追究其责任，或同一保险诈骗活动的同类实施者须分别适用《刑法》《保险法》中的不同条文，给实践造成了很大的困惑。

三、保险欺诈行为的重新定义：主体构成与法律责任的明确

关于"保险欺诈"与"保险诈骗"之差异，学术界一般也认为保险欺诈属于民事合同上的行为，而保险诈骗则属于刑事范畴。[①]理论上，前述概念错位问题的解决可以有两种途径：一是"民刑分开"。刑事法律关系下的欺诈行为遵循《刑法》的规定，称之为"保险诈骗"；民事法律关系下的欺诈行为援用《民法典》的规定[②]，界定为"保险欺诈"。《保险法》作为民法的特别法，应随《民法典》作出相应调整。二是"先刑后民"。对于欺诈行为，先以《刑法》衡量，构成刑事责任的，则以"保险诈骗"界定；如尚未构成犯罪，则纳入"保险欺诈"范畴，使保险欺诈成为保险诈骗的下位概念。

从保险行业情况看，解决保险欺诈与保险诈骗的概念错位问题，途径并不在于理论溯源，而在于以适当的方法满足保险行业发展的实践需求。一方面，《保险法》第174条等关于保险诈骗活动的规定，目的在于刑事犯罪与行政处罚的衔接。正是由于实践中存在大量未构成保险诈骗罪的欺诈行为，《保险法》从行业监督管理的视角予以规范。同时，《保险法》从行业实际状况出发，将保险从业者也纳入"保险诈骗"的范围。在一部《保险法》中，如同时包括刑法层面与行政法层面关于保险诈骗活动的不同理解，对实践将带来很大的困扰。另一方面，如前述案例可见，当前保险欺诈活动发展的趋势越来越具有"隐蔽性"，突出体现为主导实施者的幕后操纵与团队化协作，"同一犯罪团伙成员，

① 李海澈：《商业医疗保险欺诈构成要件及法律责任分析》，载《中国卫生法制》2018年第5期。

② 《民法典》第148条规定："一方以欺诈手段，使对方在违背真实意思的情况下实施的民事法律行为，受欺诈方有权请求人民法院或者仲裁机构予以撤销。"

构成不同刑事犯罪，却承担相同属性民事责任”的状态，使得共同犯罪人没有按照共同故意犯罪的内容来承担共同责任[①]，更与保险行业实践严重脱节。此外，从责任承担的角度看，民事责任层面上，保险欺诈活动的共同实施者构成共同侵权，应向被侵权人承担连带赔偿责任，在主体构成上并没有限制；刑事责任与行政责任层面上，主体构成的界定应能够与民事责任保持相互衔接，避免过分的理论隔离，以利于实践操作。

因此，问题的解决路径应回归本源，即以“行为”作为核心标准，从实践出发，保持同一行为下主体构成与责任承担的一致性。

（一）主体构成的重塑

实际上，无论理论界还是实务界，将保险欺诈与保险诈骗混同使用之情况均已较为常见。从行为构成要件上看，狭义的保险欺诈与保险诈骗并无不同[②]，本质差异仍在于主体构成的界定。因此，重塑主体构成，是解决保险欺诈与保险诈骗概念错位的基础。

在保险欺诈“团体化”趋势愈演愈烈的情况下，投保人、被保险人或者受益人一般由“实质主犯”幕后操控，保险事故鉴定人、证明人、财产评估人等在多数情况下主要承担造假职责，犯罪故意更大，并且保险公司内部工作人员参与甚至主导实施保险诈骗的情形越来越多。此类典型的团伙犯罪，如果对不同身份的犯罪分子依照不同的罪名处理，虽然形式上体现了“身份差异”，但实质上则割裂了犯罪行为之间的关系。[③]

因此，从建立统一的约束规则、有效规范行业发展的角度，应将整个保险欺诈活动作为统一行为，在主体构成上涵盖参与活动的各类实施者，再根据不同实施者主观恶意的大小、具体行为的危害程度，施以不同的法律责任承担。鉴于国外大多数立法例对保险诈骗罪的主体都没有作出特别限制规定[④]，建议摒弃保险诈骗罪的主体仅限于投保人、被保险人、受益人的传统理念，将保险诈骗罪的主体扩大至一般主体，使保险欺诈与保险诈骗在主体构成上相一致，从实质上解决“保险欺诈”与“保险诈骗”的概念错位问题。

---

① 谢望原：《保险诈骗罪的三个争议问题》，载《中外法学》2020年第4期。

② 李玉泉、乔石：《大金融背景下保险欺诈的新特征和风险防范路径》，载《保险研究》2021年第4期。

③ 孙万怀：《保险诈骗共同犯罪的实践难题及合理解决》，载《法学家》2012年第6期。

④ 温培霖：《保险诈骗罪主体的立法界定》，载《中国保险》2019年第2期。

（二）责任承担的厘定

无论采取“民刑分开”，还是“先刑后民”，本质问题在于责任承担的厘定，应根据不同部门法律的规定分别适用。在重塑主体构成的基础上，责任承担同样应聚焦于行为本身的危害性，具体建议如下：

1. 刑事责任

按照《刑法》中保险诈骗罪的规定，从事保险诈欺活动，构成犯罪的，在刑事责任的承担上主要包括两种情形：一是投保人、被保险人以及受益人，构成保险诈骗罪，提供条件的保险事故鉴定人、证明人、财产评估人构成保险诈骗罪的共犯；二是无法构成保险诈骗罪的主体，包括幕后操作者、保险从业者等，将可能构成诈骗罪、合同诈骗罪、非法经营罪等。如前所述，在实践中尤其是在团伙保险诈骗的场景下，将会大量出现共同犯罪行为基于不同主体身份分别定罪的情况。由于保险诈骗罪与诈骗罪、合同诈骗罪等同类犯罪在量刑上并不一致，此种状况在一定程度上将影响责任承担的公正性。因此，关于刑事责任的承担，建议在将保险诈骗罪的主体构成扩大至一般主体的基础上，根据不同主体在同一犯罪活动中的主观恶意大小与客观行为危害程度，施以相应的刑事惩戒，以统一保险诈骗罪的量刑标准。

2. 行政责任

除涉及社会安全稳定，由公安机关依据《中华人民共和国治安管理处罚条例》等法规予以行政处罚外，保险欺诈活动中的行政责任，主要体现为《保险法》所规定的行业监管机构履行监督管理职责，对保险欺诈实施者作出行政处罚。从行业监管的角度，关于行政责任的厘定，主要考量行业监管机构作出的行政处罚或相关监管措施。具体包括如下：

一是保险欺诈活动实施者的行政责任。按照《保险法》第174条，投保人、被保险人或者受益人实施保险诈骗活动，不构成犯罪的，依法承担行政责任。如前所述，该条文的立法目的在于《保险法》与《刑法》中保险诈骗罪的衔接，与扩大保险诈骗罪主体构成的理由一致，在保险欺诈行为团体化、隐蔽化的大背景下，为了避免出现“同一违法违规行为，不同处罚依据和标准”的困境，建议将保险行业监管机构对保险欺诈活动作出行政处罚的主体范围扩大至一般主体，即任何参与保险欺诈活动、损害保险市场和侵犯保险消费者权益的主体，均应受到保险行业监管机构的处罚。

二是保险公司及其工作人员，保险经纪人、保险代理人、保险公估人及其从业人员的行政责任（以下统称保险机构及其从业人员）。如前所述，《保险法》第161条和第165条分别规定了保险公司及其工作人员、保险中介机构及其从业人员实施保险欺诈行为的行政责任。一方面，保险机构及其从业人员的行政责任和保险欺诈活动实施者的行政责任很可能是重叠的，即保险机构及其从业人员参与保险欺诈活动时，保险行业监管机构应依据行为的具体情况和危害程度，对实施保险欺诈的机构和具体人员都要作出监管处罚。另一方面，保险机构及其从业人员的行政责任具有一定的独特性，体现了保险市场从业者的责任，保险监管机构的行政处罚是对于违反市场主体义务的规制，与前述保险欺诈活动实施者的行政责任是不同的。具体来说，除保险机构及其从业人员以外的保险欺诈实施者，如构成犯罪，则承担相应的刑事责任；如尚未构成犯罪，则由保险行业监管机构处以行政处罚。保险机构及其从业人员具有了解并遵守保险市场相关法律法规和监管规则的义务，如参与保险欺诈活动，表现为更大的主观恶意，刑事责任与行政责任的承担应可以并行实施。即使保险机构及其从业人员承担了保险欺诈罪的刑事责任，保险行业监管机构仍可以基于其市场从业者身份作出相应的行政处罚。

三是保险机构的管理责任。根据原中国保监会印发的《反保险欺诈指引》，保险机构承担欺诈风险管理的主体责任，包括建立健全欺诈风险管理制度和机制，规范操作流程，妥善处置欺诈风险，履行报告义务，管理内部工作人员等。[①] 如第20条规定："保险机构应将员工道德风险可能引发的职务欺诈作为欺诈风险管理的重要部分。"如保险机构存在防范内部工作人员从事保险欺诈管理不当的情形，应承担相应的行政责任。保险机构在内部管理角度承担的行政责任，不同于其参与保险欺诈活动时承担的行政责任。

3. 民事责任

保险欺诈行为所涉及的民事责任，主要包括保险公司可以解除保险合同、不承担保险赔偿责任、构成保险欺诈的被保险人或受益人向保险公司返还已赔偿的保险金、保险欺诈实施者向保险公司及保险消费者承担赔偿责任等。刑事责任与行政责任具有明显的惩罚性，而民事责任则更强调补偿性。[②] 在适用范围上，保险欺诈中的民事责任承担相比刑事责任、行政责任更加普遍，在危害程度尚不构成刑事犯罪或行政处罚的情形下，仍可能涉及民事赔偿。根

---

① 《反保险欺诈指引》第6条规定："保险机构应当承担欺诈风险管理的主体责任，建立健全欺诈风险管理制度和机制，规范操作流程，妥善处置欺诈风险，履行报告义务。"

② 袁碧华、袁继尚：《投保方保险欺诈民事责任制度研究》，载《广东金融学院学报》2012年第2期。

据民事责任产生的不同情形，应承担不同的民事责任：

一是保险合同无效情形下的民事责任。《民法典》第153条规定："违反法律、行政法规的强制性规定的民事法律行为无效。但是，该强制性规定不导致该民事法律行为无效的除外。违背公序良俗的民事法律行为无效。"当保险欺诈触犯刑事责任，即构成保险诈骗罪时，该欺诈行为的危害程度较高，严重影响社会秩序和保险市场稳定，应属于违反《刑法》中的强制性规定、违背公序良俗。此种情形下，民事责任是因违反《刑法》等强制性法律而产生的刑事附带民事赔偿，不仅违反保险合同义务，更是损害了社会公共利益。建议保险欺诈实施者基于保险合同无效履行民事赔偿责任。[①]一方面，基于保险合同关系，保险公司不再承担保险赔偿责任，如已支付保险赔偿金的，被保险人或受益人应予以返还；另一方面，基于欺诈行为的主观恶意，保险欺诈实施者还应赔偿保险公司及中介机构等合理支出的调查、理赔等费用。

二是保险合同解除情形下的民事责任。如前所述，当保险欺诈行为尚不构成犯罪时，依据《保险法》第161条、第165条的规定，保险行业监管机构可以给予相应的行政处罚。从实践情况看，当保险欺诈的情节显著轻微时，行业监管机构可以酌情免于行政处罚。因此，对于未构成刑事犯罪的保险欺诈行为，其民事责任的承担应优先依据《保险法》予以界定，当《保险法》没有作出规定时，可以适用《民法典》的规定。如《保险法》第27条规定了投保人、被保险人或者受益人谎称发生了保险事故，故意制造保险事故，伪造、变造有关证明、资料或者其他证据，编造虚假的事故原因或者夸大损失程度等情形下的民事法律后果。[②]保险欺诈行为的民事责任首先应依据《保险法》的规定来认定，即保险公司有权解除保险合同，不承担保险赔偿责任且不退还保险费。如保险公司已经履行赔偿责任，被保险人或受益人应当返还。此种情形下，理论上涉及保险合同解除权与《民法典》中撤销权的竞合，保险合同法是民法的特别

① 李玉泉、乔石：《大金融背景下保险欺诈的新特征和风险防范路径》，载《保险研究》2021年第4期。

② 《保险法》第27条规定："未发生保险事故，被保险人或者受益人谎称发生了保险事故，向保险人提出赔偿或者给付保险金请求的，保险人有权解除合同，并不退还保险费。投保人、被保险人故意制造保险事故的，保险人有权解除合同，不承担赔偿或者给付保险金的责任；除本法第43条规定外，不退还保险费。保险事故发生后，投保人、被保险人或者受益人以伪造、变造的有关证明、资料或者其他证据，编造虚假的事故原因或者夸大损失程度的，保险人对其虚报的部分不承担赔偿或者给付保险金的责任。投保人、被保险人或者受益人有前三款规定行为之一，致使保险人支付保险金或者支出费用的，应当退还或者赔偿。"

法，应优先适用《保险法》。[①] 另外，依据《保险法》，上述民事责任的承担主体仅限于投保人、被保险人和受益人，但如前所述，在保险欺诈活动团体化运作越来越普遍的情形下，民事责任的承担主体应扩展至一般主体，即不能只局限于投保人、被保险人和受益人的范围。此种情况下，民事责任的承担应在依据《保险法》予以界定的前提下，补充适用《民法典》等相关法律法规。对于保险欺诈行为，保险公司应不承担保险赔偿责任且不退还保险费，如欺诈活动给保险公司带来了额外损失，相关实施主体应承担连带赔偿责任。

四、几点建议

基于前述分析，从保险欺诈的概念厘定、主体构成与法律责任三个方面，对完善相关法律法规提出如下建议：

（一）概念厘定——区分保险欺诈活动与保险诈骗罪

“保险诈骗”与“保险欺诈”之间的差异实质上是由刑法学体系与民商法学体系的概念表述不同所造成的。考虑到保险业本身的行业特殊性，建议以“保险欺诈”作为基础概念，通过厘清“保险欺诈活动”与“保险诈骗罪”之间的界限，解决当前概念错位给实践带来的影响。

一是建议将《保险法》第174条中的“保险诈骗活动”修改为“保险欺诈活动”，将“保险欺诈”作为保险行业统一使用的上位概念。除第174条外，《保险法》其他条文所规定的“欺骗投保人”“骗取保险金”等表述并不涉及“保险诈骗”与“保险欺诈”的辨析。在统一使用“保险欺诈活动”的概念后，《保险法》将与《反保险欺诈指引》等行业监管制度形成衔接，即“保险金诈骗”属于“保险欺诈活动”的一种具体形态。从互联网、电信等领域的法律法规看，也均使用“欺诈活动”作为上位概念，在具体行为方式上才使用“诈骗”的表述，如网络诈骗、电话诈骗等。

二是建议遵循《刑法》精神，对于涉嫌或构成刑事犯罪的保险欺诈活动，将其界定为“保险诈骗罪”，而不再普遍使用“保险诈骗”的概念。建议在《保险法》第174条中增加一款，“前款行为构成刑事犯罪的，以保险诈骗罪论处”。保险诈骗作为保险欺诈的下位概念，是保险欺诈活动中危害性较大、触及刑事

---

① 参见于海纯：《保险人撤销权：保险法中的一个制度选择及其合理性追问》，载《中国法学》2020年第4期；夏元军：《论保险法上解除权与民法上撤销权之竞合》，载《法律科学（西北政法大学学报）》2010年第2期。

责任的一种具体犯罪行为，即保险诈骗罪。同时，关于“保险诈骗”的使用，应尽量与《刑法》规定保持一致，如《反保险欺诈指引》中规定的“保险金诈骗类欺诈行为”，建议修改为“保险金骗取类欺诈行为”。

（二）主体构成——扩大保险欺诈的主体为一般主体

理论层面，关于保险诈骗罪主体的特殊身份问题仍争论较多。[①]但从实践情况看，保险行业内对于保险欺诈主体构成的理解，早已突破了投保人、被保险人或者受益人，以及鉴定人、评估人、证明人的范围。如大量保险公司内部人员实施的骗取保险金行为，均被界定为典型的保险欺诈案例，在行业内已是共识。问题的出现，更多是在相关案件进入司法程序后，因保险诈骗罪的主体身份限制，对保险欺诈实施者无法按照保险诈骗罪定罪量刑。

因此，在概念上区分保险欺诈活动与保险诈骗罪后，建议根据实践需求，对相关法律法规作出调整：

一是在《刑法》层面，建议修改保险诈骗罪的主体构成为一般主体，根据实施主体的主观心理状态和在犯罪行为中的实质角色，规定故意利用保险合同关系实施保险欺诈活动的单位或个人，均可以构成保险诈骗罪的主体。改变保险诈骗罪的主体仅限于投保人、被保险人或受益人的现状，更强调保险诈骗罪的构成是以保险合同作为诈骗工具的各类犯罪行为，而不仅仅通过基础合同法律关系来限定犯罪主体的范围。

二是在《保险法》及行业监管规则层面，完善《保险法》及保险欺诈相关行业监管规则，明确保险欺诈活动的实施主体既包括投保人、被保险人和受益人，也包括保险机构及其从业人员，还包括其他参与保险欺诈活动的单位或个人。建议《保险法》第174条作出同步修改，删除“投保人、被保险人或者受益人”的主体范围约束，使保险欺诈活动在主体构成上与保险诈骗罪的犯罪主体保持一致，形成上下位概念之间的统一，以符合当前实践中对于保险欺诈活动主体范围的一般理解。

（三）责任承担——明确不同性质法律责任的承担路径

关于保险欺诈的法律责任承担，在厘清概念与重塑主体构成的基础上，对相关立法完善建议如下：

---

① 参见陈洪兵：《竞合处断原则探究：兼与周光权、张明楷二位教授商榷》，载《中外法学》2016年第3期；杨俊：《确立保险诈骗罪一般主体立法模式研究：以冒名骗赔行为的定性为视角》，载《社会科学战线》2015年第11期。

1. 刑事责任

保险诈骗罪的主体范围修改为一般主体后，对于利用保险合同关系实施的诈骗行为，符合法律规定的行为要件时，将统一以保险诈骗罪论处。对于团伙类保险欺诈活动，将不再出现同一犯罪行为因主体身份不同而分别定罪的问题，避免出现诈骗罪与保险诈骗罪之间的量刑不一。①

同时，团伙类保险欺诈活动往往涉及保险诈骗罪、职务侵占罪、贪污罪等多个罪名，如投保人与保险公司内部人员勾结的情况。②根据《最高人民法院关于审理贪污、职务侵占案件如何认定共同犯罪几个问题的解释》，不具有特定身份的主体可以构成职务侵占罪、贪污罪的共犯。在保险诈骗罪的主体范围扩大至一般主体后，不具有特殊身份的犯罪团伙成员也将可以构成保险诈骗罪的共犯。在定罪量刑上，实施保险欺诈活动的犯罪团伙将构成保险诈骗罪、职务侵占罪或贪污罪等多个罪名，实行数罪并罚。

2. 行政责任

一是关于保险欺诈活动实施者的行政责任。在《保险法》第174条按照前述建议作出修改后，行政责任的承担将与刑事责任形成衔接。即对于实施保险欺诈活动的各类一般主体，构成犯罪的，依据《刑法》按照保险诈骗罪追究刑事责任；尚不构成犯罪的，由保险行业监管机构依据《保险法》给予行政处罚。

二是关于保险机构及其从业人员的行政责任。在保险欺诈活动实施层面，如保险机构及其从业人员参与保险欺诈活动，构成刑事责任的，还应叠加处以行政处罚；未构成犯罪的，应在行政责任尺度内加重处罚，以体现对于行业市场主体“知法犯法”的惩戒。在保险经营活动管理层面，保险机构及其从业人员虽未参与保险欺诈活动，但在制度建设、流程管控中存在漏洞，或是在经营活动中因过失给保险欺诈实施者带来便利的，应视情节对相关责任机构或责任人作出行政处罚。

综上，建议在《保险法》第174条中增加一款，“保险公司及其工作人员，

---

① 按照《刑法》规定，诈骗罪的一般量刑为“处三年以下有期徒刑、拘役或者管制，并处或者单处罚金”，保险诈骗罪的一般量刑为“数额较大的，处五年以下有期徒刑或者拘役，并处一万元以上十万元以下罚金”，保险诈骗罪量刑更重。在同一团伙犯罪中，具有投保人、被保险人、受益人身份的成员以保险诈骗罪量刑，不具有特殊身份的成员则只能以诈骗罪量刑，使同一犯罪行为出现不同主体量刑不一问题。

② 孙万怀：《保险诈骗共同犯罪的实践难题及合理解决》，载《法学家》2012年第6期。

保险经纪人、保险代理人、保险公估人及其从业人员，在保险欺诈活动中存在管理责任的，由保险监督管理机构视情节依法给予行政处罚。反保险欺诈管理的具体办法，由国务院保险监督管理机构制定”。同时，建议尽快启动《反保险欺诈指引》的修订，并将效力层级上升为部门规章。

3. 民事责任

保险欺诈的民事责任是基于保险合同关系产生的，保险合同法是民法的特别法，民事责任的界定应优先适用《保险法》。《保险法》没有规定的，适用《民法典》的规定。对于保险欺诈民事责任的产生情形与承担方式，前文已做了详细论述。从立法完善角度，对保险欺诈民事责任所涉及的两个具体问题建议如下：

一是建议明确保险欺诈实施者对于保险公司成本支出的赔偿责任。《保险法》中多个条文对投保人、被保险人或者受益人涉及保险欺诈时的法律后果作出规定，如前文提到的《保险法》第27条。但民事法律后果仅为“保险人有权解除合同，不承担赔偿或者给付保险金的责任”，并没有规定因保险欺诈行为给保险公司造成额外成本支出或费用损失的赔偿责任。如保险人在调查、识别、防范保险欺诈时，所投入的人力、物力等。从民法理论看，保险欺诈涉及违约责任与侵权责任的竞合①，当保险人因保险欺诈行为遭受经济损失时，可以主张侵权损害赔偿请求权②。除产生保险合同解除的法律后果外，保险欺诈实施者还应向保险公司承担一定的侵权赔偿责任。因此，建议在《保险法》及行业监管规则中增加补充规定，实施者从事保险欺诈活动给保险公司造成损失的，应承担相应的损失赔偿责任；对于保险公司在查处保险欺诈活动中支出的必要费用，实施者应予以赔偿。

二是建议确定保险欺诈损失赔偿的处理方式。保险是一种特殊的金融行为，遵循最大诚信原则和大数法则，实际上是通过保险公司的专业管理能力，来实现被保险人之间的风险共担。从财务角度看，保险公司用于保险赔偿的各类责任准备金具有“负债性”，绝大部分将用于正常的保险赔偿。通过保险欺诈来恶意骗取保险金，最终损害的将是投保人、被保险人及受益人的合法权益。同时，保险欺诈行为严重扰乱了保险市场秩序和保险公司的正常经营活动。因此，建议在《保险法》及行业监管规则层面补充规定，在保险欺诈活动

---

① 袁碧华、袁继尚：《投保方保险欺诈民事责任制度研究》，载《广东金融学院学报》2012年第2期。

② 武亦文：《投保欺诈的法律规制路径》，载《法学评论》2019年第5期。

中，除保险公司不承担赔偿责任外，对于欺诈实施者向保险公司赔偿的成本费用，处理上应体现出一定的“公益性”，保险公司以年度为周期进行统计时，免缴保险保障基金，以利于体现出防范保险欺诈风险的“共济性”，推动反保险欺诈相关公共设施建设和保险欺诈风险防范的多方协作。

保险欺诈是一个复合型研究领域，涉及民法、商法、刑法、行政法等多个部门法，不同学科视角下的研究结论可能又不尽相同。实践是检验真理的唯一标准。本文旨在寻求实践问题的解决路径，期待抛砖引玉，唤起保险界、法学界的更多关注，加强对保险欺诈问题的研究。

论中国《民法典》对“交强险”制度之重构

李祝用　姚兆中[①]

《中华人民共和国民法典》（简称《民法典》）是新时代中国社会主义法治建设的重大成果，对推进全面依法治国、实现国家治理体系和治理能力现代化具有重大意义。作为一部基础性的民事法律，《民法典》出台后将有一系列与之相关联、相配套的法律法规有待研究和完善。从保险业的角度，《民法典》侵权责任编第1213条等条款对机动车交通事故责任强制保险（以下简称“交强险”）作出了新规定，明确了交强险作为责任保险的定位，足以对多年来争议不断的交强险法律性质问题起到定分止争的作用。保险业需深入研究，准确理解法条的含义，在《民法典》确立的新规定框架下积极推动交强险制度改革重塑。

一、《民法典》出台前交强险制度的定位及存在的问题

交强险作为强制保险，对社会公众利益和保险行业经营发展非常重要。但是，交强险究竟是责任保险，还是与民事侵权责任“脱钩”的保障制度，多年来在相关立法、司法解释、审判实践和保险业实务中缺乏统一的认识，甚至存在矛盾之处。这既不利于交强险各方当事人权益的保护，也不利于该险种的健康发展，更不利于交强险制度发挥其应有的功能。

（一）《民法典》出台前法律法规对交强险的定位

2004年《中华人民共和国道路交通安全法》（以下简称《道路交通安全法》）颁布，第17条将该险种名称明确定义为“机动车第三者责任强制保险制

---

① 李祝用，法学博士，中国人民保险集团股份有限公司执行董事、副总裁兼首席风险官、合规负责人，兼任中诚信托有限责任公司董事长、中国法学会保险法学研究会副会长、中国海商法协会第十五届理事会会长；姚兆中，法学博士，中国人民保险集团股份有限公司法律合规部关联交易管理处经理。

度”，即性质为“责任保险”。按照《保险法》第65条第四款，“责任保险是指以被保险人对第三者依法应负的赔偿责任为保险标的的保险”。但《道路交通安全法》第76条关于赔偿责任顺序的规定，似乎将交强险塑造为受害人第一顺位的损害填补方式。按照该条规定，“机动车发生交通事故造成人身伤亡、财产损失的，由保险公司在机动车第三者责任强制保险责任限额范围内予以赔偿”，不足的部分再由机动车一方承担相应的赔偿责任。理论和实务中往往将本条的含义解释为无论机动车一方是否承担民事赔偿责任，保险人均应在责任限额内承担保险给付责任，即交强险赔付不需要以被保险人在交通事故中承担民事责任为前提。从字面上看，可以理解为在保险责任限额范围内，并不考察被保险人的过失及其交通事故侵权责任，并且仅对超过强制保险限额部分规定侵权责任，反过来也可以理解为保险限额内的损害并不以侵权责任为前提。[①]这条规定为“机动车第三者责任强制保险”被解释为不属于责任保险留下了空间。

而2006年颁布的《机动车交通事故责任强制保险条例》（以下简称《条例》）整体上是按照责任保险的模式设计交强险的。从该条例对交强险的定义，到规定由被保险人向保险公司申请赔偿，再到以责任为前提划分“有责”和“无责”的赔偿限额等，诸多方面都体现了责任保险的法理和特点。《机动车交通事故责任强制保险条款》（以下简称《条款》）的规定也是与《条例》一脉相承的。并且，2009年《中华人民共和国侵权责任法》（以下简称《侵权责任法》）规定了在机动车租赁、借用、转让等情形下，发生交通事故“属于该机动车一方责任的”由保险公司在机动车强制保险责任限额范围内予以赔偿，这一表述又再次突出交强险赔付以机动车一方承担民事赔偿责任为前提，体现了交强险的责任保险属性。

但是，2012年《最高人民法院关于审理道路交通事故损害赔偿案件适用法律若干问题的解释》利用《道路交通安全法》第76条等规定存在的解释空间，彻底巩固了交强险不是责任保险，而是损害填补方式的定位。司法解释条款本身没有涉及此观点的直接阐述，而是在第16条交通事故赔偿责任顺序条款中隐含了“脱钩”的思路，规定交通事故责任先由“交强险”赔偿，不足部分再先后由商业三者险和侵权人赔偿。在该条规定中，交强险只强调在责任

① 李祝用、姚兆中：《再论交强险的制度定位：立法的缺陷、行政法规与司法解释的矛盾及其解决》，载《保险研究》2014年第4期。

限额范围内赔偿，但是商业三者险则强调要依照“保险合同”的约定，即在确定侵权责任赔偿范围的前提下，根据侵权人的责任比例进行赔付，侵权人的赔偿责任强调要以“道路交通安全法和侵权责任法”规定的赔偿责任为依据。从条款前后表述对比来看，交强险的赔偿规则与商业三者险以及侵权赔偿存在差异，可以解读出交强险与侵权责任无关联的思路。司法解释的起草者在有关著作中对此解释为我国交强险强调基本保障功能，其责任限额内保险公司的赔偿责任与被保险人的侵权责任相互脱钩。[①]这个观点（以下简称“保障制度说”）弱化甚至否定了交强险的责任保险属性，强化其对更广范围的交通事故受害人的损失填补功能。《民法典》出台后，2020年该司法解释进行修订，已经删除了原第16条中的“先由承保交强险的保险公司在责任限额范围内予以赔偿”等关于赔偿顺序的表述，修改为“人民法院应当依照民法典第一千二百一十三条的规定，确定赔偿责任”。但是司法机关是否摒弃了所谓“脱钩”理论而认可交强险为责任险，仅从司法解释的表述来看尚不明确，相关司法实践有待进一步观察。

因此，由于对交强险性质认定存在分歧，交强险相关法规之间隐含了内在的矛盾。按照责任保险和保障制度两条解释路径，以往的行政法规和司法解释实际上形成了两套不同的体系。

（二）“保障制度说”存在的问题

为强调交强险对受害人损失填补和安定社会的功能，最高人民法院提出了“保障制度说”，目前这一观点在司法实践中已经成为主流。“保障制度说”的出发点是好的，有利于简化赔偿责任认定环节，最大程度实现交强险对交通事故受害人补偿的目的。但在现行交强险制度仍采用责任保险框架运行、相关具体制度条款均未做重大修改的情况下，直接提出交强险与侵权责任脱钩，这与客观实际不符，制度依据和理论基础都显不足，不利于解决交强险存在的保费高、保障低、社会和经济效益有限等问题。

首先，“保障制度说”不符合交强险运行的实际情况。按照交强险《条例》和《条款》，交强险的赔偿区分为有责赔偿限额和无责赔偿限额。现行《条款》第8条明确约定“依法应当由被保险人承担的损害赔偿责任，保险人按照交强险合同的约定对每次事故在下列赔偿限额内负责赔偿……被保险人无责任

---

① 奚晓明主编，最高人民法院民事审判第一庭编著：《最高人民法院关于道路交通损害赔偿司法解释理解与适用》，人民法院出版社，2012，第211页。

时，无责任死亡伤残赔偿限额为……”。这里被保险人的“责任”是“依法应当由被保险人承担的损害赔偿责任”，有责和无责是指机动车一方在交通事故中有无侵权损害赔偿责任，并不是凭空创造出的责任限额划分。只不过在有责的情况下是按照责任限额全额赔付，不再像商业三者险那样依据机动车一方在事故中承担侵权责任的比例再计算相应的赔偿金额。这一简化的赔偿责任设计并不代表其脱离了侵权责任，而仍是以侵权责任的有无为前提，如果解释为与侵权责任“脱钩”，显然违背了事实。

其次，交强险是非常复杂的制度设计，对交通事故各方当事人都会产生影响，片面强调对受害人的补偿反而可能产生负面效果。侵权责任既是一种损害填补机制，更具有遏制意外事故发生的功能，通过对侵权人课以事故的损害赔偿责任，建立起侵权人预防事故发生的事前动机。保险通常意义上是一种应对风险的保护机制，但责任保险的特殊性在于，其不仅要防止侵权人陷入支付能力不足、确保受害人获得充分赔偿，同时可以通过保险费率的调整机制发挥对相关行为人的引导作用，实现与侵权法相似的对意外事故的预防效果。有关研究也表明，合理设计的责任保险制度，能够较好地保留侵权责任对损害发生的抑制作用，特别是交通事故往往是由事故双方或多方共同原因造成的，与被害人本身的注意程度也有密切关系，各方均应承担相应的注意义务。无条件对受害人进行补偿可能造成受害人的注意程度降低，反而会提高交通事故肇事率。[①]同样的，从保险机制设计和保险公司的角度，也必须要考虑道德风险成本问题，即因高风险驾驶人降低注意程度而提高交通事故肇事率所增加的成本。“道德风险问题总是与保险相伴而生。这意味着，即便立法者决定引入强制保险，其也不应限制保险人控制道德风险的潜能。否则，强制保险可能引发的问题会比其解决的问题还要多。”[②]因此，从社会效果来看，单纯强调对交通事故受害人的损失填补而忽视责任保险机制对交通事故发生率可能产生的影响，并不利于促进交通安全。现行交强险制度在补偿受害人、分散被保险人风险等方面的效果本就不尽如人意，在此情况下就更需要对交强险制度做综合的研究和改进，而不能是简单化的处理。

最后，“保障制度说”制约了交强险向更为科学、精细的方向发展。“保障

---

① 汪信君：《论动力车辆事故之侵权行为责任、责任保险与无过失补偿：以经济抑制理论为基础》，载《台大法学论丛》2010年第1期。

② 格哈德·瓦格纳：《比较法视野下的侵权法与责任保险》，魏磊杰、王之洲、朱淼译，中国法制出版社，2012，第308页。

制度说”的观点与我国台湾地区的有关规定的处理方式颇为类似。受害人在保险金额内均得请求保险赔偿给付，即所谓的限额完全无过失原则。学者指出该条的根本缺陷就在于背离了责任保险的基本原理，无任何免责要件使得该规定容易与伤害保险或者第一人保险的立法模式相混淆。正是由于在保护受害人的最高原则之下，立法者自以为对受害人有利，即无异议予以通过。这种完全不考虑责任保险与侵权责任的关联，基于事故发生就必须有保险赔偿的考虑，既可能带来被保险人降低注意程度、产生道德风险的后果，也限制了对保险人免责事由的设计，以及受害人过失相抵原则的适用，由此增加的保险赔偿将使得保费提高，损害全体参保人员的利益。[①]从对德国强制汽车保有人责任法的相关研究来看，通过对责任保险理论的研究和发展，完全可以实现责任保险与侵权责任的良好衔接。例如，德国立法者以法定的债务共同承担作为交通事故受害人直接请求权的理论基础，比较好地实现了强制责任保险对受害人损害赔偿请求权的保护，同时维护了侵权行为法的完整性。[②]因此，在侵权责任与责任保险制度发展和互动的过程中，相关理论研究已颇为完善，责任的分配机制更为细致、合理。相比之下，“保障制度说”的研究基础非常薄弱，难以对现行交强险制度的改革完善提供有力的指导。

二、《民法典》对交强险制度的新定位

《民法典》第1213条规定，“机动车发生交通事故造成损害，属于该机动车一方责任的，先由承保机动车强制保险的保险人在强制保险责任限额范围内予以赔偿；不足部分，由承保机动车商业保险的保险人按照保险合同的约定予以赔偿；仍然不足或者没有投保机动车商业保险的，由侵权人赔偿”。本条是关于交通事故损害各类赔偿的先后顺序的条款，总体上维持了《道路交通安全法》及其司法解释的相关规定，但是增加了“属于该机动车一方责任”作为前提。这一表述虽然简短，却是重要调整，表明交强险赔付要以机动车一方，即被保险人承担交通事故民事责任为前提，据此交强险的性质应可以明确界定为责任保险。但是，即使上述《民法典》的调整内容非常明确，目前仍很少

---

① 江朝国编著：《强制汽车责任保险法》，中国政法大学出版社，2006，第79–84页。

② 叶启洲：《德国强制汽车责任保险之法律性质及第三人请求权之构造》，载《风险管理学报》2009年第1期。

有学者注意到其影响并加以阐释[①]，有的学者在对该条的解读中仍认为“由于机动车强制保险是强制性保险，在强制性保险理赔的部分，都不适用侵权责任编的有关规定”[②]，继续维持了以往交强险与侵权责任“脱钩”的思路。鉴于本条对交强险的制度设计至关重要，对各方当事人的权益也影响重大，这里有必要就其文意再做进一步的分析和解释。

从《民法典》相关条款的表述比较来看，《民法典》侵权责任编第五章“机动车交通事故责任”规定的是交通事故侵权责任的相关规则，其中7个条款都使用了“属于该机动车一方责任的”表述。这些条款分别是对机动车所有人或管理人与使用人不是同一人、转让机动车但未办理登记、挂靠、未经允许驾驶他人机动车等情形下机动车一方的侵权赔偿责任等作出的规定，“属于该机动车一方责任的”表述指向的是侵权责任。该章节的第1213条论及赔偿顺序时，同样的语句当然也应当是同样的含义，指向的也是属于机动车一方的侵权赔偿责任的情况下，保险和侵权赔偿的顺序问题。

将本条与《保险法》关于责任保险的规定进行比较，其对交强险的表述符合《保险法》对责任保险的定义。《保险法》第65条规定，责任保险是“以被保险人对第三者依法应负的赔偿责任为保险标的的保险”。《民法典》第1213条只提到交强险对“属于机动车一方责任的”交通事故的“损害”进行赔偿，没有明确提及“赔偿责任”，那么这一表述能否理解为交强险的保险标的就是侵权赔偿责任呢？从保险法的角度，交强险是交通事故侵权人投保的保险，保障的只能是其本人应承担的损害赔偿责任。如果认为其投保是为了保障不特定受害人的利益，从法理上难以解释，甚至也不符合常理。从侵权法的角度，驾驶机动车造成他人损害的应当承担侵权责任，这是侵权法规定的最基本的民事法律关系。《民法典》在侵权责任编中规定交强险的赔偿问题，并且明确以“属于机动车一方责任”为前提，合理的解释必然是交强险属于侵权责任大框架下的一项赔偿机制，说明交强险是对机动车需承担的侵权损害赔偿责任的替代。因此，交强险的保险标的是机动车造成受害人人身伤亡、财产损失而产生的侵权赔偿责任，这与《保险法》对责任保险的界定是相符的。

---

① 有的著作中提到本条规定“符合强制保险的赔偿替代性和商业保险的补充性的性质”，但未做更为明确的分析。参见：法律出版社法规中心编：《中华人民共和国民法典注释本》，法律出版社，2020，第706页。

② 杨立新主编：《中华人民共和国民法典释义与案例评注：侵权责任编》，中国法制出版社，2020，第292–293页。

从立法过程来看，我国重要民事立法上对交强险属于责任保险的定位是明确而且前后一致的。事实上，《侵权责任法》第49、50条关于租赁、借用、转让等情形下交强险和民事赔偿责任的条款中，已规定了“发生交通事故后属于该机动车一方责任的”这一前提条件，只是在当时的情况下理论和实务中对交强险定位的认识尚有较大分歧，没有引起足够的重视。在《民法典》第1213条的起草过程中，从民法典各分编民法室室内稿、征求意见稿到一审稿、二审稿、三审稿[①]，该条中一直都有“属于该机动车一方责任”的表述，这一点在整个修改期间未发生反复或变化，可以理解为民法典的立法态度前后是一致的。《民法典》在赔偿责任顺序这样重要的条款中坚持这一表述，完全填补了《道路交通安全法》第76条可能存在的解释空间，应该说立法对此的态度已经非常鲜明，足以定分止争了。

综上所述，交强险与交通事故民事赔偿责任“脱钩”、纯粹作为补偿受害人的一种保障机制的观点已经不符合《民法典》的规定了。理论和实务上都应当回归到责任保险的视角，对交强险制度重新进行审视和调整。

三、实施《民法典》新规定，重构交强险制度

在《民法典》厘清了交强险与交通事故民事责任的关系后，下一步，交强险的立法、司法实践和行业实务可以此为契机，梳理多年来交强险制度运行中的问题和不足，按照责任保险的基本原理，同时充分考虑交强险的公益性、社会性和保障性，重构交强险的制度体系。

（一）充分认识和澄清交强险属于责任保险

首先从理论层面应当明确交强险属于责任保险。交强险制度出现矛盾的根源在于对其性质定位不清，而这一问题与理论和实务中对责任保险的认识局限密切相关。交强险制度是强制性、政策性保险，对传统责任保险制度做了较多突破。这些突破的目的是更好地实现交强险补偿受害人、促进交通安全的制度价值，但并没有改变责任保险的基本性质，也没有与传统责任保险的理论形成不可调和的冲突。责任保险的理论实际上随着交强险出现而相应演化、发展。

现行交强险制度遇到的很多问题与我国台湾地区所谓“强制汽车责任保

① 可参阅：何勤华、李秀清、陈颐编：《新中国民法典草案总览（增订本）续编》，北京大学出版社，2020年版。

险法”非常相似，有关的理论问题我国台湾学者已多有论述。例如，对于受害人的直接请求权，我国台湾地区所谓“强制汽车责任保险法”第28条规定受益人（受害人）在保险金额范围内享有直接向保险人请求给付保险金的直接请求权。学者认为此项请求权是基于法律规定而产生的权利，究其性质应兼具侵权法上损害赔偿请求权和保险法上保险金请求权的双重性质，一方面保险金所减免的是侵权损害赔偿责任，另一方面这一请求权受到保险法上的限制，包括损害事故属于承保范围、赔偿金额受保险契约给付范围限制等。[①]上述理论较好地解释了受害人直接请求权的性质，阐明了在责任保险的理论框架下赋予受害人直接请求权的合理性。再如，关于同时投保强制汽车责任保险和任意汽车责任保险时的赔偿顺序，因强制汽车责任保险仍具有私法契约的性质，与一般的商业保险契约并无差别，学者认为两者之间并无必然的先后或连带关系存在。理论上受害人可以同时向两个保险的保险人请求赔偿，但从保险实务和承保技术的角度，任意险的保单上必然约定对受害人的赔偿责任仅限于超过强制险保额的部分，以减少保险公司的精算难度，同时也避免被保险人重复投保带来的费用增加。[②]这就表明，从立法上直接对交强险与商业三者险的赔偿顺序作出规定是符合保险实务需要的，将交强险置于第一位赔偿责任与其性质上是不是保障制度没有必然联系，不足以以此否定交强险的责任保险属性。我国台湾地区对机动车强制责任保险的研究成果还有很多，完全可以为对交强险按照责任保险路径进行完善提供良好的参考。

因此，《民法典》颁布后，交强险作为以交通事故民事责任为基础、对民事责任进行赔偿的保险制度，在法条的表述中已经非常明确。今后交强险的制度设计应当立足于责任保险原理，强化被保险人是交通事故责任主体的理念，从根本上树立公众的责任意识和安全观念，在此基础上再通过合理的制度设计扩大对交通事故受害人的保障。

（二）修改相关法律法规，完善交强险具体制度

从制度层面，应对现行法律法规、司法解释、保险条款等与《民法典》规定不一致的内容进行系统性的梳理，以更加深入地研究交强险涉及的多方利益主体之间的关系，客观评估制度各项安排带来的经济和社会效果，在此基础上提升交强险立法的科学性。

---

① 江朝国编著：《强制汽车责任保险法》，中国政法大学出版社，2006，第209–210页。

② 同上，第22–23页。

我国台湾地区学者通过引述和比较域外法律制度和相关理论，较为深入地分析了侵权责任、责任保险以及无过失补偿制度之间复杂的互动关系，指出交强险制度设计应当考虑诸多因素，不能仅片面保护某方面的利益。侵权责任与其他保险制度的主要目的包括抑制意外事故发生与降低损害发生后的成本两个方面。无论是采用责任保险还是无过失保险，都需要从这两个方面去评价具体制度的优劣。由于与侵权责任相联系，责任保险的适用需考量侵权行为下的与有过失、因果关系等问题，对受害人的保障可能相对不足，但"与有过失"本身又有助于提升受害人的注意程度，并且通过保险契约条款与保险费率的浮动机制还能够促使机动车驾驶人提高注意程度，从而较大程度保持侵权责任下既有的抑制意外事故发生的功能，这是责任保险的制度优势。而无过失保险的优劣却正好相反。有关研究表明，无过失保险可能提高交通事故的死亡事故率，因此采用无过失保险的，须考量事故发生率之提高与行为人注意程度之降低等负面影响，并且还需通过道路交通安全罚则等手段降低道德风险成本。[①]除此之外，对诉讼成本的影响等也应纳入上述利弊分析的考量。由此可见，交强险制度具有相当的复杂性，如果只着眼于一方面的好处而忽略其他方面的弊端，必然顾此失彼，难以实现最优的社会效果。

《民法典》确立交强险为责任保险后，制度设计应尽可能发挥责任保险有利于促进交通安全的优势，同时尽可能发展责任保险的理论，使之更符合保护受害人的立法目的。例如，对《道路交通安全法》第76条等关于赔偿责任的条款进行修改，建议明确规定"属于该机动车一方责任"作为交强险赔偿的前提，确保与《民法典》体系衔接，减少不必要的争议。即便不做修改，也应遵循"新法优于旧法"的原则，在法律适用上以《民法典》1213条为准。[②]又如，《条例》《条款》设置了在被保险人无责情况下的赔偿责任，这一设计一直以来都

---

① 汪信君：《论动力车辆事故之侵权行为责任、责任保险与无过失补偿：以经济抑制理论为基础》，载《台大法学论丛》2010年第1期。

② 更为基础的问题是，对于交强险限额内交通事故侵权责任的归责原则，应从立法上补充作出规定。无论是《侵权责任法》还是《民法典》，都规定了机动车发生交通事故造成损害的，要依照道路交通安全法的有关规定承担赔偿责任，因此可以考虑通过修订《道路交通安全法》第76条来解决。其中还涉及诸多复杂的具体问题，例如，交强险范围内的侵权责任归责原则是否要对机动车之间和机动车与非机动车驾驶人、行人之间的交通事故有所区分？为对受害人提供及时、便捷的补偿，减少过错认定的程序负担，可以考虑在交强险赔偿责任范围内，对机动车之间和机动车与非机动车驾驶人、行人之间发生交通事故不做区分，统一适用无过错责任。上述归责原则的问题较为复杂，篇幅所限在本文中不做展开。参见李祝用、姚兆中：《再论交强险的制度定位：立法的缺陷、行政法规与司法解释的矛盾及其解决》，载《保险研究》2014年第4期。

有较大争议，特别是对于机动车之间发生的交通事故，《道路交通安全法》第76条规定按照各自过错的比例承担责任，而交强险的无责方对全责方仍然需要在无责限额内进行赔付，这既不符合交通事故侵权损害赔偿责任的基本规则，也明显与常理相悖。在明确交强险的责任保险属性之后，机动车之间的无责赔付更加没有法理依据，建议对于此类现行交强险制度中不合理的安排尽快予以修改。再如，对现行司法解释关于被保险人故意、未取得驾驶资格、醉酒等情况下发生交通事故由交强险进行赔偿的规定，可予以保留并对《条例》相关条款进行修订完善。按责任保险原理，对于此类被保险人严重漠视交通安全的行为，本不应由交强险赔付，但基于交强险制度保护受害人目的的考虑，可以规定由保险公司赔偿后再向被保险人代位求偿，以体现保护受害人的价值导向，同时尽可能地防范道德风险。具体适用的情形可以参考我国台湾地区所谓“强制汽车责任保险法”第27条，将被保险人“从事犯罪行为或逃避合法拘捕者”等情形也纳入其中。通过修改《条例》对上述规则予以明确规定，以便保险行业充分评估风险，对保险费率进行重新测算和调整。

（三）推动司法和保险行业践行交强险作为责任保险的理念

从司法审判和保险业务实践层面，应当深入理解《民法典》立法精神，推动和落实交强险制度改革。司法机关和保险公司长期直接参与交强险赔偿案件，对交通事故各方当事人利益、交强险制度的利弊等有着深入的理解和切身的体会，交强险的制度改革离不开其积极参与和推动。但从以往的司法实践来看，交强险的有关规则往往难以得到法院的认可，有些法院并不严格按照《条例》和《条款》对交强险案件作出判决。[①] 随着我国社会主义法治体系的逐步完善和全面依法治国的持续推进，上述状况应得到改变。法院应成为践行《民法典》规则的表率，充分认识到交强险是责任保险，合理设计的责任保险费率机制、免责事由、代位求偿机制等对于提高被保险人、第三人的注意程度具有重要作用，从根本上有利于交通安全并保障受害人利益，故在审判实务中应充分尊重交强险的制度规则。保险公司也应在交强险条款和费率的设计等方面发挥更为积极主动的作用，推动制度设计更加科学化、精细化，让相关制

① 早有学者指出司法实践中法官往往对交强险《条例》及《条款》中的免责规定不予认可，例如对《条例》第22条规定的垫付抢救费用，往往判决保险公司承担赔偿责任，类似的做法违背了风险与费率的平衡原则和公平原则，是对交强险权益的损害。参见贾林青、冷尚鸿、郭春海主编：《海商法保险法评论（第五卷）：责任保险在我国的适用与发展暨食品安全责任保险研讨会专辑》，知识产权出版社，2012，第143页。

度更好地发挥各自应有的价值。

四、结论

“保障制度说”更多关注受害人的利益，但忽视和弱化了侵权责任对损害事故的抑制功能。该理论仅部分借鉴了英美国家无过失保险的理念，相关研究远不够充分，难以指导交强险完成更为精细、合理的制度设计。而责任保险的理论基础较为深厚，可借鉴的域外立法更加丰富，更能够兼顾侵权赔偿责任本具有的价值导向作用，从根本上有利于保障受害人利益，维护交通安全。在《民法典》已经明确交强险为责任保险之后，立法机关、行业监管机构需继续修改完善相关法律法规、监管规定，扭转对交强险定位不一致的现状，从更高的站位和更长远的视角推进交强险作为责任保险的制度改革，提升保障水平，更好地保护各方当事人权益。

交强险保险人追偿权的制度缺失及其矫正

李伟群　沈志康[①]

一、问题的提出

在2010—2019年的约十年间，我国民用汽车保有量一直以每年两千万辆左右的速度递增，新增驾驶员也始终以同等规模稳步增长。[②]与此同时，大量的交通事故也随之衍生，造成了极大的人身及财产损失。仅2020年一年内，全国共发生交通事故244 674起，死亡61 703人，造成直接财产损失高达131 360.6万元（国家统计局，2021）。如今交通事故多发频发，已是不争的事实，并且在全社会对汽车的刚性需求保持不变的情况下，这一问题将长期存在。

交通事故中，驾驶人员肇事后逃逸的事件时有发生。逃逸者通常会面临吊销驾驶证、罚款等行政处罚；造成人伤的场合下，则被课以民事赔偿责任；对于构成交通肇事逃逸罪的，更将面临严厉的刑事处罚。然而，交通肇事逃逸后，交强险保险人能否对逃逸者进行追偿，正是本文所要研究的核心内容。为了便于理解，在此有必要先对交强险保险人追偿权的概念进行界定。所称交强险保险人追偿权，是指第三者（受害人）因交通事故对被保险人（侵权人）享有损害赔偿请求权，交强险保险人按照保险合同约定向第三者赔付保险金后，再对保险事故的发生和保险标的损失负有民事赔偿责任的侵权人要求偿还已支付保险金的权利。

笔者从机动车交通事故责任强制保险（以下简称“交强险”）视角进行考

---

① 李伟群：华东政法大学保险法研究所所长，经济法学院教授、博士生导师。沈志康：上海市高级人民法院，选调生。

② 数据来源：2012—2021年《中国统计年鉴》。

察后发现，当发生交通肇事逃逸的场合，我国采取“只赔不追”的办法。根据我国《民法典》第1216条，一方面要求交强险保险人向受害人赔偿，另一方面却未赋予其向逃逸者追偿的权利，使保险人成为交通事故损失的终局承担者。虽然这一结论属于严格适用现行法的结果，但却明显产生三种负面效果：（1）使逃逸行为无法得到惩戒，肇事逃逸者最终须承担的后果远小于不逃逸的后果，变相鼓励驾驶人逃逸；（2）保险公司通过调升保险费率等方式将逃逸赔付支出转嫁给其他投参保人，损害保险消费者权益；（3）保险公司为逃逸者埋单，使不合理的赔付支出增长，制约保险行业健康发展。这些不利影响，亟须从理论上进行反思并予以制度矫正。

本文以最高人民法院公报上刊登的一起指导性案例作为切入点，结合法院的裁判思路，突出问题导向、效果导向，从法理、交强险业务发展、保险消费者权益保护等角度对该问题进行全面审视，既为破解保险人向逃逸者进行追偿的障碍与困境寻找有效的解决方法，也为弥补交强险立法上的一些缺陷，更为我国交强险制度的进一步完善奠定必要的基础。

二、司法争议、法律适用与现行法基本立场

（一）最高院指导性案例案情及裁判观点

就交强险保险人是否有权向逃逸者追偿的问题，最高人民法院公报2018年第5期曾将一起追偿权纠纷案件作为指导性案例作出了说明。本案中，王某某在天平汽车保险股份有限公司（以下简称“天平公司”）为其自有汽车投保了交强险，2012年4月28日，其驾驶该车时致人受伤并逃逸。受害人起诉至苏州市吴江区人民法院，法院判决天平公司应在交强险范围内向受害人赔偿76 700元，天平公司向受害人足额支付了上述款项。此后，天平公司认为其有权向王某某追偿该笔费用，但遭其拒绝，故诉至法院要求王某某支付该笔赔款（最高人民法院，2018）。

一审及二审法院均认为，根据《机动车交通事故责任强制保险条例》（以下简称《交强险条例》）第21条和第22条，只有在驾驶人无证驾驶或醉酒、被保险机动车被盗抢期间肇事、被保险人故意制造交通事故三种情形下，保险人才对因人身伤亡产生的抢救费用具有追偿权。虽然王某某不存在上述无证驾驶、酒驾等情形，但其逃逸行为使部分证据永久性灭失，加大了公安机关的查证难度，故逃逸行为较上述所列的无证驾驶等三种不法行为的社会危害性更大。在此情形下，应参照适用《交强险条例》第22条，天平公司有权对王某某

进行追偿,由逃逸者对保险公司先予赔付的保险金承担终局责任。

然而,再审法院认为:第一,《交强险条例》第22条所列举的保险人具有追偿权的情形是封闭式的,并不包含肇事逃逸的情形;第二,《中华人民共和国侵权责任法》(以下简称《侵权责任法》)第53条(现为《民法典》第1216条)明确了在驾驶人逃逸情形下,保险人应在交强险责任限额内予以赔偿,同时未规定其享有追偿权;第三,肇事逃逸是事故发生之后的情形,不会增加事故发生的风险,而《交强险条例》第22条之所以赋予保险人追偿权,是因其所列举的驾驶人无证驾驶、酒驾乃至毒驾等情形会显著提高事故发生的风险,二者存在本质区别,故不可将此条文参照适用于本案。最高院对此持相同立场,并在该案例之裁判摘要中做了明确阐明。

(二)法律适用溯源:交强险保险人法定责任二元模式的形成

上述指导性案例的核心争议点即在于,若驾驶人肇事后逃逸,交强险保险人在向受害人支付保险金后,是否有权向驾驶人追偿?而该争议还有一个重要前提,即交通肇事逃逸情形下,保险人是否还负有向受害人支付保险金的义务。就这一问题,应追溯至交强险制度产生之前的时期。相对于交强险而言,商业三责险更早进入交通事故赔付保障领域,交强险制度在建立和完善的过程中受其影响很深。一直以来,该险种的条款都将无证驾驶、酒驾、肇事逃逸等驾驶人具有重大过错的情形列为除外责任。因此,交强险制度运行之初,在法律未有明确规定的情况下,保险公司一般都沿袭商业三责险中的做法,将上述情形归入除外责任,不予理赔。

但是,该两险种在目标、合同订立路径等方面存在显著不同,交强险的运营并不能完全照搬商业三责险的模式。商业三责险最主要的目标是为被保险人免除或减轻因交通事故而产生的民事赔偿责任,具有私益性,因此商业三责险合同都是由市场主体在平等自愿的前提下订立的,并无国家强制力作为保障。

交强险则完全不同。一方面,根据《交强险条例》第5条第2款的规定,保监会(现"银保监会")有权为了保障交强险制度的施行,要求保险人开展交强险业务。即,交强险业务之开展,并非完全的商业行为,国家可强制商业保险人开展该业务。另一方面,国家以多部门联动的形式强制机动车保有人履行投保义务,如根据《交强险条例》第4条第2款,对于未依法投保交强险的机动车,机动车安全技术检验机构不得予以检验,机动车管理部门不得予以登记。因此,交强险合同是在契约外部的第三方——国家,以强制性法律作为手段在保险人、投保人两方面分别推动下订立的。

之所以要以国家强制力保障交强险的运营，是因为交通事故是必然与现代社会共存的一种现象（解可，2010），而就交通事故涉及的各方主体而言，其给机动车保有人带来的危害仅止于债务负担，司法机关及交通管理部门为处理交通事故而付出的也至多是人力、财力成本，但受害人要承受的则是身体及精神上的伤痛，乃至付出生命的代价。因此，交强险制度的目标便是从维护公共利益的角度出发，为交通事故受害人提供基本的救济和保障，与商业三责险的私益性目标完全不同。由此，在这一制度目标的引领下，立法上先后将无证驾驶、酒驾、醉驾、毒驾、肇事逃逸等无法被商业三责险承保的情形也纳入了保障范围，分别形成了"先赔后追"和"只赔不追"两种模式。

1. "先赔后追"模式

针对驾驶人无证驾驶、醉驾、故意制造交通事故等情形，《交强险条例》第22条规定，保险人应在责任限额内垫付抢救费用，并有权向致害人追偿。虽然"垫付抢救费用"并不属于严格意义上的"保险责任"，但该"先垫付后追偿"的模式有力促进了对交通事故受害人生命权的保护，同时合理兼顾了保险人的权益。此后，2012年起实施的《最高人民法院关于审理道路交通事故损害赔偿案件适用法律若干问题的解释》（以下简称《交通事故解释》）第18条进一步强化对受害人权益的保障，将上述情形下保险人先行赔付的范围从抢救费用扩大至保险金，使受害人因人身伤害遭受的损失在交强险责任限额内被完全覆盖。与此同时，它同样赋予了保险公司对存在无证驾驶、醉驾、毒驾等重大违法情节驾驶人的追偿权，不至于让毫无过错的保险公司来终局性承担违法驾驶人因交通事故发生所造成损失的赔付重责。

2. "只赔不追"模式

而针对肇事逃逸的情形，法律在将其纳入交强险赔付范围的同时，却并没有赋予保险公司相应的追偿权。2010年7月，《侵权责任法》正式实施，其中第53条（现《民法典》第1216条）规定，驾驶人逃逸情形下，若能确定肇事车辆且该车已投保交强险，则保险人应在责任限额内向受害人赔偿；反之就受害人因人身伤亡所需抢救、丧葬费用，由道路交通事故社会救助基金（以下简称"救助基金"）先予垫付，之后其管理机构有权向致害人追偿。对该条文稍加辨析便可发现：一方面，在驾驶人逃逸情形下，保险人应当向受害人支付保险金，但未规定其可在赔付后向驾驶人追偿事宜；另一方面在交强险缺位的情况下，救助基金管理机构在支付受害人的抢救、丧葬费用后，明确规定其可向驾驶人追偿。由此可见，该条款在设计时已经考虑到追偿权的适用，只不过对交强险与救助基金作了区别对待，前者不能追偿，而后者却可以追偿。

（三）“只赔不追”模式相关条款的立法解读

由上述对交强险制度目标、立法背景及相关法律法规内容发展脉络的全面梳理可知，交强险运营早期，肇事逃逸属于除外责任不予赔偿。直至《侵权责任法》实施，法律上才要求保险人应就此作出赔付，同时，在是否可追偿的问题上对交强险与救助基金明确予以区分。虽《交通事故解释》在追偿权问题上进一步作出细化规定，但基于司法解释只能解释法律而不能创设法律的一般法理（胡岩，2015），故未将肇事逃逸纳入保险人可向致害人追偿的情形之中。因此，交强险保险人向肇事逃逸驾驶人追偿最主要的障碍就是《民法典》第1216条。显然，无论是要求保险人赔付保险金，还是在交强险缺位时要求救助基金先行垫付抢救及丧葬费用，都是立法者努力强化对交通事故受害人权益保护的体现，而真正令人生惑之处在于，为何要在追偿权问题上对交强险和救助基金给予如此区别对待？经分析，主要有以下原因：

1. 交强险制度的定位——保本微利

根据《交强险条例》第6条、第7条之规定，全国交强险适用统一费率，由保监会（现“银保监会”）按总体上不盈利不亏损的原则进行审批、调整。随后，《侵权责任法》在制定过程中延续了对交强险“不亏不盈，保本微利”的定位。结合当时立法背景的相关文献资料和相关论文观点，笔者认为，《侵权责任法》第53条（现《民法典》第1216条）的设计可能包含了以下四方面的因素：

第一，既然交强险不以盈利为目的，那么赋予保险公司追偿权在经济层面的必要性便不那么充分，更何况保险业具有很强的公益性，即便保险企业因不行使追偿权而导致亏损，也应承担起这份社会责任。第二，保险公司在业务上不仅经营商业三责险、财产损失险等具有可观收益的险种，而且能将大量的保险资金投入资本市场取得财产性收益，故即使保险公司在交强险业务中有所亏损，用上述两方面的收益也足以填补（王胜明，2010a、b）。第三，当时各保险公司在展业过程中存在不同程度的销售误导问题，对保险业整体的社会形象产生了负面影响（赵波，2008），由此使立法者希望其能承担起更多的社会责任。第四，当时全国大部分公路尚未普及使用电子摄像头，受此技术发展水平之局限，一旦驾驶人交通肇事后逃逸，公安机关将其抓捕归案的难度较大。因此，即使在立法层面授权保险公司向逃逸驾驶人追偿，在实践层面保险公司也很难真正实现这一追偿权。

2. 对救助基金的特别保护

交强险为弥补交通事故致害人的偿付能力不足发挥了重要作用，但若肇事车辆自始未投保交强险，或即使参与投保但致害人在肇事后逃逸且无法被追查，其保障功能则力有未逮。加拿大、德国、美国等发达国家在汽车业发展的过程中都遇到了这一问题，故先后探索建立了救助基金制度作为交强险的补充。[①]

有鉴于此，2004年《道路交通安全法》第17条引入该制度，并授权国务院制定细则。此后国务院便颁布《交强险条例》，一方面明确了救助基金作为交强险制度补充的定位，另一方面对该基金的资金来源做了规定。该条例第25条规定了交强险保费、对未按规定投保交强险的机动车的所有人、管理人的罚款、救助基金孳息等五种资金作为救助基金的来源，其中第二种资金来源为其亮点部分。有学者指出，通过"向未投保驾驶人征收之罚锾"此一财源之挹注，不仅能促使驾驶人投保汽车责任保险，更可弭平征收模式本身所可能隐含之不公平，其设计既兼顾可行性，又合乎公平性（施文森、林建智，2009）[221、222-227]。再之后，财政部、保监会（现"银保监会"）等五部门联合发布了《道路交通事故社会救助基金管理试行办法》（以下简称《试行办法》），其中第6条在《交强险条例》第25条的基础上，又为救助基金增加了地方政府按保险公司经营交强险缴纳营业税（现改为"增值税"）数额给予的财政补助，以及社会捐款两项资金来源。

由上述内容可见，虽然法律上为救助基金提供了较广泛的资金来源，但这些资金均非其自主营利所得，从而使其与交强险在表面上形成了十分鲜明的对比：一方面救助基金不开展营利业务，所以比交强险具有更强的政策性、公益性；另一方面其管理机构不具备自主营利能力，故对亏损的承受能力也显著低于资金雄厚的保险公司。基于救助基金的上述特点，赋予其在赔付抢救、丧葬费用后向致害人追偿权利之必要性在《侵权责任法》制定过程中得到了充分重视，最终在该法第53条（现为《民法典》第1216条）中得到体现。

3. 我国目前交强险保险人追偿权存在制度缺失

在交强险保障交通事故受害人权益和救济目标的引领下，相关法律法规

---

① 救助基金制度最早起源于加拿大曼尼托巴省（Manitoba），该省于1945年原拟实施强制保险，后鉴于此举可能对产险业构成政府干预，以及所设计之强制保险亦未能填补一般责任险之承保空隙（coverage gap），乃经由立法改采"未获清偿判决基金"。在德国其被称为"受害人补偿基金"，而美国纽约州是以专门成立"汽车意外事故赔偿组织"的形式运作救助基金。

逐步将驾驶人无证驾驶、酒驾、醉驾、毒驾、故意制造交通事故、肇事后逃逸等情形纳入交强险的承保范围，但在保险公司赔付后是否可向致害人追偿的问题上却做了明显的区分。《侵权责任法》《交强险条例》以及《交通事故解释》均未将交通肇事逃逸者列为保险人向受害人赔付后可追偿的对象，而在将无证驾驶、醉驾等情形用"先赔后追"模式纳入交强险的保障范围时，相关条文均以封闭式列举的形式呈现，没有概括式兜底条款，也未规定其他情形可以参照适用。因此，目前司法实践中不支持保险人向逃逸者行使追偿权是严格适用现行法的结果，仅从法律适用的角度而言虽无不当，但是，从资金来源、资金用途以及二者管理机构执行追偿事务的动力与能力进行考察后，笔者主张，交强险与救助基金享有同等的追偿权，是公平合理的。以下，即对"不赔不追、谁赔谁追"的合理性加以论述。

《交通事故解释》第18条规定，保险人在以下三种情形中，应承担赔偿保险金的责任，并有权向致害人追偿：(1)驾驶人未取得驾驶资格或者未取得相应驾驶资格的；(2)醉酒、服用国家管制的精神药品或者麻醉药品后驾驶机动车发生交通事故的；(3)驾驶人故意制造交通事故的。

该条规定，在无证驾驶、醉驾毒驾、故意制造交通事故三种情形下，保险公司得先行赔付交强险责任限额内的保险金，包含了受害人的人身伤亡(包括但不限于抢救及丧葬费用)，其数额一般远大于事故的抢救费用。交强险制度的目的，在于最大程度保障交通事故受害人的利益，当肇事者无力赔偿受害人时，以保险公司支付保险金的方式为受害人提供第二重保障。显然相对于《交强险条例》,《交通事故解释》大大强化了交强险的社会责任，在这样的立法价值取向下，若将肇事逃逸与无证驾驶、醉驾一样，纳入到保险公司先赔后追的机制中，也未尝不可。更何况从道德的角度，肇事逃逸的恶性程度不亚于无证驾驶、醉驾，允许保险公司先赔后追，在保障受害人利益的前提下，让交通肇事逃逸者承担侵权民事责任，对于增加逃逸者违法成本，抑制当下交通肇事逃逸的多发是有百利而无一害的。

同时，该条赋予保险公司对驾驶人的追偿权，其目的是避免保险公司为违法驾驶人背锅埋单。当然，保险公司行使追偿权须符合以下条件：① 受害人因交通事故对侵权人有损害赔偿请求权；②保险公司对受害人已实际赔付保险金；③追偿权以实际给付的赔付金额为限；④仅限于法定的三种情形，即无证驾驶、醉驾毒驾和故意制造交通事故。那么，若对这四个要件加以概括分析，可推衍出"不赔不追、谁赔谁追"这样一个基本原则。意即如果保险公司没有向受害人赔付保险金，则不得享有对侵权人的追偿权，可见，追偿是以赔付为前提条件的，若保险公司要行使追偿权就必须先行履行保险金赔付义务。

可是，按照《民法典》第1216条规定，“机动车驾驶人发生交通事故后逃逸，该机动车参加强制保险的，由保险人在机动车强制保险责任限额范围内予以赔偿；机动车不明、该机动车未参加强制保险或者抢救费用超过机动车强制保险责任限额，需要支付被侵权人人身伤亡的抢救、丧葬等费用的，由道路交通事故社会救助基金垫付。道路交通事故社会救助基金垫付后，其管理机构有权向交通事故责任人追偿”。很明显，该条对于道路交通事故社会救助基金管理机构是按照“谁赔谁追”原则处理的，而对于保险公司则完全采用了“只赔不追”的做法，笔者认为，其完全违背了交强险中“不赔不追、谁赔谁追”的基本原则，是失之偏颇的。

权利和义务相统一是调整民事法律关系所必须遵循的法定原则。权利的实现要求义务的履行，义务的履行要求权利的实现，既然保险公司履行了赔付保险金的义务，其就当然取得向侵权人行使追偿的权利，故赋予保险公司追偿权有其适法性。由此可见，交强险保险人追偿权存在制度缺失这一点已不言自明。

三、赋权的正当性与现实价值

如上所述，虽然依现行法认定保险人不能对肇事逃逸者追偿并无不当，但其合理性大有可商榷之地。而从指导性案例制度的起源来看，“同案同判”原则是司法的本质属性，因此要求司法“先例”在司法裁判中承担构成性的功能，而此种构成性的功能又必然要求“先例”具有某种实质性的法源地位（泮伟江，2016）。于是，我国的案例指导制度就在最高人民法院追求与探索“同案同判”原则的过程中应运而生。结合上述制度背景，再来考察天平公司案历经三级审理的曲折过程，不难推究出，在司法实践中交强险保险人对肇事逃逸者是否可追偿这一问题必然存在争议，否则也无须将天平公司案作为指导性案例供各级法院参照。有鉴于此，为使支持交强险保险人向逃逸者追偿的立论能获得更多的支撑，笔者将先对相关理论观点进行整合梳理，在此基础上，再对交强险保险人向逃逸者追偿的正当性展开多角度的探究。

（一）各种观点梳理

由于现行法律和司法解释均规定保险人“只赔不追”，因此在我国当下的保险法学界，认为交强险保险人无权向肇事逃逸者追偿的观点占据着相对主流的地位。杨学友(2019)从法律适用角度分析认为,交强险保险人的追偿权来源于法律的特别规定,目前仅《交强险条例》第22条及《交通事故解释》第18条分别列举了几种保险人有权向交通事故致害人追偿的情形,而其中并不包括肇事逃逸,因此肇事逃逸情形下受害人在交强险限额内的损失只能由保险人承担终局性赔偿责任。陈伟(2015)从理论分析角度将肇事逃逸与无证驾驶、酒驾等已被《交强险条例》《交通事故解释》明确列为保险人可向驾驶人(致害人)追偿的情形进行比较,认为从客观上无证驾驶、酒驾等行为明显提高了交通事故发生的概率,从主观上任何具有正常理性的驾驶人对上述行为会增加事故风险的事实都具有较充分的认知,故在此前提下仍作出上述行为显然是没有积极防范交通事故的发生,甚至在心理上对此持放任的态度。而肇事逃逸发生在交通事故发生之后,客观上不可能增加交通事故发生的风险,主观上驾驶人对于交通事故发生也没有放任或追求的态度。因此,肇事逃逸的恶性并不高于无证驾驶、酒驾等情形,无法以"举轻以明重"的方法推导出:既然法律规定交强险保险人可向具有无证驾驶、酒驾等情形的驾驶人追偿,那么也必然应有权向肇事逃逸者追偿的结论。

当然,也有少部分学者坚持交强险保险人应有权向逃逸者追偿,此类观点大多从社会公平正义理念等角度进行阐述。例如史卫进、毛金科(2018)认为,交通肇事逃逸行为客观上加大了还原案件事实、定责定损的难度,主观上逃逸者具有明显的逃避法律责任的故意,社会危害性十分明显,故不应由交通事故受害人及保险人为其埋单。在交强险保险人向受害人作出赔付后,允许其向逃逸者追偿十分必要。张永顺(2015)指出,在现行交强险保险人无法向逃逸者追偿的规则下,若驾驶人存在无证驾驶、酒驾等情形,相较于肇事后留在原地等待处置,逃逸明显对其自身更有利,由此会对驾驶人恶意肇事后逃逸的行为产生不良激励。而若允许交强险保险人向逃逸者追偿,则将从民事赔偿负担方面对驾驶人形成有力约束。

还有观点认为,就此问题应区分不同情况对待。如颜培麟、文宏祥(2011)认为,一般情况下保险公司无权向逃逸者追偿,只有在逃逸的同时存在被保险人故意制造保险事故、无证驾驶、醉酒驾驶、被保险机动车被盗抢、人车分离等5种情形,交强险保险人才有权向逃逸者追偿。

(二)未赋予交强险保险人向逃逸者追偿权的弊害

1. 变相鼓励肇事逃逸

法律规定了几项由违法驾驶人作为交通事故损失的终局承担人的例外,

即若驾驶人存在无证驾驶、酒驾、毒驾等情形时，保险人具有追偿权。理由在于这几种情形会大大提高事故发生的概率，使保险标的的危险程度显著增加，超出了交强险的正常承保范围，如果让保险人成为终局赔偿人明显不合理。与此相对，一般认为肇事逃逸与上述情形具有本质区别，交通事故之后的逃逸行为不会增加事故发生的概率，故而最高院在《交通事故解释》第18条中没有赋予保险人追偿权。

对此，笔者完全不能苟同。若对肇事逃逸行为的危害性做全面考察，上述结论显然有失偏颇，其理由如下：

第一，虽然逃逸行为不会增加事故发生的概率，但该行为往往会扩大交通事故本身造成的损失。若肇事者在事故发生后不逃离现场，配合救助伤员，很多伤者就可以得到及时的救治，而逃逸行为会让他们丧失宝贵的救治时间造成严重后果。更有甚者，很多受害人还可能因逃逸者的不管不顾而遭受后来车辆的二次撞击，导致重伤及死亡等严重后果。以上两种情况，受害人人身伤亡的扩大必然导致所需赔偿费用的增加。

故此，虽逃逸行为不会扩大事故发生的概率，但它往往和事故损害结果的扩大具有直接因果关系。即使保险人仍应当对事故产生的损失承担终局性赔偿责任，但让毫无过错的保险人承担因逃逸行为而扩大的损失，也是极其不合理的。

第二，若保险人不具有对肇事者的追偿权，则会变相鼓励驾驶人逃逸。交通肇事逃逸是一种违法行为，更是一种严重背离善良风俗的行为。更令人担忧的是，对于存在某些违法事由的驾驶人，这种不良激励会更为明显。如前文所述，现行法律规定，在驾驶人故意制造交通事故、醉驾、毒驾等情况下，保险人在赔付保险金后，有权对驾驶人进行追偿，可对肇事逃逸驾驶人的追偿权却不予支持，这无疑起到鼓励逃逸的副作用。处于这种法律规则框架下的驾驶人，若存在醉驾、毒驾等上述几种情形并因此发生了交通事故，如果他不选择逃逸，留在现场等待警方处理，公安机关必然会发现他存在上述违法事实。他不仅要面临各项可能的刑事、行政处罚，还要面临受害人及其亲属的索赔或者是保险公司的追偿。

但如果选择逃逸，他不仅不会面临任何处罚，民事赔偿上也会有保险公司向受害人及其家属出面赔付；即使事后被公安机关抓获，醉驾、毒驾等违法事由也会因时间的推移，检测难度增加，而更难被证明。二者相比，结果不言自明，逃逸者最终须承担的后果明显远远小于不逃逸的后果。人都具有趋利避害的本性，这种制度设计很容易起到鼓励存在违法事由的驾驶人在发生交通事故后选择逃逸的不良效果，而不是配合公安机关调查，积极救助伤员。这样的法律规定，已演变为一种恶法，其弊端不言而喻。

2. 损害保险消费者权益

从保险消费者权益保护的角度考察，该种不合理的制度设计最终会侵害全体交强险投保人的正当权益。交强险作为一种以保障交通事故受害人利益为首要目的的制度，为避免长期亏损影响其功能发挥，《交强险条例》明确规定保险公司可以根据交强险业务的盈利或亏损情况调整费率。[①]虽然，形式上当保险人基于交强险法律关系向受害人作出赔付后，因法律不支持其向肇事逃逸者追偿而要承担终局性赔偿责任，但实质上，保险人作为专业的风险及保险资金管理者，必然会通过调整费率等方式将这部分损失转嫁给其他投保人。

因此，由绝大多数毫无过错的保险消费者为少数逃逸者一念之恶所造成的后果埋单，不仅与法律最基本的公平正义理念相违背，也与金融监管部门保护消费者合法权益的监管理念相冲突。

3. 制约保险行业发展

除上述两点之外，若交强险保险人无法向肇事逃逸者追偿，还将严重阻碍我国交强险业务整体的健康发展。如前文所述，交强险制度自运行以来曾经历了长达八年之久的亏损期，而因赔付肇事逃逸类案件的保险金在其中就占到了相当一部分比例。虽然在2016年车险费率改革后情况略微有所改观，但近年交强险业务微薄的盈利远未能填补其历年累计的亏损。因此，若不支持保险人向逃逸者追偿，放任这种不合理赔付支出的持续，无疑会抑制交强险目前扭亏为盈的势头，也与最初设立的交强险“不亏不盈、保本微利”的经营原则背道而驰（李玉泉，2019），其最终结果是阻碍我国交强险的健康发展，进而减损其对受害人权益保障功能的发挥。因此，从维护车险行业健康发展，保障交强险正常运转的角度，赋予保险人对肇事逃逸者的追偿权也具有相当的必要性。

① 《交强险条例》第7条第2款规定：“国务院保险监督管理机构应当每年对保险公司的机动车交通事故责任强制保险业务情况进行核查，并向社会公布；根据保险公司机动车交通事故责任强制保险业务的总体盈利或者亏损情况，可以要求或者允许保险公司相应调整保险费率。”

四、司法突破与赋权可行性

（一）境外经验

经由上文论述，笔者已较为全面地对支持交强险保险人向逃逸者追偿的依据进行了分析，但要真正解决这一问题，除了理论分析之外，还需要有切实可行的修法方案。为保障修法方案之实践价值，笔者将先对其他国家及地区相关立法例进行充分的对比与借鉴，在吸收其先进经验的基础上，结合我国目前的现实国情，提出可落地的修法建议。

1. 日本的相关规定

在日本法下，若肇事车辆投保了汽车损害赔偿责任保险（以下简称“自赔责保险”，相当于我国的交强险），受害人有权向相应的保险公司直接请求给付；而若因肇事车辆逃逸无法找寻到责任人或者该车辆未投保，那么受伤或死亡的受害人就无法通过自赔责保险获得救济。在这种情况下，受害人可以向政府保障事业（国土交通省）提出请求，由政府赔偿。政府提供的赔偿金来源于交强险保费收入的税收。政府向受害人赔偿之后，根据《日本汽车损害赔偿保障法》第72条、73条、76条的规定有权向加害人进行追偿。若该赔偿责任人拒不承担责任的，政府有权以该责任人为被告，向法院提起损害赔偿请求之诉（日本損害保険料率算出機構，2020；赵峰、姜伟，2013）。

由此显见，在发生交通肇事逃逸对方车辆不明或者该车辆未参加自赔责保险的情况下，日本的保险公司是不承担赔付责任的，从而有效地避免了受害人与保险公司之间发生不必要的索赔纠纷。这也印证了笔者所提出的“不赔不追、谁赔谁追”主张的正当性。

2. 我国台湾地区的相关规定

我国台湾地区于2005年修改所谓“强制汽车责任保险法”（以下简称所谓“强责法”），其立法目的在于使汽车交通事故之受害人能迅速获得基本保障，并维护道路交通安全，全面保护受害人。不过，在诸多情形下，受害人仍有可能无法获得该保险所提供之保护，故参考美、英、日三国制度，我国台湾地区设置“财团法人汽车交通事故特别补偿基金”，对事故汽车无法查究的、事故汽车未投保的、事故汽车系未经被保险人同意使用或管理之被保险汽车以及事故汽车全部或部分为无须订立本保险契约之汽车等情事所致汽车交通事故的受害人提供基本保障。其对应方法如下：

① 对于事故汽车无法查究的情形。驾驶人逃逸而无法查究肇事汽车，若

仅涉及一辆汽车，在排除事故后，受害人得向特别补偿基金申请补偿。

② 事故汽车为未保险汽车的情形。基于使汽车交通事故之受害人能获得基本保障之立法目的，事故仅涉及一辆汽车的，受害人得向特别补偿基金申请补偿。

③ 事故汽车系未经被保险人同意使用或管理之被保险汽车的情形。未经被保险人同意使用或管理之被保险汽车案件（例如失窃车），因交通事故之发生系非属被保险人所能掌控，若由保险人理赔，恐有违责任保险法理，但基于保障受害人之立法目的，明确事故汽车系未经被保险人同意使用或管理之被保险汽车的，受害人得向特别补偿基金请求补偿。

④ 事故汽车全部或部分为无须订立本保险契约之汽车的情形。因非所有车辆皆需投保强制险，例如，农业机械车、坦克车不需要投保强制险，故若受害人在道路上遭这类车辆撞伤，受害人得向特别补偿基金请求补偿，以贯彻立法之精神。

如上所见，驾驶人逃逸而无法查究肇事汽车的、事故汽车未投保的等四种情形，我国台湾地区的保险公司也是不承担赔付责任的，受害人可以通过特别补偿基金请求补偿。这也佐证了笔者上述提出的“不赔不追、谁赔谁追”的合理性。

所谓“强责法”第29条还规定：“被保险人有下列情事之一，致被保险汽车发生汽车交通事故者，保险人仍应依本法规定负保险给付之责，但得在给付金额范围内，代位行使请求权人对被保险人之请求权：（1）饮用酒类或其他类似物后驾驶汽车，其吐气或血液中所含酒精浓度超过道路交通管理法规规定之标准。（2）驾驶汽车，经测试检定有吸食毒品、迷幻药、麻醉药品或其他类似管制药品。（3）故意行为所致。（4）从事犯罪行为或逃避合法拘捕。（5）违反道路交通管理处罚条例第21条或第21条之一规定而驾车。”通过比较不难发现，我国台湾地区的所谓“强责法”所规定的追偿事由明显较我国大陆《交强险条例》第22条规定的三种情形更为宽泛。

对此，我国台湾地区著名学者施文森、林建智通过海峡两岸的对比分析后在2009年就一针见血地指出：“对于被保险人吸食毒品、迷幻药、麻醉毒品驾驶或从事犯罪行为、逃避合法拘捕、越级驾驶、降级驾驶等，解释上，大陆地区保险人须理赔且不得代位追偿。但这些行为亦属于被保险人重大可归责之行为，应由被保险人负终局责任，实不宜将此风险转嫁由保险人负担”（施文森、林建智，2009）[188]。三年后，在最高院《交通事故解释》的第18条之（2）中，明确规定了服用国家管制的精神药品或者麻醉药品后驾驶机动车发生交通事故的，保险公司向受害人支付保险金后可向被保险人追偿。在笔者看来，这是积极借鉴台湾地区相关经验的结果。未来，大陆地区可进一步参酌甚至超越台湾地区的做法，将被保险人故意犯罪、抗拒依法采取的刑事强制措施、越降级驾驶，乃至交通肇事逃逸等可归责于被保险人之行为，均纳入保险人可先赔付后追偿的范围，以彰显社会公平和正义。

3. 境外经验总结及我国现实情况分析

虽然遍寻境外发达国家及地区的立法例，尚未有专门针对机动车强制保险保险人可向交通肇事逃逸者追偿所赔付保险金的规定，有关学术研究也十分稀缺，但这与这些国家及地区机动车普及时间久、驾驶人守法意识高、交通事故逃逸率整体较低的社会因素密不可分。而在我国，肇事逃逸长久以来都是社会治理的一大顽疾。近十年中，保险车辆驾驶人在发生事故后逃逸的情况比较严重，每年均有2 500多起。2014—2019年，交通肇事逃逸的总数持续处于30 000多起的高位，即使去年有所下降，却仍有22 900多起（详见图1）。解决这个疑难问题固然需要借鉴反思，更要有创新思维。邻国日本和我国台湾地区，至少明确规定了在发生交通肇事逃逸对方车辆不明的情况下，或者驾驶人逃逸而无法查究肇事汽车的，保险公司不承担赔付责任，也就是明确了交通肇事逃逸的风险不能也不应该转嫁给保险人的立场。这一点值得借鉴。

（二）我国司法实践的突破与说理

笔者在北大法宝案例库中共检索到1 406个相关案例，鉴于与该问题认定相关的法律法规中，最新的是2012年12月起实施的《交通事故解释》，故将在此之前的生效判决予以剔除，最终得到595个案例。其中，仅有20个案例支持该项追偿权。虽然从数量上支持该项追偿权的案例不算多，但其对于本文观点之形成，却具有十分重要的启发意义。为使司法实践中支持该项追偿权的裁判依据呈现更为清晰，笔者将上述20个案例根据不同案由分为追偿权纠纷、保险合同纠纷、机动车交通事故责任纠纷、交通肇事罪案件四类。在依此逻辑开展类型化探讨的过程中，获得了不少有价值的发现。

第一，在9起追偿权纠纷中，保险人是否对逃逸者享有追偿权属核心争议点，故相关论述十分翔实。笔者从其中总结出三点：首先，在说理结构上，有8份判决书都用了“虽然法律、司法解释未将肇事逃逸规定为保险公司可追偿

① 数据来源：北大法宝案例库。

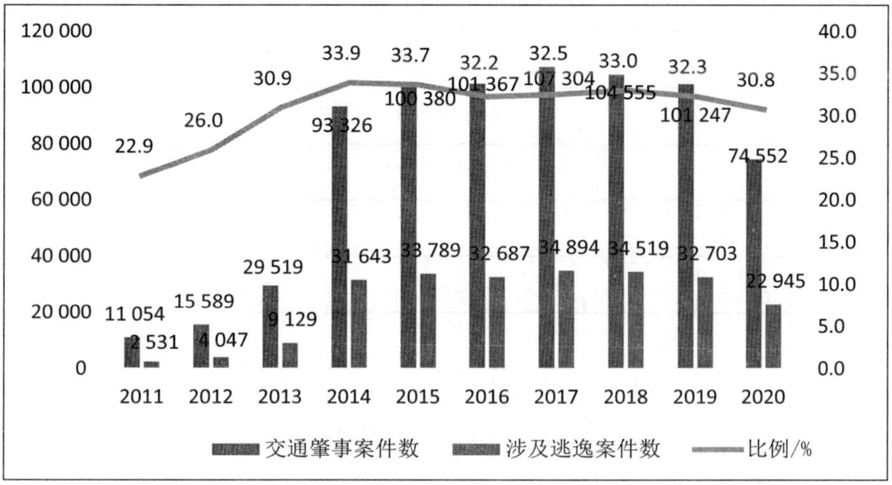

图1　2011—2020年全国交通肇事逃逸案件数量及其在所有诉诸法院的交通肇事案件中所占比例①

的情形，但从……等方面全面考虑，应支持保险公司向逃逸者追偿”。这说明法官们是明知尚未有明确的法律依据，但仍认为应支持该项追偿权。其次，在裁判依据上，被援用最多的法理依据主要有两点：其一，从肇事逃逸行为本身看，驾驶人弃车逃逸的行为，系《道路交通安全法》明文禁止的违法行为，可能导致受害人不能得到及时救治、交通事故责任无法认定等危害后果，其违法程度与醉酒驾驶、无证驾驶相当，甚至更大。其二，从法律适用的社会效果来看，交通肇事逃逸行为既是严重违反道路交通法规的违法行为，也是违反社会公共道德的行为，如由保险公司对肇事逃逸行为承担终局性赔偿责任，不利于树立鼓励驾驶人谨慎守法驾驶车辆的司法导向。最后，在法律应用上，有5份判决都选择了与天平公司案一审及二审同样的审裁路径，参照适用了《交强险条例》第22条作为审理结果的实体法依据。至此，笔者认为，以上9个案例是我国司法实践中针对交通肇事者的保险责任在社会公平理念上的重大突破与创新，是一次具有开拓性和里程碑意义的尝试，也为笔者最后提出可操作的修法建议提供了有力的支撑。

第二，在7起保险合同纠纷中，部分法官选择绕开《民法典》第1216条的文义，直接作立法目的解释，即虽然上述条款对逃逸情形下保险人的赔偿责任作出了规定，但其目的仅在于保障交通事故受害人能获得及时足额的赔付，故不能得出肇事逃逸者也能以此向保险人主张赔偿的结论。[①]另外，驾驶人的逃逸行为将不可避免地加大查明保险事故性质、原因，尤其是《交通事故解释》第18条所列举的驾驶人醉驾、毒驾等保险人免责情形是否存在的难度，而根据《保险法》第21条，投保人、被保险人或受益人因故意或重大过失未及时通知保险人，致使保险事故的性质、原因、损失程度等难以确定的，保险人对无法确定的部分，不承担赔偿或者给付保险金的责任。因此，即使肇事逃逸情形下保险人需向逃逸者支付保险金，但对于因逃逸行为而难以确定价值的损失部分，仍不应得到支持。[②]

第三，在3份机动车交通事故责任纠纷民事判决书及1份交通肇事罪的刑事判决书中，由于其审理重点集中于对驾驶人民事、刑事责任的认定，所以对保险人是否可向逃逸者追偿这一问题，仅简略表示支持，并无详细论证。[③]然而，司法部门在生效的裁判文书中明确自身立场，即便缺少了丰富的说理过程，也是对保险人该项追偿权利的权威支撑。再进一步分析，在案件的争议重点是交通事故责任分配及认定的前提下，这种以近乎"断言式"的语句支持保险人向逃逸者追偿的方式，更说明在这些裁判者看来，该项追偿权的存在具有"自然公理"般的正当性，不证自明。

综上所述，无论从前文最高院在指导性案例中所表达的观点还是从全国各级法院大部分相关案件的裁判结果看，交强险保险人向逃逸者追偿在司法实践中很难得到支持。然而，在对20起支持保险人向逃逸者追偿的案件进行深入分析后，不难发现其中大部分判决绝非出于裁判者一时的恣意擅断，而是法官们从逃逸行为性质、法对社会生活的指引作用、交强险制度的目标等角度做了全面分析和论证后，得出了即使在实体法未明确支持保险人向逃逸者追偿的情况下，在个案中仍应予以支持的结论。毫无疑问，以上这些在司法实践中进行突破的先例，无疑为交强险保险人追偿的赋权提供了一种可行性路径。

（三）现实需求：使交强险不再陷入亏损旋涡

从交强险业务自身运营的角度考察，我们发现，一方面交强险业务整体的

---

① 参见（2018）苏1281民初5549号、（2016）苏03民终1280号、（2017）苏1002民初1547号民事判决书。

② 参见（2014）吉中民三终字第229号、（2016）苏03民终1280号、（2017）苏1002民初1547号民事判决书。

③ 参见（2013）防市民一终字第6号、（2017）苏0591民初2171号民事判决书，（2013）彬刑初字第00029号刑事判决书"本院认为"部分，及（2015）宜珙民初字第1469号民事判决书的判决结果第一项。

亏损情况十分严重；另一方面，交强险在交通肇事逃逸类案件上的赔付成本也始终居高不下。从全国范围来看，在2016年车险改革新政实施前，交强险业务曾经历了长达8年的连续亏损，其中2011年度亏损额超过了100亿元，直至2017年起才开始实现小幅盈利（参见图2）。

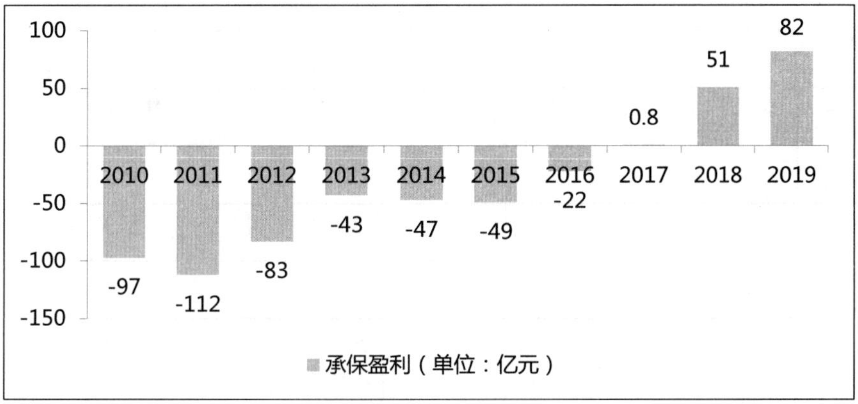

图2　2010—2019年全国交强险承保亏损/盈利情况①

而就交通肇事逃逸类案件的赔付成本控制问题，虽然在全国范围内相关部门未就此做过专项统计，但在一些交强险业务发展较为成熟的地区，对与肇事逃逸案件相关的交强险赔付数据有较为系统的规整。为此，笔者通过对作为保险先锋的人保、太保、平安、国寿财、大地5家财险公司的上海分公司分别进行调研后得知，2014—2018年的5年内，5家险企上海分公司承保的上海市内交强险与第三者责任险业务中，仅发生交通肇事逃逸类案件赔付一项，其支出总金额为914.182万元（参见表1）。

与此相应，上海地区人保、平安、太保、国寿财、大地5家分公司近5年交强险保费收入（2015—2019年）为174.4861亿元（参见表2），而近5年全国交强险保费收入是上海5家保险分公司保费收入的53.79倍，故若以上海5家被调研险企的交通肇事逃逸赔付数额为参考基数进行推算，全国的保险公司在交强险和三者险业务中，近5年仅在肇事逃逸类案件上支出的保险金就超过了112.15亿元，其在交强险历年整体亏损额中所占的比例不可谓之不大。因此，从交强险业务健康发展的现实需求来看，赋予保险公司向逃逸者进行追偿的权利，是交强险不再陷入亏损旋涡的有力保障。

① 数据来源：根据2010—2019年银保监会《机动车交通事故责任强制保险业务情况的公告》整理。

表1　2014年12月—2018年12月上海地区部分保险公司交通肇事逃逸案件赔付情况

序号	公司名称	案件数	赔款金额/万元	备注
1	人保上海分公司	21	60.49	
2	太保上海分公司	7	102.00	按当时交强险每个事故最高赔额12.2万元计算，7件应为85.4万元，而超过部分的16.6万元应该理解为商业三责险
3	平安上海分公司	61	256.00	
4	国寿财上海分公司	14	299.052	按当时交强险每个事故最高赔额12.2万元计算，14件应为170.8万元，而超过部分的128.252万元应该理解为商业三责险
5	大地上海分公司	7	196.64	按当时交强险每个事故最高赔额12.2万元计算，7件应为85.4万元，而超过部分的111.24万元应该理解为商业三责险
合计		110	914.182	

以上数据是笔者通过上海市保险同业公会调研所得。

表2　上海地区5家保险公司近5年保费收入（2015—2019年）

公司名称	人保	太保	平安	国寿财	大地	合计
保费收入/亿元	37.3891	45.3561	75.2099	9.7308	6.8002	174.4861

数据来源：中国保险行业协会官网。

五、解决方案与修法建议

通过以上各章节的详细、严密的论证，笔者建议：第一，从受害人权益保障的角度出发，在驾驶人逃逸情形下，保险人仍应在限额内赔偿受害者的人身及财产损失，否则交通事故受害人就将失去一大可靠的保障来源，而这样也会与交强险本身的公益属性有所背离。因此，与此相关的法律内容，不应发生变动。第二，依循“不赔不追、谁赔谁追”的原则，应在立法及司法实践中明确赋予交强险保险人向肇事逃逸驾驶人的追偿权。如本文“法律适用之分析”部分所述，交强险保险人向逃逸者追偿在法律上最大的阻碍就是原《侵权责任法》第53条在追偿权问题上对交强险与救助基金做了区别对待，而该法现已被合并入《民法典》，短期内进行专项修改并不可行，而且也会影响到《民法典》作为我国第一部法典的稳定性和权威性。因此，现阶段可先通过最高院发布指导性案例等形式对交通肇事逃逸这一情形类推适用《交通事故解释》第18条，即保险人应承担赔偿保险金的责任，并有权向致害人追偿。这样的变动不会给现有的保险司法体系带来太大的冲击。

等若干年之后，《民法典》迎来其整体性修改契机时，再进一步对《民法典》第1216条做修改完善，赋予承保交强险的保险人与救助基金管理机构同等的对逃逸者的追偿权。如此一来，既充分补正了制度缺陷，也使得我国交强险制度设计得更合理、更具层次性，最终实现公平正义这一人类社会的普世价值。

在我国，一方面，刑法上对交通肇事逃逸者要追究刑事责任，另一方面，交通事故造成受害人人身伤害和财产损失的，保险公司在交强险范围内对受害人赔付保险金后，却不能对交通肇事逃逸者追偿。这一奇特的"失衡"现象，使得交通事故中的逃逸者可以免除相当一部分赔偿责任，而由交强险保险人为其逃逸行为"埋单"。这一结果，严重有违社会的公平和正义。此外，保险公司可能通过调整费率系数等方式将该部分赔付成本再转嫁到广大的投保人身上，最后利益受损的仍是我国的每一位车主——这个庞大、不特定、受强制的交强险消费群体。显然，此举直接与我国将保险消费者权益保护作为保险业工作重点的基调相悖而行，实在是忘记了保险的"初心"和"使命"。

如今，随着侦查技术的进步对肇事逃逸行为的约束愈发加强，特别是中央要求通过"雪亮工程"推进各部门视频数据联网整合、共享应用，实现对重点公共区域、重点行业、重点领域的视频监控全覆盖之后，我们走在路上已觉得身边到处是"天眼"，交通逃逸防控已达到不漏一处、不存死角的水平。不仅如此，随着人脸及车牌识别度越来越高，使得交通肇事逃逸案件的破案率即使在全国范围内也被常年维持在95%以上。在如此高超的现代破案技术的支持下，保险人在执行层面实现对逃逸者的追偿已不再困难，当时立法者的那种担忧也不复存在。在这样的情况下，立法的不完善显然已成为该正当权利行使的最大障碍，修订相关法律势在必行。为了破解这一困境，防止致害人推卸、逃脱责任的不法意图得逞，应规定致害人在交通肇事后逃逸与醉驾、毒驾等情形一样，在承担刑事责任的同时，还要承担民事责任，允许保险人向其进行追偿。

本文就交通肇事者逃逸后交强险保险人可否追偿问题，通过正反论证，展开全方位的审视，其目的就是为维护车险行业正当的合法权益响亮发声，以促进我国整个保险业的健康发展。本文在写作过程中，得到中国保险学会法律专业委员会主任李玉泉、中国人民保险集团股份有限公司副总裁李祝用、中国人寿财产保险上海市浦东沪南路营销部负责人彭乾芳的耐心指导和无私帮助,如果没有这三位专家的点拨和指正,仅靠笔者之力是无法完成本论文写作的。在此向三位专家表示由衷的感谢!同时也感谢上海市保险同业公会在数据资料方面所提供的大力支持。

参考文献

陈伟,2015.保险公司对肇事逃逸者可否追偿交强险[N].江苏经济报,09-02(B03).

郭华炜,2011.大陆《机动车交通事故责任强制保险条例》第22条之解释与检讨[M]//公丕祥.海峡两岸金融法制建设问题研究.北京:法律出版社,648.

国家统计局,2021.中国统计年鉴—2020[R/OL].(2021-03-01)[2021-05-03].http://www.stats.gov.cn/tjsj/ndsj/2020/indexch.htm.

胡岩,2015.司法解释的前生后世[J].政法论坛,33(3):38-51.

贾林青,2012.完善处理交强险案件的法律规则之我见:从最高人民法院《关于审理道路交通事故损害赔偿案件适用法律若干问题的解释(征求意见稿)》谈起[J].保险研究,9:80-85.

解可,2010.机动车强制责任保险法律制度研究:以交通事故受害第三人利益为中心[D].长春:吉林大学,10.

李茜,2019.上海多管齐下打击车险欺诈[N/OL].(2019-03-11)[2020-04-15].https://www.financialnews.com.cn/shanghai/201903/t20190311_156096.html.

李青武,2016.论中国道路交通事故社会救助基金组织形式重构[J].西南民族大学学报(人文社科版),37(2):93-98.

李青武,2019.论我国道路交通事故社会救助基金追偿权[J].中国法学,(5):285-302.

李玉泉,2019.保险法[M].3版.北京:法律出版社,249.

李祝用,姚兆中,2014.再论交强险的制度定位:法的缺陷、行政法规与司法解释的矛盾及其解决[J].保险研究,4:31-40.

刘龙,2016.驾驶人肇事逃逸情形下保险公司不能行使交强险追偿权[J].人民司法(应用),16:75-79.

刘学生,2011.交强险立法与实践的两个法律问题辨析:以侵权责任法律关系为视角[J].保险研究,9:104-108.

泮伟江,2016.论指导性案例的效力[J].清华法学,10(1):20-37.

日本損害保険料率算出機構,2020.ひき逃げ事故·無保険事故にあわれた被害者の方のために［M］.政府の保障事業のご案内，1-18.

施文森，林建智，2009.强制汽车保险［M］.台北：元照出版公司，188，221，227-227.

史卫进，毛金科，2018.机动车责任保险的赔偿追偿与垫付追偿制度比较研究：以肇事逃逸等恶意交通肇事的保险责任承担为中心［M］//任以顺.保险案件裁判评析 第2辑.青岛：中国海洋大学出版社，17-29.

王国龙，2016.判决的既判力与司法公信力［J］.法学论坛，31（4）：133-139.

王胜明，2010a.《中华人民共和国侵权责任法》条文解释与立法背景［M］.北京：人民法院出版社，208-210.

王胜明，2010b.中华人民共和国侵权责任法释义［M］.北京：法律出版社，271-273.

魏治勋，2018.当然解释的思维机理及操作规则［J］.法商研究，35（3）：105-114.

乌尔里希·马格努斯，2012.社会保障法对侵权法的影响［M］.李威娜，译.北京：中国法制出版社，372 .

颜培麟，文宏祥，2011.驾驶人肇事后逃逸情形下交强险的追偿权问题［J］.湖北第二师范学院学报，28（11）：60-63.

杨学友，2019.肇事逃逸，保险公司有无追偿权？［J］.道路交通管理，10：77.

银保监会.中国银保监会关于2019年机动车交通事故责任强制保险业务情况的公告［EB/OL］.（2020-12-25）［2021-5-4］.http：//www.cbirc.gov.cn/cn/view/pages/ItemDetail.html？docId=952706&itemId=925&generaltype=0.

张永顺，2015.对交通肇事逃逸与交强险赔偿的探析［J］.商，8：237.

赵波，2008.保险销售误导的危害及治理建议［J］.保险研究，6：40-42.

赵峰，姜伟，2013.日本交强险制度的分析及启示［J］.时代金融，6：161-162.

最高人民法院.2018年第5期公报［EB/OL］.（2018-5-18）［2021-5-4］.http：//gongbao.court.gov.cn/Details/60f3824073a05844a4f444b0c91b36.html.

责任保险中的连带责任承担问题

韩长印[①]

一、问题的提出

2006年10月，吕某为其小轿车向某保险公司投保了交强险、商业三责险等险种，保险期间内，吕某驾驶的保险车辆与案外人王某驾驶的二轮摩托车相撞，造成第三人贾某受伤。交通管理部门认定吕某负事故的次要责任、王某负事故的主要责任；法院判决吕某、王某分别承担30%和70%的责任，两人并对贾某承担连带责任。吕某应受害人贾某的请求依判决向贾某连带履行全部赔偿责任后向保险公司提出索赔，索赔金额包括其代王某连带承担的赔偿责任。但保险公司依据保险合同中的"按责赔付"条款仅对属于吕某的责任份额进行了理赔，吕某遂将保险公司诉至法院。

一审判决支持了被保险人吕某的诉讼请求。但二审法院认为：所谓责任保险，是指以被保险人对第三者依法应负的赔偿责任为保险标的的保险，相关生效民事判决已经确定吕某对受害者贾某承担30%的赔偿责任，故某保险公司只需对该部分赔偿责任进行理赔，至于吕某连带承担了王某70%的责任，其完全可以根据民事判决确定的连带责任向王某行使追偿权。其就王某应负的赔偿责任向某保险公司主张理赔，缺乏法律和合同依据，本院不予支持，遂

---

① 韩长印：上海交通大学凯原法学院教授、博士生导师，中国法学会保险法学研究会副会长。本文写作中德文资料的收集和整理得到了科隆大学法学院沈小军博士的帮助，特此致谢。本文系作者主持的国家社科基金重点项目"我国机动车三责险改革问题研究"（项目编号：14AFX019）的阶段性成果。

对一审判决作出了改判。[①]

上述案例以及有关责任保险的其他同类案件，大都涉及被保险人内外有别的两个责任范围，即对外的连带责任以及对内的按份责任或比例责任，保险公司对此都会依照保险合同中约定的“保险人依据被保险人在事故中所负的事故责任比例，承担相应的赔偿责任”条款（以下简称“按责赔付”条款），主张只承担比例责任而拒绝承担连带责任。当事人就此争议的焦点集中在：被保险人因连带责任所承担的超出自身责任比例的赔偿部分是否属于（机动车商业三责险等）责任保险的保障范围。[②]

问题的严重性在于：一则，司法实务界对此类案件的处理结果迥然有异，同案不同判现象十分突出[③]，进而诱发了机动车商业三责险当事人根据不同法院审理此类案件态度的差异而择地起诉问题[④]；二则，司法实践中此类案件并不鲜见[⑤]，甚至可以断定，几乎所有机动车商业三责险的一般保险条款都会对承保范围进行限制，因为2012年3月14日中国保险行业协会颁布的2012版《中国保险行业协会机动车辆商业保险示范条款》（以下简称《车险行业条款》）第23条规定：“保险人依据被保险机动车一方在事故中所负的事故责任

---

① 参见上海市第一中级人民法院（2009）沪一中民三（商）终字第891号民事判决书，载中国保险行业协会组织编写：《保险诉讼典型案例年度报告》（第二辑），法律出版社，2010，第474页。

② 也有论者将这里的“按责赔付”解释为按照致害人与受害人之间的事故比例进行赔付，并对违反按责赔付条款的做法进行了批判。参见何桂兰等：《关于交强险事故赔偿责任比例赔付问题的探讨》，载《上海保险》2011年第7期。本文认为，本案语境中“按责赔付”的内涵至为明显，系指共同致害人之间的按责赔付，故对致害人与受害人之间的过失相抵略去不提。

③ 无独有偶，上海市第二中级人民法院审理了一起相似的案件，却得出了截然不同的判决结果，该案的一、二审法院均判决保险公司承担全部的连带赔偿责任。参见上海市第二中级人民法院（2008）沪二中民三（商）终字第416号民事判决书，载中国保险行业协会组织编写：《保险诉讼典型案例年度报告》（第一辑），法律出版社，2009，第461–464页。同处一地的两家中级人民法院对相似的争点问题作出的迥然不同的两种判决，可能会给当事人带来令人困惑的既判力预期。

④ 这或许正是2013年6月8日施行的《最高人民法院关于适用〈中华人民共和国保险法〉若干问题的解释（二）》第20条针对一些保险公司的分公司接受投保而由总公司签发保单的案件，专门确定分公司拥有诉讼主体地位及其所在地法院享有管辖权的原因。该条规定：“保险公司依法设立并取得营业执照的分支机构属于《中华人民共和国民事诉讼法》第48条规定的其他组织，可以作为保险合同纠纷案件的当事人参加诉讼。”

⑤ 截至2013年6月底，在北大法宝案例数据库中，先以“商业三责险”为关键词搜索，再以“连带责任”为关键词在结果中搜索，共发现96件同类案例；如以“责任保险”作为案由，以“连带责任”作为全文关键词搜索，共发现20个同类案例（案例截至2013年7月16日）。有些案例如（2011）芜中民抗字第0001号，系围绕争点问题提起抗诉而经过再审的案件。

比例,承担相应的赔偿责任”[①]。

具体归纳此类案例判决理由的分歧[②],可以发现两种不同的裁判思路。

赞同保险公司承担全部责任或者连带责任的理由主要包括:其一,责任保险的保险标的是被保险人对第三者依法应负的赔偿责任。对第三人依法承担的连带责任,无疑应当归入责任保险的保障范围之内。其二,相关责任保险合同在一般保险条款中并未排除连带责任的责任形式。其三,即使当事人各方对一般保险条款有不同解释,即“被保险人的事故责任比例”既可以解释为被保险人与受害人之间的责任比例,又可以解释为被保险人与其他共同致害人之间的责任比例,那也应当根据一般格式条款的解释原则作出对保险人不利的解释,也即这里的比例责任限于被保险人与受害第三人之间的比例责任,而不能指向被保险人与其他共同致害人之间的比例责任。其四,保险公司承担保险责任之后,享有对其他共同侵权人的追偿权。

主张保险公司按责任比例承担保险责任的理由主要包括:其一,保险合同条款已经约定保险人承担的责任范围仅限于被保险人在连带责任内部按照事故责任比例所应承担的赔偿责任,依照合同自由原则,该项约定应当得到当事人的尊重。其二,保险合同条款中没有约定由保险公司承担被保险人的连带责任。其三,依据对价平衡原则,保险公司不应当承担连带责任。“保险合同依据约定的保险事故发生的概率寻求保险费与保险赔偿金的平衡,无视法律与合同条款将保险人的合同义务扩大化,令其承担超出费率对价的保险责

---

① 该条接着规定:“被保险人或被保险机动车一方根据有关法律法规规定选择自行协商或由公安机关交通管理部门处理事故未确定事故责任比例的,按照下列规定确定事故责任比例:被保险机动车一方负主要事故责任的,事故责任比例为70%;被保险机动车一方负同等事故责任的,事故责任比例为50%;被保险机动车一方负次要事故责任的,事故责任比例为30%。涉及司法或仲裁程序的,以法院或仲裁机构最终生效的法律文书为准。”2012年版该条款是在2007版《机动车商业保险行业基本条款(A款)》第24条的基础上增加第3项,即“涉及司法或仲裁程序的,以法院或仲裁机构最终生效的法律文书为准”演变而来。

② 以下两种不同观点的归纳主要参见下述案例的判决理由:浙江省杭州市萧山区人民法院(2012)杭萧商初字第3722号民事判决书、浙江省杭州市萧山区人民法院(2011)杭萧商初字第2787号民事判决书、江苏省苏州市中级人民法院(2011)苏中商终字第0035号民事判决书、河南省郑州市中级人民法院(2011)郑民四终字第342号民事判决书、浙江省慈溪市人民法院(2011)甬慈商初字第917号民事判决书、广西贺州市中级人民法院(2012)贺民二终字第48号民事判决书、广东省佛山市中级人民法院(2010)佛中法民一终字第782号民事判决书。

任,有违公平。”[①]

那么,责任保险中的保障范围是否应当将被保险人的连带责任包括在内?此类纠纷所涉条款能否适用不利解释等规则加以解决?未来的责任保险合同条款能否依据“对价平衡”等原则明确无误地将连带责任排除在外?究竟应当如何确定责任保险的保障范围进而实现责任保险与责任层次的有效对接?本文拟对这些问题展开讨论。

二、责任保险中“责任”的内涵解释

责任保险作为财产保险的一个类别,是一种消极保险,其所保障的保险标的或者被保险人的损失,表现为被保险人对第三人承担的民事赔偿责任。但与作为第一方保险的积极保险意义上的被保险人损失不同,积极保险的损失是被保险人现有财产或者财产价值的减少或者损失,而消极保险的损失是被保险人所负担的债务或者费用的产生或者增加,是作为被保险人对其他人承担的责任或者垫付的费用。因此,责任保险无所谓保险价值的概念,也无所谓在保险合同订立时根据保险金额与保险价值的对比而判定损失是否存在以及损失多少,其所谓“损失”就是被保险人对第三人承担的最终赔偿责任或者第一层次的垫付责任,并据此确定保险人最终承担的责任,因而责任保险仅仅适用财产保险应当贯彻的损失填补原则。这也是责任保险作为第三方保险的突出表现。[②]

(一)连带责任的对内“责任”份额

有理由认为,前述2012年版《车险行业条款》第23条“按责赔付”的规定,系根据被保险人在侵权行为中的过错大小,以及由此产生的与共同致害人之间的责任份额来对责任保险的保障范围作出的限制,是保险公司进行风险管理并对被保险人的侵权行为加以预防和遏制的一种手段。从这个角度看,此类条款是值得肯定和提倡的。何况,在成立连带责任的场合,各“加害人”的行为对损害的发生都具有因果关系,让其中的一部分承担全部赔偿责任并不公平。因此,在加害人内部,应依据一定的标准对责任进行分配。如果法律没有特别规定或者当事人另行约定,在连带责任内部,似应根据加害行为原因力

---

① 参见广东省佛山市中级人民法院(2010)佛中法民一终字第782号民事判决书中上诉人的上诉理由部分,载中国保险行业协会组织编写:《保险诉讼典型案例年度报告》(第三辑),法律出版社,2011,第538页。

② 参见韩长印:《我国交强险立法定位问题研究》,载《中国法学》2012年第5期。

的大小以及过错的程度分配相应的责任。

但设定上述条款存在这样一种危险，就是混淆了共同致害人之间有关连带责任的"责任"份额与被保险人对受害第三人的外部责任两个概念。合同所订立的条款是保险公司与被保险人之外的共同致害人之间最终的责任分摊比例，但保险公司却把该类条款当作保险公司对共同侵权受害人承担连带责任的代替方式。

（二）责任保险的对外"责任"方式

众所周知，连带责任是多数人责任中的责任之一。"多数人责任牵涉债权人与债务人以及债务人之间两个层面的关系，正确辨别使用不同类型的并存责任，对于确保债权人合法权益、平衡债务人损益分配具有十分重要的意义"；"法律对多数人责任及多数人之债有两个层面的功能设定，以体现权利救济在对象、次序、程度方面不同的价值考量和技术考量。第一个层面解决债权人与债务人之间的权利义务配置，即多数人之债的对外效力……第二个层面则解决债务人之间的权利义务配置，即多数人之债的对内效力"。[①]

固然，如果合同条款对赔偿责任的限制并不与被保险人致害行为的过错大小对接起来，单纯与受害人获得赔偿，进而与作为被保险人的致害人得以转移的风险多少相互对接，其结果除了减轻事故发生后保险人自身的赔偿责任外，对致害人和受害人均有害而无益，最终会使得预防和遏制被保险人侵权行为的目的落空，责任保险条款所预期的预防过错的初衷就异化为规避责任的结果了。但法律上设定连带责任的目的在于突出对受害第三人的利益保障，未必基于致害人的过错大小。

显而易见，责任保险中的责任是对第三人的责任，共同致害人之间只有责任的分担问题。责任保险应当转移的是对第三人的责任，也就是外部责任，是第一位的责任。该种责任几乎都属于法定的责任[②]，并且本身具有法律的公示效果。而共同致害人内部的责任分担并非责任保险对受害第三人的责任，与其说那是责任，毋宁说是对责任的原因力或者责任的过错进行的划分。实

① 李亚成:《多数人责任体系的检讨与重构》,载王卫国主编《民商法新观察》,中国政法大学出版社,2008,第246、251页。

② 有学者指出,民事责任可分为过失责任、无过失责任与危险责任。前两种责任具有非难加害人的含义,而危险责任则着重于社会生活的共同需要性。参见曾世雄:《资源本位论：民法设计与民法运作》,元照出版公司,2013,第265–268页。因而,在事故伤害人那里,无所谓作为被保险人的责任大小轻重。

际上，现代侵权立法在过错和责任的对应关系上似乎变得有些模糊了①，甚至可以说，侵权行为人的过错可能并非责任产生的唯一原因，损害赔偿责任的划分，一部分开始依靠技术性处理的方法和技巧，而不再单纯遵从民事法律规范所主要依循的严格的行为过错本位了。问题在于，责任保险所要转移的恰恰是对第三人的责任，而不是转移与共同致害人之间就责任份额产生的抗辩风险。

此外，责任保险所转移的责任危险除了被保险人对第三人应当承担的民事赔偿责任外②，还往往可以包括被保险人因受第三人之请求而为抗辩所产生的必要费用③。此处所谓的抗辩等费用无疑不是指向与其他共同致害人相互之间产生的抗辩费用。由此也可以佐证责任保险的基本内涵并不着眼于共同致害人之间，而在于被保险人与受害第三人之间。

因而，从责任及相关抗辩的逻辑指向上讲，责任保险中的责任只能解释为被保险人对第三人的责任，其责任范围取决于受害第三人的选择（即是否向被保险人主张连带责任）。这一点，可从下文对责任保险制度功能的进一步考察中得到印证。

三、责任保险的制度功能与责任范围对接

（一）责任保险的"摆脱不利"功能与责任范围对接

首先，责任保险独特的"摆脱不利"功能及独特的赔偿方式，会影响到责任保险范围的界定问题。

关于责任保险系单纯提供金钱赔付功能，还是提供"脱离不利"（也即"责任免除"或者"恢复原状"）的保障功能④，保险法立法和理论上经历了一个

---

① 交强险中无责赔付、互撞免赔协议的做法实际上就在一定程度上模糊了责任险与意外险、三责险与第一方保险的界限；又如，旅行社责任险中安全关照义务运用得过于宽泛的话，实际上就赋予了旅行社责任险以旅客意外伤害保险的保障功能。

② 关于责任保险保障功能的独特性表现，将在后文专门论述。

③ 我国《保险法》第66条规定："责任保险的被保险人因给第三者造成损害的保险事故而被提起仲裁或者诉讼的，被保险人支付的仲裁或者诉讼费用以及其他必要的、合理的费用，除合同另有约定外，由保险人承担。"

④ 有学者把责任保险的"责任免除功能"相对应的被保险人之请求权翻译为"脱离不利请求权"。"脱离不利请求权"的主要目的即在于使被保险人恢复到保险事故未发生此不利前的状态，因此责任保险应属恢复原状，而非金钱给付。保险人即便将金钱给付于被保险人，也不外乎偿还被保险人为保险金代垫之数额而已，和其他财产保险人给付金钱于被保险人并无不同。参见江朝国：《保险法基础理论》，中国政法大学出版社，2002，第370页。

变化的过程。比如，德国早期判例认为，投保人对保险人享有的是一种金钱给付请求权，其数额由被害人所遭受的损害决定。但是，在这种情况下，该金钱请求权可能会被投保人向其他债权人质押、让与和典当。因此，这种纯粹的一般债权上存在的变价可能性违背了受害人的利益。直到1909年，德国帝国法院的一则判决率先认定，为保护受害人的利益，应将投保人所享有的权利看作责任免除请求权（Befreiungsanspruch），因此，可以排除其他债权人对保险金额的主张权利。[①]必须承认的是，帝国法院的这一认识并非来自法律条文的文义，而是从责任保险的本质中推导出来的。[②]不过，承认责任免除请求权对投保人和被保险人的利益都具有重大意义。甚至，原则上投保人并不能请求保险人向自己支付保险金（而应由保险人直接对受害第三人承担责任）。因为，这种请求与责任保险的本质无法兼容。[③]只有在投保人已经实际承担损害赔偿责任后，才对保险人享有支付请求权。而在被害人的损害赔偿请求权业已发生既判力的判决确定后，投保人可以请求保险人直接向被害人支付保险金。[④]

根据责任保险的赔偿内容为“脱离不利请求权”也即“责任免除请求权”的观点，如果投保人或被保险人对受害人应当承担连带责任，假如保险人只支付被保险人在连带责任中的分担份额，则被保险人对受害人的赔偿责任实际上并未被免除，保险人因责任保险合同所负担的义务也就没有完全履行。而且，按照责任保险的一般原理，赔偿责任一经法院判决认定时，被保险人完全可以请求保险人直接向受害人支付保险金。可以肯定的是，如果投保人与保险人之间对责任保险的保障范围没有作出特别限制，责任保险应当涵盖被保险人对受害人的全部责任形式，包括连带责任。

进一步说，如果保险人与投保人之间约定，保险人仅对被保险人在连带责任内部的责任份额承担责任，那么，假如承认被保险人的直接请求权，或者保险合同中约定了受害第三人的直接请求权[⑤]，保险人遭遇受害人的赔偿请求时，保险人能否以其与被保险人之间“按责赔付”的内部约定，来对抗被保险

① RGZ 70，257.

② Günter Bauer，Die Kraftfahrtversicherung，6. Aufl.2010，Beck Verlag，München Rn.749.

③ BGHZ 10，154，161.

④ Günter Bauer，Die Kraftfahrtversicherung，6. Aufl.2010，Beck Verlag，München Rn.752，753.

⑤ 我国《保险法》第65条第1款规定：“保险人对责任保险的被保险人给第三者造成的损害，可以依照法律的规定或者合同的约定，直接向该第三者赔偿保险金。”

人对受害第三人应当承担的连带责任呢？答案无疑是否定的。[①]

其次，是否将连带责任界定为责任保险的责任范围这一看似不是问题的问题，也可以从比较法的视野得到一定的印证。

尽管侵权责任方式以及由此产生的连带责任的适用条件等，在比较法上大同小异，但在责任保险的责任范围方面，要想从比较法上找出与我国“按责赔付”条款相似的资料和素材，并非易事。原因或许就在于这些问题在不少国家都不成其为问题。尽管如此，还是有立法例对此作出了明确但又不同于我国做法的规定。

韩国《商法》第682条规定，已根据受害人的直接请求权履行赔偿义务的保险人，可对除被保险人外的其他保险事故责任人（与被保险人共同实施不法行为的其他第三人及该其他第三人的保险人）行使代位权。[②]这是立法上明确责任保险应当承担多数人共同侵权连带责任，并同时承认保险人承担连带责任之后的追偿权的典型立法例。

2009年9月16日欧洲议会和理事会通过的《欧盟2009年机动车责任保险指令》（有关机动车责任保险以及该责任保险义务履行的第2009/103/EC号指令）“鉴于”部分第29项也指出，“为了确保机动车事故受害人得到适当的保护，成员国不应允许保险公司依赖免赔率对抗受害方”。该指令尽管是对各成员国的要求，但其旨趣无疑是为了防范各成员国保险公司竞相通过免赔率等方式降低对机动车交通事故受害人的保障程度而作出的规定，无疑是对定型化保险合同条款自由度的限制。

我国台湾地区所谓“强制汽车责任保险法”第34条第1款第1项规定：“肇事汽车全部或部分为被保险汽车者，受害人或受益人得在本法规定之保险金额范围内，请求各被保险汽车之保险人连带给付保险金。”我国台湾地区2005年6月发布实施的“强制汽车责任保险承保及理赔作业处理办法”第14条规定：“同一汽车交通事故牵涉数汽车时，依下列规定处理：……（三）车外第三人得向各应负给付义务之保险人连带请求保险给付。”“事故汽车部分为被保险汽车，部分为本法第四十条第一项所定之汽车者[③]，请求权人得依据二

① 关于条款中能否排除连带责任的约定，将在后文专门分析。

② 转引自崔吉子、黄平：《韩国保险法》，北京大学出版社，2013，第198页。

③ 我国台湾地区所谓“强制汽车责任保险法”第40条第1款（台湾称“项”）规定的车辆包括：（1）事故汽车无法查究；（2）事故汽车为未保险汽车；（3）事故汽车系未经被保险人同意使用或管理之被保险汽车；（4）事故汽车全部或部分为无须订立本保险契约之汽车。

辆或三辆以上汽车交通事故，参照前款规定请求应负给付义务之保险人（或）与财团法人汽车交通事故特别补偿基金（以下简称特别补偿基金）连带为给付。”“同一汽车交通事故牵涉数汽车导致人员伤亡，受理强制险理赔申请之保险人应尽速通知其他车辆之承保公司或特别补偿基金确认有无重复理赔情形。”[①]尽管我国台湾地区的该项规定是针对交强险作出的，但考虑到我国大陆现实生活中，绝大多数购买交强险的投保人几乎都会同时购买商业三责险，为贯彻机动车强制险与商业险同样作为责任保险的相通属性，商业三责险中应当有其适用余地。[②]

值得一提的是，《最高人民法院关于审理道路交通事故损害赔偿案件适用法律若干问题的解释》（法释〔2012〕19号）第21条第3款规定，“多辆机动车发生交通事故造成第三人损害，其中部分机动车未投保交强险，当事人请求先由已承保交强险的保险公司在责任限额范围内予以赔偿的，人民法院应予支持。”保险公司就超出其应承担的部分向未投保交强险的投保义务人或者侵权人行使追偿权的，人民法院应予支持。”其中“保险公司就超出其应承担的部分向未投保交强险的投保义务人或者侵权人行使追偿权的，人民法院应予支持”的规定，实际上隐含着保险公司有义务承担连带责任的寓意。但一方面，这是在交强险的语境下要求保险公司承担垫付责任，而后行使清偿后的代位追偿权[③]；另一方面，司法解释还是不无含蓄地省去了保险公司对受害人承担连带责任的法律用语。

最后，按照责任保险的一般原理，保险人负有代被保险人向受害第三人进行抗辩的义务，如果保险人承担此项义务，能否通过抗辩来推脱连带责任的承担呢？尽管被保险人对受害第三人享有的抗辩，保险人得代为行使；但问题是，基于连带责任的民事责任基础，被保险人显然不能对第三人主张按份或者比例责任的抗辩。相应地，保险人在代替被保险人对受害人的抗辩中，如果不混淆抗辩权行使的对象，是不能主张比例责任的抗辩的。

---

① 逻辑上，也只有各保险人都需承担连带责任的场合，才可能产生重复理赔的问题。

② 实际上，以笔者之设想，我国机动车三责险未来立法的出路，在于实现交强险与商业三责险的立法合一，届时两种赔付方式的差异将不复存在。参见韩长印：《我国交强险立法定位问题研究》，载《中国法学》2012年第5期。

③ 清偿代位是指非应终局负担债务之人清偿债务后，以法律之规定，所发生的“法定债权移转”。参见叶启洲：《保险法专题研究（一）》，元照出版公司，2007，第331页。

（二）责任保险的责任保障对象与责任范围对接

前已述及，责任保险，又称第三者责任保险，属第三方保险，是指当被保险人依法对第三人承担民事赔偿责任时，由保险人对被保险人承担补偿责任或者直接对第三人承担赔偿责任的保险。[①]可见，责任保险是通过转嫁风险和损失的方式由保险人承担被保险人依法应对第三人承担的民事赔偿责任。[②]与一般损害保险下被保险人本身系受害人不同，责任保险下的被保险人系加害人，“受害人对被保险人之损害赔偿请求权”的行使，即为责任保险所保障的对象。[③]

责任保险作为财产保险的一种，其直接功能在于填补被保险人因对第三人承担赔偿责任而遭受的损失[④]，在此意义上，责任保险为纯粹的填补损害的保险，系被保险人分散其赔偿责任的一种方法。人们曾经认为，为被保险人提供“摆脱不利”或者责任免除的功能保障是责任保险的唯一功能，尽管责任保险在保障加害人的赔偿能力上也间接具有保护受害人的功能，然而，这只是被视为责任保险意外的衍生作用而已[⑤]，到了20世纪它则成为旨在主要保护受害人的一种社会政策工具。随着责任保险制度的广泛推行，其价值取向和立法目的已经从注重保护被保险人的利益，发展为注重保护受损害的第三人的利益，保障受害第三人利益已经公认为责任保险的间接功能。在交强险等强制责任保险制度中，保障受害人利益甚至已经成为责任保险的首位目标，它可以使社会上潜在的、不特定的社会成员不同程度上得到保险的保障。

虽然我们习惯上把责任保险当作第三方保险，但准确地说，其兼有第一方保险的性质，责任保险的保障对象既包括受害第三人，也同时包括被保险人自身。责任保险作为第三方保险的保障功能表现在直接保障受害第三人的利益，

---

① 我国《保险法》第65条第4款规定：“责任保险是指以被保险人对第三者依法应负的赔偿责任为保险标的的保险。”

② 参见韩长印、韩永强：《保险法新论》，中国政法大学出版社，2010，第292页。

③ 参见江朝国：《被保险人与其他加害人之共同侵权行为问题》，载《月旦法学杂志》2009年第5期。

④ 责任保险所填补的损失一般包括以下5个部分：加害人支付给受害人的赔偿金；事故发生后，加害人为了损害的防止、减轻所花费的必要费用；应急处理所需要的费用；诉讼费用；加害人为了协助保险公司而支出的费用。参见岳卫：《受害人的直接请求权与损害赔偿请求权》，载李劲夫主编：《保险法评论（第一卷）》，中国法制出版社，2008年版。从损失填补的内容看，其保障致害人的目的非常明显。

⑤ Sieg, Ausstrahlungen der Haftpflichtversicherung, 1952, Versicherungswissenschaftlicher Verein, Hamburg S.58 ff. 格哈德·瓦格纳主编：《比较法视野下的侵权法与责任保险》，魏磊杰等译，中国法制出版社，2012，第117页。

而作为第一方保险的保障功能在于,将被保险人最终实际应当承担的赔偿责任转移给保险公司。为此目的计,应当承认被保险人连带责任作为责任保险保障范围的合理性,并在保险人对致害第三人的追偿落空时,由被保险人进而由保险公司承担相应的风险,而不是由受害第三人或者被保险人承担致害第三人无力赔偿的风险。唯此,方才符合责任保险直接救济受害第三人、间接减轻被保险人经济负担的宗旨与目的。

四、"按责赔付"条款排除连带责任的具体解释

对免责条款的内涵作出解释的前提是免责条款具有法律效力。后文的研究将表明,责任保险中的"按责赔付"条款将因构成"意外条款"而应排除在合同条款之外,因而不存在解释问题。这里,基于我国立法并不存在关于"意外条款"效力的明确规定,本文拟退一步先对"按责赔付"条款作出解释,即假定该条款不因构成"意外条款"而丧失其拘束力,是否能够对其作出符合投保人或者保险人意愿的解释。

法理上,对免责条款进行解释的共同规则主要包括:不得违反契约主要目的规则、不利解释规则、不得将免责约款之合意视为自甘冒险规则、非为企业合理化经营所必须之免责约款应从严控制规则。[①]鉴于"不得违反契约主要目的"的解释规则,可以通过前文关于责任保险的"摆脱不利"功能和受害人保障功能的论述中得到论证,此处不再赘述。以下分别运用其他三项解释规则对"按责赔付"作出解释,看是否能够得出排除连带责任的结论。

1. "按责赔付"与不利解释规则

根据"按责赔付"条款的文义,我们可以轻而易举地发现该条款可能包括如下两种解释:(1)被保险人与共同致害人之间,依其主观过错程度和行为的原因力不同,就自己的责任份额对受害第三人所应承担的按份比例责任,并且这种"按责赔付"的约定可以对抗被保险人甚至受害第三人。(2)在被保险人因共同侵权行为而被受害人请求承担连带责任时,先由保险人替代被保险人向受害第三人承担全部赔偿责任,但保险公司通过向共同致害人的代位追偿最终只承担被保险人与共同致害人之间,根据内部责任划分最终应当由被保

① 参见刘宗荣:《免责约款之订人契约及解释》第二篇,台湾财团法人保险事业发展中心1986年印行。本文文中分析总体上参考了该文关于解释方法的内容。

险人承担的那部分责任比例或份额。[①]显然，保险人赞同第一种解释，被保险人主张第二种解释。被保险人更愿意主张这种约定只能用来对抗其他共同加害人，不能对抗被保险人。

法理上，如果保险条款的用语并非明白无误，并且保险条款缺少对该“按责赔付”条款可能包括的全部内涵的全面列举，并在全面列举的基础上列明保险责任的范围类别，进而排除除外不保或者构成免赔约款的责任份额，那么，解释上无疑应当作出不利于保险人的解释。原因在于，格式条款的使用人享有对条款用语和事先拟定的条款的选择权。因此，其应当承担因自己表述不清而产生的风险和责任[②]，具体到上述条款，应当适用第二种解释[③]。如果允许将责任保险中的赔偿责任解释为直接侵权产生的比例责任，实际上变相限缩了责任保险的责任比例和范围。

2. “按责赔付”与不得视为自甘冒险解释规则

主张保险人仅承担被保险人内部按份责任的理由之一，在于“合同自由”，即该条款得到了投保方的同意，而经投保人签字同意的条款，依据合同意思自由原则应当得到司法的尊重。按照该解释规则的要求：一方面，免除或者限制被保险人责任的条款不应当因为投保方的签字同意而视为“自甘冒险”；另一方面，保险人就免责条款对投保方的警示以及说明本身也不得解释为“自甘冒险”。何况，前述“按责赔付”条款是中国保险行业协会推出的在全国范围内得到普遍适用的格式条款，其影响力远远大于个别保险公司的个案中的格式条款，如果把对格式条款的签字同意视为对“霸王条款”的自甘冒险的话，那么全国数以亿计的机动车投保人都将会成为“自甘冒险”格式条款的受害人。

3. “按责赔付”与从严控制非必须免责约款解释规则

有学者指出，免责条款就其功能而言可分为两类，一是“企业合理化经营

---

① 甚至还有第三种解释，即保险人根据被保险人与受害第三人（并非其他共同致害人或者致害第三人）之间按照各自的过错程度所分配的责任份额而对受害人承担的一定比例的责任。比如，被保险机动车一方对事故的发生负主要事故责任，受害人本身对事故的发生负次要责任，从而被保险人承担了70%的损害赔偿责任。

② Vgl.phillip Hellwege, Allgemeine Gesch? ftsbedingungen, 2010, Mohr Siebeck Verlag, Tübingen S.510 ff.

③ 不过，如果条款的用语并非使用保险的“专业用语”，而是使用了一般用语，此时就应当采用限制解释（或严格解释）的方法，使得免责的标的被限制在最小的范围之内。但显然，本文研讨中的条款无疑在使用专业用语。

所必须之免责约款”，二是“非为企业合理化经营所必须之免责约款”。第一类约款存在的目的在于避免企业遭受偶发或无法负担之损失，一方面维护企业之合理经营，另一方面兼顾投保方的利益，使其能以合理的负担获得对价之实益，因而通常仅仅将战争、地震、洪水、暴动等重大危险事故排除在责任范围之外，此为保险公司合理经营所必须，因为此类危险的损失常非保险公司所能负担。第二类约款往往在于排除或者限制保险公司以法律或者以契约本身应当承担的责任，保险公司若不当地利用其经济上的优势地位，通过此类约款谋取不平衡的利益时，自应从严控制。[①]

毫无疑问，被保险人与其他共同致害人之间对受害第三人依法应当承担连带赔偿责任时，该连带责任属于可转移至保险公司承担的风险类别。此类风险的转移无损于保险公司的合理化经营，并且对于保险公司扩大业务经营的规模有明显助益。加之，投保方自始抱有向保险公司转移此类风险的内在需求，且与责任保险的产品设计初衷完全吻合。实际上，“债务人所负之责任愈重，其仰赖于责任保险，以分化其风险者，亦愈为殷切”[②]，故而没有理由将该连带责任的风险承担解释在保险公司的责任范围之外。

进一步说，按照保险法设置免责条款的基本法理，保险公司的除外责任条款除巨灾条款外，大都建立在预防道德危险发生的逻辑基础之上，被保险人连带责任的承担也多经由立法或者司法程序确定[③]，且因受害人的选择性请求而产生（单独或者同时向被保险人、致害第三人主张连带责任或者按份责任），额外辅之以保险人对共同致害人的追偿权，难谓被保险人承担连带责任存有任何道德危险而需加以排除的必要性。如果保险人设置“按责赔付”条款的目的既不在防范被保险人道德危险的发生，又不在与被保险人之间建立风险共保机制以强化被保险人的风险意识，那么，除了不能使受害人以及被保险人获得保险保障而减轻自己的赔偿责任外，怕是难以解释出其他任何正当的目的。

需要强调的是，对“按责赔付”条款作出如上解释，并不是本文的最终结

---

① 参见刘宗荣：《免责约款之订入契约及解释》第二篇，台湾财团法人保险事业发展中心1986年印行。

② 刘宗荣：《新保险法：保险契约法的理论与实务》，中国人民大学出版社，2011，第403页。

③ 即便被保险人自愿与受害第三人进行和解、直接向第三人赔偿等，除非系对他人实施急救，一般不得剥夺保险人的参与权。参见肯尼斯·尼斯亚伯拉罕：《美国保险法原理与实务》，韩长印等译，中国政法大学出版社，2012，第658页注释3。

论，本文的重点在于探究未来的责任保险格式条款能否基于所谓的对价平衡原则，明确地将连带责任的承担排除在外。

五、责任保险的免责限制与代位追偿

（一）责任保险免除连带责任的效力分析

不可否认，连带责任制度与保险制度具有紧密的联系，责任保险发展初期，两者是共生共长的关系，但发展到一定阶段，两者出现了此消彼长的交集态势：一则保险制度能分担连带债务人的责任；二则保险人全面承担连带债务人的全部义务可能又会不堪重负，保险危机极有可能出现。也就是说，连带责任的广泛实施会产生"深口袋"问题，对某些资金雄厚的连带责任人而言并不公平。[①]那么，这能否成为保险公司排除责任保险中连带责任的理论依据呢？对此，我们可从责任保险中"按责赔付"条款的性质以及格式条款中免责条款的限制两个视角作出分析。

由于责任保险法律关系非常复杂，很难像一般合同那样由双方当事人经过多次磋商而达成一致意见，实践中，通常是由保险人提出合同条款，投保人概括地予以接受，或者至少绝大部分的条款都是由保险人制定的。这是因为一般交易条款（系指格式条款，下同）具有理性化、漏洞填补以及将风险和负担转移给他方当事人的功能。[②]因此，保险合同中常有很多保险人用来限制或免除自己责任的条款，责任保险中的"按责赔付"即属其一。然而，这种条款发生效力是以已经订入保险合同且不违反法律对格式条款内容控制的规定而沦为无效为前提的。

1．"意外条款"的效力排除

法理上，当免责条款就该法律行为的种类而言构成所谓的"意外条款"（surprising clauses）时，允许将其排除于契约内容之外。所谓意外条款，是指格式条款如此不常见，以至于合同相对人根本无法预料到它的存在。将意外条款排除在合同内容之外的理由在于，"定型化约款是作为规范当事人日常交易之权利及义务之用，相对人必然期待该定型化约款所载之约款适好涵

① 参见阳雪雅：《连带责任研究》，人民出版社，2011，第126–127、112页。

② Vgl. Neuner/Wolf, Allgemeiner Teil des Bürgerlichen Rechts, 10. Aufl.2012, Beck Verlag, München § 47 Rn.3.

盖该契约书所涉及之特定法律行为(交易种类)之各方面"[①]。其目的在于,保护顾客不因概括的同意表示而让根据总体情况无法预料的条款成为合同内容。[②]需特别注意的是,只要该约款的存在于该法律行为而言属于"异常",便足已构成"意外条款",与该约款本身是否公平无关。[③]反而言之,格式化免责约款纵令经"公平性检验"证实其为公平,亦未必生效,因为若该约款存在于该法律行为显示出"异常"而非他方当事人所能预料,则该约款自始无从生效。[④]

判断格式条款是否属于"意外条款",应综合考虑条款在客观上是否不常见以及顾客在主观上是否感到惊讶来进行判断。[⑤]结合责任保险的合同属性及法律属性来看,正如我国有关检察机关在此类案件的抗诉意见中所言,被保险人投保第三者责任险的目的是降低和分散风险,如发生损害结果,则合理期待在保险限额范围内得到赔偿[⑥],这也是责任保险应当具备的基本保障功能。这里,投保人对责任保险保障范围的合理期待应当包括,自己因共同侵权行为而被受害人请求承担全部赔偿责任时,能够获得责任保险的保障。因此,"按责赔付"与责任保险对被保险人的责任免除功能存在明显的冲突,可以肯定此类条款客观上是不常见的"意外条款"。

学理上,对格式条款的内容在主观上是否感到惊讶取决于两个判断因素[⑦]:(1)该约款脱逸该法律行为所属法律典型之程度;(2)免责条款的提供方提请他人注意或者方便他人注意的方法。以前者而论,法律行为所属法律典

---

① 参见刘宗荣:《免责约款之订入契约及解释》第二篇,台湾财团法人保险事业发展中心1986年印行。顺便需要说明的是,刘宗荣教授将该类条款译为"异常条款",该种译法可能更突出条款内容相对于格式合同本身更显反常的事实状态;本文采纳"意外条款"译法,该种译法或许能够凸显此类条款相对于格式合同接受方的主观期待更显意外。关于意外条款的规定可见《德国民法典》第305条c第1款。

② Neuner / Wolf, Allgemeiner Teil des Bürgerlichen Rechts, 10. Aufl. 2012, Beck Verlag, München §47 Rn.38.

③ 参见刘宗荣:《免责约款之订入契约及解释》第二篇,台湾财团法人保险事业发展中心1986年印行。

④ 同上。

⑤ Vgl. Ulmer/Brandner/Hensen/Sch? fer, AGB-Rcht, 11. Aufl.2010, Dr. Otto Schmidt Verlag, K? In §305 c Rn.11 ff.

⑥ 参见杨良胜、黄飞:《被保险人承担的连带责任保险公司不应赔偿》,载《人民司法》2011年第8期。

⑦ 参见刘宗荣:《免责约款之订入契约及解释》第二篇,台湾财团法人保险事业发展中心1986年印行。

型原为该法律行为通常可以期待之权利义务之分配规定，若免责约款脱逸此种“权利义务分配之类型”甚远，证明该免责约款之存在非相对人始料所及，应当列为“意外条款”。具体到连带责任而言，由于其内部的责任份额在个案中因共同加害人之间的关系不同而差异很大，无法事先预料，我们不能期待投保人在一般责任保险之外还会另行订立一个保险合同来保障自己因承担全部连带责任而无法向其他共同侵权人追偿的情形，也就是不能期待被保险人为实现某一项保障需求而分别订立“按份责任”和按份之外的溢额“连带责任”的两份合同。此外，保险公司承担第三者责任保险，并不导致赔偿义务的扩大，因其有权向致害第三人追偿，并且其能运用职业上的优势，最大限度向其他致害人追偿。[①]即便有追偿不能的风险或者追偿费用的支出，也可纳入保费厘定的范围中去，而不是在没有公开费率厘定因素的情况下，一概将连带责任加以排除。申言之，对于合理期待责任保险应该包括因约定保险事故发生所引起的全部责任时，可以肯定“按责赔付”的约定是令投保人感到意外和惊讶的。

由此可见，“意外条款”是判断定型化保险合同的首要控制手段，这也是保险法上合理期待原则的基本要求，按照合理期待原则[②]，首先，应当否认保险人在保险合同中的任何非合理优势；其次，投保人或者预期受益人对保险合同条款的合理期待即使未包含于保单的承保范围，也应当得到满足。[③]免责条款中一旦构成“意外条款”，保险产品就会丧失其必要的保障功能。在免责条款构成“意外条款”的情况下，即便与“意外条款”所免除的保险危险相对应的保险费费率因素没有纳入各该保险产品的费率厘定基础之内，也不应当允

---

① 参见杨良胜、黄飞：《被保险人承担的连带责任保险公司不应赔偿》，载《人民司法》2011年第8期。

② 1970年，美国保险法学者基顿（Keeton）教授在总结美国从19世纪40年代到20世纪60年代保险案例的基础上，于《哈佛法律评论》发表了著名的《保险法上存在的与保单条款相冲突的权利》一文，提出了一项新的保险法原则——合理期待原则，See Robert E. Keeton, Insurance Law Rights at Variance with Policy Provisions（Parts I and II），83, Harv. L. Rev.p.961（1970）。这一原则包含了一种新型的优先保护保险消费者权益的法律理念，即“法院重视并尊重被保险人以及受益人对保险合同条款的客观合理期待，即使保单中严格的条款术语并不支持这些期待”。参见樊启荣：《美国保险法上“合理期待原则”评析》，载《法商研究》2004年第3期；另参见韩长印、易萍：《交强险中恶意肇事的保险垫付责任》，载《法学》2010年第10期。

③ See Robert E. Keeton, Insurance Law Rights at Variance with Policy Provisions（Parts I and II），83, Harv. L. Rev.p.962-964（1970）.

许保险公司以“对价平衡原则”作为抗辩[①]，换句话说，对于“意外条款”，“对价平衡原则”没有适用的余地。

2. “按责赔付”条款的效力控制

对格式条款的内容进行控制的核心问题在于，通过法院适用法律，否定那些不适当的、明显违背合同正义的条款的效力。[②]在德国，即便该脱逸法律典型之条款并非异常，但如果该条款与所欲变更或者排除之法律规范的基本原则不能并容时，该格式免责条款也会因不公正而沦为无效。

根据我国《中华人民共和国合同法》第40条规定，“格式条款具有本法第52条和第53条规定情形的，或者提供格式条款一方免除其责任、加重对方责任、排除对方主要权利的，该条款无效”[③]。又根据2013年6月8日实施的《最高人民法院关于适用〈中华人民共和国保险法〉若干问题的解释（二）》（法释〔2013〕14号）第9条规定，“保险人提供的格式合同文本中的责任免除条款、免赔额、免赔率、比例赔付或者给付等免除或者减轻保险人责任的条款，可以认定为保险法第十七条第二款规定的‘免除保险人责任的条款’”。据此，前述有关“按责赔付”的条款当可解释为《保险法》第17条第2款规定的免责条款。

投保人投保责任保险的主要目的在于分散自己的责任风险，这种责任风险也应包括因共同侵权行为所发生的全部连带责任，特别是无法向其他共同侵权人行使追偿权时可能遭受的损失。因为这是一种法定责任，并且被保险

---

① 对价平衡原则又称给付反给付均等原则，日本学界又称收支相等原则，是指所收取的保险费与所承担的风险或者保险金的给付相当。参见汪信君、廖世昌：《保险法理论与实务》，元照出版公司，2010，第5页。根据对价平衡原则，确定的保险金额应当对应确定的保费标准，保险金额的提高有可能相应增加投保人的保费负担。问题是，过低的责任限额是否能达到转移被保险人事故风险的目的，以及是否在受害人的权益保障和被保险人的保费负担之间达到合理的平衡，这本身也是考量保险限额时不可忽略的问题。何况，我国保险费的厘定因素并没有在立法中或者相关的保险产品信息中明确地反映出来，保险责任限额在费率结构中的占比也无从考究。参见韩长印：《我国交强险立法定位问题研究》，载《中国法学》2012年第5期。

② Neuner/Wolf, Allgemeiner Teil des Bürgerlichen Rechts, 10. Aufl.2012, Beck Verlag, München § 47 Rn.50.

③ 有学者指出该条款缺少“显失公平”的保险条款内容控制要素，因而应当修改为：“保险契约格式责任条款若违背诚实信用原则的规定而不合理地不利于投保人或被保险人的无效。有疑义时，条款若有下列情形之一，推定有不合理的不利益：（一）该约款与保险法的基本原则不符合且规避该基本原则，或（二）该约款限制了从保险契约本质所发生的重要权利或义务，致使契约目的之达成被破坏。”参见温世扬、武亦文：《论保险契约责任条款的实体控制》，载《月旦民商法》，2010年第28期。

人具有通过责任保险转移危险的基本诉求。以德国法为例，《德国民法典》[①]第307条第2款第1项规定，一般交易条款（格式条款）与其排除适用的法律规定的重要的基本思想冲突的，无效。该款第2项规定，一般交易条款使用人的对方当事人根据合同性质所享有的主要权利或负担的主要义务被严重限制，以致危及合同目的实现的，该一般交易条款无效。根据前文的论述，"脱离不利请求权"是责任保险最重要的功能，相应地，投保人对保险人所享有的"脱离不利请求权"是投保人根据责任保险合同性质所享有的主要权利，如果这种权利被格式条款加以不当限制，必将危及投保人订立责任保险的目的实现，因此，保险人提出的这种"按责赔付"约定属于限制对方当事人主要权利的免责条款，应当归于无效。

（二）连带责任的承担与代位追偿权的跟进

前已述及，民法上连带责任的立法目的虽然旨在为受害人提供相应的保障，但其原理只是暂时让一方责任人先承担起另一方的责任，由此实现另一方责任人无力清偿时的风险转移；在制度设计层面，它从来没有要求预先赔付一方永久地承担超过其份额的责任，而是赋予其追偿权。[②]那么，在责任保险中如何确立代位权的行使对象呢？毕竟第一方保险中，保险事故系由第三人造成，保险人在向被保险人赔付之后可以当然地移转取得被保险人对第三人的损害赔偿请求权。而责任保险作为第三方保险，被保险人为致害人，第三人为受害人，保险人代被保险人向受害第三人赔偿之后，不得以受害第三人对被保险人的请求权作为代位权的行使对象。

正如有学者指出的，保险代位之客体，并不以直接之损害赔偿请求权为限，保险人对受害人为给付后，被保险人倘若享有其他请求权，例如对共同侵权行为之其他加害人有内部分担之求偿权[③]，在超过被保险人应分担之范围内，亦得成为保险人代位之客体[④]。我国《保险法》第60条规定，"因第三者对保险标的的损害而造成保险事故的，保险人自向被保险人赔偿保险金之日起，在赔偿金额范围内代位行使被保险人对第三者请求赔偿的权利"，从条文来

---

① 《德国民法典》第307条以下条文中对一般交易条款的内容控制做了非常详细的规定，其中第308条和第309条列举了很多种具体情形，而第307条则是一般交易条款无效的一般规则。

② 参见夏元军：《船舶碰撞连带责任与海事赔偿责任限制的冲突与协调》，载《法学杂志》2010年第4期。

③ 我国台湾地区所谓"民法典"第281条规定，"连带债务人中之一人，因清偿、代物清偿、提存、抵销或混同，致他债务人同免责任者，得向他债务人请求偿还各自分担之部分，并自免责时起之利息"。

④ 参见江朝国：《被保险人与其他加害人之共同侵权行为问题》，载《月旦法学杂志》2009年第5期。

看，该条也没有限定损害的发生完全由第三人造成，因此或可认为，保险人因承担被保险人的全部连带责任，就超过被保险人在连带责任内部的分担份额，可以向其他共同加害人行使追偿权。

被保险人对第三人因汽车交通事故的发生享有请求权之情形，系出现于受害人因汽车交通事故受有损害，而应负责之人除被保险人外，尚有其他应负连带赔偿责任之共同侵权人，受害人依规定得直接向保险人请求给付，此履行得视为被保险人损害赔偿之一部分，而被保险人赔偿义务之履行，致他连带赔偿义务人之责任免除，被保险人得向他连带赔偿义务人行使求偿权。[①]此谓责任保险中保险人行使代位权的特殊性所在，如果没有共同致害人的存在，没有被保险人代其他共同致害人对受害第三人承担连带责任，责任保险中就不存在此种意义上的保险代位追偿权。

那么，保险人为何试图将全部连带责任的承担从保险条款中加以排除呢？主要原因在于保险人顾及承担连带责任之后代位追偿权有落空的可能以及行使追偿权的额外费用支出。此时会产生保险人利益与被保险人利益何者需要在责任保险中优位考虑的问题。

其实，连带责任问题的核心和实质在于，“由谁承担部分债务人给付不能的风险责任以保证债权实现成本更为公平合理，与刑事责任以惩罚为核心功能的责任一次分配原则不同，以补偿性为其主要功能的民事（多数人）责任可以进行二次分配，以体现其设定价值考量上的差异”“第一次分配解决债权人与作为一个整体的全体债务人之间的权利义务归属，责任再分配环节解决的是债务人内部的责任最终归属，债务人在第一次责任分配后因履行程度不一而形成的相对失衡，在终局责任分配环节可求得绝对的平衡”。[②]假如被保险人购买责任保险后，由于与其他人共同造成交通事故进而需要承担连带责任时，基于保险条款的“按责赔付”条款，尚需准备一笔承担超过事故比例的连带责任赔偿准备金，并在承担连带责任之后承担向“致害第三人”追偿落空后的风险，被保险人购买责任保险以实现转移责任风险的投保目的无疑会大打折扣。机动车商业三责险法律关系中受害人获得赔偿之障碍之一，就在于责任与保险分离原则下，被害人对保险人无直接请求权，以及不健全保险关系下

---

① 参见江朝国：《被保险人与其他加害人之共同侵权行为问题》，载《月旦法学杂志》2009年第5期。

② 李亚成：《多数人责任体系的检讨与重构》，载王卫国主编《民商法新观察》，中国政法大学出版社，2008，第246、251页。

保险人援用保险关系之抗辩对抗被害人的问题。[①]两相权衡，保险公司排除连带责任以减轻自身责任负担的合同利益，应当让位于责任保险制度本身应当具备的转移被保险人责任风险的合同利益。

实际上，为使受害人得到最全面的保障，同时也保障那些承担了全部连带责任的加害人一方就其超出自己责任份额部分所享有的追偿权能够实现，最好的办法是尽可能扩大机动车的投保比率。如果发生交通事故的机动车各方都有交强险或者商业三责险存在，受害人可以请求各责任保险人承担连带责任[②]。在这种情况下，无论是任一被保险人还是任一保险人承担全部连带责任后，对其他责任保险人的追偿权都将能得到充分的保障。

---

① 参见叶启洲：《保险法专题研究（一）》，元照出版公司，2007，第331页。

② 因为根据德国联邦最高法院的判例，共同侵权行为人的责任保险人之间存在连带债务关系（Vgl. BGH VersR 1978, 843.），其依据是，基于简化各责任人之间的求偿关系的实际考虑，类推适用《德国民法典》第426、254条的规定（Vgl. OLG München VersR 2002, 1289.）。

Incontestability Provisions in Insurance Law and Policies

Dr Zhen Jing　Dr Ming Zhong①

Subject: Insurance. Other related subjects: Legal systems.

Keywords: Australia; China; comparative law; Germany; Hong Kong; insurance policies; New Zealand; United States.

Legislation: Consumer Insurance (Disclosure and Representations) Act 2012 (c.6)

***J.B.L. 253** Abstract

The incontestability clause, i.e. "this policy is incontestable after two years from date of issue ...", restricts the insurer to a definite time within which to discover any non-disclosure or misrepresentation made by the insured at the time of the contract, and precludes the insurer from contesting the validity of the contract after the specified period lapses. This article considers the incontestability provision in English and Chinese law, with a comparative analysis of the approaches in some other common law and civil law jurisdictions. It is suggested that an incontestability provision should be introduced to the Consumer Insurance (Disclosure and Representations) Act 2012 *in its future amendment. This article also proposes solutions to the shortcomings in the incontestability provision in Chinese law.*

---

① Dr Zhen Jing: Senior Lecturer in Law, School of Law, Bangor University, UK; Dr Ming Zhong: Professor, School of Finance, Shanghai University of Finance and Economics.

Introduction

An insurance contract is a contract of utmost good faith.[1] Under this principle, the insured must, at the time of the contract, disclose relevant information to the insurer about the subject-matter and the nature of the insurance. Based on the information disclosed by the insured, the insurer can decide whether or not to accept the risk and, if so, on what terms. If the insured is in breach of the duty of disclosure, the insurer may avoid the contract at any time during the insurance period.[2] If there is **J.B.L.254* no time-limit for the insurer to excise his right of avoidance the insurer may abuse his right. In order to prevent the insurer from abusing the right of avoidance, the doctrine of incontestability has been adopted in law and practice in many jurisdictions.[3]

The incontestability clause in its simplest form provides that: "This policy will be indisputable from any cause (except fraud) after it shall have been continuously in force for two years."[4] It is said that the most basic and important clause in a life insurance policy is the incontestable clause.[5] The purpose of such a clause is to restrict the insurer to a definite period of time within which to discover any non-disclosure or misrepresentation made by the insured at the time of applying for the insurance and to take appropriate action to rescind the contract, amend the terms of contract, or raise the premium. It prevents the insurer from invoking the defence of non-disclosure or misrepresentation after the specified period of time expires.

The justification for the incontestability clause is that a claim might be denied by the insurer on the ground of non-disclosure or misrepresentation made by the insured in his application many years before death took place, and it might be difficult either to prove or to disprove the truth of the disclosure or representation in question, particularly when the insured would not be available to testify about the application. It is, therefore, desirable that the application, which is the basis of the contract, be finally accepted as correct or rejected within a reasonable period of time after the contract is entered into. The clause protects the insured from having to defend against a possible specious challenge long after acquisition of the policy, and thus the insured's or beneficiaries' expectation and reliance on the existence of the coverage. The clause also encourages the insurer to be diligent to investigate any alleged non-disclosure or misrepresentation within the specified period.

English insurers created the first incontestable (or indisputable) clause in life insurance policies in 1843[6] which was in later years adopted by insurers in many other countries.[7] English rules of law relating to the insured's pre-contract duty of disclosure and representations were first developed in common law in the 18th and 19th centuries and codified in the Marine Insurance Act 1906 (MIA).[8] These rules apply to marine and non-marine insurance on the basis that it embodies the common law.[9] The principle of utmost good faith, non-disclosure and **J.B.L. 255* misrepresentation was also adopted in other common law jurisdictions such as Australia, New Zealand, Hong Kong SAR, China and the US; and civil jurisdictions such as China's mainland, Macao SAR, China, Taiwan, China and Germany. However, all of these jurisdictions have reformed their laws in relation to the insured's pre-contract duty of disclosure and representations and remedies for breach of the duty to be more insured-friendly. One of these reforms was to introduce an incontestability provision in their statutory laws.[10]

The doctrine of incontestability was for the first time introduced into the Chinese Insurance Law in 2009.[11] The insurer is entitled to rescind the contract where the insured breaches his duty of disclosure intentionally or by gross negligence and the undisclosed circumstances are material,[12] but the insurer's right of rescission must be exercised within 30 days after the insurer becomes aware of the cause for rescission or within two years from the time of conclusion of the contract. After these time-limits lapse, the insurer is barred from contesting the validity of the contract on the ground of non-disclosure or misrepresentation.[13] The incontestability provision plays an active role in preventing the insurer from abusing his right of rescinding contracts and in protecting the insured or his beneficiaries, but it is not free from difficulties.

This article considers incontestability provisions in English law and Chinese law, with a comparative analysis of the approaches in some other common law jurisdictions (Australia, New Zealand, Hong Kong SAR, China and the US) and civil law jurisdictions (Germany, Macao SAR, China and Taiwan, China), in order to make a suggestion as to the question whether an incontestability provision should be introduced to the Consumer Insurance (Disclosure and Representations) Act 2012 (UK) in the future amendment of this Act; to identify and discuss shortcomings in the contestability provision in the Chinese Insurance Law; and to propose solutions to these problems.

Historical Consideration of the Incontestability Clause in Life Policies in England

In the 19th century, life insurers often abused the defence of non-disclosure or breach of warranty by the insured to invalidate life policies. [14] In order to dispel the general public's fear that insurers would refuse to pay insurance benefits under a life insurance policy owing to the insured's non-disclosure, some life insurers voluntarily adopted the incontestability clause in their policies. **J.B.L. 256* [15]

The incontestability clause was first used by an English company, the London, Edinburgh and Dublin Life Assurance Company.[16] The company placed a short advertisement in the London Post Office Directory 1843, which said:

"Important improvements have been introduced into the practice of Life Assurance by this company... This company has rendered their Policies indefeasible and negotiable securities by the following clause in their Deed of Settlement: Clause 78— 'That every Policies issued by the Company shall be INDEFEASIBLE AND INDISPUTABLE; and the fact of the issuing the same shall be conclusive evidence of its validity; and it shall not be lawful for the Company to delay payment of the money assured thereby, on the ground of any error, mistake, or omission, however important, made by or on the part of the person or persons effecting the same; and that, on the contrary, the amount receivable under the same shall be paid at the time stipulated by the Policy, to the person entitled thereto, as if no such error, mistake, or omission had been made or discovered, unless the Policy shall have been obtained by fraudulent misrepresentation.'" [17]

Another English company, the London Indisputable Life, which was organised in 1848, had its deed of constitution prohibit it from disputing a policy "upon any ground whatsoever. All questions as to age, health, habits and other matters deserving of inquiry prior to the contract being entered into, are held as finally settled when the assured received his policy".[18]

The first known case to bestow judicial approval upon incontestable clauses was *Wood v Dwarris* in 1856,[19] in which the insurer's prospectus said that all policies were indisputable except in cases of fraud. The insured was induced to effect the policy in question upon the faith of such representation. Although the declaration made by the insured in the proposal form contained a false and untrue statement, the statement was not fraudulent, and thus the policy was held to be indisputable. In 1858, a similar case, *Wheelton v Hardisty*,[20] was reported.

From the reported cases, the common law position relating to the doctrine of incontestability in life policies in England[21] is that if a life policy is expressed to be incontestable, the life insurer cannot raise any question of non-disclosure, except where the policy was procured by fraud on the part of the contracting party[22]; this is so even if there is no express exception of fraud in the policy.[23] Where the life insurers advertise in their prospectus that their policies are "indisputable", if the insured can prove that he effected a policy on the faith of such a statement in a **J.B.L.257* prospectus,[24] the insurer is precluded from relying on a breach of a warranty by the insured that his statements were true.[25] An incontestable clause does not preclude the insurer from relying on their common law right to avoid the policy for fraudulent misrepresentation.[26] The words "except in the case of fraud" are sometimes added to the incontestable clause to make this position clear to the insured. Nor does an incontestable clause prevent the insurer from alleging that the policy is void for lack of insurable interest.[27]

English law relating to the insured's duty of disclosure and representations was provided by the MIA 1906. The law imposed a duty on the insured to voluntarily disclose information to the insurer which would "influence the judgment of a prudent insurer" in fixing the premium or deciding whether to take the risk. If the insured failed to perform the duty, the insurer would avoid the contract ab initio and refuse all claims under it. The law was very harsh to the consumer. So the Law Commission and the Scottish Law Commission recommended the creation of a new consumer statute to reset the pre-contract duty of good faith for a consumer insured.[28] Consequently, the Consumer Insurance (Disclosure and Representations) Act 2012 (CIDRA) was enacted in March 2012.[29]

The law relating to consumers' duty of representation is now provided by CIDRA, which has removed the insured's duty to volunteer information to the insurer. Instead consumers need only answer the insurer's questions carefully and honestly. The onerous duty to disclose to the insurer "every material circumstance" which the insured "knows or ought to know" has been replaced by the duty "to take reasonable care not to make a misrepresentation to the insurer".[30]

If a consumer breaches this duty and this misrepresentation induces the insurer to enter into the contract, the insurer will have a remedy which depends on the nature of the consumer's misrepresentation and the consumer's state of mind:

> ·For an honest and reasonable misrepresentation, the insurer must pay the claim. The consumer is expected to exercise the standard of care of a reasonable consumer, taking into account a range of factors including the type of insurance policy and the clarity of the insurer's question.
>
> ·For a deliberate or reckless misrepresentation,[31] the insurer is entitled to avoid the contract and refuse all claims. The insurer may also retain the premium unless it would be unfair to do so. **J.B.L. 258*[32]
>
> ·For a careless misrepresentation, in respect of claim,[33] the insurer's remedies are based on what he would have done if the consumer had complied with the duty to take reasonable care not to make a misrepresentation. If the consumer would not have entered into the contract on any terms, the insurer may avoid the contract and refuse all claims, but must return the premium paid. If the insurer would have entered the contract on different terms, the contract may be taken to include those different terms. If the premium would have been higher, the insurer must reduce proportionately the amount to be

paid on a claim.[34]

·For careless misrepresentation, in respect of treatment of contract for the future,[35] if the insurer would not have entered into the contract at all, the insurer may avoid the contract and must return the premium. This means that the contract no longer exists, and the insurer may refuse all past and future claims. However, where the insurer would have contracted on different terms or for a higher premium (or both): (1) in non-life insurance, either side is entitled to terminate future cover on reasonable notice; (2) for life insurance, the insurer is not allowed to terminate the contract and must continue the policy either on the existing terms or on amended terms.[36]

The CIDRA has improved the insured's position in respect of pre-contract duty of disclosure and representation. However, an incontestability provision has not been provided in CIDRA, although the Law Commissions considered the issue of introducing an incontestability provision in consumer life insurance. In the Issues Paper 2006,[37] the Law Commissions raised the issue of a cut-off period for life insurance by asking whether in consumer life insurance the insurer should be prevented from relying on any non-fraudulent misrepresentation after the policy has been in force for three years. This question excited considerable comment, and strong arguments were put both for and against the proposal.[38] In the Consultation Paper 2007, the Law Commissions proposed to extend the contestability period from three years to five years, considering the fact that many insurers do not conduct a full investigation of past medical records where the life insured's death has taken place more than five years later. This would therefore not add greatly to costs, but would reassure consumers that insurers will not make technical points by dragging through old records many years after the events. **J.B.L.259*[39] Responses were again split on the issue whether, in consumer life insurance, insurers should be prevented from relying on a negligent misrepresentation after the policy has been in force for five years. Of the 61 consultees who addressed this issue, 34 were in favour; 24 thought that there should not be a cut-off period; while 3 preferred the shorter period of three years.[40] A majority of insurers

(including most life insurers) opposed the proposal on the ground that it would lead to more misrepresentation in life policies and would increase costs. Insurers feared the effect of such a rule on consumer behaviour. In the 2009 report,[41] the Law Commissions eventually did not recommend that the law should prevent insurers from obtaining a remedy for a careless misrepresentation because a set period has passed since the misrepresentation was made. So the five-year contestability period was not included in the Bill of CIDRA.

The Law Commissions did not raise the issue of a cut-off period for non-consumer insurance in the 2006 Issues Paper.[42] The incontestability provision is also not included in the Insurance Act 2015.[43] The duty of disclosure for non-consumer insurance is replaced with a duty of fair presentation by this Act.[44] The insurer has a remedy for a breach of the duty of fair presentation if the insurer can show that but for the breach it would not have entered into the contract at all, or would have done so only on different terms.[45] The insurer may avoid the contract for deliberate, reckless or even "innocent" breach of the duty if the insurer can show inducement, and the insurer's right of avoidance is not time-barred.[46]

In many other common law or civil law jurisdictions,[47] statutory law is enacted to require an insurer to include an incontestability clause in life policies or to impose a time-limit within which the insurer may exercise his right of avoiding a life contract on the ground of non-disclosure or misrepresentation. This offers a much stronger protection to the insured. Then a question may be raised here: should an incontestability provision be introduced to CIDRA in its amendment in the future?

Before answering this question, it is helpful and appropriate to look at the development and content of the incontestability provisions in some other jurisdictions.

Incontestability provisions in other jurisdictions

Australia

In Australia, life policies are commonly made incontestable after a fixed period, usually three years.[48] This principle was enshrined in legislation in

Australia by *J.B.L.260 s.84 of the Life Insurance Act 1945,[49] which prevented the avoidance of a life policy for written misrepresentation after three years from its inception. This section was reformed to take the form of s.29 of the Insurance Contracts Act 1984 (ICA).[50]

Section 29 of the ICA represents the current statutory position relating to the doctrine of incontestability in Australia. It applies where the person who became the insured under a contract of life insurance upon the contract being entered into: (a) failed to comply with the duty of disclosure; or (b) made a misrepresentation to the insurer before the contract was entered into; but does not apply where: (c) the insurer would have entered into the contract even if the insured had not failed to comply with the duty of disclosure or had not made the misrepresentation before the contract was entered into; or (d) the failure or misrepresentation was in respect of the date of birth of one or more of the life insureds.[51] If the failure was fraudulent or the misrepresentation was made fraudulently, the insurer may avoid the contract at any time.[52] If the failure was not fraudulent or the misrepresentation was not made fraudulently,[53] the insurer may, within three years after the contract was entered into, avoid the contract.[54] If the insurer has right of avoidance but choose not to exercise the right, he is entitled to scale down the amount of recovery by reference to the proportion which the actual premium bears to the premium that would have been charged.[55]

By virtue of s.29 of the ICA, the insurer is entitled to avoid the contract if he can prove fraud on the part of the insured and prove that he would not have entered into the contract on any terms but for the misrepresentation or non-disclosure. In the absence of fraud, the right of avoidance is retained for an insurer who would not have entered into the contract on any terms irrespective of the state of mind of the insured in presenting the risk[56]; but he must exercise the right of avoidance within the three-year contestability period. An insurer who would have entered *J.B.L.261 into the contract but on different terms has no right of avoidance for an innocent or negligent misrepresentation or failure to disclose.[57]

The incontestability provision applies only to life insurance and not to general insurance, for which the insurer may avoid the contract for fraudulent non-disclosure or misrepresentation, but not for innocent non-disclosure or innocent misrepresentation.[58] If the insurer is not entitled to avoid the contract or, being entitled to avoid the contract has not done so, the liability of the insurer in respect of a claim is reduced to the amount that would place the insurer in a position in which the insurer would have been if the failure had not occurred or the misrepresentation had not been made.[59]

In Australia, the insurer has no right to avoid the contract for misstatement of age in all cases, including those of fraud. Instead, the apportionment principle is applied.[60]

In comparing English law with the Australian counterpart, the remedy for deliberate or reckless (or fraudulent) misrepresentation is the same in CIDRA and ICA, that is, to avoid the contract. The remedy for careless (or non-fraudulent) misrepresentation is different in that under CIDRA, an insurer who would not have entered into the contract on any terms has right to avoid the contract *at any time*[61]; while under s.29 of the ICA, an insurer who would not have entered into the contract on any terms has the right of avoidance within three years from the inception of the contract. It is submitted that the Australian approach is fairer.

New Zealand

In New Zealand,[62] the first legislation relating directly to the life insurance industry was the Life Insurance Companies Act 1873, which was modelled on the Life Assurance Act 1870 (the UK). The Life Insurance Policies Act was enacted in 1884. These two legislations were consolidated to form the Life Insurance Act 1908, which, with its amendments, has ever since been the principal enactment governing the operation and oversight of the life insurance industry in New Zealand.[63] The Insurance Law Reform Act 1977 made substantial changes to law relating to misrepresentation by the insured. The incontestability provision was introduced into s.4 of this Act. A life policy cannot be avoided by reason only of a statement (other than a statement as to the age of the life insured) unless the statement was **J.B.L. 262* substantially incorrect,[64] material[65] and made either fraudulently[66] or within the period of three years immediately preceding the date on which the policy is sought to be avoided or the date of the death of the life insured, whichever is the earlier.[67] The insured cannot avoid a life policy by reason only of misstatement of the age of the life insured.[68]

In May 1998 the New Zealand Law Commission published its report *Some Insurance Law Problems*, [69] in which it was recommended that "any right that an insured's non-fraudulent non-disclosure gives the insurer to cancel the contract from its inception should have a time-limit. That time-limit would mean the right was exercisable only within the period that begins with the risk first attaching [70] and ends 10 working days later".[71]

Subsequently, in November 2004, the Law Commission published a further report, *Life Insurance*, [72] which reaffirmed the recommendation set out in the 1998 Report.[73]

In the 2004 Report, [74] the Law Commission annexed a draft Insurance Contracts Bill.[75] Clause 10 of the Bill deals with misrepresentation in life policy, which re-enacts substantially s.4 of the Insurance Law Reform Act 1977. Clauses 14 and **J.B.L. 263* 15 of the Bill modify the insurer's common law right to avoid a contract (that is, terminate the contract with retrospective effect where the insured has failed to disclose a material fact) for non-disclosure in accordance with the Law Commission's recommendations in the 1998 Report.[76] Clause 14(1) of the Bill states:

"A right of an insurer to avoid a contract of insurance because of the failure of an insured to disclose a fact to the insurer before the contract was entered into may be exercised only within 10 working days of the risk first attaching." [77]

In September 2006, the New Zealand Ministry of Economic Development published *Review of Financial Products and Providers: Insurance*. Some proposals for remedies for non-disclosure and misrepresentation for both life and non-life insurance were set out in the review. It is proposed that the duty of disclosure be retained, but the rights of an insurer to avoid a contract of insurance owing to non-disclosure or misrepresentation be limited to four circumstances [78]:

1.

In the case of fraud:

a misrepresentation or non-disclosure is fraudulent where, for instance, the insured making the presentation or failing to disclose does so intentionally or recklessly.

2.

Specific answer to a specific question put by the insurer:

where the misrepresentation or non-disclosure is contained in an answer to a specific question expressly put by the insurer, and is substantially incorrect and material.[79]

3.

Where the insurer seeks to avoid the contract within 10 days of the risk first attaching:

this caters for the market practice of interim cover to allow time for the insurer to ask questions. The time allowed may need to be longer than 10 days.[80]

4.

Where the contract is for reinsurance:

where the contract relates to reinsurance the parties are deemed to know the duty and have ability to discharge their disclosure obligations. In all other cases avoidance is removed and is replaced with restitutionary remedies. **J.B.L.264* [81]

In the paper *Insurance: Contracts, Agency and Assignments*,[82] the Hon. Lianne Dalziel (Minister of Commerce) recommended that the time-limit for an insurer to avoid a life or non-life policy on the ground of non-disclosure or misrepresentation is 30 working days (not 10 days) from the risk first attaching.

In summary, the current legal position relating to the doctrine of incontestability in life insurance is provided in s.4 of the Insurance Law Reform Act 1977: a life insurer's right to avoid the policy on the ground of misrepresentation (not non-disclosure) needs to be exercised within three years from the date when the misrepresentation was made to the date of avoidance or the date of the death of the life insured, whichever is the earlier. After the three-year period expires, the insurer is barred from avoiding the contract on the ground of misrepresentation, except in the case of fraud. The insured cannot avoid a life policy by reason only of misstatement of the age of the life insured.[83] According to the present state of the New Zealand proposals, the time-limit for an insurer to avoid a life or non-life policy on the ground of non-disclosure or misrepresentation is 30 working days from the risk first attaching.

The US

The first American company to adopt an incontestable policy was Manhattan Life, which, in 1861, made its policies incontestable after five years "for or on account of errors, omissions, and misstatements in the application, except as to age".[84] Following the insurer's voluntary practice, the first statute requiring an incontestable clause was enacted in New York in 1906 in the wake of the Armstrong investigation, and in the following decades similar legislation was taken in many other states.[85] Over many years, a significant body of common law rules have been developed for various circumstances in the application of incontestability clause in life policies, health policies, disability policies, etc.[86]

In a few states in the US, statutes explicitly except fraudulent misrepresentations from the applicability of the incontestability clause or give the insurer the option to narrow the clause in that respect.[87] In New Jersey, for example, an insured may not recover under a disability insurance policy for a disease that he or she intentionally concealed when applying for the policy, even if there is an incontestable clause in the policy and the specified two-year period expires. **J.B.L. 265*

The case of *Paul Revere Life Insurance Co v Gilbert K. Haas* [88] explains how the New Jersey court interprets and applies the statutory provision in relation to incontestability, which provides:

"After 2 years from the date of issue of this policy no misstatements, except fraudulent misstatements, made by the applicant in the application for such policy shall be used to void the policy or to deny a claim for loss incurred or disability (as defined in the policy) commencing after the expiration of such 2-year period." [89]

In this case, the issue is whether a statutorily mandated incontestability clause included in a disability policy precludes the insurer from denying a claim when the insured intentionally failed to disclose a disabling disease in the insurance application. There, the insured intentionally concealed the fact that he had known for about four years that he was suffering from retinitis pigmentosa (a progressive disease of the eyes that leads to blindness). Relying on the insured's false statements, the insurer issued a disability policy in March 1987. The policy contained an incontestability clause required by statute.[90] In January 1991, the insured executed a proof of claim stating that as of 1 December 1990 he had become totally disabled because of retinitis pigmentosa. The insurer's investigation of that claim revealed that the insured had lied in his application. The court ruled that an insured may not recover under a disability insurance policy for a disease that he or she intentionally concealed when applying for the policy.

Sometimes courts allow a fraud defence notwithstanding an incontestability clause if the insured's fraud at the time of applying for insurance is so profound that public policy would be disserved by enforcing the policy.[91] Similarly, in some states, if a person applies for insurance through the use of an imposter, the incontestability clause will not bar the insurer from contesting coverage.[92] But in some other states,[93] an incontestability clause bars the insurer's impostor defence.[94]

In California, for instance, after the expiration of the contestability period, the insurer was not allowed to assert the defence that the insured has used an imposter to take the medical examination. In *Amex Life Assurance Co v Superior Court*,[95] a viatical settlement company which had purchased a life policy from the insured shortly before he died of AIDS was entitled to the proceeds of the policy, and the insurer was not allowed to assert the defence of misrepresentation, even though the insured had used an imposter to take the medical examination and thereby misrepresent his health status. The court was of the view that the incontestability clause requires the insurer to investigate fraud before it issues the policy or within two years afterwards. The insurer may not accept the premiums for two years and investigate a possible defence only after the beneficiaries file a claim. Here, the insurer could have easily discovered the fraud at the outset, as the insured on the **J.B.L.266* application was four inches shorter and 30 pounds lighter than the person who took the medical examination. The insurer ignored this information and merely accepted the premiums for the entire period of contestability. Then it became too late to claim for the first time that an impostor took the medical examination. Beneficiaries have the right to expect that after the premiums are paid for the specified time, the insurer will promptly pay the policy proceeds upon the insured's death. The incontestability clause protects that right.

After the case of *Amex Life Assurance* was decided, the California legislature enacted statutes that voided any insurance contract from its inception "if photographic identification is presented during the application process, and if an imposter [96] is substituted for a named insured in any part of the application process".[97]

Germany

In the German Insurance Contract Act 2008, if the insured intentionally or by gross negligence breaches his duty of disclosure, the insurer has right to *withdraw* from the contract [98]; if the insured's breach was neither intentional nor by gross negligence, the insurer has right to *terminate* the contract subject to a notice period of one month.[99] The insurer must assert these rights in writing within one month from the time when the insurer becomes aware of the breach.[100] The insurer's right to withdraw from the contract on account of grossly negligent non-disclosure and his right to terminate the contract where the insured's breach was neither intentional nor by gross negligence shall be ruled out if the insurer would also have concluded the contract in the knowledge of the undisclosed facts (albeit with other conditions).[101]

The rights of the insurer to *terminate* the contract by reason of the insured's breach of his duty of disclosure by neither intentional nor gross negligence shall lapse five years after the contract was entered into. If the insured has breached the duty of disclosure intentionally or by acting fraudulently, this period shall be 10 years within which the insurer can exercise his right to *withdraw* the contract. This is in contrast to the approaches in the common law jurisdictions in that in German law, intentional or fraudulent non-disclosure is not an exception to the incontestability of the contract, but the contestability period is longer (i.e. 10 years). **J.B.L. 267*

Hong Kong SAR, China

Hong Kong is a common law jurisdiction.[102] There are two major insurance legislations in Hong Kong: the Insurance Companies Ordinance (Cap. 41) and the Marine Insurance Ordinance (Cap. 329). The latter is more or less identical to the Marine Insurance Act 1906 (the UK). There is no specific legislation dealing with non-marine insurance which is governed by common law.[103] The current legal position relating to non-disclosure and misrepresentation in Hong Kong is that the insured is required to disclose to the insurer, before the contract is concluded, every material circumstance which he knows or ought to know. If the insured fails to make such a disclosure, the insurer may avoid the contract.[104] The insured is also under a duty to avoid positive misrepresentation. The insurer may avoid the contract for material misrepresentation.[105] The harshness of the statutory law is to some extent mitigated by the Code of Conduct for Hong Kong Insurers.[106] English law in relation to consumer's non-disclosure and misrepresentation has been radically changed by CIDRA, so legislators in Hong Kong might need to seriously consider insurance law reform by taking into account the local situation of the insurance industry and the need to protect the insureds.[107]

As far as the doctrine of incontestability is concerned, there is no statutory incontestability provision in Hong Kong. The common law rules governing incontestability are summarised by Professor Merkin in his book *Colinvaux's Law of Insurance in Hong Kong*.[108] Life insurers often advertise in their prospectus and sometimes insert a statement in their policies that they are "incontestable". If such a statement is included in a policy, or the insured can prove that he effected a policy on the faith of such a statement in a prospectus,[109] the insurer is barred from relying on the defence of a breach of warranty by the insured.[110] But the incontestability clause does not apply to bar the insurer from exercising his common law right to avoid the policy for fraudulent misrepresentation. **J.B.L. 268*[111]

Macao SAR, China

In Macao, insurance contract law is included in the Commercial Code.[112] The insured's duty of disclosure and representation and remedies for breach of the duty are provided in arts 973 to 975 of the Commercial Code. The incontestability provision is stipulated in art.1041 of the Code. The insureds are required, up to the time of conclusion of the contract, to declare to the insurer in a complete and unequivocal manner all circumstances which they know or ought to know and which may influence the assessment of risk. In addition to truthfully answering the questions raised in the questionnaire, they must voluntarily disclose information to the insurer.[113]

If the insured omitted or misrepresented, in bad faith,[114] any of the material circumstances, the contract shall be voidable and the insurer can claim the return of any compensation already paid. The insurer loses the right of avoidance if he does not inform the insured of its intention to avoid, within one month from the date when he becomes aware of the non-disclosure or misrepresentation.[115]

If the non-disclosure or misrepresentation was not made in bad faith, the insurer can, within two months from the date when he gained knowledge of such non-disclosure or misrepresentation either rescind the contract or propose a new premium to the insured. The rescission of the contract becomes effective 15 days after serving a notice of rescission to the insured.[116]

The insured's right to avoid or rescind the contract must be exercised either within one year from the time of conclusion of the contract, or within a period stipulated in the contract, if the latter is shorter. This incontestability provision does not apply in the case of intentional non-disclosure or misrepresentation.[117]

Taiwan, China

Article 64 of the Taiwan Insurance Act is concerned with the insured's duty of disclosure, representation and the incontestability provision.[118] The insured is required to make truthful representation to the written inquiries of the insurer at the time of applying for the insurance contract. If the insured has made any intentional concealment, negligent non-disclosure or misrepresentation, and such concealment, non-disclosure or misrepresentation are sufficient to alter or diminish the insurer's estimation of the risk to be undertaken, the insurer is entitled to rescind the contract. The insurer's right of rescission shall also apply after the risk has occurred. The insurer is not entitled to rescind the contract where the insured can prove that the occurrence of the risk was not connected with any fact disclosed or undisclosed. The right to rescind shall be extinguished if not exercised within one month from the time the insurer knows of the cause for rescission. Once two years **J.B.L.269* have elapsed after the contract is entered into, the contract may not be rescinded even if cause for rescission exists.

In summary, all jurisdictions (except England and Hong Kong SAR, China) as mentioned above have statutory incontestability provisions to restrict insurer's right to avoid contracts by reason of non-disclosure or misrepresentation within certain period of time. The contestability period varies from one year in Macao SAR, China, two years in Taiwan, China and in 41 states of the US,[119] three years in Australia and New Zealand, five years for non-intentional non-disclosure in Germany, to 10 years for intentional non-disclosure in Germany. As a rule the incontestability provision does not apply to fraudulent non-disclosure or fraudulent misrepresentation in most of these jurisdictions except in some states in the US. In addition, in some jurisdictions (including Germany, Macao SAR, China and Taiwan, China), the insurers must exercise their right of avoidance within one month from the time they become aware of the non-disclosure or misrepresentation.

Suggestion for CIDRA's Amendment in the Future

The incontestability provision is not included in CIDRA owing to the fact that most insurers opposed the Law Commission's proposal of a cut-off period for the situation where the insured's careless misrepresentation induced the insurer entering into the contract. This represents a missed opportunity to introduce the incontestability provision into the legislation, and consequently leaves English law out of line with its common law and civil law counterparts in this respect. It is suggested that the incontestability provision should be introduced to CIDRA in its amendment in the future for the following reasons:

Firstly, the security and certainty of a life policy are of paramount importance to the insured or beneficiary. The security which the insured acquires through the incontestability provision against the possibility of a challenge by the insurer to the policy's validity at a later time outweighs the disadvantage of a possibly higher premium for purchasing the policy. No insured would want a policy that did not eliminate the possibility of being made invalid when the insured event occurs. An incontestability provision would boost consumer's trust and encourage consumers to take out insurance policies.[120]

Secondly, the incontestability provision requires and encourages the insurer to investigate misrepresentation before it issues the policy or within the contestability period afterwards. The insurer should not be allowed to accept the premiums for the contestability years and investigate a possible defence only after the insured or beneficiaries file a claim. Investigations would increase costs and premiums; however, the insured would rather pay a slightly higher premium for a secured policy. As mentioned by the Law Commissions,[121] at present most life insurers do not investigate misrepresentation made more than five years previously in the absence of evidence of fraud. It would increase consumer confidence if this good industry practice could be built into law, without adding substantially to costs. The figures from the US which measure the number of successful claims against the **J.B.L.270* number predicted from the actuarial models show a higher than anticipated pay-out in year 3 and 4 but little effect in year 6 onwards. This would lead to suggestions that consumers have misdescribed the risk. If the contestability period is for five years instead of three years, the cases with misdescribed risk can be contested during the five-year period and the insured who misrepresented the risk will not get away with it.

Thirdly, a contestability period would not encourage fraud as it is not proposed to apply in the case of a deliberate or reckless misrepresentation.

Finally, if the incontestability provision is introduced to CIDRA, it should apply to all long-term insurance policies such as term polices (10, 20 or more years), endowment policies, whole life policies, investment contracts in the form of life policies, life policies with critical illness cover, etc. In the Law Commission's proposal,[122] life insurance was the only insurance product in the whole protection range that was included, despite critical illness insurance being the protection product mainly associated with the problems of declined claims. This means that the contestability period would only apply to the life cover even if critical illness is attached to it. The implication on the insurance industry is that the insurers would have to end up separating all these policies.[123] If the incontestability provision applies to a life policy and also to critical illness cover attached to the policy, the inconvenience to the insurance practice can be overcome.[124] The incontestability provision is designed to protect the insured for long-term policies; there is no particular reason for the provision to be applied only to life policies.

Accordingly, it is suggested that para.5 in Sch.1 to CIDRA could be amended as follows:

"If the insurer would not have entered into the consumer insurance contract on any terms, the insurer may, *within 5 years after the contract was entered into*, avoid the contract and refuse all claims, but must return the premium paid."

Here the phrase "within 5 years after the contract was entered into" is added to limit the insurer's right of avoidance within the period.

Having considered the relevant rules in relation to incontestability provision in these common law and civil law jurisdictions, we now turn our attention to the Chinese law relating to incontestability provisions for the purposes of identifying deficiencies in the law and working out solutions to the problems.

Incontestability Provisions in the Insurance Law and in Insurance Policies in China

Statutory Provisions

The 1995 and 2002 versions of the Insurance Law entitled the insurer to reject a claim and rescind a contract on the ground of intentional or negligent non-disclosure **J.B.L.271* or misrepresentation, but did not provide time-limits within which the insurer could exercise his right of rescission of the contract.[125] As a result, the insurer often abused his right to reject claims and rescind the contract at any time by reason of non-disclosure or misrepresentation. This was very unfair to the insured, particularly in life insurance where the insured had paid premiums for many years, but could not get anything because of non-disclosure when the life insured died. In the 2009 version of the Insurance Law, the relevant rules relating to the insured's duty of disclosure and the incontestability provision are provided in art.16 of the Law. For the convenience for later discussion of relevant rules relating to non-disclosure, misrepresentation and incontestability, the article is shown below:

"Art.16(1): When concluding an insurance contract, the insurer may raise questions concerning relevant details of the insured subject matter or of the insured. The proposer shall truthfully disclose such details to the insurer.

Art.16(2): The insurer shall have the right to rescind the insurance contract where the proposer fails to fulfil the obligation of truthful disclosure provided in the preceding paragraph intentionally or by gross negligence so that the failure of disclose or representation shall sufficiently influence the insurer's decision on whether he will accept the insurance or raise the premium rate.

Art.16(3): The right of rescission provided in the preceding paragraph shall lapse where the insurer does not exercise it thirty days after he knows that there is the cause for rescission. Where over two years have passed from the date of formation of the contract, the insurer may not rescind the contract; where an insured event occurs, the insurer shall be liable for making indemnity payment or paying insurance benefits.

Art.16(4): Where the proposer fails to perform his duty of disclosure and truthful representation of information to the insurer intentionally, the insurer shall not be liable for making indemnity payments or paying insurance benefits in connection with the insured events that occur prior to the rescission of the contract, and shall not refund the premium.

Art.16(5): Where the failure of the proposer to perform his duty of disclosure and truthful representation by gross negligence has a material impact on the occurrence of the insured events, the insurer shall not be liable for making indemnity payments or paying insurance benefits in connection with the insured events that occur prior to the rescission of the contract, but he shall refund the premium."

By virtue of art.16, the insured is required to disclose material information at the time of applying for the insurance. The Law adopts the way of inquiring disclosure *J.B.L. 272* (not voluntary disclosure).[126] The insured is only obliged to disclose the information asked in questions by the insurer in the proposal form, and the insurer may not avoid a policy on the ground that the insured did not disclose something material which is beyond the questions raised in the proposal form.[127] The Supreme People's Court of China (SPC) has recently provided that the insured's duty to disclose is confined to the scope and content of the insurer's inquiry; where the insurer and the insured dispute on the scope and content of the inquiry, the onus of proof rests upon the insurer.[128] The material information is such that sufficiently influences the insurer's decision as to whether to accept the risk, and if so, on what terms.[129] The insurer has right to rescind the contract where the insured breaches his duty of disclosure intentionally or by gross negligence and the undisclosed circumstances are material.[130] For intentional non-disclosure, the insurer is free from liabilities for any loss that occurred before rescission of the contract whether or not the loss is caused by the undisclosed facts, and can retain the premium.[131] For grossly negligent non-disclosure, the insurer is not liable for pre-rescission losses if the insured's non-disclosure has a material impact on the occurrence of the insured events, but should refund the premium.[132] These remedies relating to pre-rescission losses are available only where the insurer has exercised his right to rescind the contract within the contestability periods. Article 16(3) provides two contestability periods: (1) a 30-day period from the time the insurer becomes aware of the non-disclosure or misrepresentation; and (2) a two-year period from the time of the conclusion of the contract. After the time-limits lapse, the insurer is barred from contesting the validity of the contract on the ground of non-disclosure or misrepresentation.

The Insurance Law 2009 also provides rules of law on misstatement of age of the insured. Article 32 states:

"Where the age of the insured as declared by the proposer is not true and his true age fails to meet the age requirements set forth in the contract, the insurer may rescind the contract and in this case, he shall refund the cash value of the insurance policy according to the contract. Where the insurer exercises the right of rescission, the provisions in articles 16(3) and 16(6) of this Law shall be applicable." **J.B.L. 273* [133]

The incontestability provision improves insured's position in the insurance bargaining, but it is not free from difficulties. There are three major shortcomings with the provision. Firstly, it is unclear whether or not the insurer should be barred from contesting the validity of the contract on the ground of fraud or fraudulent non-disclosure or misrepresentation after the expiration of the two-year contestability period. Secondly, the incontestability provision is ambiguous in the situation where the insured event occurs within the two-year contestability period, and the insured postpones filing a claim until the expiration of the two-year period. And thirdly, in the case of the reinstatement of suspended life policies, there is no answer to the question when the two-year period of contestability should commence to run; should it start to run from the time of formation of the original contract, or from the date of reinstatement of the suspended contract? These shortcomings and questions will be discussed shortly.

Incontestability Clause in Insurance Policies

In accordance with the statutory requirements, insurers usually set forth incontestability clauses in life policies which are simply a restatement of art.16(3) and art.32(1) of the Insurance Law. For example, cl.8.2 of the life insurance policy of Ping An Insurance Company states:

"Our right of rescission provided in the preceding paragraph shall lapse if we do not exercise it 30 days after we become aware of the cause of rescission. If over 2 years have passed from the date of conclusion of this contract, we shall not rescind the contract; where an insured event occurs, we shall be liable for paying insurance benefits."

Clause 8.3 of the same policy states:

"Where the age of the life insured as declared by you is not true and his true age fails to meet the age requirements set forth in the contract, we have the right to rescind the contract and in this case, we shall refund the cash value of the insurance policy. Where we exercise the right of rescission, clause 8.2 of this policy shall be applicable."

In the household property policy of Ping An Insurance Company, cl.18 states:

"The right of rescission provided in the preceding paragraph shall lapse where the insurer does not exercise it in 30 days after he knows that there is the cause for rescission.[134] Where over 2 years have passed from the date of formation of the contract, the insurer may not rescind the contract; where an insured event occurs, the insurer shall be liable for making indemnity payment or paying insurance benefits."

This is exactly the same as art.16(3) of the Insurance Law. **J.B.L.274*

Scope of Application of the Incontestability Provision

As the Insurance Law does not mention whether the incontestability provision applies to life insurance only or also applies to property insurance, this causes confusion. Some people[135] have argued that the incontestability clause is not applicable to property insurance,[136] while others have argued that incontestability is applicable to life insurance as well as to property insurance.[137] It is submitted that the incontestability provision should be applicable to both life and property insurance contracts for the following reasons. Firstly, the incontestability provision is provided in the section of General Provisions in the Insurance Law,[138] which implies that it is not limited to be applicable only to life insurance; it should be applied to property insurance as well. Secondly, the purpose of the incontestability clause is to prevent the insurer from abusing his right of rescission, so it should be applied to both life and property insurance contracts. Thirdly, although the standard form of contract for property insurance is usually for one year, if the contract is specially negotiated, it can be for more than two years.[139] There is no particular reason to prevent the two-year incontestability clause from being applied to such a contract. Finally, the 30-day incontestability period should be applied to one-year term property insurance contracts.[140]

It can be seen from the above-mentioned provisions in the Insurance Law and clauses in insurance policies that the incontestability provisions affect insurer's right of rescission of the contract based only on the insured's non-disclosure or misrepresentation of material circumstances or misstatement of the age of the insured, [141] not on any other defences. Incontestability should not apply to any policy for which the insured does not pay premiums as scheduled in the contract. The provisions and the policy clauses regarding incontestability do not entitle the insured to "free" insurance. If the insured does not keep on paying premiums, the policy becomes invalid.

In addition, the concept of incontestability does not operate in the situation where there is lack of insurable interest. Where the insured does not have an insurable interest on the life insured, the contract is void ab initio.[142] So the lack of an insurable interest does not become incontestable after the two-year contestability period expires because the evils of wagering in the guise of insurance **J.B.L.275* and intentional destruction of the subject-matter of the insurance do not become less deviant at that time. The incontestable provision presupposes that the contract has been valid for a period of time. If the contract was void in the first instance because of lack of insurable interest, it could not be enforced by a court, even if there was an incontestable clause in the policy.[143] Lack of an insurable interest makes the contract void, [144] while breach of the duty of disclosure makes a contract voidable at the option of the insurer.[145] Insurers may or may not exercise the right of rescission of the contract on the grounds of non-disclosure. If the insurer decides to rescind the contract, his right to do so is limited by two incontestability periods which are considered in detail below.

Two Incontestability Periods

A 30-day Contestability Period from the Time the Insurer Knows the Cause for Rescission

The Insurance Law requires the insurer to exercise his right of rescinding the contract within 30 days after he becomes aware of the insured's non-disclosure and misrepresentation. If he does not, he will lose his right to rescind the contract after the 30-day period expires, [146] and the contract then becomes incontestable. This is explained by the following case.

In *Mr Zhang v Life Insurance Company*, [147] Mr Zhang effected a life policy on his father's life and named himself as the beneficiary on 28 May 2008. His father was diagnosed with emphysema in a local hospital on 26 May 2008. He concealed this fact at the time of applying for the insurance. The life insured died on 6 January 2010. Mr Zhang claimed. Upon investigation, on 21 February 2010 the insurer discovered from the life insured's medical record that the life insured had suffered from emphysema before the contract was entered into. The insurer therefore rejected the beneficiary's claim on the ground of intentional non-disclosure and gave the rejection notice on 16 March 2010, but did not rescind the contract. The court held that according to art.16(3) of the Insurance Law, the insurer's right of rescission of the contract shall lapse where the insurer does not exercise it within 30 days after he became aware of the cause for rescission. The date on which the insurer was deemed to know the cause of rescission was 21 February 2010, when the insurer learned from the life insured's medical record that he had suffered from emphysema before the contract was entered into, so the insurer should have exercised the right of rescission within 30 days from 21 February 2010. The insurer failed to rescind the contract within the 30-day time-limit and therefore lost the right; thus he should be liable for paying out the insurance proceeds. **J.B.L.276* [148]

As mentioned earlier, the insurer's remedies relating to pre-rescission losses are available only where the insurer has rescinded the contract within the contestability periods. If the insurer has lost his right to rescind the contract, these remedies are not available to him.[149] In the case discussed above, the insurer would not have been liable for the insurance payments had he exercised his rights to rescind the contracts within 30 days after he became aware of the cause of rescission.

In the situation where the insurer wants to reject a claim on the ground of intentional or grossly negligent non-disclosure, he must rescind the contract first unless the insurer and the insured have reached an agreement with regard to the claim settlement and the continuation of the contract. Chinese courts will not uphold any rejection of claims on the basis of non-disclosure or misrepresentation if the insurer has not rescinded the contract.[150] In practice, it is rare that the insurer would find the insured's non-disclosure or misrepresentation during the insurance period if the insured event does not occur. Even if the insurer becomes aware of the non-disclosure or misrepresentation prior to the occurrence of the insured event, the insurer usually would not actively seek a rescission of the contract for the purpose of receiving a premium. If the insurer were not to be barred by the 30-day time-limit for exercising his right of rescission after becoming aware of the intentional non-disclosure or misrepresentation, he would be able to collect the premium and then refuse to pay claims on the ground of intentional non-disclosure or misrepresentation before the two-year contestability period lapsed. Thus the insurer would be in a "nothing to lose but all to gain" position.

It must be mentioned here that there is a limitation on the insurer's exercising his right of rescinding the contract within 30 days after he knows the cause for rescission. If the insurer becomes aware of or should have known of the insured's non-disclosure or misrepresentation, but still collects the premium, the courts will not uphold the insurer's request for rescission of the contract on the ground of non-disclosure or misrepresentation, even within the 30-day period.[151] In English law, the acceptance of a premium or the grant of an extension of cover after receiving knowledge of a non-disclosure is good evidence of the insurer's waiver to avoid the contract.[152]

As mentioned earlier, the 1995 and 2002 versions of the Insurance Law did not provide time-limits for the insurers to exercise right of rescission of the contracts **J.B.L.277* by reason of non-disclosure and misrepresentation.[153] This is unfair to the insureds, as can be seen in the case of *Mr Xu v Life Insurance Company*.[154] There Mr Xu effected a life policy to cover his wife's life and severe diseases on 12 May 2006. The life insured was found to have haematuria and stayed at Weifang Hospital for treatment in July 2007. Mr Xu claimed for medical costs on 5 November 2007 but was rejected by the insurer on the ground that Weifang Hospital was not one of the named hospitals in the policy. The insurer continued to collect premium from Mr Xu annually. On 22 February 2010, the life insured went to Xiamen First Hospital for treatments of thyroid nodules and chronic renal failure syndrome. Mr Xu claimed for medical costs on 28 March 2010. The insurer's investigation revealed that the life insured was diagnosed with primary nephrotic syndrome and stayed at hospital for treatment on 19 February 2002. After that, the life insured regularly visited the hospital for treatments. The insured concealed this fact at the time of the contract. On this basis, the insurer rejected the insured's claim and rescinded the contract on 29 April 2010.

The court found that when Mr Xu made the first claim on 5 November 2007, he submitted to the insurer the life insured's medical record, with other relevant evidence and information for the claim. The life insured's medical history was shown in the medical record. The insurer either knew or should have known the fact from the medical record that the life insured suffered from primary nephrotic syndrome before the contract was entered into. The insurer was deemed to know the cause of rescinding the contract at the time when he refused Mr Xu's first claim.[155] Article 17(2) of the Insurance Law 2002 allowed the insurer to rescind the contract on the ground of intentional or negligent non-disclosure or misrepresentation, but did not provide a contestability period within which the insurer should exercise his right of rescission. Instead of rescinding the contract, the insurer continued to collect the premium. The 2009 version of the Insurance Law became effective on 1 October 2009; accordingly, the 30-day time-limit for the insurer to exercise his right of rescission as stipulated in art.16(3) of the Insurance Law 2009 should have started to run from 1 October 2009.[156] In this case, the insurer rescinded the contract on 29 April 2010, by which time the 30-day contestability period had lapsed. Consequently the insurer's rescission was ineffective. On this reasoning the court held that the contract was valid and the insurer was thus liable for paying the insurance proceeds.

A Two-year Contestability Period from the Inception of the Contract

The Insurance Law 2009 provides another contestability period—the insurer's right to rescind the contract by reason of non-disclosure or misrepresentation must **J.B.L.278* be exercised within two years from the inception of the contract.[157] During the two-year period, a potential defence must clear both the requirements of intentional or grossly negligent misrepresentation and of materiality in order to be effective.

In another case,[158] Mr Zhang effected a life policy on his own life, with the coverage of death and severe diseases in August 2000. Zhang paid a premium every year and was diagnosed with uraemia in June 2005. His claim for being diagnosed with uraemia was paid by the insurer after investigation of the claim. When Zhang died of uraemia on 13 December 2006, the insurer successfully rejected the beneficiary's claim on the ground of intentional non-disclosure of the fact that Zhang suffered kidney disease before the contract was entered into. The 2002 version of the Insurance Law did not have the incontestability provision. The insurer was allowed to rescind the contract by reason of non-disclosure or misrepresentation at any time. In this case, the insurer should have discovered the insured's non-disclosure in June 2005 when he investigated Zhang's claim for being diagnosed with severe disease (uraemia) and rescinded the contract at that time. Instead, the insurer continued to collect the premium and turned down the beneficiary's claim for death payment when Zhang died. This is obviously unfair to the insured and the beneficiary.

By contrast, in the following case, the insurer had no right to rescind the contract on the ground of non-disclosure and misrepresentation according to the 2009 version of the Insurance Law, although the court upheld the insurer's rescission of the contract by using the exclusion clause in the policy. In *Mr Li v Life Insurance Company*, [159] Mr Li took an early retirement in October 2010 because he suffered from emphysema and was unable to work. Mr Li effected a life insurance on his own life and named his son as the beneficiary. He gave a negative answer to the question about his medical history "whether you have ever had any disease" on the proposal form. He paid premiums and the policy became effective on 10 April 2011. There was an exclusion clause in the policy which states: "The insurer is not liable for the insured event where there was any act of concealment or fraud by the proposer or the life insured." Mr Li died of primary pulmonary heart disease (heart disease caused by his lung problem) on 26 October 2013. The beneficiary's claim was turned down by the insurer on the ground that the insured intentionally concealed the fact that he had emphysema at the time of the contract. According to art.16(4) of the Insurance Law, the insurer can rescind the contract and reject the claim. But the beneficiary argued that as the contract had been effective for more than two years, the contract became incontestable in accordance with art.16(3) of the Insurance Law. The court held that the insurer should have been barred from rescinding the contract because the contract became incontestable after the two-year period lapsed. However, in this case, the insurer explicitly excluded his liability in the presence of the insured's concealment, so the insurer was not liable for the claim.

It can be argued that where the exclusion clause is not in agreement with the statutory rules, the exclusion clause should be ineffective according to *J.B.L.279 art.19 of the Insurance Law.[160] In this case, the insured concealed the fact that he suffered from emphysema. His concealment is equivalent to intentional non-disclosure. According to art.16(3) of the Insurance Law, intentional non-disclosure becomes incontestable after the two-year contestability period expires. The insurer's exclusion of the liability in the presence of the insured's concealment should not be effective because this exclusion exempts the insurer of the obligations that he should have borne according to law.[161] If an exclusion clause is allowed for the insurer to exclude liability based on the insured's concealment at the time of the contract, the insurer would be able to bypass the incontestability provision as stipulated in art.16(3) of the Insurance Law. By this reasoning, the court's decision in the above case was incorrect. The insurer should be made liable notwithstanding the exclusion clause.[162]

Fraud Versus Fraudulent Non-disclosure or Misrepresentation

The major difficulty with the incontestability provision in art.16(3) of the Insurance Law is that it is unclear whether or not the insurer should be barred from contesting the validity of the contract on the ground of fraud or fraudulent non-disclosure or misrepresentation after the expiration of the two-year contestability period. This ambiguity has caused and will continue to cause disputes.

In the literal meaning of art.16(3) of the Insurance Law, the insurer can rescind the contract for intentional and grossly negligent non-disclosure or misrepresentation, but must exercise this right within two years from the inception of the contract. If the insured had a disease but intentionally concealed the fact and gave a negative answer to the question raised by the insurer, the insured's act can be called intentional non-disclosure or misrepresentation, which should be equivalent to fraudulent non-disclosure or misrepresentation. In English law, fraud is proven when it is shown that a false representation has been made (1) knowingly; (2) without belief in its truth; or (3) recklessly, careless whether it be true or false. To prevent a false statement from being fraudulent, there must always be an honest belief in its truth.[163] If the insured knows that he has hepatitis, but gives a negative answer to the question "Have you had any disease in the last three years?", he has knowingly made a false representation. This false representation can be called fraudulent misrepresentation. If the analysis is correct that fraudulent non-disclosure or misrepresentation is equivalent to intentional non-disclosure or misrepresentation, then fraudulent non-disclosure or misrepresentation should be covered by art.16(3) and can become incontestable after two years from the inception of the contract. As we have seen from the cases discussed above, the non-disclosure or **J.B.L.280* misrepresentation were all made intentionally (or fraudulently); if fraudulent non-disclosure or misrepresentation are not covered by art.16(3), the scope of the incontestability provision would be confined to grossly negligent non-disclosure or misrepresentation only. This would not be the intention of the legislation. So it is submitted that the insurer should be barred from contesting the validity of the contract on the ground of fraudulent non-disclosure or misrepresentation after the expiration of the two-year period.

The next question to be considered is whether other kinds of fraud should be excepted from the incontestability provision. It is, however, not always easy to distinguish fraudulent misrepresentation from other kinds of fraud, but it is important and necessary to do so in order to find an answer to the question. Fraudulent misrepresentation is a type of passive act. The insured can answer the questions in the proposal form with either "yes" or "no". He can conceal the true fact and give a false one, but he does not actively seek to do anything else to deceive the insurer. In contrast, if the insured actively takes other steps to deceive the insurer, the insured's act should be treated as fraud. For example, if the insured employs an imposter (who is in good health) to take the medical examination in the place of the sick insured, the insured's act should be treated as fraud (not fraudulent misrepresentation) because the insured actively seeks to deceive the insurer for the purpose of obtaining the contract which he would otherwise not have been able to obtain.

This can be illustrated by the case of *Ms Shuai Ying v China Life Insurance Company Ltd.*[164] There Ms Ying effected a life policy in July 1998 and another life policy in March 2000 on her mother's life, and named herself as the beneficiary. A clause in the policy states that "any person who is under 70 and healthy can be the person to be insured ...". Her mother fell over at home and died of a stroke on 15 March 2003. The insurer paid Ms Ying the full amount of the death proceeds (¥270, 000).[165] In July 2003, the insurer received a letter with the signatures of more than 10 local people, which said that the insured's age was wrong and there was fraud in this case. The insurer's investigation revealed that at the time of applying for the first life policy, the insured's age was 77, well beyond the insurable age limit of the policy, but Ms Ying misrepresented the insured's age to be 54. Ms Ying also managed to change her mother's date of birth from 7 January 1921 to 7 November 1944 in the Household Registration Book,[166] and employed an imposter to take the medical examination in the place of her mother. Upon the death of her mother, she also changed her mother's date of birth in her own relevant records. The major argument in this case is whether Ms Ying's acts constitute a crime of insurance fraud. **J.B.L.281*

According to art.138 of the Insurance Law 2002,[167] if an insured deliberately fabricates the subject-matter of the insurance to defraud the insurer of insurance payments, then the insured commits a crime of insurance fraud. So the question whether Ms Ying committed a crime of insurance fraud becomes a question whether Ms Ying's misrepresentation of the insured's age should be regarded as "deliberately fabricat[ing] the subject-matter of the insurance". Ms Ying argued that the subject-matter of the life policy is a person's physical body and lifetime. In this case, the insured subject-matter is her mother's death or life, but not her age. So her misrepresentation of her mother's age should not be regarded as fabricating the insured subject-matter. Article 54 of the Insurance Law 2002 was concerned with remedies to the insurer for the misstatement of the life insured's age; it stated that if the age of the life insured as declared by the proposer is untrue and the true age does not fall within the age limit specified in the contract, the insurer may rescind the contract and refund the premium to the proposer after deducting service charge. However, this does not apply to cases where the formation of the contract has been over two years ago. During the two-year period, if the insurer finds any untrue statement of the insured's age, he has the right to rescind the contract. In this case, the insurer neither investigated the truth of the insured's age nor rescinded the contract during the two-year period, so the insurer should be barred from rescinding the contract because the contract was more than two years from the time of formation of the contract.

The insurer counter-argued that the life policy was supposed to cover a person who was born on 7 November 1944, but this person in fact did not exist. This insured person was a fabricated subject-matter of the insurance. The person who was born on 7 January 1921 did exist, but should not be covered by the policy. Ms Ying changed her mother's date of birth at the time of applying for the policy and changed her own relevant documents where her mother's date of birth was recorded after her mother's death. By virtue of art.138 of the Insurance Law 2002, if the insured intentionally fabricates the subject-matter of the insurance in order to defraud the insurer of insurance proceeds, his act constitutes insurance fraud. He should be investigated for his criminal responsibility in accordance with law. Ms Ying's acts were intentional fraud for the purpose of securing the life policy which would otherwise not have been obtained without the misstatement of her mother's age. The court held: (1) the misstatement of the age of the insured is not **J.B.L.282* "fabricating the subject-matter of insurance" and should not be treated as a crime of insurance fraud; (2) art.54 of the Insurance Law 2002 should apply to this case. The insurer did not contest the validity of the contract during the two-year period, so it was barred from rescinding the contract based on misrepresentation after the two-year period has lapsed. The insurer appealed to the High Court of the Yunnan Province. The High Court did not make a decision and reported the case to the Supreme People's Court. The case has yet to be decided by the SPC.

There has been no final decision in this case as to whether or not Ms Ying's misstatement of her mother's age constitutes a fraud. It may be argued that substitution of a healthy person (the imposter) to take a medical examination for her sick mother should be treated as a fraud, and contest should be allowed even though the fraud was successfully concealed for more than two years. Such kinds of cases might be handled on the theory that there was no policy at all in the first place.

As mentioned earlier, English, Australian and New Zealand law do not tolerate fraud.[168] The insurer is not barred from contesting the validity of the contract on the ground of fraud or fraudulent non-disclosure or misrepresentation after the contestability period expires. The approaches to fraud or fraudulent misrepresentation vary from one state to the next in the US. Fraudulent misrepresentation is excepted from the applicability of the incontestable clause in a few states.[169] Sometimes courts allow a fraud defence notwithstanding an incontestability clause if the insured's fraud at the time of applying for insurance is so profound that public policy would be disserved by enforcing the policy.[170] Similarly, in some states, if a person applies for insurance through the use of an imposter, the incontestability clause will not bar the insurer from contesting coverage.[171] But, in some other states,[172] the incontestability clause bars insurer's impostor defence.[173] German law provides two contestability periods: five years for unintentional non-disclosure, and 10 years for intentional or fraudulent non-disclosure.[174]

Having considered approaches relating to the applicability of the incontestability provision in the case of fraud or fraudulent non-disclosure or misrepresentation in China and in other jurisdictions, it is now appropriate to make suggested answers to the question whether the insurer should be barred from contesting the validity of the contract on the basis of fraud or fraudulent non-disclosure or misrepresentation after the expiration of the two-year contestability period as provided in art.16(3) of the Insurance Law. **J.B.L.283*

It is suggested that the insurer should not be allowed to contest the validity of the contract on the ground of fraudulent non-disclosure or misrepresentation after the two-year contestability period expires; and that for profound fraud, such as the use of an imposter, the incontestability clause should not bar the insurer from contesting the validity of the contract after the two-year contestability period expires. Accordingly art.16(3) of the Insurance Law should be amended as follows: "Where over two years have passed from the date of formation of the contract, the insurer may not rescind the contract, *except in the presence of fraud ...*" .[175] Here the phrase "except in the presence of fraud" is added. By this amendment, profound fraud (such as the use of an impostor) is excluded from the scope of application of the incontestability provision.

The Insured Event Occurred During the Two-year Contestability Period but the Claim is Made after Expiration of the Period

Article 16(3) of the Insurance Law provides:

"Where the proposer fails to fulfil the obligation of truthful disclosure... Where over two years have passed from the date of formation of the contract, the insurer may not rescind the contract; where an insured event occurs, the insurer shall be liable for making indemnity payment or paying insurance benefits."

This provision does not make it clear whether or not the insurer shall be liable for the insured event which occurred within the two-year period but the claim is made after expiration of the period. The ambiguity of the provision has caused lots of disputes. It happens in practice that where the insured event occurred during the contestability period, the insured or beneficiaries deliberately postpone filing a claim until the expiration of the two-year contestability period in order to avoid the insurer's rescission of the contract on the ground of non-disclosure and secure the protection of the incontestability. For example, in *Mr Wang v Life Insurance Company*,[176] Mr Wang effected a severe disease insurance policy on 7 April 2009. Under the policy the insurer promised to pay ¥50 000 if the insured was diagnosed with a severe disease (such as cancer and heart attack). At the time of applying for the insurance contract, the insured gave a negative answer to the question in the proposal form "Have you ever had any disease or received treatments for any disease?" . The insured in fact had suffered a chronic kidney disease for years but concealed this fact. The insured was diagnosed with uraemia on 25 Oct 2010, and made a claim on 10 October 2011, by which time the two-year contestability period was expired. The insurer rescinded the contract and rejected the claim on the ground of intentional misrepresentation. The court held that the insurer was barred from rescinding the contract by the incontestability provision of the

Insurance Law and thus liable for the claim. **J.B.L.284*[177]

In this case, the insured successfully bypassed the two-year contestability period and avoided the insurer's rescission of the contract. The ambiguity of the law in this respect would certainly encourage the insured to intentionally avoid contestability of the contract by waiting until the two-year contestability period has expired before filing a claim for the insured event which occurred during the two-year contestability period. The law is thus in need of improvement.

The approach on this point in the US can be referred to here. In order to avoid this situation, in the US, most incontestability clauses are limited by a provision stating that the contestability period must be completed "during the lifetime of the insured".[178] With this nuance the insurer is able to contest a claim for insurance benefits after the contestability period has lapsed if the insured dies before the end of that period. The "during the lifetime of the insured" requirement suggests that the insured must live through the contestability period for the contract to become incontestable. If the insured dies immediately prior to the expiration of the contestability period, the two-year contestability period passes, and the insurer then announces that it is refusing to pay proceeds because of the insured's misrepresentation, the incontestability clause does not operate to cause the insurer to lose the misrepresentation defence.[179] In some situations, however, the insured's death does not interrupt the running of the two-year period if the policies do not include the phrase of "during the lifetime of the insured" in the incontestability clause. Under this line of authority, the insurer who takes action after expiration of the contestability period to contest coverage in a situation where the insured did not survive through the contestability period is barred by the incontestability clause from denying coverage.[180]

In order to avoid disputes arising from the ambiguity of the art.16 (3) of the Insurance Law and prevent the insured from taking advantage of the loophole of the provision, the law should make it clear that the insurer is barred from contesting the contract only for the insured event which occurs after the two-year anniversary of the formation of the contract passes. Accordingly, art.16 (3) of the Insurance Law should be amended as follows:

"Where over two years have passed from the date of formation of the contract, the insurer may not rescind the contract; where an insured event occurs *after such a two-year period*, the insurer shall be liable for making indemnity payment or paying insurance benefits."

Here the phrase "after such a two-year period" is added to define the scope of period during which the insured event occurs. As discussed earlier, the **J.B.L. 285* incontestability provision should also be applicable to property insurance contracts, so it seems not appropriate to add the phrase "during the lifetime of the insured" into art.16(3). Instead, it would be appropriate for the insurers to add this phrase into the contestability clause in life policies.

Incontestability for Reinstated Contracts

It is not difficult to determine the time point when the two-year contestability starts to run, as the Insurance Law clearly sets out that the time starts to run from the date of conclusion of the contract.[181] The Insurance Law allows a suspended life contract to be reinstated; it is submitted that the incontestability provision should also apply to an application for reinstatement of lapsed coverage. The question to be considered here is when the two-year contestability period should commence to run. Should it start to run from the time of formation of the original contract, or from the date of reinstatement of the suspended contract? There is no apparent answer to this question in the Insurance Law.

The rules for reinstatement of a suspended contract are stipulated in art.37 of the Insurance Law, which provides:

"A contract which lapses in accordance with art.36 of this Law[182] is reinstated where the insurer and the proposer have reached an agreement through consultations and the proposer has paid the outstanding premiums. However, the insurer has the right of rescission where no agreement has been reached by the parties within two years from the date of the lapse of the contract."

According to this article, the insured can apply for a reinstatement and the application must be agreed by the insurer. The insurer needs to check if the suspended contract meets the requirements of the reinstatement.

It is unclear whether or not the insured has a statutory duty to disclose material fact to the insurer at the time of reinstatement of the contract, as the

Insurance Law does not give any stipulation in this regard. In practice, however, the insurer usually requires the insured to disclose new information about the reinstatement. The insurer can either agree to reinstate the contract or to reject the application for reinstatement based on the information supplied by the insured.

It is reasonable for the insurer to request the insured to disclose new information relating to the reinstatement of the contract because it is often the case that after the contract is suspended, the insured has found the life insured to have a disease and then wishes to reinstate the suspended contract. This is called adverse selection. If an adverse selection is not limited, it would not be fair to the insurer. On the other hand, the insurer should not be allowed to refuse an application for reinstatement on the ground of a disease which developed or was diagnosed prior to the suspension of the contract. **J.B.L.286*

In practice, the insurers usually ask questions in the application form for reinstatement. In *Mr Zhang v Life Insurance Company*, [183] a question on the reinstatement application form asks: "From the date of formation of the original contract to this date, do you have any physical symptoms or signs which are newly found or were found before the contract was entered into ?". If the insurer is allowed to ask such a question and then refuses the application for reinstatement based on the information from the answer to the question, this would be equivalent to giving the insurer the second opportunity to turn down the contract (particularly in the case of a bad bargain) which the insurer would otherwise not have been able to reject if the contract had not been suspended.

It is submitted that the insured should be allowed to ask a question such as "From the beginning of suspension of the original contract to this date, do you have any physical symptoms or signs or diseases?". [184] And then the insurer can decide to accept or reject the application for reinstatement on the basis of the answer to this question. It is appropriate for the insurer to have an adequate window of time to investigate the new information relating to the reinstatement. It is suggested that a two-year period of time should be adequate from the date of the reinstatement, [185] so the two-year contestability period should also apply to reinstatement and run from the date of the reinstatement.

If the reinstatement occurs within two years from the time of formation of the original contract, information supplied by the insured at the time of the original contract and that at the time of reinstatement can all be invoked by the insurer to contest the contract. But if the reinstatement occurs after two years from the formation of the original contract, only the new information can be used by the insurer to contest the reinstated contract and the contest should be barred after two years from the date of reinstatement of the contract.

It is the settled law in the US that before a lapsed policy is reinstated, the insured is almost always required to present new evidence of insurability.[186] If the policy is reinstated owing to the insured's fraud or misrepresentation, most courts hold that with respect to the new evidence presented the contestability period runs again from the date of the reinstatement.[187] Defences based on facts relevant to the initial issuance of the policy and that were barred by the running of the first contestability period remain barred.[188]

As mentioned earlier, the Insurance Law requires the insurer to exercise his right of rescinding the contract within 30 days after he knows the cause for rescission. If he does not, his right of rescission will be extinguished after 30 days. **J.B.L.287* Logically, the 30-day limitation should also be applied to a reinstated contract. If the insurer is allowed to rescind the contract by reason of the insured's non-disclosure of new material information at the time of applying for the reinstatement, his right to rescind the contract should also be exercised within 30 days after he becomes aware of the new cause for rescission.

Conclusions and Suggestions

This article has examined the incontestability provision in the insurance law and policies in some common law and civil law jurisdictions.

The CIDRA does not include an incontestability provision. This is out of line with approaches in many other jurisdictions. The insurer is entitled to avoid the contract at any time by reason of careless misrepresentation where the insurer would not have entered into the contract on any terms. It is suggested that an incontestability provision be introduced to CIDRA in its amendment in the future. Paragraph 5 in Sch.1 to the CIDRA could be amended as follows:

"If the insurer would not have entered into the consumer insurance contract on any terms, the insurer may, *within 5 years after the contract was entered into*, avoid the contract and refuse all claims, but must return the premium paid."

In Chinese law, three major shortcomings with the incontestability provision have been identified and critically discussed. The ambiguity of the provision has been clarified as to the question whether the insurer should be barred from contesting the validity of the contract on the ground of fraud or fraudulent non-disclosure or misrepresentation after the expiration of the two-year period. It is suggested that the incontestability provision should be applicable to fraudulent non-disclosure or misrepresentation, but not to other kinds of fraud. For profound fraud, such as the use of an imposter, the insurer should be allowed to contest the validity of the contract after the two-year period expires.

The incontestability provision is ambiguous where the insured event occurs within the two-year period, the insured postpones filing a claim until the expiration of the two-year period. It is suggested that in the case of intentional or grossly negligent non-disclosure or misrepresentation, the insurer should be liable only for the event which occurs after the two-year period expires.

It is suggested that the incontestability provision should be applied to reinstatement of suspended life policies; and that with respect to the new information presented at the time of applying for reinstatement, the two-year contestability period should run again from the date of the reinstatement.

It is recommended that art.16 (3) of the Insurance Law be amended as follows:

"Where over two years have passed from the date of formation of the contract, the insurer may not rescind the contract, *except in the presence of fraud*; where an insured event occurs *after such a two-year period*, the insurer shall be liable for making indemnity payment or paying insurance benefits."

Here the phrase "except in the presence of fraud" is added to exclude fraud from the scope of application of the incontestability provision. The phrase "after such **J.B.L.288* a two-year period" is added to define the scope of period during which the insured event occurs.

Notes

* The authors are grateful to Professor Robert Merkin, Law School, University of Exeter, for his constructive comments on this article, following which an early version of this article has been improved significantly. Errors and omissions are, however, solely our responsibility.

1 Marine Insurance Act 1906 (the UK)(MIA) s.17. It must be noted that any rule of law to the effect that a contract of insurance is a contract based on the utmost good faith is modified to the extent required by the provisions of the Consumer Insurance (Disclosure and Representations) Act 2012 and the Insurance Act 2015. In s.17 of the MIA (marine insurance contracts are contracts of the utmost good faith), the words from ", and" to the end are omitted.

2 The rule of disclosure was provided by s.18 (1) of the MIA 1906 which was repealed by the Insurance Act 2015. For non-consumer insurance contracts, the duty of disclosure is now provided in s.3 (4) (a) of the Insurance Act 2015, which effectively replicates the disclosure duty in s.18 (1) of the MIA 1906. The key features of s.3 (4) of the Insurance Act 2015 are that the insured must disclose "every material circumstance" which the insured "knows or ought to know" . For consumer insurance contract, the duty of disclosure and misrepresentation is provided in s.2 of the Consumer Insurance (Disclosure and Representations) Act 2012. The remedy for breach of the duty for consumer insurance contracts will be discussed below.

3 Such as Australia, New Zealand, China, Germany, Macao SAR, China, Taiwan, China and the US.

4 *Anstey v British Natural Premium Life (1908) 99 L.R. 765 CA.*

5 See G. Salzman, "The Incontestable Clause in Life Insurance Policies" [1969] Ins. L.J. 142.

6 The Post Office London Directory (1843), p.1590.

7 See *J. Stalson*, *Marketing Life Insurance: Its History in America (Cambridge, MA: Harvard University Press, 1942), p.317.* See also Salzman, "The Incontestable Clause in Life Insurance Policies" [1969] Ins. L.J. 142, 142.

8 The nature of, and the reasons for, the imposition of a duty of disclosure were clearly set out by Lord Mansfield in his judgment in *Carter v Boehm (1766) 3 Burr. 1905*. Section 18 (1) of the MIA 1906 codified Lord Mansfield's judgment in *Carter v Boehm*. For more on history of the development of the duty of disclosure in English law, see *Colinvaux's Law of Insurance*, *9th ed., edited by R.*

Merkin (*London*: *Sweet & Maxwell*, *2010*), *para.6-02.*

9 The *Law Commission and the Scottish Law Commission*, *Insurance Contract Law*: *Business Disclosure*; *Warranties*; *Insurers' Remedies for Fraudulent Claims*; *and Late Payment* (*Law Com No.353/Scot Law Com No.238*, *17 July 2014*), *para.1.10 of the Executive Summary.*

10 For example, an incontestability provision is included in s.84 of the Life Insurance Act 1945 (Australia), which prevented the avoidance of a life policy for written misrepresentation after three years from its inception.

11 The Insurance Law of the People's Republic of China was enacted by the National People's Congress in 1995; it was the first comprehensive legislation on insurance in China, consisting of insurance contract law and insurance regulation. To meet the commitment to the WTO, the Insurance Law 1995 was amended in 2002 mainly on insurance regulation, and insurance contract law was essentially not changed in the 2002 version. The Law was again amended in 2009. Both contract law and regulation were amended substantially.

12 Insurance Law art.16 (1) and (2). For more on the insured's pre-contract duty of disclosure, see Z. Jing, "Insured's Duty of Disclosure and Test of Materiality in Marine and Non-marine Insurance Laws in China" [2006] J.B.L. 681.

13 Insurance Law art.16(3).

14 As Moulton LJ said (in *Anstey v British Natural Premium Life* (*1908*) *99 L.R. 765*), "For many years I have been of opinion that life insurance conducted on wrong lines—namely, that the companies have gradually made the terms of life policies more and more strict, so that at last in many cases the security of the assured has been reduced to a minimum. That was done by making the assured guarantee and accept as conditions of the contracts all sorts of statements about his health ..."

15 See *Stalson*, *Marketing Life Insurance* (*1942*), *p.317*. See also Salzman, "The Incontestable Clause in Life Insurance Policies" [1969] Ins. L.J. 142, 142.

16 See The Post Office London Directory (1843), p.1598.

17 The Post Office London Directory (1843), p.1598.

18 See *Stalson*, *Marketing Life Insurance* (*1942*), *p.317.*

19 *Wood v Dwarris* (*1856*) *11 Ex. 493*. See Salzman, "The Incontestable Clause in Life Insurance Policies" [1969] Ins. L.J. 142, 143.

20 *Wheelton v Hardisty* (*1958*) *8 El. & Bl. 232.*

21 See *Colinvaux's Law of Insurance* (*2010*), *paras 6-083 and 18-038*; *Houseman's Law of Life Assurance*, *14th ed.*, *edited by R. Surridge*, *B. Murphy*, *N. John and C. Griffin* (*London*: *Bloomsbury Professional*, *2011*), *p.95.*

22 Professor Merkin summaries three possible consequences for insurance fraud: the insured may face an action in deceit; if the policy is avoided the insured will lose the right to recover the premium; and any clause which purports to limit or exclude the insured's duty of utmost good faith will not as a matter of public policy extend to fraud, as no person will be permitted to take advantage of his own fraud (*HIH Casualty and General Insurance v Chase Manhattan Bank* [*2003*] *Lloyd's Rep. I.R. 230 HL*). See *Colinvaux's Law of Insurance* (*2010*), *para.6-17.*

23 *Anstey v British Natural Premium Life* (*1908*) *24 T.L.R. 871.*

24 *Wood v Dwarris* (*1856*) *11 Ex. 493*; *Wheelton v Hardisty* (*1858*) *8 El. & Bl. 232.*

25 *Anstey v British Natural Premium Life* (*1908*) *99 L.R. 765.*

26 *Re General Provincial Ex p. Daintree* (*1870*) *18 W.R. 396.*

27 *Anctil v Manufacturers Life* [*1899*] *A.C.604 PC* (Canada).

28 For more, see the report by the *Law Commission and the Scottish Law Commission*, *Consumer Insurance Law*: *Pre-contract Disclosure and Misrepresentation* (*December 2009*), *paras 12.1 to 12.35.*

29 Consumer insurance contract means a contract of insurance between (1) an individual who enters into the contract wholly or mainly for purposes unrelated to the individual's trade, business or profession, and (2) a person who carries on business of insurance and who becomes a party to the contract by way of that business; consumer means the individual who enters into a consumer insurance contract, or proposes to do so.

30 CIDRA s.2(2).

31 A misrepresentation is deliberate or reckless if the consumer (a) knew that it was untrue or misleading, or did not care whether or not it was untrue or misleading, and (b) knew that the matter to which the misrepresentation related was relevant to the insurer, or did not care whether or not it was relevant to the insurer (CIDRA s.5(2)).

32 CIDRA Sch.1, para.2.

33 A misrepresentation is careless if it is not deliberate or reckless (CIDRA s.5(3)).

34 CIDRA Sch.1, paras 3 to 8.

35 CIDRA Sch.1, para.9.

36 For more, see *Macgillivray on Insurance Law*, *12th ed.*, *edited by J. Birds*, *B. Lynch and S. Milnes* (*London*: *Sweet & Maxwell*, *2012*), *paras 19-047 and 19-048.*

37 *The Law Commission and the Scottish Law Commission*, *Insurance Contract*

Law: *Issues Paper 1*, *Misrepresentation and Nondisclosure* (*September 2006*), *paras 6.126 to 6.129*.

38 *The Law Commission and the Scottish Law Commission*, *Insurance Contract Law*: *A Joint Consultation Paper*, *Misrepresentation*, *Nondisclosure and Breach of Warranty by the Insured* (*June 2007*), *paras 4.195 to 4.200*. The main argument for a contestability period was that it would increase trust in the market. As Nick Kirwan of Scottish Widows put it: "This is the right thing to do. The biggest single issue in the industry is consumer trust. Non-contestability could boost trust and encourage consumers to take out insurance policies" (para.4.199). The main arguments against a contestability period were that it would encourage fraud; increase costs and premium; and lead to inconsistent treatment between cases on different sides of an arbitrary line. The ABI said "it would tip the balance too far in favour of the insured" (para.4.196).

39 *Law Commissions*, *Insurance Contract Law*: *A Joint Consultation Paper* (*June 2007*), *paras 4.203 and 4.204*.

40 See *Law Commissions*, *Consumer Insurance Law* (*December 2009*), *para.10.23*.

41 *Law Commissions*, *Consumer Insurance Law* (*December 2009*), *paras 4.52 to 4.53 and paras 10.20 to 10.28*.

42 See *Law Commissions*, *Insurance Contract Law*: *Issues Paper 1* (*September 2006*).

43 Non-consumer insurance contract means a contract of insurance that is not a consumer insurance contract. This includes insurance for charities, micro-businesses and small or medium enterprises, as well as large risks, marine insurance and reinsurance.

44 Insurance Act 2015 s.3.

45 Insurance Act 2015 s.8.

46 Insurance Act 2015 Schedule, Pt 1, paras 2 to 4.

47 Such as Australia, New Zealand, Canada, China, Germany and the US.

48 For an overview of life insurance on misrepresentation and non-disclosure in Australia, see *R. Merkin*, *Reforming insurance law*: *is there a case for reverse transportation*?, A *report for the English and Scottish Law Commissions on the Australian experience of insurance law reform* (*2007*), *paras 4.58 to 4.62*; and also G. Boyd, "The Duty of Disclosure in Life Insurance: Is the Balance Struck by Part IV of the Insurance Contracts Act Appropriate?" (2001) 13 Ins. L.J. 59.

49 Life Insurance Act 1945 s.84 provides: "A policy shall not be avoided by reason only of any incorrect statement (other than a statement as to the age of the life insured) made in any proposal or other document on the faith of which the poli-

cy was issued or reinstated by the company unless the statement —

(a) was fraudulently untrue; or

(b) being a statement material in relation to the risk of the company under the policy, was made within the period of three years immediately preceding the date on which the policy is sought to be avoided or the date of the death of the life insured, whichever is the earlier."

50 For more, see *Merkin, Reforming insurance law (2007), para.4.58.*

51 ICA s.29(1).

52 ICA s.29(2). The insurer must initially prove that he would not have entered into the contract on any term but for misrepresentation or non-disclosure, i.e. that he was induced by the presentation of the risk. This is so even if there is fraud (*Schaffer v Royal & Sun Alliance Life Assurance Australia Ltd. [2003] QCA 182*). If the inducement requirement is satisfied, the insurer has the right of avoidance for fraud, although this subject to the court's power to disapply the remedy of avoidance under s.31 of the ICA.

53 The ICA does not define fraudulent non-disclosure or fraudulent misrepresentation. Accordingly, its meaning is derived from the common law. Non-disclosure of a material fact is fraudulent if the insured knew the fact and deliberately concealed it because they believed the insurer might decline the risk or only accept it on special terms if they disclosed the fact (*Dalgety Co Ltd v Australian Mutual Provident Society [1908] V.L.R. 481* at 499). Misrepresentation of a material fact is fraudulent if the insured made it: without actually and honestly believing it was true, or recklessly indifferent to whether it was true or not (*NTG Victory Australia Ltd. v Hudson [2003] WASCA 291* at [5] (Steytler J), [32] (Parker J), citing *Sutton, Insurance Law in Australia, 3rd ed. (LBS, 1999), para.3.138*); and with the intention of it being acted on (*Dr Gregory Moore v National Mutual Life Association of Australasia Ltd. [2011] NSWSC 416* at [71]). For more, see *G. Pynt, Australian Insurance Law: A First Reference, 2nd ed. (LexisNexis Butterworths, 2011), para.8.25.*

54 ICA s.29(3).

55 ICA s.29(4). There are also other remedies as provided at s.29(5) to 29(10) of the ICA.

56 *Mccabe v Royal & Sun Alliance Life Assurance Australia Ltd [2003] WASCA 162.*

57 *Schaffer v Royal & Sun Alliance Life Assurance Australia Ltd [2003] QCA 182.*

58 ICA s.28(2).

59 ICA s.28(3). For example, if the insurer would (1) have charged a higher pre-

mium if there had been proper disclosure and no misrepresentation, the insurer's liability will be reduced by the amount of the notional increase in premium; (2) have inserted a different term into the contract if there had been proper disclosure and no misrepresentation, the insurer will only be liable to the extent that it would have been if the term had been inserted. If the term would have excluded liability for the claim, the insurer's liability will be reduced to nil; or (3) not have entered into the contract at all if there had been proper disclosure and no misrepresentation, the insurer's liability will be reduced to nil, although it will be required to return the premium (unless the non-disclosure or misrepresentation was fraudulent). For more, see *Pynt, Australian Insurance Law (2011), para.8.54.*

60 ICA s.30.

61 CIDRA Sch.1, para.5.

62 For an overview of the legislations on non-disclosure and misrepresentation in New Zealand, see *Merkin, Reforming insurance law (2007), paras 4.63 to 4.67.*

63 *New Zealand Law Commission, Preliminary Paper 53, Life Insurance (December 2003), paras 5.1 to 5.3*, http://www.lawcom.govt.nz/sites/default/files/mediaReleaseAttachments/Publication_90_271_PR%20LIF.pdf [Accessed 24 March 2016].

64 Insurance Law Reform Act 1977 s.6:

"Incorrectness and materiality defined:

(1) For the purposes of sections 4 and 5, and notwithstanding any admission, term, condition, stipulation, warranty, or proviso in the application or proposal for insurance or in the life policy or contract of insurance, a statement is substantially incorrect only if the difference between what is stated and what is actually correct would have been considered material by a prudent insurer.

(2) For the purposes of sections 4 and 5, and notwithstanding any admission, term, condition, stipulation, warranty, or proviso in the application or proposal for insurance or in the life policy or contract of insurance, a statement is material only if that statement would have influenced the judgment of a prudent insurer in fixing the premium or in determining whether he would have taken or continued the risk upon substantially the same terms."

65 Insurance Law Reform Act 1977 s.6.

66 A statement is made fraudulently if the person making it makes it knowing it is incorrect, or without belief in its correctness, or recklessly without caring whether it is correct or not (s.4(2) of the Insurance Law Reform Act 1977).

67 Insurance Law Reform Act 1977 s.4:

"Misstatements in contracts of life insurance:

(1) A life policy shall not be avoided by reason only of any statement (other than a statement as to the age of the life insured) made in any proposal or other document on the faith of which the policy was issued, reinstated, or renewed by the company unless the statement—

(a) was substantially incorrect; and

(b) was material; and

(c) was made either—

(i) fraudulently; or

(ii) within the period of 3 years immediately preceding the date on which the policy is sought to be avoided or the date of the death of the life insured, whichever is the earlier.

(2) For the purposes of subparagraph (i) of paragraph (c) of subsection (1), a statement is made fraudulently if the person making it makes it—

(a) knowing it is incorrect; or

(b) without belief in its correctness; or

(c) recklessly, without caring whether it is correct or not."

68 Insurance Law Reform Act 1977 s.7.

69 *New Zealand Law Commission, Some Insurance Law Problems (Report 46, May 1998).*

70 A reference to a risk first attaching does not include the attaching of a risk on the issue of a policy replacing interim cover or on the reinstatement or renewal of a policy (*New Zealand Law Commission, Some Insurance Law Problems (May 1998), para.31.*

71 *New Zealand Law Commission, Some Insurance Law Problems (May 1998), para.31.*

72 *New Zealand Law Commission, Life Insurance (Report 87, November 2004).*

73 *New Zealand Law Commission, Some Insurance Law Problems (May 1998).*

74 *New Zealand Law Commission, Life Insurance (November 2004).*

75 ibid. *New Zealand Law Commission, Life Insurance (November 2004).*

76 *New Zealand Law Commission, Some Insurance Law Problems (May 1998).*

77 Certain circumstances where cl.14 of the Bill does not apply are set out in cl.15 of the Bill. Clauses 14 and 15 of the Bill affected only non-disclosure and not misrepresentation.

78 *New Zealand Ministry of Economic Development (NZMED), Review of Financial Products and Providers: Insurance (December 2006), para.283.*

79 An answer to a question would be substantially incorrect and material where,

for instance, the difference between what is stated or failed to be disclosed and what is actually correct would have influenced the judgment of a prudent insurer in fixing the premium or in determining whether the prudent insurer would have taken or continued the risk on substantially the same terms.

80 A question was asked in *NZMED*, *Review of Financial Products and Providers* (*December 2006*) for consultation (question 35): should the interim cover circumstance giving the right to avoid be limited to 10 days or a longer period?

81 These remedies will apply where (1) the insurer is not entitled to avoid the contract, and in the circumstances a reasonable person ought to have known that the undisclosed or misrepresented fact would have influenced the judgment of a prudent insurer in relation to that insurance contract; or (2) for life insurance, an incorrect statement of the age of the insured (*NZMED*, *Review of Financial Products and Providers* (*December 2006*), *para.292*). The restitution remedies that will apply to the insurer are: (1) declining to accept the risk on any terms (i.e. exclude a particular risk prospectively, or cancel the policy prospectively); (2) accepting the risk only at a higher premium; (3) accepting the risk on different terms regardless of the premium; and (4) for life insurance age misstatement, the formula in cl.13 of the Insurance Contracts Bill 2004 will apply.

82 *L. Dalziel*, *Insurance*: *Contracts*, *Agency and Assignment* (*n.d.*), *Ministry of Business*, *Innovation and Employment*. http: //www.med.govt.nz/business/business-law/pdf-docs-library/past-work-and-older-topics-pdfs/review-of-financial-products/insurance-contracts-agency-and-assignments.pdf/view [Accessed August 2014].

83 Insurance Law Reform Act 1977 s.7.

84 *Stalson*, *Marketing Life Insurance* (*1942*), *p.317*. See also Salzman, "The Incontestable Clause in Life Insurance Policies" [1969] Ins. L.J. 142, 142.

85 Of the 50 states, 43 states have statutes setting out mandatory incontestable clauses in life insurance contracts: see Salzman, "The Incontestable Clause in Life Insurance Policies" [1969] Ins. L.J. 142, 143.

86 See *R. Jerry and D. Richmond*, *Understanding Insurance Law*, *5th ed.* (*LexisNexis*, *2012*), *p.763*.

87 See, e.g., Ala. Code § 27-19-5 (2001); N.J. Stat. Ann. § 17B: 26-5a (2010); Tex. Code Ann. § 705.104 (2005).

88 *Paul Revere Life Insurance Co. v Gilbert K. Haas 644 A. 2d 1098* (*N.J. 1994*).

89 N.J. Stat. Ann. § 17B: 26-5 (2010).

90 N.J. Stat. Ann. § 17B: 26-5 (2010).

91 See *Jerry and Richmond*, *Understanding Insurance Law* (*2012*), *p.769*.

92 See *Obtartuch v Sect. Mut. Life Ins. Co. 114 F. 2d 873 (7th Cir. 1940)*; *Strawbridge v N.Y. Life Ins. Co. 504 F. Supp. 824 (D.N.J. 1980)*; *Muslin v Columbian Nat'l Life Ins. Co. 3 F. Supp. 368 (S.D.N.Y. 1932)*.

93 Such as Florida and California.

94 See *Allstate life Ins. Co. v Miller 424 F. 3d 1113 (11th Cir. 2005)*; *Amex Life Assurance Co. v Superior Court 14 Cal. 4th 1231 [60 Cal. Rptr 2d 898, 930 P. 2d 1264] (1997)*.

95 *Amex Life Assurance Co. v Superior Court 14 Cal. 4th 1231 [60 Cal. Rptr 2d 898, 930 P. 2d 1264](1997)*.

96 California Insurance Code 2010 § 10113.59 (b) (2) (B) defines an impostor as "a person other than the named insured who participates in any manner in the application process for a certificate under an individual life insurance policy and represents himself or herself to be the named insured or represents that a sample or specimen of blood, urine, or other bodily substance is that of the named insured".

97 Cal. Ins. Code § 10113.5 (b) provides: "Notwithstanding subdivision (a), if photographic identification is presented during the application process, and if an impostor is substituted for a named insured in any part of the application process, with or without the knowledge of the named insured, then no contract between the insurer and the named insured is formed, and any purported insurance contract is void from its inception."

98 Insurance Contract Act 2008 s.19 (2) and (3). In the event of withdrawal after the occurrence of the insured event, the insurer shall not be obligated to effect payment, unless the breach of the duty of disclosure refers to a circumstance which is neither responsible for the occurrence or for the establishment of the occurrence of the insured event nor for the establishment or the extent of the insurer's liability. If the policyholder has fraudulently breached the duty of disclosure, the insurer shall not be obligated to effect payment (Insurance Contract Act 2008 s.21 (2)).

99 Insurance Contract Act 2008 s.19 (3). It is implied that the insurer should be liable for the insured event which occurred prior to the termination of the contract.

100 Insurance Contract Act 2008 s.21 (1).

101 Insurance Contract Act 2008 s.19 (4).

102 According to art.5 and art.8 of the Basic Law of the Hong Kong Special Administrative Region of the People's Republic of China 1990, the socialist system and policies shall not be practised in the Hong Kong and the previous capitalist system (including the common law, rules of equity and so on) and way of life shall

remain unchanged for 50 years from 1 July 1997.

103 See *Colinvaux's Law of Insurance in Hong Kong, 2nd ed., edited by R. Merkin (London: Sweet & Maxwell, 2012), para.1.011.*

104 Marine Insurance Ordinance s.18(1). For more on non-disclosure and misrepresentation in Hong Kong, see *Colinvaux's Law of Insurance in Hong Kong (2012), paras 6.001 to 6.140.*

105 Marine Insurance Ordinance s.20(1).

106 For example, art.24 of the Code provides: "An insurer should not refuse a claim by a policyholder: (a) on the grounds of nondisclosure of a material fact which the policyholder could not reasonably have been expected to disclose, or if the insurance was issued without the policyholder being requested to submit a proposal; (b) on the grounds of misrepresentation unless this is a deliberate or negligent misrepresentation of a material fact, provided that this does not apply to marine or aviation policies; or (3) in the absence of fraud by the policyholder, on the grounds of a breach of warranty or condition if the loss is unrelated to the breach." The Code of Conduct for Hong Kong Insurers published by the Hong Kong Federation of Insurers is specifically required under s.67 of the Insurance Companies Ordinance (Cap. 41) (the full text of the Code can be seen at the website of the Office of the Commissioner of Insurance, http: //www.oci.gov.hk/framework/index_06_08.html [Accessed 22 March 2016]).

107 Unlike other branches of law, the insurance law may not be a priority on the political agenda. However, well-balanced provisions with a high degree of certainty will promote the insurance industry in Hong Kong which, in turn, will strengthen the position of this city as an international financial centre in the region. See *P. Sooksripaisarnkit, "Insurance Contract Law: Should there be Reform in Hong Kong" (11 October 2011), Hong Kong Legal Community, LexisNexis*, http: //law.lexisnexis.com/webcenters/hk/Hong-Kong-Lawyer-/Insurance-contract-law-should-there-be-reform-in-Hong-Kong [Accessed 22 March 2016].

108 See *Colinvaux's Law of Insurance in Hong Kong (2012), paras 6.083 and 16.037.*

109 *Wood v Dwarris (1856) 11 Ex.493; Wheelton v Hardisty (1858) 8 El. & Bl. 232.*

110 *Anstey v British Natural Premium Life (1908) 99 L. R. 765.*

111 *Re General provincial Ex p. Daintree (1870) 18 W.R. 396.*

112 Approved by Decree-Law No.40/99/M, of 3 August 1999; First amendment: Law No. 6/2000 of 27 April 2000; Second amendment: Law No.16/2009 of 10 August 10 2009. Part 18 of the Commercial Code concerns insurance contracts.

113 Commercial Code art.973.

114 The term "bad faith" is not defined in the Code. It is translated from the term "e yi" in the Chinese version of the Commercial Code. It means here intentional or fraudulent, or with ill will.

115 Commercial Code art.974.

116 Commercial Code art.975.

117 Commercial Code art.1041.

118 It was first enacted on 30 December 1929 and amended many times in later years. The latest amendment was made on 8 January 2014.

119 See Salzman, "The Incontestable Clause in Life Insurance Policies" [1969] Ins. L.J. 142, 162.

120 *N. Kirwan, "No test" (16 November 2006), Money Marketing*, http://www.moneymarketing.co.uk/no-contest/132389.article [Accessed 22 March 2016].

121 See the *Law Commissions, Consumer Insurance Law (December 2009), para.10.22.*

122 *Law Commissions, Insurance Contract Law: A Joint Consultation Paper (June 2007), para.4.203.*

123 *J. Gornitzki, "Non-contestability Proposal could Prove to be Harmful" (1 August 2007), Cover*, http://www.covermagazine.co.uk/cover/news/2149042/non-contestability-proposal-prove-harmful [Accessed 22 March 2016].

124 The incontestability provision applies to life policy with severe disease cover in Chinese insurance practice. This will be seen later.

125 The 1995 and 2002 versions of Insurance Law did provide incontestability on misstatement of the life insured's age after two years have lapsed from the date of conclusion of the contract. Article 53 of the 1995 version and art.54 of the 2002 version are exactly the same; both provide: "Where the age of the insured as declared by the proposer is not true and his true age fails to meet the age requirements set forth in the contract, the insurer may rescind the contract and in this case, he shall refund the premium to the proposer after deducting a service charge, except that over two years have lapsed from the date of conclusion of the contract.

Where the age declared by the insured is not true so that the proposer pays a premium less than the premium payable, the insurer shall have the right to adjust the premium and demand the proposer to make up the premium, or pay insurance monies in accordance with the proportion of the premium actually paid to the premium payable at the time of paying such insurance monies.

Where the age declared by the insured is untrue so that the proposer has actually paid a premium more than the premium payable, the insurer shall return the exceeding premium received to the proposer."

126 Insurance Law 2009 art.16(1).

127 Jing, "Insured's Duty of Disclosure and Test of Materiality in Marine and Non-marine Insurance Laws in China" [2006] J.B.L. 681, 688.

128 Article 6 of the Supreme People's Court Second Interpretation on Certain Questions Concerning the Application of the Insurance Law of the People's Republic of China, which was passed by the Judgment Committee of the Supreme People's Court on 6 May 2013 and became effective on 8 June 2013 (SPC Interpretation (2)). According to arts 5 and 6 of the Stipulation of the Supreme People's Court on the Judicial Explanation (2007 No.12), the Supreme People's Court stipulation, judicial explanation or decision have legal effect. This means that the Supreme People's Court stipulation, judicial explanation or decision is one of the legal sources in China.

129 Insurance Law art.16(1). For test of materiality and remedies for breach of such duty of disclosure, see Jing, "Insured's duty of disclosure and test of materiality in marine and non-marine insurance laws in China" [2006] J.B.L.681; and H.Y. Yeo, "Of Remedies and Non-disclosure in the Insurance Law of the People's Republic of China" [2011] J.B.L. 556.

130 Insurance Law art.16(1) and (2).

131 Insurance Law 2009 art.16(4).

132 Insurance Law 2009 art.16 (5). It is implied that for an innocent or mere negligent non-disclosure, the insurer is not entitled to rescind the contract even if the facts undisclosed are material. Logically, the insurer should be liable for any loss even if the non-disclosure has a material impact on the occurrence of the insured event.

133 Insurance Law 2009 art.32 continues: "Where the age declared by the insured is not true so that the proposer pays a premium less than the premium payable, the insurer shall have the right to adjust the premium and demand the proposer to make up the premium, or pay insurance monies in accordance with the proportion of the premium actually paid to the premium payable at the time of paying such insurance monies.

Where the age declared by the insured is untrue so that the proposer has actually paid a premium more than the premium payable, the insurer shall return the exceeding premium received to the proposer."

134 It should be noted that "the cause of rescission" refers only to rescission caused by non-disclosure and misrepresentation.

135 *R.H. Zhang*, *"Application of Incontestability Clause"* (*18 December 2013*), *China Insurance Newspaper*, http: //fl.sinoins.com/2013-12/18/content_82861.htm [Accessed 22 March 2016].

136 For a number of reasons: Firstly, property insurance is usually for one year, while the incontestability clause is to protect the insured's longer-term (two years or more) expectation. Secondly, the insured in property insurance is usually alive, so he is able to show evidence more easily than the insured in life insurance who has died. Thirdly, property insurance is for the protection of the value of property, while life insurance is for the protection of the value of life, as it is important for the insured's beneficiaries to have a financial source for a living when the life insured has died and is no longer able to financially support the beneficiaries.

137 *Y.C. Zhang*, *"Application of Incontestability Clause in Chinese Insurance Law"*, http: //www.civillaw.com.cn/article/default.asp? id=56734 [Accessed 22 March 2016].

138 In the Insurance Law 2009, the section of General Provisions consists of art.10 to art.30. These articles apply to both property insurance and life insurance. Articles 31–47 are concerned with life insurance contracts; articles 48-66 deal with property insurance contracts.

139 Such as a construction insurance contract.

140 This will be discussed shortly.

141 There are other circumstances where the insurer is entitled to rescind the contract. For example, where the insured is in breach of the duty of notification of increase of risk during the insurance period, the insured can rescind the contract (art.54 of the Insurance Law 2009). For more, see Z. Jing, "The Insured's Post-contract Duty of Notification of Increase of Risk: A Comparative Perspective" [2013] J.B.L. 842.

142 Insurance Law 2009 art.31. For more on insurance interest in life insurance in China, see Z. Jing "Insurable Interest in Life Insurance: a Chinese Perspective" [2014] J.B.L. 337.

143 *Anctil v Manufacturers Life Insurance Company* [*1899*] *A.C. 604*. The incontestable clause was a good answer to innocent misrepresentation, but not a good answer to a wager policy.

144 Life Assurance Act 1774 s.1; Insurance Law 2009 art.31.

145 Insurance Law 2009 art.16(2).

146 Insurance Law 2009 art.16(3).

147 This case was decided by the Intermediate People's Court, Nan Yang City, He-

nan Province, Civil Court Judgment (2011) No. 498, and is reported in *The Annual Report of the Typical Insurance Cases (2012), Vol.4, p.130.*

148 In a similar case, *Mrs Huang v Life Insurance Company Xiang Tan Branch* (decided by the Intermediate People's Court, Xiang Tan City, Hunan Province, Civil Court Judgment (2011) No.71, and reported in *The Annual Report of the Typical Insurance Cases (2012), Vol.4, p.133*), Mrs Huang insured her husband's life. He fell over and died in hospital. Upon investigation of his medical record, the insurer became aware on 19 November 2010 of the fact that the life insured had coronary heart disease before the contract was concluded, but Mrs Huang did not disclose this material fact to the insurer at the time when the contract was concluded. The insurer rejected Huang's claim and also rescinded the contract on 8 March 2011. The court held that the insurer lost his right to rescind the contract because from the date when he knew the fact of insured's non-disclosure to the date when he rescinded the contract, more than 30 days had passed. The contract remained valid, and the insurer was liable for paying the insurance benefit.

149 See *X.M. Xi, Understanding the Supreme People's Court Second Interpretation on Certain Questions Concerning the Application of the Insurance Law of the Peoples' Republic of China (People's Court Press, 2014), p.206.*

150 SPC Interpretation (2) art.8. This is similar to English law, under which the insurer cannot refuse to pay a claim on the ground of non-disclosure or misrepresentation, yet keep the contract alive for the future (*West v National Motor & Accident Union [1955] 1 Lloyd's Rep. 207 CA*), unless the contract provided otherwise (*Tilley & Noad v Dominion Ins. Co., Ltd. (1987) 284 E.G. 1056*). See *M. Clarke, The Law of Insurance Contracts, 6th ed. (London: Informa, 2009), para.23-17C.*

151 SPC Interpretation (2) art.7.

152 *Hemmings v Sceptre Life [1905] 1 Ch. 365 Ch D; Holdsworth v L. & Y. Insurance (1907) 23 T.L.R. 521; Ayrey v British Legal & United Provident Assurance Co., Ltd. [1918] 1 K.B. 136 KBD; Simon, Haynes, Barlas & Ireland v Beer (1944) 78 Ll. L.R. 337 KBD; Frans Maas (UK) Ltd. v Sun Alliance & London Insurance Plc [2004] 1 Lloyd's Rep. 484 QBD* at [63].

153 Insurance Law 1995 art.16 (2) and Insurance Law 2002 art.17 (2) are exactly the same, providing: "The insurer shall have the right to rescind the insurance contract where the proposer intentionally conceals the facts and fails to perform his duty of disclosure and truthful representation of information to the insurer or negligently fails to perform such duty, so that the failure of disclose or representation shall sufficiently influence the insurer's decision on whether he will

accept the insurance or raise the premium rate."

154 This case is cited in *B.X. Jiang*, *Insurance Disputes* (*Law Press China*, *2014*), *p.223*.

155 In English law, refusal to pay a claim while not declaring avoidance of the contract and making a return of premium is evidence of an intent to affirm the contract (*Simon Haynes & Barlas v Beer* (*1946*) *78 Lloyd's Rep. 337*; *West v National Motor Accident & Insurance Union* [*1955*] *1 Lloyd's Rep. 207*).

156 This rule is provided in art.5 (2) of the Supreme People's Court First Interpretation on Certain Questions Concerning the Application of the Insurance Law of the People's Republic of China (14 September 2009).

157 Insurance Law 2009 art.16(3).

158 See *"How can a beneficiary benefit from the incontestability clause"* (*14 August 2010*), http: //china.findlaw.cn/info/baoxian/sybx/bkkb/128142.html [Accessed 22 March 2016].

159 This case is reported in *Y.L. Dai and G.Q. Chen*, *Lawyers Show You How to Make a Lawsuit*: *Insurance Disputes and Cases* (*China Economic Publishing House*, *2013*), *p.9*.

160 Insurance Law 2009 art.19 provides: "The following terms and conditions in an insurance contract concluded by adopting the standard clauses provided by the insurer shall be invalid: (i) those that exempt the insurer of the obligations that the insurer should have born according to law or that aggravate the obligations of the proposer and the insured; and (ii) those that deny the proposer, the insured or the beneficiary the rights that they should have been entitled to according to law."

161 Insurance Law 2009 art.19.

162 There is another kind of exclusion clause in insurance policies, in which the insurer lists the risks which are not covered. For instance, the insurer may exclude liability where the insured dies while piloting a helicopter. In other words, this risk of piloting a helicopter is not covered by the policy. In this situation, the incontestability clause should not operate to bar the insurer's defences pertaining to the policy's coverage. If the incontestability clause took away the insurer's defences based on coverage, the effect of the clause would be to expand coverage that never existed in the first place.

163 *Derry v Peek* (*1889*) *14 App. Cas. 337 HL* at 374, where Lord Herschell defined what must be proved.

164 This case was cited in *Y.H. Zhou*, *The Latest Insurance Law and Doctrines*: *Cases*, *Materials and Problems* (*2008*), *p.508*.

165 The payment was made in a meeting organised by the insurer. Many local people attended the meeting. The event received a great deal of interest from the press and the local people. See http: //china.findlaw.cn/info/baoxian/bxfal/317015.html [Accessed 22 March 2016].

166 In China, a household must register with a local Public Security Bureau. A Household Registration Book (HRB) is given to every household which shows the records of date of birth, sex, job of every member of the household and address of the household. The HRB can be used as an ID document. All information on an ID card comes from the records in the HRB.

167 Insurance Law 2002 art.138 provides: "An applicant, an insured or a beneficiary, who commits insurance fraud by means of any of the following acts, which constitutes a crime, shall be investigated for his criminal responsibility in accordance with law:

(1) in the case of the applicant, deliberately fabricating the subject matter of the insurance and swindling the insured amount out of the insurer;

(2) falsely alleging the occurrence of an insured event which in fact has not occurred, and swindling the insured amount out of the insurer;

(3) deliberately causing the occurrence of an event which leads to property damage and obtaining the insured amount by fraudulent means;

(4) deliberately causing the occurrence of such insured events in the insurance of the person as death of the insured, injury and disability, or illness and obtaining the insured amount by fraudulent means; whereupon an insurance claim is fraudulently made; or

(5) forging or tampering with certifications, data or other evidence related to the occurrence of the insured event, or abetting, instigating or bribing others to adduce false evidence, data, or other proofs, or cooking up the cause of the occurrence of the insured event or overstating the extent of loss, thereby obtaining the insured amount by fraudulent means.

Administrative sanctions shall be imposed in accordance with the relevant regulations of the State if the circumstances attending any of the acts listed in the preceding paragraphs are minor and do not constitute a crime."

168 There may be an argument that even fraud by the insured ought not to prevent the incontestability clause operating to the advantage of those beneficiaries, as a term life policy is, in essence, for the benefit of the insured's beneficiaries rather than the insured himself. The argument becomes stronger in the light of the more relaxed view of privity of contract in the Contracts (Rights and Third Parties) Act 1999. That Act might well itself operate to allow the enforcement of the in-

contestability clause by beneficiaries if the clause can be construed as one which is enforceable by them or is for their benefit. For more, see *Colinvaux's Law of Insurance(2010),para.6-83.*

169 For example, in New Jersey.

170 See *Jerry and Richmond, Understanding Insurance Law(2012),p.769.*

171 See *Obtartuch v Sect. Mut. Life Ins. Co. 114 F. 2d 873(7th Cir. 1940); Strawbridge v N.Y. Life Ins. Co. 504 F. Supp. 824(D.N.J. 1980); Muslin v Columbian Nat'l Life 3 F. Supp. 368(S.D.N.Y. 1932).*

172 Such as Florida and California.

173 See *Allstate Life Ins. Co. v Miller 424 F. 3d 1113(11th Cir. 2005); Amex Life Assurance Co. v. Superior Court 14 Cal. 4th 1231, 60 Cal. Rptr. 2d 898, 930 P. 2d 1264(1997).*

174 German Insurance Contract Act 2008 s.21(3).

175 Fraud here does not include fraudulent non-disclosure or misrepresentation. It means any act in which the insured actively seeks to deceive the insurer for the purpose of obtaining the insurance contract which otherwise would not have been obtained such as the act of employing an imposter to take medical examination in the place of the sick insured.

176 This case was cited in *Zhi Hua Song (ed.), The Insurance Law Review (Law Press China, 2013), Vol.5, p.152.*

177 In a similar case, *Mr Wei v A Life Insurance Company*, Mr Wei effected a life policy on his own life on 6 February 2010. He died of the diseases of acute and severe hepatitis on 6 August 2011. But his beneficiary postponed making a claim until 11 September 2012, when the two-year contestability period had lapsed. Upon investigation, the insurer found that the insured had the disease of hepatitis B for about 10 years, but intentionally concealed this material fact at the time of the contract. The insured would not have entered into the contract had he been informed this fact. On this basis, the insurer rescinded the contract and rejected the claim according to art.16(2) of the Insurance Law which entitles the insurer to rescind the contract if the insured failed to disclose material fact intentionally or by gross negligence. The beneficiary argued that according to art.16(3) of the Insurance Law the insurer was barred from rescinding the contract after two years from the time of formation of the contract. The court mediated the dispute. The insurer in the end agreed to pay the insurance benefit. This case was reported by Qian Huo in the *China Insurance Newspaper, 31 Jan 2013*, http: //www.cnfol.com[Accessed 22 March 2016].

178 See "*Incontestability Clause" in West's Encyclopedia of American Law(2005),*

http: //www.encyclopedia.com/doc/1G2-3437702261.html [Accessed 22 March 2016].

179 See *Jerry and Richmond, Understanding Insurance Law (2012), p.765.*

180 See *Bolick v Prudential Ins. Co. of Am. 249 F. Supp. 735 (D.S.C. 1969); Ramsey v Old Colony Life Ins. Co. 131 N.E. 108 (Ill. 1921); Kocok v Metro. Life Ins. Co. 189 N.E. 677 (N.Y. 1933).*

181 Insurance Law 2009 art.16(3).

182 Insurance Law 2009 art.36 provides: "Where the contract specifies payment of the premium in instalments and the proposer has paid the first instalment but fails to pay the current instalment over 30 days from the date when the insurer presses for payment or over 60 days from the scheduled date of payment, the contract shall suspend, or the insurer may reduce the sum insured in accordance with the contract, unless otherwise agreed in the contract."

183 This case was decided by the People's Court, Xin Hua District, Shi Jia Zhuang City, Hebei Province, Civil Court Judgement (2009) No.28, and is reported in *The Annual Report of the Typical Insurance Cases (2010), Vol.2, p.173.*

184 *Mr Zhang v Life Insurance Company* in *The Annual Report of the Typical Insurance Cases (2010), Vol.2, p.173.*

185 Insurance Law art.44 provides: "With respect to a contract with death as the condition for payment of insurance benefits, where the insured commits suicide within two years after the contract formed or reinstated, the insurer shall not be liable for payment of insurance benefits, unless the insured is an incapacitated person at the time of committing." Here, the two-year period runs from the time of the conclusion of the contract or from the time of the reinstatement of the contract. This gives an example for a time limitation to run from the time of the reinstatement of the contract, and the length of limitation period for a reinstated contract is the same as for an original contract.

186 See *Jerry and Richmond, Understanding Insurance Law (2012), p.771.*

187 For example, see *Nyonteh v Peoples Dec. Life Ins. Co. 958 F. 2d 42 (4th Cir. 1992)* (applying Virginia law); *DiMaggio v Roslyn Sav. Bank 714 N.Y.S. 2d 314 (App. Div. 2000); Myers v National States Ins. Co. 606 S.E. 2d 486 (S.C. Ct App. 2004)*. See *R. Keeton, Insurance Law Basic Text (West Publishing Co., 1971), p.393.*

188 See *Halstead Consultants, Inc. v Cont'l Cas. Co. 891 P. 2d 926 (Ariz. Ct App. 1994); Spencer v Kember Investors Life Ins. Co. 764 P. 2d 408 (Colo. Ct App. 1988); N.Y. Life Ins. Co. v Burris 165 So. 116 (Miss. 1936).*

诉讼财产保全责任保险的价值回归与重构

——基于司法现状的实证分析

岳 卫 强文瑶[①]

一、问题的提出

（一）基本案情

1. 基础诉讼案情

北京弘洁建设集团有限公司（下称“弘洁公司”）起诉江苏汇丰房产实业有限公司（下称“汇丰公司”），请求判令汇丰公司向其支付工程款23 793 541.45元。2016年3月，弘洁公司申请对汇丰公司名下价值2 500万元的财产进行诉讼保全并向中国人民财产保险股份有限公司南京市分公司（下称“人保南京公司”）投保诉讼财产保全责任保险（下称“诉责险”），同日人保南京公司出具保单保函。法院据此查封了汇丰公司名下总计价值2 500万元的财产。

审理过程中，法院对工程造价进行司法鉴定，审定工程造价为26 725 437.94元。弘洁公司向法院提出书面异议，认为工程造价应为29 685 684.02元，汇丰公司尚欠工程款10 070 004.17元，并向法院明确该案诉讼请求为判令汇丰公司支付欠付工程款10 070 004.17元。后弘洁公司又变更诉请金额为24 439 160.62元，一审判决汇丰公司向弘洁公司支付工程欠款8 736 666.78元及违约金。弘洁公司提起上诉，上诉请求要求判令汇丰公司支

① 岳卫：南京大学法学院副教授。强文瑶：北京市中伦（南京）律师事务所律师。本文为2020年度江苏省社会科学基金一般项目“反保险欺诈的民事法理群构建研究”（项目编号 20FXB009）的研究成果。

付工程欠款10 203 143.02元。二审改判汇丰公司向弘洁公司支付工程欠款9 068 641.59元。[①]

2. 申请财产保全损害赔偿责任纠纷案情

汇丰公司向法院提起因申请诉中财产保全损害责任纠纷诉讼（下称“保全错误之诉”），请求法院判令弘洁公司赔偿因财产保全给其造成的损失。一审判决弘洁公司赔偿汇丰公司经济损失70万元。弘洁公司上诉后维持原判。两审法院认定弘洁保全错误的理由是：弘洁公司在基础案件诉讼过程中，经司法鉴定确定工程款金额，向法院明确陈述对司法鉴定结论的意见并根据司法鉴定意见明确欠付工程款已远低于诉请金额后，在无新证据的情况下又提高诉请金额，尤其是在一审判决下达后上诉主张的总金额仅为1 000万元左右，在此情况下仍保全对方2 500万元的财产，具有明显的过错，存在保全错误的故意。故以工程造价鉴定报告出具后弘洁公司明确诉讼请求为支付欠付工程款10 070 004.17元时作为弘洁公司有保全过错的时间点，并以此作为损失计算起点，判决弘洁公司赔偿70万元。判决作出后，弘洁公司向汇丰公司履行了赔偿责任。[②]

3. 诉责险合同纠纷案情

弘洁公司向人保南京公司索赔，人保南京公司向弘洁公司出具拒赔通知书，依据保险法第二十七条拒赔。

后弘洁公司以保险合同纠纷案由起诉人保南京公司，要求人保南京公司根据保险合同约定赔偿70万元保险赔款。经南京市玄武区人民法院一审，南京市中级人民法院二审作出终审判决，驳回弘洁公司的诉讼请求。主要理由是：弘洁公司在基础诉讼过程中存在危险程度显著增加但未通知保险人，并因此导致保险事故的情形，保险人据此可解除合同并不承担保险责任。另，保险条款中载明的“本保险无责任免除”指向对象为可能因诉讼保全错误而遭受损害的被申请人而非财产保全的申请人或被保险人，不能因此认为保险人在保险合同纠纷中无任何免责抗辩。另，保险人根据保单保函的约定对财产保全被申请人赔付，但在保险人和被保险人之间的保险合同关系则仍依据保险法等法律法规、司法解释及案涉保险合同约定加以调整。如被保险人有违反法律法规强制性规定或合同约定的相应义务的情形，保险人仍可根据法律

① 江苏省淮安市中级人民法院（2017）苏08民终2302号民事判决书。

② 江苏省淮安市中级人民法院（2018）苏08民终1973号民事判决书。

规定或合同约定向被保险人主张拒赔，或是在承担了向诉讼财产保全行为的被申请人的先行赔偿义务后，向被保险人追偿。弘洁公司不服一、二审判决向江苏省高级人民法院申请再审后被驳回。[①]

（二）引发的思考

该案的特殊性在于：第一，在保全错误之诉中，财产保全被申请人未将保险人列为被告，而仅要求财产保全申请人对其承担保全损害赔偿责任。法院以财产保全申请人存在保全错误的故意为由判决其承担赔偿责任。第二，财产保全申请人（被保险人）在承担赔偿责任后起诉保险人要求承担诉责险的保险责任，但保险人以被保险人故意制造保险事故以及危险程度显著增加为由拒赔，同时认为即便保险人根据保单保函对外赔付后也有权根据保险合同约定和保险法规定向被保险人追偿。被保险人则主张保险条款中明确约定"无免责"保险人无权拒赔。

该案揭示出：诉责险在民事诉讼中作为财产保全担保时，因保险公司同时具有保险合同之保险人的身份和保全担保中司法担保人的身份，导致在涉及诉责险的纠纷案件中当事人权利义务的判断以及法律适用存在困难。体现在目前的司法现状中，则包括下述多个司法裁判尺度不一甚至矛盾的问题：（1）诉讼程序上：保险公司在保全错误之诉中的诉讼主体地位，是共同被告还是第三人，抑或保险公司可以不参加诉讼？或者反过来保险公司是否可以成为唯一被告，财产保全申请人可以不参加诉讼？（2）责任承担上：在保全错误之诉中，法院判决保险公司承担的赔偿责任是什么性质？是连带责任，还是保险责任？是首要的赔偿责任，还是补充的赔偿责任？在财产保全申请人和保险公司同时被列为被告的情况下，法院在判决书主文中是否可以径直判决保险公司承担赔偿责任，而不再判决财产保全申请人承担赔偿责任？（3）在财产保全申请人赔偿被申请人保全错误导致的损失后向保险人索赔时，保险人是否还有定责和定损的空间和权利？保险条款中载明的"无免责"是否意味着保险人已无任何抗辩权利？（4）保险人向财产保全被申请人承担赔偿责任后，有无向被保险人（财产保全申请人）追偿的权利？以及追偿的请求权基础和具体条件是什么？

上述不确定性，一方面是诉责险合同和司法担保这种双重法律关系的特

---

① 江苏省南京市中级人民法院（2019）苏01民终9254号民事判决书，江苏省高级人民法院（2020）苏民申9557号民事裁定书。

点导致的，但更深层次的原因是目前保险业界和司法实务界未能充分厘清诉责险作为一个新型的险种参与到当事人的民事诉讼行为中的核心价值和功能。因价值判断上的不确定导致司法裁判和当事人对权利义务关系认识的不确定性，所以，有必要重新对诉责险的价值和功能进行明确。

二、诉责险所涉的双重法律关系——司法担保关系和保险合同关系

诉责险作为一种诉讼担保方式，应当具有双重的属性。这种所谓的双重性既体现在其程序法和实体法的双重属性上[①]，更体现在其内部和外部两个完全不同的法律关系。这两个法律关系受不同的法律制度规制。

诉责险作为司法担保的直接法律依据是《最高人民法院关于人民法院办理财产保全案件若干问题的规定》第七条的规定："保险人以其与申请保全人签订财产保全责任险合同的方式为财产保全提供担保的，应当向人民法院出具担保书。担保书应当载明，因申请财产保全错误，由保险人赔偿被保全人因保全所遭受的损失等内容，并附相关证据材料。"实践中，就上述保全担保，保险公司：（1）以财产保全申请人为被保险人，与投保人签订保险合同出具保险单，保险条款均载明保险责任为"因申请错误造成被申请人经济损失，经人民法院判决应由被保险人承担的经济赔偿责任"，同时多载明"本保险合同无责任免除，赔偿责任以人民法院判决为准"；（2）以受理财产保全申请的人民法院为出具对象，向人民法院出具保单保函，保单保函载明就财产保全申请人申请财产保全给被申请人造成损失的，保险人承担赔偿责任。

（一）司法担保关系

根据上述规定，对于法院而言，保单保函是诉责险司法担保的关键甚至根本，法院的审查重点也是保单保函本身，而非保险合同的内容。保单保函的外观、担保对象、担保期限、保函中是否设置免责事由、是否载明不可撤销等，都是人民法院审查一份保单保函能否成为合格的司法担保文件的要素。[②]就保单保函的形式，部分省高院和当地保险监管部门也从诉责险业务规范的角度

---

① 徐婷、宋哲：《诉讼财产保全责任险的法律属性及相关问题探讨》，载《浙江保险科研成果选编（2015年度）》，第570–571页。

② 梁洁：《保单保函在财产保全担保中的审查方式与效力认定》，载《人民司法（应用）》2017年第13期。

共同发文做了统一的要求。[①]法院此举实属无奈，财产保全直接影响和限制被申请人的权利，司法担保具有一定的公法性质[②]，且经过司法机关——人民法院的审核，如果司法担保最终无效，被申请人的合法权利将无从保障，而人民法院的审核同意行为可能也会受到诟病甚至引起更深层面的纠纷和矛盾，如国家赔偿。

既然是司法担保文件，理论上在保全过程中就应当一直保持相应的担保效力。除非有明确的确认保单保函无效的依据，否则在发生财产保全错误，财产保全申请人应当向被申请人承担赔偿责任时，担保书的出具人即保险人被认为应当不可抗辩地承担赔偿责任。

（二）保险合同关系

诉责险与其他财产保险一样，由投保人和保险人作为保险合同当事人。由投保单、保险单、保险条款、投保人询问表，以及投保人与保险人之间的特别约定等文件共同构成保险合同的内容。因此，投保人、被保险人以及保险人之间的法律关系受上述保险合同的约定约束，应当按照保险法等法律规定确定权利义务关系。比如，投保人应当负有如实告知义务，如果投保人故意违反如实告知义务，根据保险法，保险人有权解除保险合同。再比如，保险人与投保人就保险标的的某一事项进行特别约定，只要不违反法律法规的强制性规定，系保险合同双方当事人的真实意思表示，就应当依法有效。

总结来说，即在诉责险的投保过程中，除申请保全人与保险人订立的责任险合同之外，保险人还应当向人民法院出具具有司法保全担保性质的担保书。即诉责险合同的履行中，存在对内对外两重法律关系。对内，由保险合同规范保险人和被保险人之间的保险合同关系，该重法律关系对于双方权利义务的安排应当符合保险法等法律法规的强制性规定；对外，即由保险人以诉责险担保函的形式向法院提供司法保全担保。担保函一经法院认可，即作为司法担保文件在司法保全的全过程中保持稳定的担保效力，不可被自由撤回或解除——这也体现在实践中该类担保函往往被要求明确注明“承担连带责任”或“不可撤销”。即便保险公司在提供保函时所依据的保险合同发生合同解

---

① 如安徽省高级人民法院、中国保险监督管理委员会安徽监管局关于印发《关于规范诉讼财产保全责任保险担保的若干意见》的通知（皖高法〔2017〕122号）中就对保单保函的形式做了统一的要求，并作为发文的附件。

② 陈斯：《程序正义的另一视角：论我国民事诉讼担保制度的完善》，载《民事程序法研究》2004年第00期。

除的情形，只要发生保全错误、保全申请人需要向被申请人承担赔偿责任时，作为担保函出具人的保险公司即应当不可抗辩地对被申请人的损失承担赔偿责任。故担保函的不可撤销的稳定性系针对诉讼财产保全行为的被申请人的赔偿，而非被保险人。而在保险人和被保险人之间的保险合同关系则仍依据保险法等法律法规、司法解释及案涉保险合同加以调整。

三、诉责险作为财产保全担保的核心价值

（一）对财产保全申请人而言——以低成本的方式接近正义，保障生效判决的有效执行

由于保全制度是对财产保全被申请人财产权益暂时性的措施，该措施作出时当事人之间的权利义务和责任尚未明确，从目前的司法现实看，除了极少数法定无须提供担保的情形之外，法院几乎要求所有的财产保全均需要提供担保。担保制度为诉讼财产保全制度中申请人对被申请人利益的侵蚀的可能性降低，成为保全制度内部矛盾的缓冲地带[①]，但也导致大量当事人因担保成本过高而被阻却在保全制度保障大门之外。诉责险基于其低廉的费用受到财产保全申请人的欢迎，同时基于保险公司担责的稳定性法院也乐于接受并能快速办理保全措施。在降低当事人经济成本的同时，也降低了当事人的时间成本。在此基础上，财产保全申请人得以通过财产保全保障将来生效判决的有效执行。这是诉责险对于财产保全申请人而言最为重要的价值。

即：保全申请人——诉责险/保全担保——财产保全——生效判决执行。

（二）对财产保全被申请人而言——在因恶意财产保全遭受损失时能获得快速和有效的赔偿

作为侵权责任中的权利受损的主体，在其遭受恶意财产保全后，因保全期间遭受的损失应当得到及时有效的弥补，这是财产保全担保制度的应有之义。由保险公司通过诉责险提供保单保函的方式，不必在经过担保财产处置的冗长程序才能获赔，也无须担心财产保全担保人的资信不足导致无法受偿。

即：恶意财产保全——保全被申请人——诉责险/保全担保——损失赔偿。

---

① 刘哲玮：《论财产保全制度的结构矛盾与消解途径》，载《法学论坛》2015年第5期。

（三）对作出保全措施的人民法院而言——保障财产保全程序的合法性和发挥人民法院的保全制度功能

诉责险的出现，使得人民法院无须再行审查担保人的担保能力或担保意思，降低了人民法院承担国家赔偿责任的风险，大大提高了人民法院作出保全措施的时间效率，简化了财产保全的整体程序，也自然使得人民法院保全制度的功能得到进一步的强化和发挥。

从以上三个方面看，通过以诉责险的方式提供财产保全过程中的司法担保，对财产过程中的保全申请人、被申请人以及作出保全措施的人民法院都提供了充足有效的保障，对民事诉讼法财产保全制度的发挥和解决执行难问题提供了强有力的协助。这是诉责险最为核心的价值。

四、恶意财产保全申请人免于承担法律责任不应当被视为诉责险的价值理念

（一）民事诉讼财产保全制度的制度目的——为善意的诉讼当事人提供临时性救济

财产保全制度意在为普通民事诉讼原告，基于其对将来判决的合理预期提供暂时性的保障。在任何时候，都不应当容忍或者鼓励当事人利用财产保全制度行损害他人利益的恶意行为。如前所述的财产保全担保成本的大大降低，反过来也使得财产保全申请人滥用财产保全程序的可能性明显增加。[①]

（二）民事诉讼财产保全担保制度的目的——为善意的财产保全被申请人的损失提供补偿措施

如前所述，民事诉讼财产保全制度是为了实现善意原告或财产保全申请人临时控制被申请人财产防止将来执行不能，任何时候法律都不应鼓励或容忍恶意诉讼的行为。因此法律规定保全错误的，财产保全申请人应当承担损害赔偿责任。鉴于财产保全是诉讼中的临时性措施，以及财产保全制度除了立法本意所希望达到的保障执行的作用之外，实际上在很大程度上可以帮助申请人对被申请人予以施压促其让步调解等[②]，因此在作出财产保全措施时法院无法对恶意诉讼和保全行为有效识别并予以排除，故要求财产保全申请

① 康健：《财产保全责任保险的功能检视与重构》，载《保险理论与实践》2021年第1期。

② 刘君博：《保全程序中担保的提供与担保数额的确定：〈民事诉讼法〉司法解释第152条的意义及其解释适用》，载《法律适用》2015年第8期 。

人提供担保，一旦发生恶意保全行为导致善意的财产保全被申请人权利受损的，可以及时有效地弥补。

从民事诉讼法的角度，任何时候都不应鼓励或容忍恶意的诉讼行为，这其中包括被告恶意转移财产逃避将来执行的行为，也包括原告恶意财产保全损害对方利益的行为。因此，让恶意的财产保全申请人规避或者逃避因恶意财产保全行为导致的损害赔偿责任不应当成为诉责险的价值理念。

（三）财产保全申请人恶意保全造成被申请人损失后应承担的赔偿责任本不应当成为责任保险的保障范围

保险以射幸性为基础，同时以诚信为基本原则，体现到保险法和通常的保险实务中：第一，保险法中明确规定，被保险人故意造成保险事故的，保险人不予赔偿；如果赔偿或支出了相应费用的，有权要求返还。第二，绝大部分财产保险合同中都约定对被保险人故意或重大过失行为造成的保险事故，保险人不承担赔偿责任。在主观过错判断上，民事领域多认为重大过失与故意的区别不大。除了以保障第三人利益为根本的保险（比如机动车强制责任保险）之外，不应对被保险人故意和重大过失行为，尤其是故意行为导致的损失予以赔付，否则某种程度上将违反保险的基本原则。

目前司法实务已经形成较为统一的观点，即保全错误应以财产保全申请人有故意或重大过失为前提[①]，这与绝大部分侵权责任成立要件中的主观过错的认定上不严格区分故意、重大过失或一般过失有很大区别。一旦认定财产保全申请人构成保全错误，即意味着其有通过财产保全损害财产保全被申请人权利的故意或重大过失。这导致了一个悖论，诉责险的保险标的是保全损害赔偿责任（主观上故意或重大过失），但被保险人有故意和重大过失理论上不应得到保障。诉责险的设计者显然也注意到了这个问题，在保险条款中设置了一系列的追偿约定并载明保险合同约定与保险法相悖的，以保险法规定为准。

保险人不能当然地对被保险人恶意财产保全而承担赔偿责任给予赔付，否则会导致诉责险成为恶意财产保全申请人损害对方权利的工具，同时保险业也会因为承担大量恶意保全的赔偿责任同时没有任何反制手段而使得诉责险丧失生命力，也背离该险种推出的初衷。

---

① 最高人民法院公报案例：最高人民法院（2017）最高法民终118号青岛中金渝能置业有限公司与青岛中金实业股份有限公司、滨州市中金豪运置业有限责任公司财产保全损害责任纠纷案判决书。

但是在目前尚未能完全将保单保函和保险合同两重法律关系进行厘清和区分的情况下，保险条款中的上述约定看起来十分别扭，司法适用的不确定性也非常高。如果能以前文所述的诉责险的核心价值为基础出发，可以为目前涉及诉责险的司法适用难题提供相对统一的处理思路。

五、以诉责险的核心价值为基础，对涉及诉责险的司法适用不统一问题提供的解决思路

（一）保全错误之诉的程序性问题——保险人和保全申请人的诉讼地位

1. 司法现状

在保全错误之诉中，人民法院对于财产保全申请人和保险人的诉讼地位的处理方式有以下几种：

第一，基于财产保全被申请人的起诉，或财产保全申请人和被申请人的追加申请，将财产保全申请人和保险人列为共同被告。这是目前绝大部分案件的处理方式，本文在此不予赘述。

第二，依申请或依职权将保险人列为第三人。法院认为保险人与保全错误之诉案件审理结果之间有法律上的利害关系，故依申请或依职权追加保险人为第三人。①

第三，不准予追加保险人为共同被告或第三人。在部分案件中，法院以保险合同关系与保全错误之侵权责任关系是不同的法律关系，拒绝财产保全申请人要求追加保险人为共同被告的要求，或拒绝财产保全申请人或保险公司要求追加其为第三人的要求。②就该问题争议较大，部分法院则认为保险公司应当作为被告或第三人参加诉讼，在保险公司要求参加诉讼的情况下法院拒绝，属于遗漏诉讼当事人的情形。③

---

① 最高人民法院（2021）最高法民申3161号湖南龙峰房地产开发有限责任公司、中国平安财产保险股份有限公司岳阳市云溪支公司等因申请财产保全损害责任纠纷案判决书；（2019）最高法民申3197号天津开发区爱建置业发展有限公司、天津开发区燕兴置业发展有限公司因申请诉中财产保全损害责任纠纷案判决书；广东省中山市中级人民法院（2019）粤20民终46号张莉、中山市博盈房地产开发有限公司侵权责任纠纷案判决书。

② 福建省高级人民法院（2019）闽民终1729号岳阳林纸股份有限公司、福州奥海广告有限公司因申请诉中财产保全损害责任纠纷案判决书；甘肃省高级人民法院（2019）甘民终324号甘肃省物产集团有限责任公司与张致福、刘多春等因申请诉中财产保全损害责任纠纷案判决书。

③ 湖北省高级人民法院（2020）鄂民终757号武汉新地标房地产开发有限公司、武汉百嘉欣投资有限公司因申请诉前财产保全损害责任纠纷民事裁定书。

第四，根据保全被申请人的起诉，只列保险人为被告，不列财产保全申请人为被告。比如在一个案件中，财产保全被申请人在诉讼过程中撤回对财产保全申请人的起诉，仅将保险公司列为被告，法院予以准许并作出判决。后上级人民法院以一审法院遗漏必须参加诉讼的当事人为由发回重审。[①]

2. 从诉责险的价值和功能出发，保全错误之诉中财产保全申请人和保险人的诉讼地位应然状态

如前文所述，诉责险的核心价值之一是保障善意的财产保全被申请人在因保全错误遭受损失时能得到及时足额的赔偿，而不是让恶意财产保全的保全申请人据此逃避责任。

如果财产保全被申请人起诉或在诉讼过程中申请追加，将保险公司列为共同被告要求保险公司根据保单保函承担赔偿责任，人民法院应当准许。但如果财产保全被申请人作为原告并不希望直接要求保险公司承担赔偿责任，即便财产保全申请人（被告）要求追加保险公司作为被告，法院也不应当予以准许。但基于保全错误之诉的审理结果对此后保险公司的责任承担有直接的影响：比如财产保全被申请人获得胜诉判决后即取得了对财产保全申请人要求损害赔偿的确定性的权利，同时对应的金钱给付义务也可以根据生效判决予以确定，此时理论上财产保全被申请人在未得到足额清偿的情况下，有权利要求保险公司根据保单保函的约定承担司法担保责任。另外，在财产保全被申请人足额履行后，其作为被保险人亦会据此向保险人主张保险赔偿。所以保全错误之诉的判决结果与保险公司之间存在法律上的利害关系，人民法院应当依职权或依申请追加保险公司作为保全错误之诉的第三人。另外，目前诉责险中没有明显的免责约定，导致大量被保险人认为其保全行为有保险公司予以兜底，进而在保全过程中不尽基本注意义务恶意保全，同时在保全错误之诉中会考虑有保险公司兜底而怠于抗辩甚至与财产保全被申请人串通，从这个角度来说，人民法院将保险公司追加为保全错误之诉的第三人符合抑制诈害性诉讼和保护第三人程序性权利的基本要求。

另外，保险人承担保全错误赔偿责任的前提是经人民法院判决确认财产保全申请人应对被申请人承担经济赔偿责任，即财产保全申请人的侵权责任的确定。在经法院判决确认财产保全申请人承担赔偿责任之前，保险公司无

---

① 江苏省泰州市中级人民法院（2021）苏12民终1184号中国人民财产保险股份有限公司泰州市分公司与兴化市金桥工程有限公司因申请诉前财产保全损害责任纠纷民事裁定书。

论是基于保险合同还是基于保单保函，其赔偿义务均未成就。因此，在保全错误之诉中，财产保全申请人是当然的被告和诉讼当事人，人民法院不能在财产保全申请人未参加诉讼的情况下直接判决保险人承担赔偿责任。这不仅不利于查明案件事实，不符合诉责险中保险人承担责任的前提，同时也会对财产保全申请人的程序性权利造成损害。如前所述，保险人在对财产保全被申请人承担赔偿责任后，有可能会向财产保全申请人即被保险人追偿，如果在保全错误之诉中财产保全申请人未参加诉讼却被认定对财产保全被申请人有损害赔偿责任，会导致其丧失抗辩权利。

（二）保险人在保全错误之诉中承担的赔偿责任的性质

1. 司法现状

在将保险公司同时列为被告的保全错误之诉案件中，法院基本会判决保险公司承担赔偿责任。但判决主文中列明的承担责任的方式，以及判决理由中载明的承担责任的基础区别较大，主要包括以下两种情形：

第一，判决保险公司与财产保全申请人承担连带责任，至于连带责任的性质和理由，有不同的认定。有的以保单保函约定为依据，认定保险公司应当与财产保全申请人承担连带责任。[①]也有法院以保单保函性质实为连带责任保证为由，判决保险公司与财产保全申请人承担连带责任。[②]另，部分法院对连带责任的性质进行了更为详细的分析，进一步阐述财产保全申请人因申请财产保全错误而应对被申请人承担损害赔偿责任，财产保全被申请人基于申请人与保险公司之间的保险合同约定以及保险公司出具的保单保函对保险公司享有直接请求权。财产保全申请人的损害赔偿责任与保险公司的直接赔付责任是不真正连带之债。任意一方完全履行其债务，另一方的赔偿义务消灭。[③]

第二，直接判决保险公司承担赔偿责任，不判决保全申请人承担赔偿责任。部分法院认为因保险公司应承担的保险赔付责任未超出保险责任限额，财产保全被申请人的损失通过保险赔付可以完全清偿，故财产保全申请人不

① 江西省高级人民法院（2020）赣民申1646号中国人民财产保险股份有限公司吉安县支公司、刘爱梅因申请诉中财产保全损害责任纠纷案判决书。

② 广州市天河区人民法院（2017）粤0106民初15198号广州艾嘉生物科技有限公司与广州必第生物科技有限公司、中国平安财产保险股份有限公司广东分公司因申请诉中财产保全损害责任纠纷案判决书。

③ 上海市第一中级人民法院（2020）沪01民终4306号上海华辰通达物流有限公司等与南通四建集团有限公司因申请诉中财产保全损害责任纠纷案判决书。

承担损害赔偿责任。[①]

2. 从诉责险的价值和功能出发，保全错误之诉中保险公司的赔偿责任，以及与财产保全申请人赔偿责任之间的关系的应然状态

诉责险的核心价值之一是保障无辜的财产保全被申请人的损失得以快速有效弥补，但不应当成为行恶意保全的财产保全申请人规避和逃避责任的工具。因此，在保全错误之诉中，保险公司应被判决向财产保全被申请人承担赔偿责任，但不应当直接免除财产保全申请人的赔偿责任。

相关直接判决保险公司承担赔偿责任，并认定财产保全申请人不承担赔偿责任的主要理由是：以财产保全申请人购买诉责险就是为了转移这部分赔偿责任为由，认为直接由保险公司赔付并不损害保险公司利益，据此认为保险公司在保险范围内直接赔偿即可，超出部分方由财产保全申请人承担。实际上是在保全错误之诉中对保险合同的权利义务关系亦进行了审理。但诉责险并不是法定可以由第三人直接向保险公司主张的险种，保全错误之诉中财产保全被申请人之所以可以直接起诉保险公司，是基于保险公司向法院出具的保单保函即保险公司在保单保函载明的内容范围内承担司法担保责任，法院不应当在财产保全被申请人以司法担保为据主张财产保全申请人和保险人承担连带赔偿责任时，另行对保险合同关系进行审理。另，如前所述，保险人基于保险合同的约定以及保险法的规定，对被保险人仍然可以提出相应抗辩，但这些抗辩不能对抗财产保全被申请人，因此在保全错误之诉中以保险人对财产保全申请人应承担的保险责任为由，直接判决保险公司赔偿，免除财产保全申请人的赔偿责任是不妥当的。因此，更为简单的处理方式应当是基于保单保函的司法担保性质，由保险公司和财产保全申请人承担连带赔偿责任，其中任何一方履行了赔偿责任后，另一方的义务消灭。至于保险公司承担了赔偿责任后，基于与财产保全申请人之间的保险合同关系，是否可以追偿另当别论。

（三）在财产保全申请人赔偿后向保险人索赔时，保险人与被保险人之间的保险合同纠纷的处理

1. 司法现状

目前涉及诉责险的保险合同纠纷案件并不多，本文“问题的提出”中所举

---

① 最高人民法院（2020）最高法民终502号中建二局第四建筑工程有限公司、中国平安财产保险股份有限公司内蒙古分公司因申请诉中财产保全损害责任案判决书。

示的案件是富有典型意义的判决，该案经一审、二审和再审后法院均认为保险人仍然可以基于被保险人违反保险合同的约定以及保险法中规定的被保险人的法定义务为由，对被保险人的索赔主张予以抗辩。

2. 从诉责险的价值和功能出发，保险人在保险合同纠纷项下仍享有依据保险合同约定和保险法等法律规定予以抗辩的权利，并非当然地承担保险赔偿责任

为了使得善意的财产保全申请人的财产保全权利得以实现，同时让受恶意财产保全的被申请人的损失得以弥补，诉讼财产保全作为新型险种，更多地为了配合司法担保的稳定性，在保险条款的约定上做了较大让步也较为矛盾。但基于前文所述的双重法律关系和双重身份，保险人的不可抗辩的赔偿责任是针对财产保全被申请人的，就保险合同内部法律关系而言，如被保险人有违反法律法规强制性规定或合同约定的相应义务的情形，保险人仍可根据法律规定或合同约定向被保险人主张拒赔。比如认定被保险人故意制造保险事故，被保险人危险程度显著增加未通知的情形等。

（四）保险人向财产保全被申请人承担赔偿责任后，有无向被保险人追偿或要求赔偿的权利

1. 司法现状

在目前各家保险公司的诉责险条款中，多有约定被保险人应当承担一系列的义务，违反上述义务的，保险公司可以追偿。目前亦有部分保险公司赔付后向被保险人追偿的案件。主要包括：以被保险人违反保险合同约定的义务为由，认为保险公司有权依据保险合同追偿[①]；以被保险人违反了其向保险公司作出的保证和承诺为由，认定保险公司有权追偿。[②]

2. 从诉责险不应成为财产保全申请人恶意诉讼行为的工具这一价值理念出发，应当认定保险公司可以基于保险合同约定和保险法规定，以及双方之间的特别约定向被保险人追偿

诉责险不应当成为恶意诉讼和恶意保全的工具，而基于诉责险的双重法律关系的属性，在保全错误之诉中法院没有必要对保险合同关系进行审理。在保险人对外不可抗辩地承担了赔偿责任之后，仍有基于法律规定和合同约

① 广西壮族自治区高级人民法院（2020）桂民终1017号防城港华联通国际船舶代理有限公司、中国人民财产保险股份有限公司南宁市分公司责任保险合同纠纷案判决书。

② 江苏省无锡市梁溪区人民法院（2021）苏0213民初5638号中国大地财产保险股份有限公司无锡中心支公司与常建平保险纠纷案判决书。

定进行追偿的可能性。

第一，约定追偿——以违约责任为基础

保险条款中约定的被保险人应履行的义务包括不得虚假诉讼、伪造或变造证据、恶意串通；应当将诉讼过程中的重大进展及时通知保险人；应当在诉讼中合法行使诉讼权利和履行诉讼义务等。并约定被保险人违反上述义务的，保险人对外赔付后有权追偿。从诉责险的价值功能、民事诉讼法对当事人最基本注意义务的要求，以及保险法对被保险人诚实信用原则的要求，上述约定符合作为民事诉讼当事人基本义务和作为保险合同基本义务，没有违反法律法规强制性规定的情形，上述约定应为有效。在被保险人违反上述义务的情况下，保险人有权以违约责任为基础要求被保险人赔偿。至于违约行为是否成立，违约行为与损害结果之间的因果关系等，则可参考合同诉讼中违约责任的认定来处理。

第二，非约定追偿——以不当得利返还请求权为基础

在前文论述的投保人违反保证义务、违反如实告知义务、违反危险程度显著增加的通知义务或故意制造保险事故等保险法明确规定的禁止性情形下，保险人可依约或依法相应行使解除保险合同的权利或主张不承担保险责任。但对于财产保全的被申请人，基于司法担保的效力，保险人仍需承担赔偿责任，承担之后保险人可要求追偿，请求权基础为不当得利返还请求权。

因他人没有法律根据，取得不当利益，受损失的人有权请求其返还不当利益。这种不当利益既应当包括积极的财产增加，也应当包括消极的债务减少。分析诉责险内外部不同法律关系时，会注意到两个法律关系中的当事人是不同的。理想的状态是，根据保险合同保险人需要承担保险责任，故保险人代申请人（被保险人）向被申请人支付保全损害责任的赔偿款。因此，保险人与被保险人之间原本约定的代偿基础是保险合同。但在发生保险合同被解除或保险人根据保险合同不承担保险责任的情况时，被保险人根据保险合同获得保险赔偿请求权的基础也就丧失了，理论上被保险人不得再请求保险人代付赔偿款。但基于保险人向法院出具的司法担保，保险人实际上为被保险人代付了赔偿款。

此时满足不当得利返还请求权的要件：（1）被保险人丧失从保险人处获得赔偿的法律依据。（2）保险人的赔偿行为使其取得不当利益。（3）保险人遭受损失。如根据约定和法律规定保险人不承担保险责任，但从外部关系上保险人不可抗辩地承担了赔偿责任后，可基于不当得利返还请求权，要求被保

险人返还保险人支付的赔偿款。

综上，诉责险的核心价值在于保障诉讼过程中正常行使诉讼权利义务的当事人的权益，这其中既包括使得善意财产保全人以低成本的方式提供保全担保以实现财产保全权利并保障将来生效判决的执行；也包括对善意的财产保全被申请人因保全错误导致合法权益受损能得到快速有效的弥补。让恶意诉讼或恶意保全的当事人逃避责任，并将诉责险作为其损害对方当事人利益的工具，这不应当是诉责险功能的应有之意。有法院认为，在“保证正常诉讼保全手段有效实施、充分保证判决执行的基础上，以保障被申请人的合法财产权益所受损失能得到有效赔付为前提和目标，同时赋予保险人依据保险法或双方合同约定对作为被保险人的申请保全人拒赔或追偿的权利，方能防止申请保全人以保险公司提供的保险合同兜底而滥用诉讼保全手段，防范道德风险的发生”[①]。

基于诉责险之司法担保和保险合同双重法律关系，目前在司法判决中部分问题的处理确实较为混乱。在回归和重构上述核心价值的基础上，对司法实践中涉及诉责险的争议裁判不统一问题，是可以进行相对统一的处理的。

---

① 参见江苏省南京市中级人民法院(2019)苏01民终9254号民事判决书。

网约车商业三者险拒赔质疑

梁　鹏[①]

一、问题的提出：网约车三者险司法处理的疑问

被告张某购买家庭自用车，并将该车辆注册为网约车，该车行驶证上所载使用性质为“非营运”，2015年3月27日，张某为该车在保险公司投保了交强险和保额为100万元的商业第三者责任险（以下简称“三者险”），保险期间自2015年3月28日起至2016年3月27日止，三者险保单上该车的使用性质为“家庭自用汽车”。

2015年7月28日下午，张某通过打车软件接到网约车订单一份，17时5分许，张某驾车搭载乘客程某，欲将其送至目的地，途中遭遇交通事故，程某被撞伤。经鉴定，程某构成九级伤残。因赔偿问题无法协商一致，原告程某将张某和保险公司诉至法院，请求判令二被告赔偿医疗费、营养费等费用共计25万余元。

被告保险公司辩称：张某驾驶家庭自用车辆从事营运活动，改变车辆用途，危险程度显著增加，且张某并未将该车变更为网约车的情事通知保险公司，保险公司在商业三者险范围内可以免赔。被告张某辩称：自己因分担油费成本在下班顺路搭载乘客，不属于营运行为，未使车辆危险程度显著增加，应当由保险公司在交强险和商业三者险限额内予以赔付。

法院最终判决，保险公司应当在交强险范围内予以赔付。但是，关于商业三者险，由于张某将家庭自用汽车变更为网约车使用，车辆危险程度显著增加，并且张某未通知保险公司，根据保险合同的约定，以及《中华人民共和国

---

① 梁鹏：中国社会科学院大学法学院教授。

保险法》(以下简称《保险法》)第52条之规定,保险公司可以拒赔商业三者险项下的损失,该部分损失应由被告张某向原告程某赔付。[①]

在我国司法实践中,法院对此类案件的判决大体相同,即,只要家庭自用车变更为网约车,其营运过程中产生的事故,保险公司均可拒赔。其后出现的沪上首例网约车保险合同理赔案,上海浦东新区法院作出了与此相同的判决[②];广东省亦有相同判决见诸报端[③],2017年4月,本案被刊登于《最高人民法院公报》[④],似可表明最高人民法院对保险公司拒赔决定的认可,这一公报案例必将对全国法院判决此类案件起到示范作用。

本案之交强险赔付部分,应属正确。然而,关于本案商业三者险之赔付,笔者有两点疑问:其一,家庭自用车变更为网约车,其运营风险是否均属于“显著增加”?其二,在被保险车辆已经交付家庭自用车保险费的情况下,即便危险显著增加,保险公司完全拒赔对被保险人是否公平?下文首先分析法院判决保险公司拒赔之理由,随后围绕上述两点疑问展开研究。

二、网约车三者险拒赔之理由:危险显著增加

此类案件,法院判决保险公司可以拒赔的依据通常有二:

其一为《保险法》第52条关于危险增加的规定。该条规定:在合同有效期内,保险标的的危险程度显著增加的,被保险人应当按照合同约定及时通知保险人,保险人可以按照合同约定增加保险费或者解除合同。保险人解除合同的,应当将已收取的保险费,按照合同约定扣除自保险责任开始之日起至合同解除之日止应收的部分后,退还投保人。被保险人未履行前款规定的通知义务的,因保险标的的危险程度显著增加而发生的保险事故,保险人不承担赔偿保险金的责任。据此,在保险标的危险显著增加的情况下,保险合同约定被保险人须通知保险人,而被保险人未通知保险人的,保险人不承担赔付保险金的责任。

其二为保险合同条款关于危险增加的约定。大多数保险公司的条款均规定,非营运车辆从事营业运输,如果未通知保险公司,保险公司有权拒赔。例

① 参见江苏省南京市江宁区人民法院(2016)苏0115民初5756号民事判决书。

② 参见上海市浦东新区人民法院(2016)沪0115民初75306号民事判决书。

③ 龙成柳、黄彩华:《私家车跑“滴滴”出事故,法院:“家用”商业险不赔》,《广州日报》2017年11月1日。

④ 参见《最高人民法院公报》2017年第4期。

如，中国人民财产保险公司机动车商业三者险条款规定："在保险期间内，被保险机动车改装、加装或从事营业运输等，导致被保险机动车危险程度增加的，应当及时书面通知保险人。否则，因被保险机动车危险程度增加而发生的保险事故，保险人不承担赔偿责任。"据此，倘若被保险车辆从事营业运输，未通知保险人，并导致车辆危险增加的，由此发生的保险事故，保险公司可以依约拒赔。

上述两个依据，实为一个理由，即由于被保险车辆危险显著增加，而被保险人未通知保险人。不过，第一个理由的适用须以第二个理由为前提。《保险法》第52条规定："保险标的的危险程度显著增加的，被保险人应当按照合同约定及时通知保险人"，其中的"按照合同约定"字样表明，倘若保险合同没有约定被保险人的危险增加通知义务，法律并不强制要求被保险人通知。对此，有论者明确表示："法律明确规定被保险人负有危险增加义务须以合同约定为前提，如果合同对此没有约定，则被保险人不负有该义务"①。

本案中，法院认定，网约车属于营运车辆，而家庭自用车变更为网约车，其危险程度显著增加。法院认为，营运与家庭自用的区别有二：第一，营运以收取费用为目的，家庭自用一般不收取费用；第二，营运的服务对象是不特定的人，家庭自用的服务对象通常是特定的人。由于"被告张某通过打车软件接下网约车订单，其有收取费用的意图，且所载乘客与其没有特定关系，符合营运特征"。同时，法院还认为："相较于家庭自用车辆，营运车辆的运行里程多，使用频率高，发生交通事故的概率也自然更大……以家庭自用名义投保的车辆，从事营运活动，车辆的风险显著增加"②。

既然张某之家庭自用车危险程度显著增加，而保险合同和《保险法》第52条又规定了被保险人危险增加的通知义务，张某违反通知义务，依法不应获得保险赔付。这便是法院支持保险公司拒赔的逻辑。

三、家庭自用车变更为网约车：危险并非皆"显著增加"

法院认为，家庭自用车变更为网约车，其危险显著增加。然而，网约车的类型有多种，是否各种网约车的危险均"显著"增加，颇值怀疑。

网约车可以有不同类型的分类，依据风险大小，可以将网约车分为全营

---

① 高燕竹：《被保险人危险增加通知义务若干问题探讨》，载《法律适用》2010年第8期，第21-22页。

② 江苏省南京市江宁区人民法院民事判决书（2016）苏0115民初5756号。

运、半营运和偶尔营运三种类型。网约车的全称为“网络预约出租车”，以出行服务为标准，人们习惯上将其归类为顺风车、代驾、快车、专车等类别，典型的网约车是快车和专车。然而，对保险公司来说，以出行服务为标准无助于其判断车辆风险的大小，进而决定承保费率。保险公司判断车辆风险的主要因素是车辆的运行时间、使用频率和运行里程，以这些因素为标准，网约车可以划分为全运营车辆、半运营车辆和偶尔运营车辆。[①]全运营车辆是指其车辆使用类似于出租车，司机全职运营的网约车；偶尔运营的出租车是指司机兼职运营，且车辆仅仅偶尔接入网约平台从事营运业务的网约车，例如，仅仅在上下班时间接入网约平台从事营运的情况即是；半营运车辆是指介于全营运与偶尔营运之间，虽不是全职从事网约车营运，但接入网约平台次数较多的网约车。笔者在调查中发现，相当一部分网约车司机在从事本职工作之外，于晚上和周末从事网约车营运，这种状况是典型的半营运状态。

将家庭自用车变更为上述三种网约车，危险增加的程度显然有所不同。倘若家庭自用车变更为全运营网约车，其风险与通常出租车无异，该车风险自属显著增加无疑。倘若家庭自用车变更为偶尔运营网约车，其风险虽有增加，但难以归属于“显著增加”，最典型的例子是，仅在上下班载客的网约快车，形同顺风车，以分担出行成本为目的，比之家庭自用车，其风险难谓“显著增加”。半营运网约车的危险增加程度最难界定，接入平台次数趋近于全营运状态的，自属危险显著增加，接入次数趋近于偶尔营运状态的，则不属于危险显著增加。

故而，家庭自用车变更为网约车后，其危险并非均“显著增加”。

此外，从保险法理论上推敲，家庭自用车变更为网约车均属危险“显著增加”的观点也值得怀疑。

保险法理论上，认定危险显著增加，至少需要符合三个要件：重要性、持续性和不可预见性。重要性是指，该“危险已严重到足以使保险人要么提高保险费，要么解除保险合同的程度”[②]；持续性是指“原危险状况因某种特定情事之发生而变换成另一种新状态，且此新发生之状态继续不变地持续一段时间”[③]；不可预见性是指“危险状况之改变须订约当时所未曾预料而未予估

① 陈铧、董云蕾：《浅析网约车合法化后的保险问题》，载《保险职业学院学报》2016年第6期，第32页。

② 温世扬：《保险法》，法律出版社，2016，第154页。

③ 樊启荣：《保险法》，北京大学出版社，2011，第91页。

计者，若其危险状况已经计算在内，则不影响对价平衡，故非属所谓之危险增加”①。

将家庭自用车变更为网约车使用便属危险“显著增加”的观点至少存在疑问。第一，危险重要性之疑问。重要性之衡量标准，乃在危险之变化，导致保险公司增加保费或者拒保。全营运之网约车，其风险增加可以导致保险公司增加保费固属至理。然偶尔营运之网约车，谓其危险显著增加，以至于达到需要“提高保费”或“解除合同”的程度，确属言过其实。第二，危险持续性之疑问。家庭自用车在变更为网约车后，其危险状态并不持续，在车辆退出网约平台之后，其危险回归家庭自用车之风险状态，故而在危险持续性问题上，存在疑问。

无论如何，只要家庭自用车变更为网约车使用，风险便属“显著增加”的观点，无法令人信服。本案审理中，被告张某辩称“自己因分担油费成本在下班顺路搭载乘客”，若张某之辩称属实②，则即便张某之家庭自用汽车变更为网约车，其危险并未显著增加，保险公司不应因此拒赔。

四、因危险显著增加而全然拒赔：《保险法》第 52 条第 2 款之反思

然而，倘若家庭自用车变更为网约车后，采取了全运营的方式，危险显著增加，发生保险事故后，保险人是否应当赔付？如前所述，在当前网约车保险案件审判中，法院的基本态度是，网约车只要未购买营运车辆保险的，保险公司可以全然拒赔③，被保险人不能获得哪怕一分钱的保险金。法院之所以判决保险人可以全然拒赔，其理由已如前述，即《保险法》第52条第2款的规定，然而，支持该款之理由颇值怀疑。经笔者检索资料发现，支持《保险法》第52条第2款的理由主要有三：一曰被保险人违反诚信原则；二曰被保险人存在主观过错，应受惩罚；三曰保险人需要自我救济。为证实笔者的怀疑，必须先对上述三个理由予以证伪。

---

① 江朝国：《保险法基础理论》，中国政法大学出版社，2002，第244页。

② 法院并未对张某的这一主张作出回应，直接将该车作为普通网约车（非顺风车）的情形作出了判决。

③ 本文所指“全然拒赔”，乃是保险人无须赔付哪怕一分钱的保险金，即使被保险人已经交付了一定的保险费。“全然拒赔”是区别于保险人按照被保险人的请求“全然赔付”和“部分赔付”的第三种情形。

（一）有违诚信原则之批驳

被保险人违反通知义务导致保险人全然拒赔的第一个理由是被保险人的行为有违诚信原则。此种理由认为，对保险标的的危险增加，被保险人应当知晓需要通知保险人，其因诚信问题，未能通知保险人，故应当承担较重的法律后果。持这一观点的学者指出：被保险人应通知而未通知，“破坏了诚信原则。因此，法律自可规定义务人承担比适当履行通知义务情形为重的后果”①。

然而，一般来说，被保险人未通知，并不存在违反诚信原则的问题。这是因为，大多数被保险人事实上并不知道其应当通知保险人。尽管保险合同条款中存在“被保险机动车从事营业运输，导致危险程度增加的，应当及时书面通知保险人”的约定，但我国大多数被保险人并未认真阅读保险条款，故其事实上并不知晓需要通知保险人。在这一问题上，被保险人虽有过失，但不存在诚信问题，因为违反诚信原则须以被保险人事实上知晓为前提。②只有少数人通过阅读保险条款知晓其应当通知保险人，但事实上，至少在目前，即便他们通知保险人，他们的家庭自用车保险也不可能变更为营运车辆保险，《北京晚报》记者曾就家庭自用车保险能否变更为营运车保险咨询了人保、太平洋、平安等几家保险公司，“业务员的答复都是一致的：保险公司只能按照行驶本上的车辆性质给车辆投保，如果行驶本上注明的车辆性质是‘非营运’，保险公司不会同意车主投保营运车辆险”③。也就是说，即便被保险人知晓必须通知保险人，其也无法将私家车保险变更为营运车保险，而变更之障碍乃在保险公司一方，在此情形下，以被保险人违背诚信原则主张全然拒赔，显然不尽合理。

（二）过错惩罚之批驳

被保险人违反通知义务导致保险人全然拒赔的第二个理由是被保险人主观存在过错，应受惩罚。这一理由认为，危险显著增加，被保险人负有通知义务，其应通知而未通知，主观上存在过错，依民商法上的过错责任原则，保险人可以对其施以惩罚，惩罚之表现便是保险人全然拒赔。例如，有研究称：“保险标的的危险程度显著增加时，被保险人未及时通知，使得保险人未能及时采取措施防止或减少损失的发生，被保险人对此具有过错，保险人不承担保险责

① 徐卫东：《保险法学》（第二版），科学出版社，2009，第204页。

② 诚信的一个核心要素是“善意”，在被保险人事实上并不知道其应当通知保险人的情况下，其主观上并无“恶意”不为通知之想法，故尽管其未通知，但不存在诚信问题。

③ 周明杰：《私家车开网约车出事故保险公司或免责，这样的风险您敢冒吗？》，《北京晚报》2016年12月27日。

任”①；“如此规定的目的是惩罚未履行通知义务的义务人，使其不能享有请求保险金的权利”②。

然而，对被保险人违反通知义务的行为课以惩罚性责任，似乎不符合惩罚性责任的基础理论。在民事责任方面，“大陆法系的经典民法理论认为：无论是侵权损害赔偿，还是违约损害赔偿，其基本的功能，就是补偿侵权行为和违约行为的受害人因侵权行为和违约行为所遭受的财产损失”③，而非惩罚侵权或违约的当事人。尽管这一理论在英美法系理论冲击之下有所松动，在民商事责任领域出现了惩罚性赔偿制度，但是，研究表明，惩罚性责任“主要应适用于侵权行为责任而不是合同责任”④。而且，课以惩罚性责任的前提通常是，“仅当不法行为超过了一般民事不当行为的程度，成为一种故意的、恶意的、应受社会道德谴责的恶劣行为”⑤。甚至有学者提出，“惩罚性赔偿需要以明确的、类似于犯罪的严重不法行为作为构成条件”⑥。由此看来，民商法上的责任以补偿为原则，即使需要课以惩罚性责任，其领域通常也限于侵权领域，而非合同领域，且须被惩罚一方主观上存在明显的故意，这便是关于惩罚性责任的基础理论。将被保险人未行通知保险人的责任置于这一理论中进行讨论便会发现：一方面，被保险人未履行通知义务的问题系属合同领域而非侵权领域；另一方面，被保险人对未通知一般不存在主观故意，其原因一如上述，即，以我国被保险人对保险的了解程度，很少有人知晓其负有通知义务，被保险人未履行通知义务，往往出于“因不知”而未行通知，而非出于“已知”而不通知，其主观状态属于过失。更何况，在机动车保险合同关系中，被保险人通常处于弱势地位，允许强势之保险人对被保险人施以惩罚措施，于理难通。由此，在被保险人违反通知义务的情况下，不应对其课以惩罚性责任。

（三）自我救济之批驳

被保险人违反通知义务导致保险人全然拒赔的第三个理由是保险人的自我救济。这一理由认为，在危险显著增加的情况下，保险人承担的风险超过了

---

① 奚晓明：《〈中华人民共和国保险法〉保险合同章条文理解与适用》，中国法制出版社，2010，第346页。

② 周玉华：《最新保险法释义与适用》，法律出版社，2009，第88页。

③ 李靖：《侵权责任法》，河北人民出版社，2013，第181页。

④ 王利明：《惩罚性赔偿研究》，载《中国社会科学》2000年第4期，第112页。

⑤ 陈灿平：《惩罚性赔偿制度的理论定位与适用范围》，载《湖南大学学报（社会科学学报）》2011年第4期，第131页。

⑥ 朱广新：《惩罚性赔偿制度的演进与适用》，载《中国社会科学》2014年第3期，第118页。

其收取的对价，如果在被保险人未行通知的情况下，要求保险人按照合同约定进行赔付，必然造成保险人的损失，因此，保险人有权在合同中约定自我救济措施，即，对未行通知的显著危险增加全然拒赔。例如，有观点主张："法律就本条（《保险法》第52条）作出的强制性规定，目的是为了平衡合同当事方的对价关系，既是对被保险人怠于或未履行通知义务采取的一种惩罚性措施，也是赋予保险人一种自我救济的权利"①。

法律赋予保险人自我救济措施虽无可厚非，但全然拒赔的做法却有违比例原则。众所周知，比例原则源自行政法，但已经在私法领域备受推崇，在私法的许多领域，学者已经将比例原则作为框架来分析法律行为或所设义务的合理性。②比例原则分析的三个要素分别是适当性、必要性和相称性③，只要其中之一不相符合，则应认定该行为或义务的设定不具合理性。我们的分析对象是《保险法》第52条第2款，即在危险显著增加的情况下，保险人对被保险人违反通知义务采取全然拒赔的措施是否合理。以下分析乃以比例原则三要素为框架对这一问题展开的研究：

自比例原则适当性的视角看，《保险法》第52条第2款的规定不失合理性。适当性又称"合目的性"，是指当事人采取的行为有助于实现其目的。《保险法》第52条第2款规定保险人可以全然拒赔，如上述观点所言，其目的乃是承认保险人的自我救济，采取全然拒赔的办法，当然能够实现自我救济，故该规定符合比例原则的适当性要素。

自比例原则必要性的角度看，《保险法》第52条第2款的规定值得商榷。"必要性原则要求在数个可供实现目的之手段的选择上，必须采用对基本权利干预最小的手段"④，于民商法上，如果存在数种救济手段，也应当选择于对方当事人影响最小的手段。然而，私法主体约束对方当事人的手段较少。在危险显著增加被保险人未能通知保险人且事故已发生的情况下，可供保险人选

① 吴定富：《〈中华人民共和国保险法〉释义》，中国财政经济出版社，2009，第130页。

② 例如，黄忠博士以比例原则为框架分析无效合同的判定。（参见黄忠：《比例原则下的无效合同判定之展开》，载《法制与社会发展》2012年第4期。）于海纯教授以比例原则为框架分析未经被保险人同意之死亡保险合同的效力。（参见于海纯：《未经被保险人同意的死亡保险合同效力研究》，载《法学家》2015年第6期。）孙鹏教授以比例原则为框架分析强制性规定行为之效力。（参见孙鹏：《论违反强制性规定行为之效力：兼析〈中华人民共和国合同法〉第52条第5项的理解与适用》，载《法商研究》2006年第5期。）

③ 于海纯：《未经被保险人同意的死亡保险合同效力研究》，载《法学家》2015年第6期，第69页。

④ 郑晓剑：《比例原则在民法上的适用及展开》，载《中国法学》2016年第2期，第145页。

择的救济手段只有拒绝赔付一种，除此别无选择。然而，在拒绝赔付之下，保险人尚有两种选择，即全然拒赔和部分拒赔，显然，部分拒赔对被保险人的影响较小，因此，从必要性理论上看，保险人应当选择部分拒赔的措施，选择全然拒赔有违必要性要素。当然，采取部分赔付的前提是保险人能够通过部分赔付保护自身不受损失，倘若部分拒赔不能完全保护自身不受损失，保险人当然可以采取全然拒赔的措施，不过，在笔者看来，部分拒赔完全能够保护保险人不受损失，此点将在下文阐发。

自比例原则相称性的角度看，《保险法》第52条第2款允许保险人全然拒赔超出了必要的限度。相称性的核心是受保护的目的与所采取手段之间的均衡。即，一个措施虽然符合保护的目的，亦具有必要性，但不应课予对方当事人过重之负担，所谓过重之负担，即当事人所追求的目的与采取的手段失衡，造成对方当事人的过度损失。[①]法律之所以允许保险人全然拒赔，其基础有二：危险显著增加及被保险人未履行通知义务，然而，无论从哪个基础看，均不足以使保险人全然拒赔。从第一个基础看，即使危险显著增加，允许保险人全然拒赔会造成被保险人一方的过度损失。其原因是，尽管保险标的的危险显著增加，但被保险人已经为增加之前的危险支付保险费，保险人须对这一部分保费支付对价。若危险增加后保险人全然拒赔，则是收取该部分保险费而不支付任何对价，这无疑造成了被保险人一方的损失。[②]从第二个基础看，因未履行通知义务而对被保险人施以全然拒赔的措施似有过重。在此可以被保险人与保险人之义务履行的对等性说明。对被保险人而言，其主给付义务为支付保险费，危险增加的通知义务并非其主要义务[③]，对保险人来说，其主给付义务为承担风险，具体表现为在发生保险事故时承担赔付责任。依通说，“主给付义务构成双务合同的对待给付”[④]，被保险人之主给付义务应与保险人之主给付义务相对应，而非通知义务与保险人之主给付义务对应。故被保险人若违反支付保费的主给付义务，保险人可以不承担全然拒赔，但被保险人仅仅违反通知义务，保险人即以全然不履行主给付义务对抗，显然不符合当事人义

① 黄忠：《比例原则下的无效合同判定之展开》，载《法制与社会发展》2012年第4期，第47页。

② 一种例外的情形是，在危险增加巨大，以致保险人不愿承保该危险时，保险人可以全然拒赔，这种情形并不多见，网约车所增加的危险不属这一情形。

③ 多数学者认为通知义务属于附随义务，少数学者认为属于从给付义务。无论如何，通知义务不属主给付义务。（参见江朝国：《保险法逐条释义》（第二卷），元照出版公司，2013，第397页。）

④ 韩世远：《合同法总论》，法律出版社，2011，第247页。

务履行的对等性[①]，对被保险人来说，此种做法有失公允。

由此可见，支持《保险法》第52条第2款之理由难以立足，故而，于家庭自用车变更为全营运网约车时，即便危险显著增加，且被保险人未能履行通知义务，保险人全然拒赔的措施仍然是不合理的。

五、网约车三者险纠纷问题之解决：权宜之计与根本措施

如上所述，家庭自用车变更为网约车，保险人全然拒赔目前虽有合同和法律上的依据，但这种合同约定和法律规定不尽合理，那么，家庭自用车变更为网约车的保险纠纷，如何处理才算合理，笔者以为，最根本的乃是由保险公司开发专门针对网约车的产品，由网约车车主自愿购买，网约车发生事故，由这一保险予以理赔。但是，由于目前保险公司并未开发网约车保险，且现行法律规定和司法判决有利于保险公司，故而保险公司不具有开发网约车专属保险的动力。为此，有必要首先从理论上探讨网约车保险较为合理的赔付方式，此为权宜之计。之后再从保险产品设计的角度探讨网约车保险纠纷的解决之道，此为根本措施。

（一）网约车三者险纠纷解决的权宜之计

前文已将网约车分为全营运、半营运和偶尔营运三种情况，现就这三种情况的应然处理予以探讨。

关于全营运的网约车，其性质上已完全属于营运出租车，但是，若发生保险事故，保险公司应按家庭自用车保费与营运车保费的比例予以赔付。其理由有三：

其一，比例赔付是对价平衡原则的要求。“保险法上对价平衡的意旨是，在保险合同中，投保人所付出的对价（保费）应该与保险人所付出的对价（承

① 事实上，关于被保险人的通知义务，我国《保险法》在第21条中规定有出险通知义务，在第43条中规定了被保险人变更受益人的通知义务，在第49条中规定了标的转让的通知义务，在第52条规定了危险增加的通知义务，在第56条规定了重复保险的通知义务。此5种通知义务中，第49条中标的转让的通知义务与第52条危险增加的通知义务的本质相同，故规定了相同的法律后果，均为保险人全然拒赔，其余三种通知义务的后果并非全然拒赔，违反出险通知义务的后果是：“保险人对无法确定的部分，不承担赔偿或者给付保险金的责任”；违反变更受益人通知义务的后果，依最高院之司法解释（《最高人民法院关于适用〈中华人民共和国保险法〉若干问题的解释（三）》第10条），应为保险人可以主张该变更对其不生效力；违反重复保险通知义务的后果是“各保险人按照其保险金额与保险金额总和的比例承担赔偿保险金的责任”。可见，违反此三种通知义务的法律后果明显轻于违反危险增加通知义务的法律后果。这一现象可以佐证我国《保险法》第52条第2款的规定对被保险人过于严苛。

担的风险）相对等”[①]，该原则是“许多保险法学者默认的重要原则”[②]，甚至有学者将其上升为保险法的基本原则[③]。违反该原则的赔付，不能称为合理的赔付。在家庭自用车变更为全营运网约车的情况下，由于危险显著增加，保险公司本应按照营运车的费率收取保费，但其实际上仅仅按照家庭自用车的费率收取保费，依照对价平衡原则，保险人承担的风险应与其收取的保费成正比，即保险人仅应按照家庭自用车之保费与营运车之保费比例承担责任，在赔付上则应体现为：

$$\text{保险人应赔金额} = \text{保险金额} \times \frac{\text{家庭自用车实交保费}}{\text{营运车应收保费}}$$

倘若保险人全然拒赔，则是收取了部分保费而未付出任何对价，显然有违对价平衡原则。

其二，采取比例赔付并未造成保险人的损失。比例赔付虽然符合对价平衡原则，但抑或有人会提出，被保险人违反通知义务，可能造成保险人的损失，被保险人必须赔偿保险人之损失[④]，比例赔付能够弥补保险人之损失吗？对此，有必要首先考察保险人的损失。在被保险人违反告知义务的情况下，保险人的损失只能是：因被保险人违反告知义务，保险人不知道其家庭自用车已经变更为网约车，因此承担了超出家庭自用车部分的风险，而该部分风险本不应由其承担，这便是保险人的损失。[⑤]然而，若采取比例赔付，保险人仅针对家庭自用车部分的风险赔付，超过该部分的风险，并不需要保险人赔付，这意味着，保险人只需要承担家庭自用车部分的风险，并没有承担超过部分的风险，保险人也就不存在损失。

---

① 李志强：《对价平衡原则的证成：从保险合同到保险业监管的考察》，载《法学》2017年第9期，第89页。

② 武亦文、杨勇：《保险法上说明义务之新探讨》，载《中国法学会保险法学研究会2017年年会论文集》，2017，第218页。

③ 参见李志强：《对价平衡原则的证成：从保险合同到保险业监管的考察》，载《法学》2017年第9期，第98页。笔者认为，对价平衡原则至少是保险合同法的基本原则之一。对价平衡原则，本质上乃是公平原则，属于民商法领域各部门法遵循的一项基本原则。

④ 如以通知义务为附随义务，对该义务之违反，其后果应为赔偿对方当事人之损失。（参见王泽鉴：《债法原理》（第2版），北京大学出版社，2013，第83页。）

⑤ 有观点认为保险人的损失系“应加收之保险费”及“勘察费用”，但我国台湾著名保险法学者叶启洲教授认为，保险人并不当然享有“应增加保险费之请求权”，“勘察费用”则是保险人为自己利益支出的费用，此二者均不可能作为保险人的损失。（参见叶启洲：《保险法实例研习》（修订五版），元照出版公司，2017，第180页。）

其三,违反风险显著增加的通知义务应采用比例赔付的做法,世界已有法律明确规定。笔者查阅了9个国家或地区关于违反危险增加通知义务的立法,在危险增加尚未达到保险人不能接受的程度的情况下,有3个国家未对违反通知义务的法律后果作出明确规定,有2个国家或地区规定的后果为投保人或被保险人对保险人承担损害赔偿责任,另有4个国家或地区规定保险人应当采取比例赔付。[①]依此,规定按比例赔付的国家或地区占到44%。[②]不过,如上文所述,由于保险人的损失其实就是其承担的增加部分的风险,投保人承担损害赔偿责任可能实质上演变为保险人全额赔付后,投保人或被保险人返还风险增加部分的赔付,其实质仍是按比例赔付。若这一损害赔偿的处理办法被实务部门接受,则要求保险人按照比例赔付的立法实际上占到了66.7%。[③]以下试举两例说明各国关于比例赔付的规定:《意大利民法典》第1898条第5款规定,"增大的风险会使保险人若在缔约时知道该情况会不同意保险的,保险人对增大的风险不承担责任;否则得按照契约确定的保险费与增大的风险在缔约时应确定的保险费的比例,减少应付的保险金";《立陶宛民法典》第1010条第3款规定,"如果被保险人未能按照本条第1款的相关规定履行义务(危险增加的通知义务),则保险人有权要求终止保险合同并按投保人缴纳的保险费的比例承担保险责任"[④]。更重要的是,比例赔付似乎获得了欧洲学者较高程度的认同,在欧盟学者组织起草的《欧洲保险合同法原则》第4:203条中,他们认为,"如果保险人愿意以较高的保险费或者不同的条款予以承保增

---

① 在危险增加,尚未达到保险人不能接受的程度时,日本、法国、韩国三个国家未对违反通知义务的后果明确规定;我国台湾地区、俄罗斯规定的法律后果为投保人或被保险人对保险人承担损害赔偿责任。例如,我国台湾地区所谓"保险法"第63条明确规定:"要保人或被保险人不于第58条,第59条第3项规定之期限内为通知者,对于保险人因此所受之损失,应负赔偿责任。"而德国、意大利、立陶宛和我国澳门地区则规定保险人可以按比例赔付。

② 《德国保险合同法》规定,"保险人可以根据投保人的过错程度相应地减少赔付保险金的数额"。这种规定以投保人或被保险人的过错为标准实施比例赔付,不同于其他国家或地区采取的缴纳保险费标准,但也属于一种比例赔付。

③ 我国台湾地区所谓"保险法"对违反危险增加通知义务的后果所作的规定包括"赔偿损失",部分保险公司在合同中约定了按比例赔付,司法部门大多承认其效力。(参见叶启洲:《保险法判决案例研习(一)》(修订二版),元照出版公司,2017,第123页。)

④ 此外,我国澳门地区的《澳门商法典》对比例赔付的规定更为明确,其第980条第2款规定:"如对风险之增大之不声明或不正确声明并非出于投保人之恶意,于约定新保险费或解除合同前发生保险事故时,保险人之给付应根据已支付之保险费与风险增大后应支付之保险费之差额按比例减少。"

加的风险，则保单持有人有权按照保险费增加之比例获得赔付”[①]。看来，比例赔付可能成为欧洲保险立法的一大趋势。

偶尔营运的网约车，因危险程度并未显著增加，若发生保险事故，保险公司应当按照家庭自用车保险合同的约定全额予以赔付，不得主张按比例赔付。其原因在于，偶尔运营的网约车，危险程度与家庭自用车相差无几，在家庭自用车使用频率较高的情况下，其风险甚至大于偶尔运营的网约车。保险公司采取全然拒赔或者部分拒赔的基础乃在于网约车的风险显著增加，若风险未曾显著增加，则保险公司应负容忍风险轻微增加之义务，对被保险人予以赔付。顺风车属于典型的危险未显著增加的网约车，在顺风车事故纠纷中，已有法院依据风险未显著增加，判令保险人予以赔付。[②]

在目前情况下，对半营运网约车的保险事故，保险人至少应当按比例赔付。半营运网约车保险赔付的难点在于，此种车辆的危险增加是否属于“显著”很难判断。正如某法官所言：“如果不是职业网约车司机，只是偶尔拉活，究竟每天拉10单算危险程度显著增加，还是5单以上就算，这个标准其实并没有明确出来。”[③]我国《保险法》对危险增加采取了两分法：显著危险增加与非显著危险增加，对何为显著危险增加，法律尚未规定标准，事实上也不容易制定出标准。这种风险划分方法，显然非常粗糙，必然导致判断某一具体危险是否属于“显著危险增加”的困难。半营运网约车的危险增加便属此种情形：一方面，半营运网约车的风险当然比家庭自用车有所增加，且这种危险增加不似顺风车一般轻微增加；另一方面，其危险又未增加到全营运网约车的情形，是否属于“显著危险增加”很难判断。在其危险增加是否“显著”不能确定的情况下，笔者以为，暂可采纳全营运网约车比例赔付的办法，判令保险公司按照应交保费与实交保费的比例赔付。尽管这一办法看起来对保险消费者并不公平，但在目前《保险法》仅对危险增加粗糙划分的情况下，较之法院采取的全

① The Project Group of Restatement of European Insurance Contract Law, Principles of European Insurance Contract Law(PEICL), European Law Publishers, at 186.

② 关于顺风车事故的保险赔付，法院的判决呈两极分化，部分法院判令保险公司予以赔付，另一部分法院则判令保险公司可以拒赔。主要争点在于顺风车是否属于营运车辆，顺风车风险是否增加。笔者认为，保险人是否应当赔付的关键点在于风险是否显著增加，在这个问题上，学界的看法比较一致，即顺风车风险并未显著增加。基于这一观点，顺风车发生事故，保险公司应予赔付。限于篇幅，笔者将另文论述顺风车的保险赔付问题。

③ 周明杰：《私家车开网约车出事故保险公司或免责 这样的风险您敢冒吗?》，《北京晚报》2016年12月27日。参见http: //www.takefoto.cn/viewnews-1019554.html，最后访问日期：2018年4月30日。

然拒赔态度，已属有所进步，亦属现行危险增加划分方式下的无奈之举。

上述解决办法，对全营运、偶尔营运的网约车尚属公平，但对于半营运网约车来说，并不完全公平。为了达到对保险合同双方当事人的相对公平对待，根本办法是针对网约车开发专门的保险产品，而开发专门保险产品的的关键则是车险定价模式的变革。

（二）网约车三者险纠纷的根本解决：保险定价模式的变革

网约车三者险之所以出现纠纷，在保险学上可以用保险费适用不合理解释，倘若能够设计合理的网约车保险费，则可以在很大程度上控制此类网约车纠纷。目前，网约车购买的是家庭自用车保险，而保险学上认为，家庭自用车的风险较小，因此其保险费较低，但从事网约车运营之后，其风险增加，保险人本应适用更高保费，但因被保险人未能通知而无法适用，从而遭到保险人之拒赔。倘使保险人针对网约车风险设计专门的保险费计算方法，被保险人购买此种网约车保险，则保险人无由主张危险增加，也便无由拒赔。因此，针对网约车设计专门的保险费计算方法，乃是解决此类保险纠纷的根本办法。

对于网约车来说，合理的保险费必须符合每台网约车的实际风险状况，而传统保险费定价模式很难做到这一点。网约车与家庭自用车在风险方面的主要差别，乃在于网约车行驶里程多，发生交通事故的概率自然更大，而行驶里程并非传统车辆费率的考虑因素。传统车辆第三者责任险的保险费计算，是根据汽车的种类、用途和责任限额三方面因素确定的①，这是一种粗放的定价模式。尽管2015年商业车险费率改革之后，车险的费率与上一年度的赔款记录挂钩、部分地区的费率开始与上一年度的交通违法情况挂钩②，但是，这些微小的进步并不足以解决网约车费率公平的问题。行驶里程仍然不是车辆费率的考虑因素，故而，目前车辆第三者责任险的定价机制，不能反映网约车的实际风险状况。

然而，大数据背景下，利用基于使用量而定保费的保险（Usage-based Insurance，UBI）车险定价模式完全能够反映每台网约车的实际风险状况，进而决定应交保费。UBI“是一种基于用户使用行为的保险模式，对于不同的使用情况进行差异化定价，其特点是将车况和行驶行为，包括行驶里程、时间、地

① 参见张慧元：《浅谈制定汽车第三者责任险费率应考虑的因素》，载《保险研究》1994年第6期，第26页。

② 参见曹园：《大数据时代下发展UBI车险产品的收益及挑战》，载《中国保险》2016年第11期，第18页。

点以及驾驶方式等围绕车和人的相关信息纳入保险定价的因素当中”[①]。UBI收集的信息，既包括驾驶人的“四急”（急刹车、急转弯、急加速、急减速），超速次数、夜间行驶时间，还包括车辆的行驶总里程。[②]这一车险定价模式不仅将“行驶总里程”作为一项定价因素，解决了网约车与家庭自用车风险的鉴别问题，而且将“四急”、超速等驾驶行为作为定价的重要因素[③]，几乎能够完美地反映每台车辆的风险状况，以此作为基础的定价模式几近完美。

在我国，保险公司开发网约车专属保险的条件基本成熟。自2007年7月1日起，我国对汽车强制实行国Ⅲ标准，而国Ⅲ标准要求新生产的汽车必须安装OBD设备，该设备可以用于收集UBI定价所需的数据[④]，这是开发网约车UBI保险产品的设备条件。2016年7月28日，交通运输部等七部委联合发布《网络预约出租车经营服务管理暂行办法》，该办法亦要求网约车必须“安装具有行使记录功能的车辆卫星定位装置、应急报警装置”。这种定位装置、报警装置，以及车辆行使里程的数据收集装置、驾驶人行为的数据收集装置，均可以通过OBD设备实现。网约车实践中，网约车平台能够收集到该车运行的各种数据，保险公司可以根据数据显示的危险程度开发网约车专属保险。

倘若被保险人购买网约车专属保险产品，则网约车三者险保险纠纷必将得到控制。UBI车险定价模式下的网约车专属产品，其保费所对应的风险符合网约车的实际风险情况，不会出现家庭自用车变更为网约车风险显著增加的问题，保险公司也便无由拒赔，法律纠纷因此得以控制。

六、结语

网约车商业三者险的纠纷，起因于家庭自用车变更为网约车后的危险增加，而被保险人未将此项危险增加通知保险公司。为防止此类纠纷的发生，

---

① 掌博文、张玉萍：《中国网约车保险模式的缺陷及发展方向》，载《淮海工学院学报（人文社会科学版）》2017年第5期，第23页。

② 韩家群、刘南杰、黄波、赵海涛：《基于车联网大数据的UBI系统研究》，载《计算机技术与发展》2016年第12期，第28页。

③ 美国印第安纳大学相关研究机构通过调查发现，与驾驶人相关的交通事故占到87%左右，与驾驶环境相关的交通事故占到32%左右，而与车辆相关的事故原因仅有10%左右，驾驶人因素在车险定价因素中应当居于主要地位。参见王天梅、胡伊、肖永慧：《关于我国车险费率厘定方法创新研究：基于驾驶行为的车险费率厘定实证分析》，载《价格理论与实践》2016年第11期，第123页。

④ UBI车险定价模式，通过车载自诊断系统（On-Board Diagnostics，OBD）设备收集信息。OBD，这是一个车联网的车载终端，该设备在打开时能够智能记载车辆和驾驶员的各种信息。

被保险人应当认真履行阅读保单条款的义务，以便知晓保险合同中规定的危险增加通知义务，进而于注册网约车后通知保险公司。然而目前被保险人之难处，乃在于即便通知保险公司，保险公司也会因车辆行驶证上写明的“非营运”字样而拒绝提供营运车辆商业三者险。为今之计，保险公司应当改变时下做法，在被保险人提供网约车注册证明之后，为其提供营运车辆商业三者险。如此处理，对全营运的网约车自属合理，但对半营运和偶尔营运的网约车并不公平，因为这两类车辆的风险，实际上并未达到全营运网约车的水平，令其购买营运车辆商业三者险，有违保险法之对价平衡原则。欲使网约车商业三者险符合对价平衡原则，保险人必须着眼未来，采取UBI车险定价模式，开发专门针对网约车的保险产品，供网约车车主购买，如此，方能大幅减少网约车三者险纠纷。

论责任保险中被保险人的责任免除请求权

——兼评《保险法司法解释四》[①]责任保险相关条文

沈小军[②]

一、问题之提出：现行法上被保险人请求权法律性质之疑义

责任保险是我国近年来需求最旺、销售最多、发展最快的保险品种之一，具有分散责任风险、帮助受害人及时获得足额赔付、确保法院判决执行、减少事故发生率、为被保险人提供专业事故处理服务，以及缓解社会矛盾、维护和谐社会秩序等六大功能。[③]然而，在实践中，责任保险却成为争议最多、裁判最难、理赔最为迟缓的险种之一，受害人不能及时获得保险赔付的问题非常突出，这在一定程度上反映了现行责任保险制度在被保险人及受害人权利配置规则上存在不合理之处。

根据《保险法》第12条第5款第1句的定义，被保险人的财产或者人身受到保险合同保障，并享有保险金请求权。由于该定义并未区分保险产品的类型，我们可以认为，被保险人在责任保险中享有的也是保险金请求权。然而，在责任保险事故中真正遭受损失的并非被保险人，而是受害的第三者。从这个角度上看，《保险法》第12条的定义忽视了保险金请求权对受害人保护的意义。为了更好地保护第三者的利益，防止被保险人在获得保险金后不向第三

① 全称为《最高人民法院关于适用〈中华人民共和国保险法〉若干问题的解释（四）》，以下简称《保险法司法解释四》。

② 沈小军：上海财经大学法学院副教授，德国科隆大学法学博士。本文原载《法学家》2019年第1期。

③ 陈欣、于涛：《道路交通事故中的责任保险的功能、现状与改革方向》，载《月旦民商法杂志》2010年第28期，第51-53页。

者赔偿，2009年《保险法》改革时新增加的第65条第3款对被保险人行使保险金请求权进行了限制。[①]该款规定，“被保险人未向该第三者赔偿的，保险人不得向被保险人赔偿保险金”。这一新增的规定虽然强化了受害人的保护，但同时也提出了被保险人请求权的法律性质是否为保险金请求权的疑问。

在责任保险关系中，保险金请求权的归属影响受害人之保护与被保险人之责任风险分散这两大责任保险功能的实现，但现行法上有关保险金请求权的规定之间存在明显的矛盾。在理论上实有必要进一步明确责任保险中被保险人请求权的性质，使之既不损害被保险人的利益又能兼顾受害人的保护。本文拟从保险金请求权归属于被保险人的传统观念出发，分析其在受害人保护方面可能存在的不足。然后从被保险人请求权的内容、范围以及保险人之保险责任范围等方面探求被保险人请求权的法律属性，为立法者设计合理的责任保险权利配置规则提供参考。

二、被保险人请求权性质的传统见解与受害人保护

（一）被保险人之保险金请求权

《保险法》第12条第5款第1句将“享有保险金请求权”作为“被保险人”定义的构成要素予以规定，《机动车交通事故责任强制保险条例》（以下简称《交强险条例》）第28条规定，“被保险机动车发生道路交通事故的，由被保险人向保险公司申请赔偿保险金”。在保险合同中，投保人是与保险人相对的合同当事人，且一般情况下投保人是为了转移和分散自身所面临的对第三者的责任风险而投保责任保险，理所当然应获得保险保护，这正是责任保险的目的所在。[②]传统责任保险理论的区分原则认为，被侵权的第三者与承担损害赔偿责任的投保人或被保险人之间存在的责任关系与投保人和保险人之间存在的补偿关系属于相互分离且独立的两个法律关系，应当依各自适用的规则分别处理。责任关系决定的是投保人是否对第三者承担损害赔偿责任以及责任的范围，而补偿关系决定的是保险人是否应当补偿投保人或被保险人因承担责任所遭受的不利益。[③]在区分原则下，第三者不能越过被保险人而直接向保险人主张权利。德国早期判例也认为，被保险人对保险人享有的是保险金给

① 安建主编：《中华人民共和国保险法（修订）释义》，法律出版社，2009，第107页。

② Vgl. Christian Armbrüster, Privatversicherungsrecht, Tübingen: Mohr Siebeck, 2013, Rn. 1647.

③ Vgl. Beckmann/Matusche-Beckmann, Versicherungsrechts-Handbuch, München: C.H.Beck, 2015, § 24 Rn. 4.

付请求权，其数额由受害人遭受的损害决定。只要被保险人的损害赔偿责任已经以生效判决或其他方式有效确定，无论被保险人是否已经实际向受害人承担赔偿责任都可以向保险人行使保险金请求权。被保险人获得的保险金成为其一般责任财产，受害人作为一般债权人并不享有优先权。

（二）赋予被保险人以保险金请求权对受害人保护之不利影响

积极财产保险的目的在于填补投保人或被保险人的积极财产损失，其保护对象是特定的人对特定物的利益[①]，在积极财产损害保险事故发生后，被保险人对保险人享有保险金请求权并不会对他人产生不利影响。与之不同的是，责任保险具有明显的涉他性。责任保险事故发生后损害实际上发生在保险合同关系之外的第三者身上，而被保险人固有的积极财产并没有遭受损害。保险合同作为一种债权合同，具有相对性，原则上对合同之外的第三者并不发生法律效力。在保险事故发生时遭受损害的第三者既非合同当事人亦非保险合同关系人，如果严格按照合同相对性原则其对保险人根本无计可施，此种结果势必会严重阻碍责任保险损害补偿功能的实现。然而，责任保险的传统目的在于分散被保险人的责任风险，被保险人是责任保险的首要保护对象并被赋予保险金请求权。[②]如果被保险人在获得保险金后没有积极向受害人承担赔偿责任，受害人可能无法获得保护。具体来说，受害人面临的风险有以下两个方面。

1. 被保险人对保险金的不当处分

如果被保险人均能将从保险人处获得保险金及时用于赔偿受害人的损害，则由谁行使保险金请求权在实际效果上并无差异，但多数时候实际情况却并非如此。例如，在一起交通事故中祝某驾驶的摩托车与朱某驾驶的电动自行车发生碰撞，造成朱某受伤，车辆受损。交警部门认定，祝某负事故主要责任，朱某负次要责任。保险公司根据被保险人祝某的申请向其赔付了本次交通事故的交强险保险金3 843元，但被保险人并未将保险金交给受害人。出现此种现象的主要原因在于被保险人有不当处分保险金的现实机会。一方面，被保险人可以向保险人请求给付保险金的时间与“保险事故”的认定直接相关。根据认定保险事故的“责任确定说”，在被保险人对第三者的损害赔偿责

---

① Vgl. Beckmann / Matusche-Beckmann，Versicherungsrechts-Handbuch，München：C.H.Beck，2015，§ 1 Rn. 84.

② 如《交强险条例》第28条规定，“被保险机动车发生道路交通事故的，由被保险人向保险公司申请赔偿保险金”。

任通过判决、仲裁协议甚至和解协议确定时保险事故即已经发生。被保险人在向第三者履行赔偿责任前，甚至就可以向保险人请求给付保险金[①]；另一方面，被保险人从责任保险人处获得的保险金属于其一般责任财产。受害人不仅无权阻止被保险人挥霍从保险人那里获得的保险金而丧失给付能力，甚至在被保险人破产法时其也只能作为一般债权人参与破产财产的分配，对保险金并不享有破产别除权。根据生活经验，通过破产程序实现债权的希望通常都十分渺茫。此外，受害人也无权阻止被保险人的其他债权人对保险金提起强制执行程序，甚至也无权阻止被保险人将保险金让与他人或在保险金上为其他债权人设定质权。在责任保险中，被保险人对保险金请求权所享有的几乎不受任何限制的处分权可能会损害受害人的利益。[②]

2. 受害人权利实现的迟延

2008年保险法改革时增订的《保险法》第65条第3款，使被保险人不当处分保险金的问题得到了一定程度的解决。但是，对于遭受人身损害的受害人来说，获得赔偿的及时性也是极为重要的，尤其是在我国社会保障制度尚不健全的情况下更是如此。从某种意义上说，社会保障制度给受害人所提供的保护越多，通过私法为受害人提供“基本保护”的需求就越小。[③]

首先，根据《中华人民共和国社会保险法》第30条第1款第2项的规定，应当由第三人负担的医疗费用不纳入基本医疗保险基金支付范围。尽管同条第2款规定，在医疗费用依法应当由第三人负担而第三人不支付或者无法确定第三人时，基本医疗保险基金负有先行支付的义务。但是，在这种情况下受害人要想从基本医疗保险基金获得救济势必要面临一定的拖延。相比之下，德国法上法定医疗保险实行的实物给付原则和服务给付原则更有利于受害人及时获得医疗救助。根据该原则，医疗保险公司对被保险人的给付原则上并不在于报销所接受的与健康有关的医疗及护理服务、药品、治疗及救济用品的费用，而在于提供实物或服务给付，以便被保险人能够摆脱必须提前筹措医疗费用的负担。[④]

其次，普通责任保险中直接请求权的缺失。尽管《最高院关于审理道路

---

① 樊启荣：《保险法诸问题与新展望》，北京大学出版社，2015，第468页。

② Vgl. Günter Bauer, Die Kraftfahrtversicherung, München: C. H. Beck, 2010, Rn. 749.

③ Vgl. Chi-Chou Yeh, Der Verkehrsopferschutz und dessen Entwicklung, Tübingen: Mohr Siebeck, 2007, S. 3.

④ Vgl. Muckel/Oeorek, Sozialrecht, München: C. H. Beck, 2011, § 8, Rn. 63.

交通事故损害赔偿法律适用问题的解释》(以下简称《解释》)第25条以共同诉讼的形式在一定程度上赋予了受害人直接请求权,但该规定仅适用交强险且以诉讼程序为限,适用范围有限。此外,在《交强险条例》第22条规定的“驾驶人未取得驾驶资格或者醉酒的”“被保险机动车被盗抢期间肇事的”“被保险人故意制造交通事故的”等少数几种情形中,交强险的保险人也负有垫付人身伤害的抢救费用的义务。但在普通责任保险中受害人对保险人并不享有直接请求权,如不能及时筹集所需医疗费用可能会得不到及时救治。即便被保险人尽心尽力地向保险人行使保险金请求权,受害人的利益也可能会因为理赔程序的拖延而无法得到及时保护。

再次,受害人权利实现的迟延还可能是被保险人怠于行使保险金请求权所导致。《保险法》第65条第2款规定:“责任保险的被保险人给第三者造成损害,被保险人对第三者应负的赔偿责任确定的,根据被保险人的请求,保险人应当直接向该第三者赔偿保险金。被保险人怠于请求的,第三者有权就其应获赔偿部分直接向保险人请求赔偿保险金。”关于保险金请求权的主体,本款仍然坚持属于被保险人的传统观点。尽管本款规定受害人在“被保险人怠于请求”时可以直接请求保险金,但却并没有规定被保险人应当行使权利的期限。甚至有学者指出,如果被保险人在肇事后因受伤或死亡无法主张而非“怠于”行使保险金请求权的,理赔程序根本无法启动,在此情形下如不赋予受害人对保险人的直接请求权将导致其损害根本无法通过责任保险得到补偿。①《保险法司法解释四》第15条规定:“被保险人对第三者应负的赔偿责任确定后,被保险人不履行赔偿责任,且第三者以保险人为被告或者以保险人与被保险人为共同被告提起诉讼时,被保险人尚未向保险人提出直接向第三者赔偿保险金的请求的,可以认定为属于保险法第六十五条第二款规定的‘被保险人怠于请求’的情形。”实际上在被保险人的赔偿责任经发生既判力的法律程序确定时,保险人给付义务履行的条件即已经成就,法律不应再要求由被保险人先提出给付保险金的请求。将被保险人“怠于请求”保险金作为受害人向保险人直接行使权利的条件,实乃画蛇添足。《保险法司法解释四》第15条将第三者主张权利的方式限于诉讼方式过于狭隘,与《解释》第25条存在相同的问题,均不足以保护第三者的利益。

① 陈飞:《论我国责任保险立法的完善:以新〈保险法〉第65条为中心》,《法律科学(西北政法大学学报)》2011年第5期,第194页。

虽然在责任保险中被保险人享有实质意义上的请求权，但并非所有的法律制度均将被保险人身份与保险金请求权挂钩，除我国台湾地区所谓"保险法"也有类似的规定外，比较法上此种规定并不多见。美国学者也认为，被保险人并不总是接受保险金的人，因为在责任保险中受伤害的第三者可以直接起诉保险人以获得保险金，甚至一些情况下，被保险人自身由于保险人的抗辩被排除在了保险金获得者的范围之外。[①]在赋予受害人保险金请求权后，需要重新思考的是责任保险对被保险人的保护功能及实现程度，因为被保险人毕竟是普通责任保险的首要保护对象。

三、责任保险对被保险人的责任免除功能及其范围

被保险人请求权的反面表现为保险人在保险事故发生后应当承担的保险给付义务。普通责任保险的首要目的在于分散被保险人的责任风险，对被保险人来说最为重要的是保险责任的具体范围，这受到责任保险固有功能的影响。

（一）责任保险固有的责任免除功能

责任保险中保险人的义务在《保险法》中体现在两个方面：一是保险人应当承担被保险人对第三者依法应负的赔偿责任（《保险法》第65条第4款）。然而，哪些赔偿责任应由责任保险人承担法律并未指明；二是保险人应当承担被保险人参与赔偿关系的必要费用（《保险法》第66条）。根据该规定被保险人因给第三者造成损害的保险事故而被提起仲裁或者诉讼的，被保险人支付的仲裁或者诉讼费用以及其他必要的、合理的费用，除合同另有约定外由保险人承担。德国通说也认为，责任保险是指被保险人因约定的保险事故发生而产生消极财产损害时（即被保险人对他人负有私法内容的法定损害赔偿责任）保险人承担保险给付义务的保险。[②]在具体内容上，《德国保险合同法》第100条一方面强调保险人应当使被保险人摆脱已经成立的损害赔偿请求权，这与我国《保险法》的相关规定基本一致，另一方面则强调"防御未成立的请求权"，而不仅限于承担被保险人参与赔偿程序的相关费用。

从以上两种责任保险的定义中均可以看出，责任保险与积极财产损失保险的保险标的存在明显不同。责任保险涉及被保险人、保险人和第三者三方

---

① 约翰·F.道宾：《美国保险法》，梁鹏译，法律出版社，2008，第145页。

② Vgl. Manfred Wandt, Versicherungsrecht, München: C. H. Beck, 2016, Rn. 1069.

关系，保险给付目的并不在于使被保险人获得保险金，而在于保护被保险人免于遭受因向第三者履行已经成立的赔偿请求权或防御没有成立的赔偿请求所造成的不利益。责任保险最初的意义在于为被保险人提供分散责任风险的保护，透过集合所有面临同种责任风险的被保险人的小额保费，将较大的风险在同类的风险人群中进行分散，有效地将大的、未知的法律责任风险转化为小的、可以确定的保险金额，使得面临风险的人群得以免除巨额风险的打击，透过小额持续的保费损失来避免过于沉重的法律债务负担。[①]德国学者将责任保险的这一功能称为责任免除功能。早期德国学者认为："促进被保险人的利益是责任保险的唯一任务。"即便政策性较强的机动车强制责任保险，其目的应当也只能是对投保人或被保险人的保护。[②]实际上，责任保险对被保险人的责任免除功能与受害人的保护并不冲突，只要受害人的损害通过责任保险得到了妥善的补偿，责任保险对被保险人的责任免除功能自然可以得到实现。美国学者罗伯特·杰里（Robert H. Jerry）也认为，责任保险合同最终保障的是被保险人的行为所损害的第三者的利益，相对于受害者的直接损害而言，被保险人的损失只是间接损失。[③]不过，在内部关系上被保险人请求权的性质将影响保险责任范围的确定，实践中争议较大的问题是保险人是否应当承担超出被保险人内部份额的连带责任。

（二）责任保险对被保险人连带责任的免除义务

被保险人在保险事故发生时除要就自己造成的损失承担赔偿责任外，还可能因为法律规定需要与他人一同对受害人承担连带责任，例如，在共同侵权行为中各侵权人在外部关系上对受害人的全部损失承担连带责任。在司法实践中，法院在处理保险人是否应当承担被保险人之连带责任的问题上意见颇不一致。[④]

否定说认为，被保险人根据连带责任规定而承担的赔偿责任不属于责任保险的保障范围，保险人无须就超出被保险人之责任份额的部分承担保险责

---

① 陈欣、于涛：《道路交通事故中的责任保险的功能、现状与改革方向》，载《月旦民商法杂志》2010年第28期，第51页。

② Vgl. Dirk Güllemann, Ausgleich von Verkehrsunfallschäden im Licht internationaler Reformprojekte, Berlin: Duncker & Humblot, 1969, S. 113.

③ 任以顺、王冶英、王芹：《论责任保险被保险人"殆于请求"行为之司法界定》，载《保险研究》2011年第7期，第109页。

④ 韩长印：《责任保险中的连带责任承担问题：以机动车商业三责险条款为分析样本》，载《中国法学》2015年第2期，第270页。

任。有法院曾指出，在机动车商业责任保险中被保险人因交通事故给第三者造成人身伤害或财产毁损、灭失而导致的赔偿责任是直接责任，而在共同侵权行为中承担的连带责任部分属于间接责任，保险公司不负赔偿责任。[①]否定说的理由大致有以下三点：一是，责任保险的赔偿范围应当仅限于被保险人所承担的终局性的赔偿责任，而被保险人基于连带责任承担赔偿责任后有权向其他责任人追偿，最终承担的仍然是按份责任；二是《保险法》和实践中的商业责任险的保险条款均未将被保险人的连带责任规定为保险责任，甚至机动车商业三责险通常约定“保险人依据被保险人车辆驾驶人在事故中所负的事故责任比例，承担相应的赔偿责任”；三是将被保险人的连带责任部分转嫁给保险人，间接地侵害了其他被保险人的利益。不过，责任保险仅承担终局性的赔偿责任的说法既无实在法上的依据，也无理论依据。

肯定说则认为，被保险人承担的连带责任属于责任保险的保障范围，保险人对此应负担保险赔偿责任。理由主要有以下两点：一是，责任保险具有填补和分散被保险人之责任风险的制度功能，对被保险人连带责任的承担是这一功能的体现；二是，保险人在承担被保险人的连带赔偿责任后，就超出责任份额的部分依法取得向其他连带责任人追偿的权利。被保险人的连带责任部分并未转嫁给保险人，因此，不会损害保险人及其他被保险人的利益。[②]以上两点理由侧重从被保险人保护的立法目的论述，系间接论证的方式，如果能够从正面以被保险人的权利或是保险人的义务为视角进行论证似乎更具说服力。

为统一法律适用，《保险法司法解释四》第16条规定：“责任保险的被保险人因共同侵权依法承担连带责任，保险人以该连带责任超出被保险人应承担的责任份额为由，拒绝赔付保险金的，人民法院不予支持。”这一规定符合投保人投保责任保险的目的，因为在投保时被保险人对于保险事故是否发生以及将会承担何种性质的责任均无从知晓。保险人只有在保险金额范围内承担了被保险人的全部赔偿责任，才能使被保险人从赔偿责任中解脱出来。[③]此与德国法相似，依《德国保险合同法》第100条的规定，保险人在责任保险中负担义务使被保险人免于承担基于其赔偿责任而发生的请求权。在法律上所谓

---

① 贾林青主编：《法院审理保险案件观点集成》，中国法制出版社，2016，第341页。

② 王静：《保险案件司法观点集成》，法律出版社，2016，第313页。

③ 因此有学者将被保险人的请求权称为“脱利不利请求权”。

责任是指不履行法律义务因而应受到的制裁，从这个意义上讲连带责任符合这一要求。在被保险人对受害人应当承担连带责任而保险人只赔付被保险人在连带责任中的份额时，被保险人的赔偿责任实际上并未得到完全免除。使被保险人免于承担第三者的损害赔偿责任是保险人依责任保险合同负担的主给付义务，如不承担被保险人的连带责任则保险人在责任保险合同中所负担的义务未得到完全的履行[①]。先前的《保险法司法解释四》（征求意见稿）第21条允许保险人通过约定来排除其对被保险人之连带责任本应承担的保险责任，可能会导致被保险人获得的保险保障处于极大的不确定性之中，甚至投保目的完全落空。从被保险人利益的保护来看，《保险法司法解释四》第16条较《保险法司法解释四》（征求意见稿）第21条有明显进步，值得肯定。

（三）责任保险对被保险人参与诉讼之费用的免除义务

诚如前文所述，我国立法者对责任保险的界定重在保险金的给付，而非对被保险人提供法律保护，故未将被保险人因第三者提起诉讼或仲裁而产生的费用作为保险给付的必要成分。但在判断被保险人是否已经得到完全补偿时，则要考虑被保险人参加诉讼或仲裁等程序的费用。[②]《保险法》第66条仅规定，除合同另有约定外，责任保险的被保险人因给第三者造成损害的保险事故而被提起仲裁或者诉讼的，被保险人支付的仲裁或者诉讼费用以及其他必要的、合理的费用由保险人承担。实践中一些责任保险产品如公众责任保险、产品责任保险以及雇主责任保险等的保险条款均规定，对被保险人参与赔偿关系必要的、合理的仲裁或诉讼费用的承担以事先经保险人书面同意支付为前提。毫无疑问，此种限制条件将加大被保险人获得仲裁或诉讼费用赔付的难度，同时还导致被保险人难以形成稳定的保险保障预期。更有甚者，《机动车交通事故责任强制保险条款》第10条第4项将“因交通事故产生的仲裁或者诉讼费用以及其他相关费用”排除在交强险的保障范围之外。官方释义书的解释是：“责任保险是以被保险人对第三者依法应负的赔偿责任为保险标的的保险，被保险人参加有关仲裁或者诉讼程序所支出的费用，也可以算作保险责任的范围之内，而保险人和被保险人是可以对保险责任的范围进行约定的”[③]。笔者不同意这一说法，使被保险人摆脱第三者的赔偿请求是保险人在

① 韩长印：《责任保险中的连带责任承担问题》，载《中国法学》2015年第2期，第270页。

② 马宁：《论保险人代位求偿权与被保险人损害赔偿请求权的冲突》，载《法学家》2013年第2期，第77页。

③ 安建主编：《中华人民共和国保险法（修订）释义》，法律出版社，2009，第108页。

责任保险事故发生时所负担的主给付义务，而主给付义务是债之关系上固有的、必备的，并用以决定债之关系类型的基本义务，当事人不能以约定加以排除。[①]具体到保险合同来说，保险责任仅能通过约定以特定方式（如在数额上）予以一定的限制，但无论如何不能完全排除。《保险法》官方法律释义书也认为，被保险人参加仲裁或者诉讼程序所支出的必要、合理费用是确定责任保险的被保险人对第三者应负的赔偿责任所必不可少的，在性质上属于查明和确定责任保险的保险事故性质、原因及受损害的第三者损失程度所支出的费用，因此，这部分费用应由保险人承担。[②]从立法目的来看，保险人承担被保险人参与赔偿关系的诉讼及仲裁费用的规定应当属于强行性规定，当事人不能以约定排除其适用。

有判决认为，保险公司是否承担诉讼费用不能一概而论，而要看保险公司与诉讼发生之间是否存在关联性。如保险公司无正当理由拒赔而导致诉讼发生，则保险公司应当承担相应的诉讼费用。[③]实际上，因保险公司无正当理由拒赔而发生的诉讼费用涉及的只是保险人违约损害赔偿的范围，并不涉及被保险人的请求权是否包括参与赔偿程序费用的问题。根据《解释》第25条的规定，在交通事故纠纷中法院应当将承保的交强险的保险公司列为共同被告。虽然这一规定并未提及保险人应当承担被保险人参加诉讼程序的全部费用，但保险人根据诉讼费用的承担规则可能需要承担部分诉讼费用。保险人是否应当承担被保险人因第三者的索赔而发生的诉讼或仲裁程序费用，取决于被保险人享有的请求权的内容。如前文所言，在责任保险中被保险人享有的并非保险金请求权，而是请求保险人为其承担对第三者的损害赔偿责任。与我国不同的是，德国法上保险人负有为被保险人防御未成立的赔偿请求的义务，故立法对保险人负担被保险人之抗辩费用的义务做了明文规定。《德国保险合同法》第101条第1款规定："（责任）保险也包括，因防御由第三者行使请求权而产生的诉讼费用和非诉费用，只要费用的使用依其情事是必要的。此外，保险给付也包括投保人在需要对第三者承担责任的犯罪行为而发生的刑事程序中依保险人的指示所花费的辩护费用。经投保人请求，保险人应当预付此等费用。"从文义上看，本条规定应当属于强行法规定，当事人不得以约定排

---

① 王泽鉴：《债法原理》，北京大学出版社2013，第80页。

② 安建主编：《中华人民共和国保险法（修订）释义》，法律出版社，2009，第108页。

③ 王林清、杨心忠：《交通事故责任纠纷裁判精要与规则适用》，北京大学出版社，2016，第167页。

除其适用。实际上，在德国法律保护保险高度普及，被保险人通常会为自己可能面临的诉讼或仲裁费用投保该险种。可见，德国立法者非常重视对责任保险中被保险人利益的保护。法律费用保险在我国发展缓慢，普及率较低。如责任保险给付不包括抗辩费用，将会导致被保险人庞大的诉讼费用无法得到保险保障。让保险人负担抗辩费用不仅有助于被保险人积极参与诉讼程序，维护自身合法权益，而且也不会损害保险人的利益。仲裁或诉讼费用合理性的控制则可以通过赋予保险人参与权的方式来实现。《保险法》未来改革时应将责任保险中保险人承担被保险人抗辩费用的义务作为强制性而非任意性规则予以规定，保险人若不承担该费用应承担违约责任。

四、保险人责任免除义务合理范围的确定

虽然保险人并非被保险人赔偿关系的主体，但损害赔偿责任成立与否及具体范围直接关系到保险人的保险责任。保险人如何通过积极地参与被保险人的赔偿关系，合理限制自身给付义务的范围在实践中主要涉及三个方面的问题：一是被保险人未经保险人参与而擅自向受害人为清偿及承认行为对保险人是否具有拘束力；二是责任保险中是否应当赋予保险人在被保险人损害赔偿关系中的参与权；三是被保险人请求权的诉讼时效如何计算。尽管《保险法司法解释四》对以上三个问题予以了规定，但仍有一些未尽合理之处。

（一）被保险人擅自为清偿及承认行为的禁止

和解与调解是实务上解决民事纠纷的重要方式，但由于被保险人的赔偿责任关系到保险人之保险责任的范围，比较法上对责任保险中被保险人的擅自承认与清偿行为对保险人的效力多予以限制。如我国台湾地区所谓“保险法”第93条规定：“保险人得约定被保险人对于第三人就其责任所为之承认、和解或赔偿，未经其参与者，不受拘束。但经要保人或被保险人通知保险人参与而无正当理由拒绝或借故拖延者，不在此限。”本条的立法目的在于避免被保险人因为订有责任保险合同的缘故而随意承认超过实际责任范围的赔偿责任，或与受害人达成不合理的高额和解或赔偿致有害于保险人及危险共同体的利益。[①]

由于我国交强险与侵权责任脱钩，实践中经常发生被保险人以和解协议的方式揽责的情况，这种行为严重损害了保险人的正当利益。对于被保险人

---

① 叶启洲：《保险法实例研习》，元照出版公司，2009，第236页。

此种和解行为的效力,《保险法(修订草案)》第51条曾规定:“未经保险人参与,被保险人直接向第三者承担赔偿责任或者达成和解协议的,保险人可以按照合同约定核定保险赔偿责任。”遗憾的是,这一条文最终并没有纳入到法律文本中。虽然《保险法》没有明确规定保险人的参与权,但实践中保险人为保持对被保险人赔偿关系的控制,通常会在保险条款中约定保险人有权参与被保险人抗辩第三者索赔的活动,甚至控制抗辩过程。[①]对于被保险人在保险人未参与的情况下所达成的和解协议的效力,一些地方法院出台的指导意见也予以否定,以确保保险人的参与权。如《广东省高级人民法院关于审理保险合同纠纷案件若干问题的指导意见》(粤高法发〔2011〕44号)第20条规定:“责任保险合同保险事故发生后,被保险人与第三者协商确定的赔付数额未经保险人书面同意,被保险人主张按照协商确定的赔付数额认定保险人应承担的保险责任而保险人又不予认可的,人民法院不予支持。”《保险法司法解释四》对此予以了明确,其第19条第2款规定:“被保险人与第三者就被保险人的赔偿责任达成和解协议,未经保险人认可,保险人主张对保险责任范围以及赔偿数额重新予以核定的,人民法院应予支持。”

不过,实务上对通过法院调解确定的赔付数额的效力则存在不同意见。部分法院肯定调解协议的效力,如《北京市高级人民法院关于审理保险纠纷案件若干问题的指导意见》第26条规定:“责任保险的被保险人因给第三者造成损害,双方就赔偿数额达成调解的,应当作为保险人理赔数额的依据,但调解中的数额与保险人核定的理赔数额有较大差距的情形除外。”另外一些地方法院则认为,调解书并不当然具有法律效力。如《浙江省高级人民法院关于审理财产保险合同纠纷案件若干问题的指导意见》(浙高法〔2009〕296号)第20条第2句规定:“如被保险人与第三者之间采取调解方式,法院出具民事调解书确认的,在审理后续财产保险合同纠纷案件中,法院根据需要可对相关事实进行必要的审核。”被保险人与第三者之间的损害赔偿法律关系作为民事纠纷的一种,其解决方式除传统的民事诉讼外尚有诸多替代方式,包括裁判内的诉讼调解、裁判外的人民调解、仲裁制度以及其他行政机关、团体、组织主持的纠纷解决机制等。基于调解与和解的类似性以及保险人参与权规定的规范目的,在解释上应当将法院调解包括在内。我国台湾地区“高等法院”也认为:“被保险人与第三人于法院和解、调解或经乡镇市调解委员会调解成立,

① 马宁:《责任保险人抗辩义务规范的继受与调适》,载《法学》2015年第4期,第36页。

本质上仍为当事人互相让步而成立之合意，如未经保险人参与，保险人自不受拘束。原审徒以被上诉人与第三人系由某区调解委员会调解成立，经法院核定，与民事确定判决有同一之效力，即认上诉人虽未参与该调解，仍应受拘束，所持法律上见解，殊难谓合。”[①] 责任保险中被保险人请求权的内容仅仅在于请求保险人承担其对第三者基于法定责任义务规定而生的损害赔偿责任，被保险人单方所为的债务承认并不能使保险人承担超出这一范围的义务，擅自清偿及承认行为有违责任保险的保护目的，其效力也就不言自明了。[②]鉴于法院调解及其他有关机构、组织的调解程序在我国民事纠纷的解决中占据重要的地位，为充分保障保险人的参与权，应肯定有《保险法司法解释四》第19条的适用。[③]

（二）保险人之参与权

责任保险中保险人的责任不仅取决于保险合同的约定，还取决于受害人对被保险人索赔的结果。被保险人擅自为清偿及承认行为的禁止只是消极地否定此种行为的效力，并不能保证保险责任范围在合理限度内。保险人的参与权，是指责任保险之保险事故发生后，保险人在被保险人和第三者协商赔偿的过程中享有决定、和解以及进行抗辩的权利，旨在确保保险人能够积极地参与被保险人赔偿责任的确定。[④]一般来说，保险人的参与行为包括协助或参与被保险人与第三者就责任关系确定而为的和解行为及诉讼行为。[⑤]赋予保险人对被保险人法律纠纷处理的参与权，在一定程度上可以避免上文提到的被保险人包揽赔偿责任的道德危险的发生。此外，让保险人提早介入被保险人的赔偿关系也有助于确保损害赔偿结果的公正性，并提高纠纷解决的效率。为保障保险人能够积极地参与被保险人的赔偿关系，《德国机动车强制保险条例》第7条第2句规定：“如果投保人因故意或重大过失不正当地承认或清偿某请求权之全部或一部分、违反告知义务或在法律争议中未将诉讼的进行

---

① 参见我国台湾地区“高等法院”1998年台上字第2331号判决书，引自王静：《保险类案裁判规则与法律适用》，法律出版社，2013，第325页。

② Vgl. Günter Bauer, Die Kraftfahrtversicherung, München: C. H. Beck, 2010, Rn. 667.

③ 最高人民法院民事审判第二庭编著：《最高人民法院关于保险法司法解释（四）理解与适用》，人民法院出版社，2018，第390页。

④ 王静：《保险类案裁判规则与法律适用》，法律出版社，2013，第325页。

⑤ 韩长印、韩永强：《保险法新论》，中国政法大学出版社，2010，第300页。

让渡给保险人的,在多付的费用上适用第一句的规定"[1]。除此之外,德国机动车强制保险制度还进一步赋予保险人在诉讼程序的代表权。2008年版《德国机动车责任保险条款》第E2.4条第1句规定:"您(投保人)应当将法律争议交给我们处理。我们有权以您的名义委任律师,您必须向他授予代理权、提供所有必要的信息,并提供被要求的文件。"为保障保险人参与被保险人的赔偿程序的及时性,《德国保险合同法》第104条第2款第1句还规定:"如果投保人被以诉讼的方式提起了请求权,或者被申请了诉讼费救助,或者被以诉讼的方式宣布了争议,则他应当毫不迟延地向保险人告知这些情况。"实际上,德国法上保险人的参与权来源于《德国保险合同法》第100条规定的保险人在责任保险中负担的防御未成立的赔偿请求的义务。保险人参与被保险人赔偿关系的目的不仅在于确定被保险人损害赔偿责任的范围,同时也是在履行自己对被保险人负担的义务。因此,保险人的参与权不仅适用于具名被保险人被起诉的情况,也适用于附加被保险人被起诉的情况。基于诚实信用原则,被保险人负有协助保险人行使参与权的义务。当前学界在论证保险人参与权时主要借鉴英美法上的抗辩义务理论,但抗辩义务的来源并未得到明确。[2]实际上,抗辩义务源自保险人依责任保险之本质所负担的责任免除义务,只不过此处免除的是来自第三者的尚未成立的损害赔偿请求。《保险法司法解释四》仅规定被保险人擅自为清偿及承认行为的效力,而未从正面规定保险人的参与权不得不说是一种缺陷。当然,保险人的责任还受到诉讼时效的限制,而诉讼时效的起算也取决于被保险人请求权的法律性质。

(三)被保险人请求权的诉讼时效

时效制度旨在维护现行法律秩序的安定性,并同时具有教育意义与督促功能,提醒权利人及时适当地行使权利,使权利人不敢怠于行使,以减少法律纷争,增进社会和谐。[3]对于诉讼时效的计算,除时效期间的长度外,重要的是时效起算点的确定。《保险法》第26条第1款规定:"人寿保险以外的其他保险的被保险人或者受益人,向保险人请求赔偿或者给付保险金的诉讼时效期间为二年,自其知道或者应当知道保险事故发生之日起计算。"但责任保险的保险事故自何时发生,法律并未明确规定。对于责任保险中被保险人请求权

---

① 《德国机动车强制保险条例》第7条第1句规定:"如果不真正义务的违反出于为自己或他人获取违反财产利益的意图,则责任免除义务在所获得的非法财产利益的范围内不受限制。"

② 武亦文:《论责任保险人的抗辩义务》,载《法商研究》2013年第4期,第67页。

③ 施启扬:《民法总则》,中国法制出版社,2010,第327页。

诉讼时效的计算，《保险法司法解释四》第18条规定："商业责任险的被保险人向保险人请求赔偿保险金的诉讼时效期间，自被保险人对第三者应负的赔偿责任确定之日起计算。"需要指出的是，本条规定的诉讼时效针对的是被保险人享有的请求保险人代其向第三者承担损害赔偿责任的权利，《保险法司法解释四》将其规定为请求赔偿保险金的权利并不准确；同时，该条所指"商业责任保险"也应包括强制责任保险，因为在被保险人请求权诉讼时效的起算方面强制责任保险与任意责任保险并无不同。至于被保险人请求权诉讼时效起算时间是否妥当，可以根据责任保险之保险事故的定义以及被保险人知悉保险事故的时间来判断。

1. 责任保险之保险事故

保险事故，是指将保险合同所承担的危险具体化为被保险人的损害，而构成保险金给付条件的特定危险事故的发生。[①]根据学者的总结，责任保险之保险事故的确定共有"损害事故基础制""索赔基础制""责任负担基础制""履行赔偿基础制"等几种学说。《保险法司法解释四》（征求意见稿）第23条曾以"被保险人向第三者实际赔偿之日"作为被保险人给付请求权诉讼时效的起算点，显然系以"履行赔偿基础制"作为保险事故发生的标准。"履行赔偿基础制"认为，被保险人向第三者履行赔偿责任并真正支出而造成财产上之减少时即为保险事故发生，其立论基础在于合同相对性理论，将被保险人的请求权理解为单纯的保险金请求权。"履行赔偿基础制"显然并不符合《保险法》第65条第4款对"责任保险"的定义，根据该定义责任保险保障的是被保险人对第三者的赔偿责任，而非现实的财产减少。"责任负担基础制"则认为，被保险人因损害事故的发生而对第三者应负担法律上的赔偿责任而经诉讼上或诉讼外确定者，责任保险之保险事故即已发生。"责任负担基础制"的合理性在于，"责任保险的目的，在于使被保险人能免脱当受损害之第三者请求有理由时，因而须对第三者负担债务此一不利，而以'确定负法律责任'为保险事故时，始真正造成被保险人财产上减损之不利益，保险人之给付保险金始为填补其损害。其优势在于不仅使保险事故发生的时间极易确定，也与责任保险的目的更为相符"。《重庆市高级人民法院关于保险合同纠纷法律适用问题的解答》（渝高法〔2017〕80号）第19条明确规定："责任保险中的'保险事故发生'是指被保险人对第三者造成损害且对第三者应承担的赔偿

---

① 江朝国：《保险法逐条释义（第三卷 财产保险）》，元照出版公司，2015，第692页。

责任确定。”《保险法司法解释四》最终改采“责任负担基础制”,值得肯定。[①]

2. 被保险人知悉保险事故的时间

既然责任保险的保险事故是指被保险人对第三者应负担的赔偿责任的确定,则被保险人请求权的诉讼时效应当自被保险人知悉其对第三者应负担的赔偿责任确定的时间起算。不过,理论及实务界对被保险人知悉赔偿责任的时间存在不同的理解。我国台湾地区所谓“保险法”第65条第3项规定:“要保人或被保险人对于保险人之请求,系由于第三者之请求而生者,自要保人或被保险人受请求之日起算。”应当指出的是,在第三者提出损害赔偿请求时被保险人仅仅知悉发生了侵权法意义上的损害事件,但这并不代表被保险人知悉了保险事故的发生,因为被保险人可能并不知悉自己是否负有法律上的赔偿责任及责任的具体范围。实际上,被保险人赔偿责任的确定中已经包含了受第三者请求的意思,否则责任根本无从确定。被保险人之请求权原则上自其对第三者的责任确定时即可行使,故其对保险人的请求权的诉讼时效应自此时起算。[②]德国联邦最高法院也认为,在判断被保险人请求权可得行使的时间点时重要的是第三者的请求权以对保险人发生效力的方式而被确定。[③]以被保险人赔偿责任的有效确定作为诉讼时效的起算点,有助于督促被保险人及时行使其责任免除请求权,无论是以请求保险人向受害人给付保险金,还是自己先垫付费用后向保险人请求给付保险金的方式。若是以“被保险人向第三者实际赔偿之日”作为诉讼时效的起算点,将可能导致被保险人怠于为受害人的利益去及时行使保险给付权利,最终也将给保险人的经营带来不利的影响。责任保险中被保险人损害赔偿责任的确定方式《保险法司法解释四》第14条已有规定,以此作为被保险人给付请求权诉讼时效的起算点,既符合责任保险的本质,也便于操作。不过,《保险法司法解释四》第14条规定的被保险人对第三者应负的赔偿责任的确定方式作为诉讼时效起算点的前提是,《保险法司法解释四》第19条规定的保险人之参与权获得了保障。

五、责任保险中被保险人请求权性质的反思

从上文对责任保险中受害人、被保险人及保险人之间关系的论述来看,三

① 江朝国:《保险法逐条释义(第三卷 财产保险)》,台湾元照出版公司,2015,第697页。

② 刘宗荣:《新保险法:保险契约法的理论与实务》,中国人民大学出版社,2009,第342页。

③ Vgl. Beckmann / Matusche-Beckmann, Versicherungsrechts-Handbuch, München: C.H.Beck, 2015, § 24 Rn. 159a.

方的利益在本质上是一致的，均在于移转或分散保险事故所造成的损失。只要被保险人请求权的法律性质在法律上被合理界定且设置了合理的权利行使规则，受害人和保险人的利益亦能得到妥善的维护。

（一）比较法上被保险人责任免除请求权理论的提出

如果被保人请求权的法律属性能够兼顾被保险人转移责任风险与受害人的损失及时获得补偿的需要，则责任保险制度可以更健康地发展。德国帝国法院在1909年2月5日的一个基础判决中首次提出，责任保险中被保险人对保险人所享有的请求权应当解释为责任免除请求权，其旨在使被保险人免于向受害人承担损害赔偿责任。换句话说，被保险人在责任保险中对保险人所享有的请求权并不是原先所理解的保险金支付请求权。德国帝国法院对被保险人请求权的这一全新认识并非来自对法律条文的文义解释，而是从责任保险的本质中推导出来的。[①]在保险事故发生后，被保险人不能请求保险人向自己支付保险金，这种请求与责任保险的本质相冲突。被保险人只有在已经向受害人承担了损害赔偿责任时，才能对保险人享有支付保险金的请求权。如果受害人的损害赔偿请求权已由发生既判力的判决所确定，则受害人可以直接请求保险人向自己支付保险金。[②]《德国保险合同法》第100条在表述责任保险保险人的给付义务时体现了这一思想，该条规定，“在责任保险中保险人有义务使投保人免于第三者基于投保人为在保险期间内所发生的事实而承担的责任所行使的请求权，以及防御未成立的请求权”。我国台湾地区学者也认为，在责任保险中被保险人所享有的请求权性质为保险给付（免责）请求权。[③]

（二）《保险法》第65条规定的应为被保险人的责任免除请求权

为加强受害人的保护，2009年《保险法》改革对被保险人以及在特别情况下受害人直接向保险人行使权利的规定进行了修改，主要体现在《保险法》第65条第2款第1句上。[④]虽然新法在一定程度上强化了受害人的保护，但也引起是否已经赋予了受害人直接请求权的争论。[⑤]

---

① Vgl. Günter Bauer，Die Kraftfahrtversicherung，München：C. H. Beck，2010，Rn. 752，753.

② Vgl. Günter Bauer，Die Kraftfahrtversicherung，München：C. H. Beck，2010，Rn. 752，753.

③ 叶启洲：《保险消费者权益保护之新发展》，元照出版公司，2015，第362页。

④ 《保险法》第65条第2款第1句规定：“责任保险的被保险人给第三者造成损害，被保险人对第三者应负的赔偿责任确定的，根据被保险人的请求，保险人应当直接向该第三者赔偿保险金。”

⑤ 陈亚芹：《论责任保险第三人直接请求权的立法模式：对直接请求权理论基础的新解读》，载《保险研究》2011年第1期，第103页以下。

1.《保险法》第65条规定的并非受害人的直接请求权

有学者认为，新《保险法》规定了第三者在一定条件下针对保险人的直接请求权，只是没有注意到强制责任保险和任意责任保险在保护强度上的不同要求，且直接请求权的行使条件需要进一步完善。[①]笔者不同意这一说法，本条规定以被保险人的赔偿责任已经确定且被保险人怠于请求为要件，受害人在权利实现方面仍然会面临一些困难，并不能称之为直接请求权。《德国保险合同法》第115条规定的直接请求权在保险事故发生时受害人即可行使，并未规定其他限制条件。该条第1款第4句还规定，保险人与被保险人应作为连带债务人向受害人承担责任。[②]在保险事故发生后，受害人可以选择直接向保险人请求给付保险金，而无须先向被保险人主张权利并获得执行名义，因为立法者赋予受害人直接请求权旨在便利其享有的正当的损害赔偿请求权的实现。[③]德国通说认为，虽然受害人的这一直接请求权与保险关系有着紧密的联系，但并非来自保险合同，而是一个法定的损害赔偿请求权。[④]

2.《保险法》第65条规定的实为被保险人的责任免除请求权

从《保险法》第65条第2款第1句的规定可以看出，责任保险中被保险人请求权的目的并不在于自己获得约定的保险金，也不在于使第三者获得额外的利益，而仅仅在于借此免于承担损害赔偿责任。这些体现了与德国判例发展出来的被保险人的责任免除请求权相同的内容。

首先，被保险人行使保险金请求权受到限制。如果被保险人可以任意地请求保险人向自己支付保险金，而请求保险人直接向受害人给付保险金只是被保险人恣意的施舍，我们尚不能认为我国法上责任保险之被保险人的请求权已从原先的保险金请求权发展为责任免除请求权。为确保受害人能够获得保险金，立法上必须存在限制被保险人请求给付保险金的法律规定。根据《保险法》第65条第3款的规定，在责任保险中被保险人未向该第三者赔偿的，保险人不得向被保险人赔偿保险金，这与德国法上的做法是一致的。如果将第65条规定的请求权理解为被保险人的保险金请求权，则难以解释法律对该请

---

① 陈飞:《论我国责任保险立法的完善:以〈保险法〉第65条为中心》,载《法律科学》2011年第5期,第194页。

② 《德国保险合同法》第115条第1款第1项规定:“第三人也可以向保险人行使其损害赔偿请求权:1. 如果涉及的是为履行根据《机动车保有人强制保险法》而存在的保险义务而订立的责任保险。”

③ Vgl. Langheid/Wandt, Münchener Kommentar zum Versicherungsvertragsgesetz: Band 2, München: C. H. Beck, 2017, § 115 Rn. 1.

④ Vgl. Dirk Looschelders, Schuldrecht Besonderer Teil, München: Vahlen, 2018, Rn. 1463.

求权行使所做的限制。

其次，受害人才是保险金请求权的主体。如果将第65条规定的被保险人的请求权理解为责任免除请求权，而保险金请求权属于受害人，就能够对该条针对被保险人请求给付保险金所做的限制予以合理解释。对此《保险法司法解释四》第20条规定："责任保险的保险人在被保险人向第三者赔偿之前向被保险人赔偿保险金，第三者依照保险法第六十五条第二款的规定行使保险金请求权时，保险人以其已向被保险人赔偿为由拒绝赔偿保险金的，人民法院不予支持。"在财产损害保险中，保险人在保险事故发生时即负有给付保险金的义务，以填补被保险人所受之损失，故在财产损害保险中保险赔偿的方式系金钱给付。但在责任保险事故发生时，保险人的义务并不在于对被保险人的财产标的物或人身权益遭受的财产损失进行赔偿，而在于通过给付使被保险人脱离对第三者的赔偿责任的不利状态，回复未发生保险事故时应有的状态，保险给付的方式应以回复原状较为合乎责任保险之本质。[①]

再次，特定情况下被保险人获得的保险金实为追偿权。尽管在责任保险中被保险人在向受害人履行赔偿义务后也可以向保险人请求给付保险金，但此时保险人的给付义务虽然也表现为金钱给付的形式，但实际上只是偿还被保险人为保险人预先垫付的费用，与财产损害保险中金钱给付系为填补被保险人之损害并不相同。

综合我国《保险法》第65条第2款第1句和第3款的规定可以发现，被保险人仅在已经向受害人承担了赔偿责任时可以请求保险人向自己给付保险金。在其他情形，被保险人只能请求保险人向受害人给付保险金。概言之，我国法上责任保险之被保险人对保险人所享有的权利亦为责任免除请求权。

六、结语

责任保险作为经济风险的分散机制，具有重要的社会功能。现行法以传统责任保险理论及保险合同相对性原则为基础赋予被保险人以保险金请求权，可能导致受害人在保险事故发生后无法获得赔付或无法及时获得赔付。被保险人享有保险金请求权的传统见解未能很好地平衡受害人、被保险人以及保险人之间的利益，有改革的必要。2009年《保险法》改革对责任保险中被保险人行使保险金请求权作了一定限制，尽管《保险法》第65条并未赋予受害

---

① 江朝国：《保险法逐条释义（第三卷 财产保险）》，元照出版公司，2015，第707页。

人以直接请求权，且在保险金请求权行使要件方面现行法还存在一些不合理的地方，但受害人作为保险金请求权主体的地位已经获得了立法的承认。在赋予受害人以保险金请求权以后，被保险人的请求权的性质被改造成为责任免除请求，具体来说，是使被保险人摆脱第三者之损害赔偿请求。为强化保险消费者的保护，未来《保险法》改革时立法者应以责任免除请求权理论为基础进一步明确保险人之责任免除义务的范围，杜绝不必要的争议。在表述上可以参考《德国保险合同法》第100条的规定：一是保险人在保险金额的范围内负有为被保险人承担已经成立的损害赔偿责任的义务，包括可能的连带赔偿责任；二是保险人负有为被保险人防御未成立的赔偿请求的义务，包括承担被保险人参与赔偿关系的抗辩费用。为保证保险人责任免除义务具体范围的公平性及被保险人赔偿关系的效率，法律不仅应当否定被保险人未经保险人参与所为的擅自清偿及承认行为的效力，还应赋予保险人在被保险人赔偿关系中的积极参与权。被保险人的损害赔偿责任被有效确定后，其责任免除请求权即可行使。为督促被保险人积极行使权利，以便受害人能够及时获得保险金，应以被保险人的损害赔偿责任被有效确定之日为诉讼时效的起算点。

参考文献

[1] 陈飞.论我国责任保险立法的完善：以新《保险法》第65条为中心[J].法律科学(西北政法大学学报)，2011，29(5)：191–200.

[2] 韩长印.责任保险中的连带责任承担问题：以机动车商业三责险条款为分析样本[J].中国法学，2015(2)：266–281.

[3] 邢海宝.机动车自愿责任险排除连带赔偿责任[J].中国法学，2016(3)：265–281.

[4] 叶启洲.保险消费者权益保护之新发展[M].台湾：元照出版公司，2015.

[5] 武亦文.论责任保险人的抗辩义务[J].法商研究，2013，30(4)：66–75.

[6] 最高人民法院民事审判第二庭.最高人民法院关于保险法司法解释(四)理解与适用[M].北京：人民法院出版社，2018.

[7] Günter B. Die Kraftfahrtversicherung[M]. München：C. H. Beck，2010.

[8] Langheid/Wandt. Münchener Kommentar zum Versicherungsvertragsgesetz：Band 2[M]. München：C. H. Beck，2017.

保险合同权利结构与保险利益归附之主体

——评“保险法(修改草案送审稿)”第12条、33条、53条规定

高 宇[①]

我国相关国家机关和组织正在着手进行保险法的修订工作。根据国务院2005年立法规划，中华人民共和国国务院保险监督管理委员会组织起草了《中华人民共和国保险法(修改草案送审稿)》(以下简称《2005年送审稿》)，并在2005年12月8日送请国务院审议。[②]该送审稿中对原保险法中保险利益的有关规定进行了相应修改，体现在该送审稿第12条、第33条和第53条。现行《中华人民共和国保险法》(以下简称《保险法》)关于保险利益的有关规定存在的问题并没有因《2005年送审稿》中对其的修改而得以解决，仍须在保险立法中予以深入讨论。就保险利益所要求的主体来说，其前提在于如何理解保险合同的权利配置准则，以及在确切理解此准则下进行的合同权利结构设计。在明了保险合同权利结构的具体内涵之下，才能讨论保险利益须依存的主体问题，进而才能更合理地进行相应的立法起草工作。

一、保险合同权利结构之法律意蕴与影响因素

(一)保险合同权利结构的法律含义

保险合同的权利结构指在保险实证法上，保险合同主体之间在权利、义务要素上的结合关系；也就是说，在法律构造技术上，保险合同的权利、义务如

① 高宇：法学博士，吉林大学法学院副教授，吉林大学法学院投资管理与保险法制研究中心主任。本文原载于《当代法学》2006年第4期。

② 见中国保险监督管理委员会文件《关于提请审议〈中华人民共和国保险法〉(修改草案送审稿)的请示》(保监发〔2005〕112号)。

何在保险合同主体之间进行分配，通过权利、义务的配置才能确定合同主体的法律地位，所以，保险合同的权利结构实际上反映了保险合同关系中关涉主体的法律定位。由于保险合同是双务合同，一方权利即为另一方义务，讨论一方的权利，实际上也就是在讨论另一方的义务。据此，我们虽指称其为“权利结构”，但实质上亦涵盖了“义务结构”的内容。

（二）保险合同权利结构的影响因素

保险合同的权利结构既是对现实生活关系的反映，也包含着对法律精神的理解，同时亦深受立法者分析问题的思维框架和法律技术水平等因素的影响。

首先，现实生活关系最终决定实证法上的保险合同权利结构必须反映其所欲调整的生活关系。正如经典作家们所言，“君主们在任何时候都不得不服从经济条件，并且从来不能向经济条件发号施令。无论是政治的立法或市民的立法，都只是表明和记载经济关系的要求而已”。现实社会生活包含着经济关系在内的人与人之间的各种关系，各种生活关系需要法律的相应确认和调整。那表明和记载各种生活关系的立法须符合现实社会生活的基本要求。保险合同的权利结构须反映合同关涉主体的实际需求。

其次，反映现实生活关系的保险法利益配置准则直接决定着保险合同的权利配置。保险法是调整保险关系的规范体系，通过保险法对保险的调整，保险才能更好地发挥分担个人损失、安定社会生活的功能。而保险功能的发挥又是通过人们与保险人之间缔结保险合同、变更保险合同、履行保险合同、解释保险合同来实现的。这就需要保险法合理地分配合同主体之间的权利、义务资源，以促使人们能够更为有效地通过保险合同来分散危险、消化损失、安定生活。保险的运作是以被保险人利益为重心来进行的，保险法在分配保险合同的权利、义务时，也应反映并体现以被保险人利益保护为重心的原则，这表现为保险法的精神关照，即保险法所欲追求、实现的法律资源分配准则。[①]保险法所关注的是依何原则合理配置法律资源，恰当地保障被保险人的人身或财产利益。保险法所追求的资源配置原则（即权利义务配置准则）决定着

① 保险法分配的法律资源是权利、义务，由于行为人是通过保险合同来转移危险、分散危险和分担损失的，所以，保险法对保险合同权利、义务的分配是否妥当对行为人上述目的能否顺利达成就非常重要。

保险合同权利[1]的制度构造。对其人身或财产受保险合同保障的人（即被保险人）的利益保护和命运关怀是保险法的核心理念，保险合同的权利配置应以是否有利于受保险保障之人（被保险人）的利益为判断标准来安排设计。在此精神关照下，保险法以分散被保险人危险，消化被保险人损失，维护被保险人生活安定为自己追求的目标，并以被保险人利益保护为重心来设计保险合同的权利结构。

最后，既有法律传统、立法者分析问题的思维框架，及其法律技术处理水平也深刻影响着保险合同的权利结构设计。立法除了要反映现实社会生活关系的诉求，同时也深受既有可资借鉴的法律传统的影响，在制定保险法的过程中，都要参考前人或他国的立法经验。从事保险法立法工作的人的法律技术水平和运用风格也影响着保险合同权利结构的立法表现。

二、保险合同权利结构对保险利益归附主体之影响

（一）保险法上保险合同权利结构的本来意义

我国保险法立法深受大陆法系和英美法系传统的影响。其对保险合同权利结构的处理，影响着我国保险合同主体的制度设计。在两大法系之下，保险人作为合同一方当事人没有异议，有争议的问题集中在保险人的相对人的主体范围，以及保险合同所涉各关系人的法律地位上。英美法中的“insured”被人译成“被保险人”。有人认为，在英美法系下，保险合同的权利结构采用二分法，即被保险人与保险人。其理解的确切性有待考虑。实际上，在英美法的不同语境下，“insured”一语不仅指以其存有保险利益的财产或财产性利益为保险标的的主体，有时，亦为提出保险要约，在保险事故发生时，根据合同享有保险金给付请求权的主体。在保险从海上保险到陆上保险，从财产保险到人身保险的发展历程中，人们通过经验发现，向保险人发出保险要约的主体、以自己生命或身体为保险标的的主体与保险事故发生享有保险金给付请求权的主体不可能或不宜为同一人。所以，不能用“insured”一语涵盖投保人、受益人。于是，在保险合同中由“applicant for insurance”来表征“投保人”，由“beneficiary”来表征受益人。因人身保险推衍于财产保险，在20世纪40年代以前，人身保险的营运受财产保险的影响，除保险单或法令特别规定外，

---

① 保险合同是双务合同，谈当事人双方各自的权利，反过来对对方而言，同时即是讨论其各自的义务。因此，在此只论合同权利即可。

人身保险合同仍沿袭财产保险上的“insured”一词来概括。[1]而实际上，“对于insured一字究系指何人而言，有时不易捉摸，而英美法令上‘The insured must have an insurable interest’一词尤宜多加思索也”[2]。

在大陆法系之下，保险人的相对人为投保人，是请求保险人承担约定危险，并据此负有交付保险费义务的主体。但是，投保人并不是保险合同利益的当然享有者，因此，不一定要求其须具有保险利益。在财产保险合同中，当投保人与被保险人为同一人时，系为自己利益保险；投保人与被保险人非为同一人时，系为他人利益保险。而在人身保险合同中，大陆法系立法并不使用保险利益的概念[3]，在理论上，也反对将财产保险利益概念适用于人身保险合同。被保险人则是对保险标的具有保险利益，因保险事故未发生而保有其利益，因保险事故发生受有损失的主体。若合同没有特别约定，法律将保险金给付请求权分配给被保险人。受益人的存在实际上是为了被保险人利益处分的需要而设置的主体，在被保险人自己欲享有保险金给付请求权也能够享有时，当然由其自己享有；若其不欲享有或不能享有时，则可通过预先指定受益人的方式，由符合自己意思的人来享有。据此，在一般情况下，受益人与被保险人实际上是统一的，在被保险人不欲享有或不能享有合同利益时，才由符合其意思的非自己的第三人享有。我国《保险法》实际上通过第23条第2款、第3款的规定将被保险人作为当然受益人的地位来看待。在法律文本上，这就导致了被保险人与受益人合同权利的重合，无法有效解释当被保险人与受益人非为同一人时，两者中谁享有保险金给付请求权。其权利配置是模糊的，其主体地位是朦胧的。若投保人欲以自己利益订立保险合同，则其同时须为被保险人，并须确定其对保险标的具有保险利益。若将投保人以自己利益为保险标的订立保险合同，并以自己为被保险人的财产保险合同看作常有状态，法律也并不排斥投保人为他人利益订立保险合同，以他人为被保险人的非常有状态。因此，在这种权利结构下，投保人与被保险人成为独立存在的合同主体，并具有不同的权利、义务。用一般的合同法原理来衡量，将本属于合同当事人一方的保险费交付义务与享有的保险金给付请求权分割开来，造成了若干保险合同规则与一般合同法原理之间的难以协调。根据一般合同法原理，本属

① 施文森：《保险法判决之研究〈总则编〉》（上册），三民书局，2001，第122–123页。

② 同上书，第123页。

③ 参见《德国保险契约法》；《日本商法典》第3编第10章。

于合同当事人的义务，对保险合同中的被保险人是否同时适用，如保险法上的如实告知义务、危险增加的通知义务、复保险的通知义务等；本属于缔约当事人——投保人的权利，投保人根据保险合同的权利结构设计是否依然享有；哪个合同主体享有受益人的指定权等。因此，理解保险合同权利结构须树立以被保险人利益保护为重心的权利配置思想。[①]

（二）立法技术处理与保险合同关系人的法律地位

若将投保人与保险人定位为保险合同的当事人，被保险人、受益人为关系人，尚须考虑保险合同关系人之间的法律定位及其关系。在被保险人与受益人的地位及其关系上，实际上存在着不同的法律技术处理模式。

首先，在被保险人、受益人各自独立的技术处理模式下，采用被保险人与受益人各自独立的主体结构，被保险人概念的存在是为了解决确定哪个主体与危险发生的载体有利害关系，也是为了确定保险标的上所负载的危险；但却不必将保险金给付请求权分配给被保险人。此时，根据一个合同关系，从其不同主体权利不能重合的角度来说，受益人是享有保险金给付请求权的独立主体。但是，由于被保险人与保险标的的利害关系或自身即为危险发生载体事实的存在，实际上，这种事实决定原则上应由其本人享有合同利益，其自身应为当然受益人。据此，现实生活关系要求立法在规定独立受益权的同时，亦须规定指定享有合同利益的权利人为被保险人。从逻辑上来说，享有合同利益的人才能处分合同利益。之所以又单设受益人，因实际生活中存在被保险人将利益通过合同处分给他人，而不欲自己享有的必要。因此，受益权作为一种独立的权利，表现在法律形式上，虽不由被保险人享有，但是谁享有该权利，却由被保险人来决定，实际上仍然由被保险人控制和支配合同利益，这是一种技术处理方式。

在此模式下的保险合同，对于保险人的相对一方来说，采取三分法的权利结构，除了发出订立保险合同要约、交付保险费的投保人、对保险标的具有保险利益的被保险人外，再另设一个受益人，而将该受益人定位于保险合同利益的享有者，在财产保险合同情况下，由于贯彻损失填补原则，所以，实际上要求被保险人与享有保险合同利益的受益人应为同一人，仍贯彻了两分法的权利构造。但在人身保险情况下，当被保险人因保险事故发生而死亡时，因其作为法律关系的主体不再存在，须设另一主体来享有保险合同利益，此时，单设另

① 高宇：《被保险人与受益人同时死亡时保险金之给付》，载《当代法学》2005年第6期，第51页。

一主体,即受益人才有其必要。特别是在具有储蓄性的人身保险合同中,即使其在保险事故发生时仍生存的情况下,被保险人仍可通过三分法的权利结构将以自己为保险标的的保险合同利益处分给符合其意思之人,这种权利构造给予被保险人更多的行为选择,使其能够按自身意思来判断和决定。保险法应贯彻按照符合被保险人意思的原则产生或确定该受益人的思想来设计保险合同的权利构造。在人身保险合同情况下,保险标的是自然人——被保险人本身,根据三分法的权利结构,享有合同利益者系受益人,而不是投保人,则在此合同中,若贯彻保险利益的概念,防止道德危险,则须要求受益人对被保险人具有保险利益,而不是要求投保人对被保险人具有保险利益。而在人身保险合同中,由于保险标的变成了人本身,而不再是财产保险合同情况下的物或物质利益,所以保险利益作为一种利害关系,就由人与物之间直接的利害关系变成人与人之间的关系。人与物或物质性利益的关系是客观的,能够被人观察,能够用货币来进行评价,而人与人之间的关系相较而言,则具有主观性,不能说人与人之间具有债权债务关系,根据金钱利害关系即可确认具有保险利益关系。

此种技术处理在思维上存在不合逻辑,在技术操作上辗转反复,增加了思维负担。

其次,另一种处理方式采用被保险人、受益人合一的技术处理模式。按此模式,在保险合同权利结构中,由被保险人当然享有合同利益,即同时是受益权的主体,两者合而为一,并可以享有指定受益人的权利来自由处分其合同利益,这是将被保险人权利与受益人权利合一来考虑的处理。在此种模式之下,其财产或人身为保险标的的被保险人与享有保险合同利益的受益人合一,被保险人既有其体现与保险标的利害关系的功能,又兼具保险合同利益享有者的地位,基于此,其当然可以通过指定权将合同利益处分给他人。被保险人、受益人不再是各自独立的主体,被保险人在享有保险合同利益问题上,是第一位的受益人。

在此模式下,保险合同保险人相对一方采用二分法的权利结构,将保险人相对一方的主体分为投保人与被保险人,也就是说,一个是发出订立保险合同要约,负有交付保险费义务的投保人;另一个是享有保险合同利益的被保险人。在此种合同权利配置下,为防范道德危险,保险法应要求在保险事故发生时受有损失的被保险人对保险标的具有保险利益,而不应要求投保人对保险标的具有保险利益。有人会质疑为何投保人只是订立保险合同,交付保险费,而不享有合同利益，谁会那样去订立保险合同。我们认为，这样的问题无须考虑。至于投保人因何甘心为被保险人利益订立保险合同，交付保险费，属于其内部关系决定的范围，自有其这样行为的理由，在保险合同权利结构设计中，无须考虑。若其不愿意，该主体自然可以选择不以非自身的他人为被保险人订立保险合同。但若其一旦选择以非自身的他人为被保险人订立保险合同，则须遵守保险合同权利结构的利益安排。根据我国现行保险法的规定来看，总的来说，采取了后一种技术处理模式，但须通过法律解释来予以明了。

讨论上述问题的原因在于，根据我国现行《保险法》第22条的规定，无法确定当被保险人与受益人非为同一人时，到底谁享有保险金给付请求权。这只有通过行为人在合同中用特定条款的方式来予以解决。这就降低了法律规则对当事人行为选择的指引作用。

（三）保险合同权利结构对保险利益主体确定的影响

保险合同权利结构对保险利益归附主体的影响表现在，讨论保险利益所归附的主体须以保险合同权利结构为思考前提。在保险合同的权利配置上，其与一般民事合同相异之处在于以被保险人利益保护为配置权利的基本准则。保险人是承担约定危险，在保险事故发生时，对保险合同利益享有者给付保险金的保险合同当事人。保险人的主要权利是收取保险费，主要义务是承担约定的危险。这是没有什么疑问的。投保人作为保险人的相对人来说，是保险合同的另一方当事人，负有交付保险费的义务，但是并不因此而当然享有保险合同利益。我们可以这样来把握保险合同中的权利配置关系：在保险合同中，被保险人与受益人是保险合同的关系人。在保险合同的权利结构中，被保险人处于关系人的地位。投保人的当事人地位是为被保险人利益而设置的。虽不是合同的当事人，但是，被保险人实际上支配、控制着保险合同利益。按照一般合同法原理，投保人与保险人之间应该遵循权利、义务平衡的原则分配彼此的权利、义务。既然投保人是订立保险合同、负有交付保险费义务的人，其当然应享有保险合同利益。但是，这样的合同权利分配原理并不能完全适用于保险合同的权利配置。在保险合同中，保险人所欲分散的危险、所欲消化的损失实际上是被保险人的危险或损失。被保险人是危险团体的成员，他们须借助保险合同将自身所负风险转移于擅长经营、管理风险的保险人来处理，以防止在遭遇危险时自身出现经济上的不安定，以及在危险尚未发生时，其在精神上的忧虑。一般来说，投保人与被保险人是一致的。但是，客观生活状况显示，投保人与被保险人非为同一人的情况亦非鲜见。所以，我们在法律上应承认当投保人与被保险人非为同一人时，投保人为被保险人利益而与保险人缔结保险合同关系，并在保险合同权利结构设计上考虑如何为其提供便利。正如经典作家们所言“君主们在任何时候都不得不服从经济条件，并且从来不能向经济条件发号施令。无论是政治的立法或市民的立法，都只是表明和记载经济关系的要求而已”[①]。若在法律上只承认投保人与被保险人为同一人的情况，就会忽略当两者非为同一人的情况，这导致法律对行为人自由限制的结果，使得行为人丧失了选择的空间。

保险利益概念产生和适用于保险合同，其意义在于防止赌博或道德危险。在财产保险合同中，保险利益还有确定保险金数额大小，防止超额保险，禁止不当得利的功能。谁根据保险合同享有保险金给付请求权或享有合同利益，谁才可能故意损毁保险标的，以谋取保险金，所以，保险合同中须防止的道德危险实际上来自于根据保险合同而可能享有利益的主体的故意或过失所致的损失。据此，保险利益所要求的主体应是保险合同利益的享有者，即享有保险金给付请求权的人。保险合同的权利结构决定着保险利益所应归附的主体。在保险合同的权利结构中，若将保险金给付请求权分配给被保险人，则须防范的道德危险系来自该被保险人对保险标的所为的损毁，而实际上无须要求其他主体对保险标的具有保险利益。在保险合同的权利结构中，若仅将投保人作为订立保险合同的当事人，而并不当然享有保险合同利益，则其存在的意义只是为被保险人利益的实现提供便利，在保险法上，亦不必要求其对保险标的具有保险利益。这样并不会引发道德危险，因为在此种情形下，即使投保人实施了故意损毁保险标的的行为，也不会据此从该行为中获得保险合同利益。也就是说，允许其订立保险合同并不会成为助长其实施毁损行为的动力，其在保险合同权利结构中的地位已经决定投保人并不能从其自身对保险标的所为的损毁行为中获得利益。即使其对保险标的为损毁行为，也不是源于保险合同利益的诱导，也不是保险利益规则所能防范的。据上所述，在保险合同中，实际上应该要求被保险人对保险标的具有保险利益。

三、我国《保险法》现行规定之检讨

在保险法应要求投保人、被保险人，还是受益人对保险标的具有保险利益的问题上，学理上存在不同的主张，立法例上也未一致。有人认为只须要求

① 参见《马克思恩格斯全集》第4卷，第286–287页。

投保人对保险标的具有保险利益即可；有人认为，应要求被保险人对保险标的具有保险利益[①]；亦有人认为，保险利益应存在于被保险人，亦应存在于受益人[②]。我国现行《保险法》第12条规定：投保人对保险标的应当具有"保险利益"。保险利益是指投保人对保险标的具有的法律上承认的利益。保险标的是指作为保险对象的财产及其有关利益或者人的寿命和身体。据此，在我国现行保险实证法上，订立保险合同时，要求投保人对保险标的具有保险利益，即投保人对作为保险对象的财产及财产性利益或者人的寿命和身体具有利害关系。根据我国现行实证法的规定，在主体上，要求投保人对保险标的具有保险利益，而被保险人对保险标的无须具有保险利益。这样的处理是有欠妥当的。

（一）保险利益应否存在于投保人

至于保险利益应否存在于投保人，从现行立法上来说，许多立法例规定投保人须对保险标的具有保险利益，实际上，投保人是否对保险标的具有保险利益并不会产生对保险标的的不利后果。在财产保险上，因保险事故发生真正受有损失的人才有权请求保险金给付。而投保人若因事故发生没有任何损失，当然不具有保险金请求权，即使其实施了损害保险标的的行为，亦不是其享有合同利益所诱使，因此，在学理上，我们认为，即使投保人无须对保险标的具有保险利益，也不能引发道德危险。有时，允许对保险标的无利害关系的人以非自己的第三人为被保险人订立保险合同，可能对需要危险转移的被保险人来说更为有利。如有富人X看到邻人Y一家生活困窘，所居茅屋，年久失修，X为富者仁人，悲天悯人，深恐茅屋为秋风所破，欲以邻人Y为被保险人，以邻人Y的茅屋为保险标的，订立房屋损失险保险合同，保险事故包括茅屋为秋风所破。在此情形，若被保险人Y并不反对X投保，而强求投保人必须与保险标的具有保险利益，这倒不利于被保险人，也妨碍了行为人友善助人的行为自由。保险法反而因此失去了成就被保险人的精神关照。

（二）保险利益应否存在于被保险人

若投保人与被保险人为同一人，无讨论的必要。若两者非为同一人时，则产生保险利益究竟应存在于投保人或被保险人的问题。财产保险以损失填补

① 梁宇贤：《保险法新论（修订新版）》，中国人民大学出版社，2004，第77页；郑玉波：《保险法论》，三民书局，1987，第61–62页。

② 徐卫东：《保险法学》，科学出版社，2004，第95–97页。

为宗旨,因保险事故发生受有实际损失的人才能享有领取保险金的权利。因此,保险法应要求被保险人对保险标的的损毁灭失、责任发生或不发生等存在利害关系,其须具有保险利益。在人身保险中,被保险人对其自身当然具有保险利益,但此时,被保险人对自身为损害而谋取保险金的道德危险不是由保险利益规则来控制的,而是由保险事故的意外性或非故意性来控制的。在被保险人指定非被保险人的第三人享有保险合同利益时,须考虑是否能通过保险利益规则来控制第三人对被保险人的道德危险。

(三)保险利益应否存在于受益人

人身保险的受益人,对于作为危险载体的被保险人而言亦应具有保险利益。在人身保险中的健康保险、伤害保险以及生存保险,其被保险人常同时为受益人。自己对自己当然具有保险利益,无讨论的必要。但若两者非为同一人时,特别是在保险合同存在以死亡、伤残、疾病为给付保险金条件的情况下,客观上存在引发道德危险的可能。因此,受益人对被保险人应具有保险利益。

我国保险法虽未明确规定受益人对被保险人须具有保险利益,但实际上通过对受益人的指定、变更设有的相应控制来代替保险利益概念的功能。以死亡为给付保险金条件的人身保险合同的受益人虽表面上可由投保人或被保险人指定,实际上,若投保人与被保险人为同一人时,投保人指定即由被保险人指定,受益人名义上由投保人指定,实际上由被保险人指定。我们在法律上假设,有意思能力的被保险人基于理性考虑,不会以自己生命为赌注指定与自己毫不相干的第三人为受益人。若投保人与被保险人非为同一人,则依我国保险法关于当投保人指定受益人时须经被保险人同意的规定,若未经被保险人书面同意并确认保险金额,该指定无效。我国《保险法》第62条规定:“人身保险的受益人由被保险人或者投保人指定。投保人指定受益人时须经被保险人同意。被保险人为无民事行为能力人或者限制民事行为能力人的,可以由其监护人指定受益人。”该法第63条规定:“被保险人或者投保人可以变更受益人并书面通知保险人。保险人收到变更受益人的书面通知后,应当在保险单上批注。投保人变更受益人时须经被保险人同意。”因此,我国现行保险法虽无受益人对被保险人须具有保险利益的明文规定,但通过被保险人同意权的法律规定在实务中的运用,事实上达到受益人对于被保险人须具有保险利益的效果。被保险人的同意权起着确定保险利益的相应作用。

因此,我国现行保险实证法上关于保险利益的规定并不符合保险法的精神关怀,即以被保险人利益为重心配置保险利益所要求的主体。这就需要我们通过保险法的修订来改善目前保险法上保险利益的法律结构。

四、《2005年送审稿》相关规则修改之述评

(一) 关于保险利益规则的修改

就我国关于保险利益规则立法的实际情况来看,由中国人民银行组成的"保险法起草小组"起草,并于1993年12月31日提请审议的《中华人民共和国保险法(送审稿)》(以下简称《1993年送审稿》)第47条中规定:"保险利益,是指被保险人对保险标的具有法律上认可的经济上的利害关系,即当保险事故发生时,被保险人将遭受的经济损失。保险利益包括被保险人对经济上的现有利益和期待利益。"《1993年送审稿》第48条规定:"保险事故发生时被保险人没有保险利益的,合同无效。"而在《1993年送审稿》中的"人身保险合同"部分并没有使用"保险利益"概念,也没有表述为"保险利益"的相关法律条文。但在1995年最后通过的现行《保险法》中却将保险利益概念统一适用于财产保险合同与人身保险合同,在保险合同部分的"一般规定"中统一规定了两者共同适用的"保险利益",同时在"人身保险合同"部分又对人身保险合同中的保险利益做了特别规定。而在2005年12月8日由保监会提请国务院审议的《2005年送审稿》中,其对现行《保险法》第12条进行了修改,即将原第12条第1项修改为"投保人或被保险人对保险标的应当具有保险利益";将原该条第2款"投保人对保险标的不具有保险利益的,保险合同无效"去掉,而修改为"保险利益是指投保人或被保险人对保险标的具有的法律上承认的利益";将原第4款关于保险标的法律概念的规定改为第3款,内容不变;同时增加1条,作为第33条,该条规定"保险事故发生时,被保险人对保险标的不具有保险利益的,保险人不承担赔偿责任。投保人要求解除合同的,保险人应当将保险费扣除自保险责任开始之日起至合同解除之日止期间的应收部分后,退还投保人"。现行《保险法》第53条规定是人身保险合同保险利益的特别规定。《2005年送审稿》第53条在保留了原来规定内容的基础上,在第1款"投保人对下列人员具有保险利益……"的既有3项规定基础上,增加第4项"与投保人有劳动关系的劳动者",同时增设第3款"订立合同时,投保人对被保险人不具有保险利益的,合同无效"。

纵观其修改后的规定,实际上《2005年送审稿》将财产保险合同的保险利益与人身保险合同中的保险利益规则做了相应修改,明确规定了保险利益的存在时点,并区分财产保险与人身保险,将财产保险合同保险利益的存在时

点改为“在保险事故发生时”,将人身保险合同保险利益的存在时点改为“在保险合同订立时”。在保险利益所归附的主体问题上,《2005年送审稿》在保险合同法总则中规定为“投保人或被保险人对保险标的应当具有保险利益”。而在财产保险合同部分通过第33条的规定来看,仅要求在保险事故发生时,被保险人对保险标的具有保险利益,否则保险人不承担赔偿责任。从第53条人身保险保险利益的特别规定来看,仅要求投保人对被保险人具有保险利益。由于在《2005年送审稿》所附的《关于〈中华人民共和国保险法(修改草案送审稿)〉的说明》中对于保险利益的修订没有详细文字说明,从文字上无法尽悉其修改初衷。但据其关于保险利益主体的修改之处,可以推测出修订者试图修改现行《保险法》对保险利益所应归附合同主体的规定,并作出了智识上的努力,但就其目前的修改来说,实际上反映了修改者并没有充分理解和考虑保险法上的保险合同权利结构,也缺乏对保险法利益配置准则的确切领悟。从第12条对保险利益归附主体为“投保人或被保险人”的规定看,其适用于所有保险合同,据此,不论人身保险合同,还是财产保险合同,只要投保人或被保险人中有一个对保险标的具有保险利益即可。这在逻辑上存在三种可能:一是投保人对保险标的具有保险利益;二是被保险人对保险标的具有保险利益;三是投保人与被保险人同时对保险标的具有保险利益,即投保人与被保险人两者为同一人。只要三种情况具备一种,即为已足。在立法技术上,可以将《2005年送审稿》第33条、第53条分别看作其第12条在财产保险合同、人身保险合同部分的特殊规定。而《2005年送审稿》第33条却只要求被保险人对保险标的具有保险利益,其第53条只要求投保人对被保险人具有保险利益。于是总则与分则的规定仍难协调,实际上使得修改后的第12条第1款成为无用的规则。因为根据第33条的规定来看,当且仅当被保险人具有保险利益时,即符合财产保险保险利益规则的要求;根据第53条的规定来看,当且仅当投保人对被保险人具有保险利益时,即满足人身保险保险利益的要求。然而该53条的规定并不能有效发挥保险利益规则的作用。

值得考虑的是,在人身保险合同中,由于作为危险发生载体的保险标的系被保险人自身,而不是如财产保险合同中的财产或财产性利益,所以,当他人以非自身的第三人为被保险人订立合同时,在道德危险的防控上,须有不同于财产保险合同的特殊规则。只有被保险人认可的人与人之间的关系才对被保险人自身而言最少道德危险发生。所以,单纯的利益关系或人身关系的存在并不能有效决定保险利益的存在,通过第53条来防范人身保险合同中的道德危险不无疑虑。[1]

（二）关于合同权利规则的修改

在保险合同的权利结构方面，《2005年送审稿》将原法第10条关于投保人与保险人法律概念的规定内容保持不变；将原第22条第2款“被保险人是指其财产或人身受保险合同保障，享有保险金请求权的人，投保人可以为被保险人”放在第12条，作为该条第4款。因将原法第20条去掉，而将原法第22条变为第21条，修改了原22条第1款的内容，并将原法第22条第3款关于受益人法律概念的规定继续保留在修改后的第21条第2款，内容不变。这样修改之后，保险合同的权利结构没有实质改变，仍将保险人的相对一方在财产保险合同中分为投保人和被保险人；在人身保险合同中分为投保人、被保险人和受益人。在权利结构上将投保人定位于向保险人发出保险要约，负有交付保险费义务的主体。被保险人则是财产或人身受保险合同保障，并享有保险金给付请求权的主体。受益人是在人身保险合同中由权利人指定而享有保险金给付请求权的主体。实际上，受益人的存在是保险利益的延伸，由被保险人支配、控制着合同利益。被保险人是第一位的合同利益享有者，若未指定其他第三人为受益人，则被保险人为当然受益人。只有在其保险事故发生不再存在时，才由其继承人继承其保险金债权。而其他被指定者是被保险人以外的其他次序劣后于被保险人的合同利益享有者。所以我国保险法上的被保险人与受益人在人身保险合同中，实际上是合二为一的，只有被保险人指定其他非自身的第三人为受益人时，才有特别考虑的必要。因此，可以说，我国保险法上的受益人地位与被保险人地位存在着融合与分离。受益人地位与利益笼罩在被保险人的意思之下。

① 限于篇幅，关于人身保险的保险利益问题，笔者将另撰文阐明，在此不再赘述。

应对恐怖主义的保险机制研究

周学峰 [1]

恐怖主义袭击，并非当代社会的新现象，然而，自人类进入21世纪以来，随着世界地缘政治的变化，极端主义的出现，种族、宗教和意识形态矛盾的激化，有愈演愈烈的趋势，已成为全球社会共同面临的威胁。美国在2001年的"9·11"事件发生后经历了长达十几年的反恐斗争，恐怖主义的阴影仍然挥之不去。[2]欧洲国家在大量外来难民、移民涌入的背景下，反恐形势日趋加重，欧盟和各成员国政府近年来都加强了对于恐怖主义信息传播和恐怖主义活动实施的防范。[3]中国亦面临着恐怖主义的威胁，曾发生过多起恐怖暴力犯罪事件。[4]恐怖袭击通常会造成严重的人身伤亡或财产损失，如果说对于袭击的发生防不胜防，那么，如何有效地对受害人进行救济，便是我们必须要解决的问题。本文所关注的是：对于恐怖袭击所造成的损害，可否通过保险的机制来进行补偿。

一、中国保险业对待恐怖袭击风险的现状与问题

从保险合同条款来看，就人寿保险和年金保险而言，中国的许多保险公司都未将恐怖袭击所造成的人身损害或死亡列入责任免除的范围，这意味着，被

---

① 周学峰：北京航空航天大学法学院教授。

② 例如，2013年4月，美国波士顿又发生了一起涉嫌恐怖活动的爆炸事件。参见潘寅茹：《波士顿爆炸案震惊全美 美国反恐战略或受影响》，载《第一财经日报》，2013年4月17日。

③ 21世纪以来发生在欧洲的恐怖主义袭击事件，有2004年3月11日马德里火车站爆炸事件、2005年7月7日伦敦地铁爆炸事件、2011年7月22日挪威奥斯陆爆炸枪击案、2015年11月3日巴黎暴恐袭击事件、2019年11月29日伦敦桥恐怖袭击事件。

④ 例如，2013年发生在中国新疆巴楚县的恐怖暴力犯罪事件。参见何军、于涛：《警方披露巴楚暴力恐怖案详情》，载《新华每日电讯》，2013年4月30日。

保险人因遭受恐怖袭击而死亡的风险，属于保险公司的承保范围。[①]就人身意外伤害保险而言，各保险公司的保险条款存在差异，例如，中国人寿保险股份有限公司的个人人身意外伤害保险条款并未将恐怖袭击风险从承保范围内排除，但是，其发售的“建筑施工人员团体意外伤害保险”的保险条款却明确地将恐怖袭击风险排除在承保范围之外；中国平安保险公司发售的个人意外伤害保险和团体意外伤害保险的保险条款均将恐怖袭击所造成的伤亡列入责任免除的范围。就财产保险合同而言，包括家庭财产保险和企业财产保险，许多保险公司都将“恐怖袭击”或“恐怖活动”所造成的损失列入责任免除的范围，只有极少数的保险公司明确宣称其愿意提供恐怖袭击财产保险。[②]

由此我们需要思考以下问题：保险公司为何要将恐怖袭击所造成的损害风险排除在其承保范围之外；恐怖袭击的风险与其他风险相比有无特殊之处，其本身是否具有可保性。由于恐怖袭击的风险并不是中国保险业所单独面临的风险，而是世界上许多国家所共同面临的问题，并且，有一些国家已经建立起专门针对恐怖袭击风险的保险机制，因此，我们将对此进行相关比较法研究，以期对于理解和解决我国保险业所面临的问题有所裨益。[③]

---

① 参见中国人寿保险股份有限公司的“国寿祥福定期寿险”合同条款、生命人寿保险股份有限公司的“生命富贵花年金保险”（2011年9月版）、“生命红上红A款两全保险”的合同条款。

② 例如，中国平安保险公司和中国人寿财产保险公司的“家庭财产保险”合同条款，中国人寿财产保险公司的“企业财产一切险”“营业中断险”合同条款，中国人保财险公司的“企业财产一切险”“建筑安装工程一切险”合同条款，均将“恐怖袭击”或“恐怖活动”造成的损失列为责任免除事项。值得注意的是，中国人保财险公司的“国内公众责任险”合同条款并未将恐怖袭击风险明确排除，但其提供的“涉外公众责任险”却予以明确排除。

在中国营业的保险公司中，公开宣称其能够为恐怖袭击风险提供财产保险的，非常少见。一家外资保险公司，即美亚财产保险有限公司，在其网站显著位置发布了有关承保“恐怖袭击财产保险”的信息（网址：http://www.aiginsurance.com.cn/terrorism_2092_378680.html，访问时间：2013年5月3日）。另外，据报道，人保财险中山市分公司作为主承保商承保上海金茂大厦，恐怖袭击责任险作为附加险被纳入保险范围中。参见丁保权、关楚虹：《中国第一高楼上海金茂大厦投保“恐怖主义险”》，载《南方都市报》，2004年5月12日。

③ 需要指出的是，在2001年美国“911”事件发生之前，中国的保险合同条款中罕有明确将恐怖袭击或恐怖活动的风险排除在外的，例如，中国人民银行在1996年发布的“《财产保险基本险》和《财产保险综合险》条款、费率及条款解释”中没有提及恐怖袭击或恐怖活动风险。实际上，正是发生在国外的恐怖袭击事件引起了中国保险业的警觉，促使其将恐怖袭击的风险排除在承保范围之外。

二、主要西方国家的恐怖风险保险制度

（一）美国

在2001年的"911"恐怖袭击事件发生之前，美国也曾遭受过恐怖袭击，如1993年的世界贸易中心爆炸案、1995年的俄克拉何马城爆炸案，以及1996年的亚特兰大奥林匹克公园爆炸案。由于这些恐怖活动所造成的损失非常有限，美国保险业对于恐怖袭击风险基本上是不予重视或特别考虑的，虽然财产保单通常会将战争所造成的损失排除在承保范围之外，但大多数公司的保单都未明确提及恐怖袭击风险。从保险合同解释的角度来看，这意味着被保险人遭受恐怖袭击所造成的损失应属于保险范围之内。

2001年的"911"恐怖袭击事件彻底改变了美国保险业对恐怖袭击风险的看法。在"911"恐怖袭击事件中，纽约世界贸易中心的两幢摩天大楼遭到被恐怖分子劫持的民航客机的撞击而倒塌，从而造成巨额损失，这在此前几乎是无法想象的。[①]据保险业估计，"911"恐怖袭击事件造成的财产损失在300亿至600亿美元之间，要超过美国在历史上经历的任何一次灾难性事件。1992年的安德鲁飓风被认为是史上最严重的自然灾害，其所造成的损失也不过200亿美元。[②]"911"恐怖袭击事件发生后，虽然保险公司按保险合同约定进行了

---

① 在投保时，纽约世界贸易中心的产权人曾对世界贸易中心可能遭受的损失作过估计："1993年恐怖分子以炸弹攻击世界贸易中心，造成可预测的最大财产损失。1号塔关闭6周，2号塔关闭4周。……虽然爆炸如此强烈，对建筑结构造成的破坏却微不足道。损害只限于地下停车场水泥地面需换新，水泥震裂爆露出加固用钢筋需要修理和非承重墙壁需要重修。"预测报告的确考虑过飞机撞楼的可能，"这种设想有其可能，但是极难发生"；"双塔的结构设计师公开宣称，如发生飞机冲撞双塔，飞机燃油会一直洒到小区地面，造成建筑物表面燃烧损坏，需要纽约市消防局来灭火。建筑物表面换新费用估计是整个建筑物损失费用的35%，即大约4亿2千万元，这样的损坏导致一年租金损失约1亿5千万元，两项合计不到6亿元"。事实证明，上述估计是过于乐观的，"911"事件实际造成的损失远远超过最初的估计。参见周启博："911保险理赔案陪审见闻"，网址：http://www.iic.org.cn/D_infoZL/infoZL_read.php? id=3581&pagex=1，访问时间：2013年5月7日。

② Andrew S. Neuwelt, The Impact of September 11 on Terrorism Insurance: Comparing Senate Bill 2600, House of Representatives Bill 3210, and the United Kingdom's Pool Re., 9 ILSA J. Int'l & Comp. L. 473, 474 (2003).

赔付，但是，其随后便纷纷宣布退出恐怖风险保险市场。[①]此次撤离首先从再保险公司开始的。许多再保险公司在2002年签订再保险合同时，明确地将恐怖风险排除在再保险的承保范围之外。在失去再保险的保障的情况下，许多原保险公司亦随之修改保险合同条款，将恐怖袭击造成重大损失的风险排除在其保险范围之外。[②]由于再保险业务具有国际性，相当大份额的业务是由国外再保险公司承保的，并且，再保险合同一向遵循契约自由的原则，其所受监管非常宽松，因此，尽管美国民众和各州的保险监管机关对此不满，但也无能为力。尽管原保险合同的条款与费率受美国各州保险监管机构的监管，但是，绝大多数州的保险监管机构都对保险公司排除恐怖风险的做法予以批准。[③]这是因为，再保险的存在对于原保险业务的意义重大，例如，在“911”恐怖袭击事件的保险赔付中，大约三分之二的赔付实际上是由再保险公司承担的，因此，一旦保险公司无法就其承保的恐怖风险进行再保险，那么，其面临的风险就会过大，从而有可能危及其偿付能力，而确保保险公司的偿付能力一向是保险监管的核心目标之一，因为这事关其他广大的被保险人的利益。对于那些少数的依然承保恐怖风险的保险公司而言，其都大幅调高了保险费，其数额之高足以令大多数被保险人都难以承受，特别是一些大城市的地标性建筑的保费激增，例如，有的大厦的保费在“911”恐怖袭击事件之后增长了十倍。[④]

---

① 在“911”恐怖袭击事件发生之后，尽管当时的美国总统布什宣称：“这是针对我们国家的一次有预谋的和致命的攻击，它不仅仅是恐怖行为，而是战争行为。”并且，美国随后发动了针对基地组织的战争，但是，从保险合同解释的角度来看，恐怖行为并不属于保险合同所定义的“战争”的范围，因此，保险公司不得基于保险单中所规定的“战争”免责条款来拒绝对恐怖袭击所造成的损失进行赔付。另外，“911”事件之后，保险公司面临着巨大的政治压力和社会压力，亦使其未敢提出恐怖袭击属于保险单中所规定的“战争”免责的范围，以免触发众怒。参见：Andrew S. Neuwelt, The Impact of September 11 on Terrorism Insurance：Comparing Senate Bill 2600, House of Representatives Bill 3210, and the United Kingdom’s Pool Re., 9 ILSA J. Int’l & Comp. L. 473, 478 (2003).

② 美国大多数保险公司的财产保单都参照了“保险服务事务所”（Insurance Service Office, ISO）起草的标准保单条款。在“911”恐怖袭击事件发生后，ISO专门制定了有关排除恐怖主义风险的标准条款，对于恐怖袭击所造成的在72小时内超过2 500万美元的损失，被明确排除在保险赔付范围之外。参见：Irene S. Kaptzis, Looking Beyond the Sunset：International Perspectives on the Terrorism Risk Insurance Act of 2002 and the Issue of Its Renewal, 29 Brooklyn J. Int’l L. 827 (2004).

③ 仅有纽约州、加利福尼亚州、佐治亚州、佛罗里达州等少数州对保单的修改未予批准。参见：Irene S. Kaptzis, Looking Beyond the Sunset：International Perspectives on the Terrorism Risk Insurance Act of 2002 and the Issue of Its Renewal, 29 Brooklyn J. Int’l L. 827 (2004).

④ Andrew S. Neuwelt, The Impact of September 11 on Terrorism Insurance：Comparing Senate Bill 2600, House of Representatives Bill 3210, and the United Kingdom’s Pool Re., 9 ILSA J. Int’l & Comp. L. 473, 492 (2003).

保险在美国经济生活中占据着举足轻重的地位，人们一旦无法获取保险，不仅会影响到商业社会的正常运行，而且会影响到普通人的就业与经济的恢复。正如时任美国总统的布什在向美国国会解释时所称：进行工程建设可以解决许多人的就业问题和促进经济发展，但其通常需要融资，如果无法获取涵盖恐怖风险的保险，就没有哪家银行或投资机构愿意向其提供资金，这将阻碍经济的恢复与发展，更无力承受第二次恐怖袭击。[①]在市场无法自发地提供针对恐怖风险的保险，而民众又迫切需要的情况下，为了应对“911”恐怖袭击事件给美国社会所造成的恐慌，保障美国经济的持续发展，美国国会于2002年11月颁布了《2002年恐怖主义风险保险法案》，从而建立起联邦政府扶持下的恐怖主义风险保险（以下简称“恐怖风险保险”）制度。立法者原未想将该制度确立为永久性制度，因此，在2002年法案中规定其有效期截止日为2005年12月31日，到期后该项保险计划自动终止。但是，2005年国会又通过法令将其有效期延长了两年，2007年时又颁布了《2007年恐怖主义风险保险计划再授权法案》，从而将恐怖风险保险计划延展至2014年12月31日。2015年1月，新一届美国国会成立之后便迅速通过了《2015年恐怖主义风险保险计划再授权法案》，将恐怖风险保险计划再次延展至2020年12月31日，并对相关条款进行了修订。2019年12月，美国国会再次通过《2019年恐怖主义风险保险计划再授权法案》，将恐怖风险保险计划再次延展至2027年12月31日。

美国的恐怖风险保险制度主要包括以下内容：

第一，强制承保，自愿投保。所有从事商业财产与意外险的保险人都必须参与该项保险计划，都必须向投保人提供恐怖风险保险，保险人签发的保险单中有关排除恐怖主义风险的条款无效，但是，投保人可自由决定是否投保。基于法案规定，从事联邦农业保险、国家洪水保险，私人抵押保险、健康保险、人寿保险（包括团体人寿保险）的公司，以及再保险公司，不在该保险计划的适用范围内。参加该保险计划的保险人无须向联邦政府缴纳保费，但是，在一定条件下，联邦政府可请求保险人返回一部分费用。

第二，政府资助，风险共担。在联邦政府机构中，具体由财政部来负责恐怖风险保险事宜。依据2002年法案，如果一起被认定为恐怖主义的行为所造成的损失超过了500万美元，将启动恐怖风险保险赔付。2005年法案修订时，

① Bill Sammon, Bush Says Senate Should Federalize Terror Insurance, THE WASH. TIMES, 1 (Apr. 9, 2002).

损失门槛金额,从500万美元提升至5 000万美元;2007年法案修订时,又被提升至1亿美元。依据新修订的2015年法案,损失门槛金额将自2016年起,每年度提高0.2亿美元,至2020年时提升至2亿美元。

在进行保险赔付时,各承保的保险人须首先向被保险人赔付一定的金额,即"扣除额"。对于超出扣除额部分的损失,联邦政府承担90%,保险人承担10%;依2007年的修订法案,联邦政府承担85%,保险人承担15%。依据2015年的修订法案,自2016年1月1日起,政府承担的部分每年降低1%,直至降至80%。恐怖风险保险赔付的最高限额,即封顶额,在2002年的法案中规定为1 000亿美元。

依2002年法案规定,需要由保险人承担的扣除额部分,是连年递增的,2002年为前一年度的直接收取的保费收入的1%,2003年升为保费收入的7%,2004年升为保费收入的10%,2005年升为保费收入的15%。2005年法案将其提升至保费收入的17.5%,2007年法案又将其增至保费收入的20%。

第三,适用对象严格界定。基于恐怖风险保险的目的,将一项行为认定为恐怖主义行为,须经美国财政部、国防部和司法部共同决定。2002年法案将"恐怖主义行为"界定为:代表外国人或外国利益的一些个人所从事的暴力行为或危及人的生命、财产或基础设施的行为,其意在对美国民众产生强制,或通过强制对美国政府的政策或行为产生影响,并且已经在美国境内或美国的船舶、航空器或使馆内造成了损害。[①] 2007年的修订法案删除了对"外国人或外国利益"的要求,这意味着,无论是本国的还是外国的恐怖主义行为,均属恐怖风险保险计划的涵盖范围。

第四,保险范围是受到限制的。恐怖风险保险并不是承保一切恐怖主义风险,而是存在许多例外,例如,核损害或放射性物质污染、生物或化学武器攻击等通常都被排除在财产保单的保障范围之外,亦不属于恐怖风险保险的保险范围。

第五,项目的临时性。联邦政府最初在制订该项保险计划时,是将其作为一项临时性措施来对待,目的在于稳定保险市场、帮助保险人渡过难关,而并非要设立一项永久性的恐怖风险保险计划,因此,该保险计划是存在有效期的,尽管其一再被延长。另外,从法案对损失门槛值、扣除额以及政府承担赔付的比例等事项的规定可看出,联邦政府的赔付责任份额在连年降低,而商业

① Terrorism Risk Insurance Act of 2002, Sec. 102(1).

保险公司的责任则越来越重，因此，联邦政府有意最终退出该保险计划或淡化政府的责任，并逐步由商业保险公司发挥主导作用。

由于在恐怖风险保险制度推出后，保险费并没有出现像立法者最初设想的那样大幅下降的情形，加上恐怖风险的阴影始终未从美国社会消失，恐怖风险保险计划被一再延展，因此，在今后的一段时间内，联邦政府将难以从恐怖风险保险计划中脱身。

（二）英国

英国保险业对待恐怖风险的态度与美国非常相似，最初并不重视，直至1992年爱尔兰共和军在英国伦敦的金融中心地区制造了一起爆炸事件，其所造成的损失高达3亿多英镑，英国的保险业与民众都陷入了恐慌，先是再保险公司，然后是直接承保的原保险公司纷纷将恐怖风险从保单的承保范围中排除，以至于人们无法从市场上购买到涵盖恐怖风险的商业保险。[①]英国政府在巨大的政治压力下，通过与英国保险业协会协商，最终建立起颇具英国特色的"再保险共同体"（Pool Re）计划。在该计划中，由英国政府来担当最终的再保险人，从而给私人保险市场以支持。

"再保险共同体"，在性质上属于互助（mutual）保险公司，由英国本地的保险公司、劳埃德保险辛迪加、海外的保险公司和自保公司自愿加入而组成。[②]凡加入"再保险共同体"的保险公司将依照其规则提供恐怖风险保险，而不得在市场上另行提供其他同类保险。"再保险共同体"可向英国政府投保再保险。保险公司在向公众提供保险时，通常是将恐怖风险作为附加险来提供，并单独收取保险费，投保人不得仅就其特定的财产单独投保恐怖风险保险。对于恐怖风险造成的财产损失，原保险人在留存额度内负责，对于超出留存额的损失，可向"再保险共同体"提出主张。"再保险共同体"可用其累积的利润来支付赔付款，如果不足，可向参加该保险计划的成员保险公司征收不超过保费10%的资金；如果仍然不足，可提取以往的投资收益用于支付赔付款。如果"再保险共同体"仍无力赔付，则由英国政府承担最终的无限额的赔付责任，但是，再保险共同体在其保费收入达到一定数额后，须向政府偿还由政府承担的赔付金额。

---

① William B. Bice, British Government Reinsurance and Acts of Terrorism: the Problems of Pool Re, 15 U. Pa. J. Int'l Bus. L. 441, 446 (1994).

② 参见：Alan J. Fleming, Terrorism Coverage in the United Kingdom, 网址：http://www.drj.com/special/wtc/w3_065.htm, 访问时间：2013年5月10日。

根据英国《1993年再保险(恐怖主义)法案》的规定，所谓恐怖主义行为："是指作为一定组织的代表或与该组织有关联的人的行为，其通过使用武力或暴力，实施旨在推翻或影响英国政府或其他法律上的或事实上的政府机构的行为"[①]。再保险共同体所承保的恐怖风险，主要针对的是商业财产保险，包括营业中断的风险，其不包括人寿保险、人身损害保险或私人财产保险，但是，其适用于私人住宅保险。[②]

恐怖风险的保险费率主要受两项因素的影响，一是地理位置，二是被保险资产的价值。最初，英国被划分为两类地区，一类地区，主要是伦敦、曼彻斯特之类的大城市区域，除此以外的其他地区被确定为二类地区。后来，再保险共同体采用了新的分类方法，划分了四类地区，其中，A类地区是指伦敦市中心；B类地区包括伦敦市中心以外的地区和其他城市；D类地区是指康沃尔和苏格兰的大部分地区；除上述地区以外的不列颠岛上的其他地区均属于C类。[③]

2011年发生在美国的"911"恐怖袭击事件亦对英国的恐怖风险保险制度产生了重要影响。例如，对于原保险人留存额度，最初规定是10万英镑，在"911"恐怖袭击事件发生后，英国修改了原来的规定，而是重新规定了每起恐怖袭击事件的留存额度和每年度的总留存额度，并且规定留存额度的数额将每年递增。恐怖风险的保险范围亦得到了进一步的扩展，生化污染、飞行器撞击、水岸堤坝被毁等灾难损失亦被包括在内。[④]

（三）法国

对于恐怖风险保险，《法国保险法典》设有专门章节进行规定。第L126-1条和第L126-2条分别对恐怖袭击所导致的人身损害和财产损害补偿进行了规定，如前所述，虽然两者都规定在保险法典中，但是，其性质不同。人身损害补偿机制实际上是国家补偿机制，而财产损害补偿机制实际上是保险机制。

法国自1986年开始，便强制将恐怖风险纳入到财产保单的保险范围内，但是，专门针对大规模恐怖袭击风险的保险机制则是建立于2001年。依照《法国保险法典》第L126-2条规定，财产保险合同不得将在法国领土上所遭受

---

① Reinsurance (Acts of Terrorism) Act 1993, § 2(2).

② Irene S. Kaptzis, Looking Beyond the Sunset: International Perspectives on the Terrorism Risk Insurance Act of 2002 and the Issue of Its Renewal, 29 Brooklyn J. Int'l L. 827, 855 (2004).

③ 参见：Alan J. Fleming, Terrorism Coverage in the United Kingdom，网址：http://www.drj.com/special/wtc/w3_065.htm，访问时间：2013年5月10日。

④ Irene S. Kaptzis, Looking Beyond the Sunset: International Perspectives on the Terrorism Risk Insurance Act of 2002 and the Issue of Its Renewal, 29 Brooklyn J. Int'l L. 827, 858 (2004).

到的因恐怖袭击或爆炸而导致的损害排除在外保险范围之外，从而强制财产保险人承保恐怖袭击风险。[①]《法国保险法典》并没有对“恐怖主义”或“恐怖袭击”进行界定，对此需要援引《法国刑法典》的相关规定。《法国刑法典》第421-1条和第421-2条对构成恐怖主义犯罪的行为进行了界定。基于上述规定，使用原子能、生物、化学或放射性物质从事的恐怖主义行为的风险亦被纳入到强制恐怖风险保险的保险范围中。另外，根据法国2006年1月23日的法案，凡是在法国领土上所遭受到的恐怖袭击所导致的损害均属于保险范围，而不论该恐怖袭击是源自于法国领土内还是法国领土外，这意味着，即使在法国领土外发动的恐怖袭击，例如，使用生物或化学物质发动的袭击，如果在法国领土范围内发生了损害后果，其亦属于恐怖风险保险的保险范围。

被强制涵盖恐怖风险的财产保险合同类型包括：为法国领土上的财产提供火灾损失险的保险合同；机动车保险；航空器保险（限于用于非商业或非营利性目的的航空器，且其价值低于一百万欧元）；船舶保险（限于用于娱乐的海上、湖泊或内陆水道的船舶，且其价值低于一百万欧元）。但是，铁路货物和运输车辆保险被排除在外。

强制恐怖风险保险的保险赔付的损失范围包括：恐怖袭击所导致的直接的财产损失、源自于直接财产损失的财务损失、与财产清除有关的成本；保单承保范围内的营业中断损失，但是，由位于法国境外的风险因素所导致的营业中断被排除在外。[②]

2001年“911”事件发生后，许多国际再保险机构纷纷将大型恐怖风险排除在承保范围之外，这对法国的保险业也产生了很大影响。为了应对恐怖风险保险的损失分担问题，法国的保险机构和再保险机构经过协商成立了“恐怖风险保险与再保险管理机构”（Gestion del’assurance et de la réassurance des risques attentats et actes de terrorisme，GAREAT）。GAREAT既非保险机构，亦非再保险机构，而是一个由私营保险公司、国际再保险公司和法国的“中央再保险基金”（CCR）共同组建的经济利益合作组织，负责对恐怖风险承保和再保险进行管理和安排。其中，中央再保险基金基于《法国保险法典》第L431-10条的授权，可以从事恐怖袭击风险的再保险业务，并由国家对其承担无限

---

① 《法国保险法典》第L126-2条规定：“财产保险合同不得将在法国领土上所遭受到的因恐怖袭击或爆炸而导致的损害排除在外保险范围之外。凡与之相反的条款，均应视为不存在。政府法令应对本条的适用范围作出规定。”

② CCR：Terrorism Risk in France：Existing Cover and CCR’s Role?

担保责任。

恐怖袭击风险可分为大型风险（large risk）和中小型风险（small or medium risks）。所谓大型风险，是指保险金额为2 000万欧元以上的风险。对于大型风险，依据GAREAT成员之间签订的协议，隶属于法国两大保险行业组织FFSA和GEMA的成员保险机构应将其承保的恐怖风险分保给GAREAT的大型风险项目，而其他的法国保险机构或外国保险机构可自愿加入GAREAT的大型风险项目。当发生应赔付的损失时，实行分层赔付机制。先由保险公司和再保险公司承担，超额部分由GAREAT承担，但是，GAREAT的再保险金额有最高额限制，其在2013年时被设定为230亿欧元，并计划自2013年到2017年期间每年增加6 000万欧元。对于超过GAREAT限额的部分，则由中央再保险基金承担，并由国家对其承担无限担保责任。

保险金额不足2千万欧元的风险，属于中小型风险。对于中小型风险，GAREAT在成立之初并没有将其涵盖其中，并不存在像针对大型风险那样的GAREAT协议安排。GAREAT于2005年关注到了“中小型风险项目”，为其成员承保中小型恐怖风险提供再保险，但其运行机制与大型风险项目存在显著不同，保险公司可以自由地选择加入其中，自由决定是自己保留全部风险，还是进行再保险。自2006年1月1日起，中央再保险基金可基于《法国保险法典》的授权，对纳入到强制保险范围的中小型恐怖风险保险提供再保险，并由国家对此承担无限担保责任。[①]保险公司与中央再保险基金可以签订再保险协议，对于超额损失部分由中央再保险基金负责赔付。

（四）其他西方国家的恐怖风险保险制度

1. 澳大利亚

2003年，澳大利亚通过了《恐怖主义保险法案》，组建了“澳大利亚再保险共同体公司”（Australian Reinsurance Pool Corporation，ARPC），为保险公司承保恐怖风险保险提供再保险支持，其保险范围包括由政府确认的恐怖主义行为所造成的商业财产损失和相关的营业中断损失，其包括生物或化学攻击所造成的损失，但将核损害排除在外。在法案通过后，保险单中有关恐怖主义风险免责的条款将归于无效，承保恐怖风险的保险公司可向澳大利亚再保险共同体公司投保再保险。澳大利亚的恐怖主义保险项目与英国的制度非常类似，其存在多重保障机制。当发生恐怖袭击事件并造成财产损失时，首先，由

① 参见《法国保险法典》第L431-10条。

原保险人在责任留存份额内承担赔付责任，若有超出，则由澳大利亚再保险共同体公司承担，并有2.75亿澳大利亚元的转分保项目（retrocession program）基金提供支持，若仍不足以赔付，则由政府设立的最高额达10亿澳大利亚元的联邦担保基金承担赔付责任。[①]

2. 奥地利

奥地利在2002年10月开始建立“恐怖风险保险共同体计划”（Österreichischer Versicherungspool zur Deckung von Terrorrisiken），为保险公司承保恐怖风险提供再保险。该保险计划于2003年1月开始实施。奥地利的“恐怖风险保险共同体”是由奥地利的保险业协会发起组建的，性质属于承担共同保险和再保险业务的私营机构，其最高保险赔付限额为2亿欧元，不存在政府担保。虽然加入该保险集合并无强制性规定，但是，奥地利保险业协会下的99%的保险公司均自愿加入。

3. 比利时

比利时于2007年通过《恐怖主义保险法》，该法于2008年1月生效。根据该法，比利时的保险公司、再保险公司、政府和保险业的其他组织共同组建“恐怖主义再保险与保险共同体”，其在性质上属于非营利性机构。该项保险计划的最高赔付限额为10亿欧元。

4. 丹麦

丹麦于2008年颁布《恐怖主义保险法案》，其于2010年生效。根据该法案，丹麦创设了“非人寿险恐怖主义保险共同体”（TIPNLI），它是一个由政府支持的保险与再保险共同体机构，负责安排承保建筑物、火车、汽车、船舶因遭受原子能、生化攻击所导致的损失风险，其中政府承担的最高赔付责任限额为150亿丹麦克朗。

5. 德国

美国2001年“911”恐怖袭击事件对德国保险业亦产生了影响，许多保险公司在2002年续签保险合同时纷纷将恐怖风险排除在外，对此，德国联邦政府与保险业展开谈判，最终双方同意建立合作机制，于2002年成立EXTREMUS保险公司（EXTREMUS Versicherungs-AG），它是由德国的16家保险公司和再保险公司发起设立的，专门从事恐怖风险的保险业务，并由联邦

---

① 关于澳大利亚恐怖主义保险的更多信息，可查阅澳大利亚再保险共同体公司的官方网站（http://arpc.gov.au.）。

政府提供担保。EXTREMUS可以直接承保恐怖风险，其他商业保险公司可将其承保的恐怖风险分保给EXTREMUS，EXTREMUS再将其承保的风险业务分保给其股东、德国的其他保险公司和再保险公司、国际再保险公司。在发生恐怖袭击损失时，先由EXTREMUS和德国的保险公司、再保险公司进行赔付，再由国际再保险公司进行赔付，这些私营的保险机构的赔付限额为20亿欧元，若损失超出这一限额，则由德国联邦政府在80亿欧元的限额内承担赔付责任。需要指出的是，德国的恐怖风险的保险范围仅限于发生在德国境内的恐怖袭击，并且将生物、化学和核攻击造成的损失都排除在赔付范围外，并且，保险公司加入恐怖风险保险计划是自愿的，而非强制的。

6. 荷兰

荷兰保险业协会于2003年发起设立"荷兰恐怖主义损失再保险公司"（Nederlandse Herverzekeringsmaatschappij voor Terrorismeschaden N.V., NHT），专门从事对保险公司承保的恐怖风险保险进行再保险的业务。虽然是自愿加入，但实际上绝大多数在荷兰营业的保险公司都已加入该保险计划。荷兰恐怖风险保险的最大特点在于，其针对的具体险种，不限于财产保险，人身保险亦被包括进来，包括人寿保险、健康保险和殡葬保险，但要求人寿保险和殡葬保险的保单持有人须在荷兰境内有住所。NHT是一家再保险公司，因此，其与被保险人并无直接关系，而是负责与保险公司就恐怖风险保险索赔事项进行处理，并对保险公司的理赔进行协调和监督。就财产保险而言，在进行理赔时，保险公司的责任限额最高为7 500万欧元，即对每位被保险人在每处被保险地点的财产损失的最高赔偿额为7 500万欧元，而不论被保险人持有保单的数量；当损失超过这一限额时，则由NHT负责。[①]

7. 西班牙

对恐怖袭击风险的承保，在西班牙是由保险补偿联盟机构（Consorcio de Compensación de Seguros, CCS）来实施的。CCS的前身是设立于1941年的补偿管理机构，其成立于西班牙内战结束后，原本是作为一家临时机构负责管理对西班牙内战所导致的损失进行补偿，但是后来情况发生了变化，其于1954年被确立为永久性的组织，并几经变迁，最终发展成为国际上著名的巨灾保险

① 参见荷兰NHT公司的官方网站对NHT以及荷兰恐怖风险保险的介绍，网址：http://www.terrorismeverzekerd.nl/Website.aspx? xml=1&artikel=100060&parentartikel=100060&parentnieuws=100060&mg1=EAAF86EA450547F4B1F663151C62A1B2，访问时间：2013年6月3日。

机构。CCS在性质上属于“公共事业组织”，隶属于西班牙的经济与财政部，但是，其具有独立的法人人格，拥有独立的财产，可以自己的名义独立从事私法上的活动。CCS由董事会负责管理，董事会主席由“保险与养老基金”的董事长担任，董事会的其他成员由经济与财政部任命，其中，保险公司的高级管理人员与公共机构的代表各占一半。虽然依据西班牙目前的法律，CCS已不再具有垄断地位，但是其仍然是承保巨灾风险的最主要的保险机构，为确保其清偿能力，西班牙为其提供政府担保。

将恐怖风险纳入到CCS的承保范围内，在西班牙是有现实意义的。西班牙的恐怖活动，先前主要是由国内的一些分裂分子从事的，曾在国内持续了几十年。2004年，伊斯兰极端组织在马德里制造了一起火车爆炸案，造成190多人死亡，1 500多人受伤，从而再次拉近了西班牙人与恐怖袭击风险的距离。依照西班牙的法律，保险公司在其签发的财产保单和人身保单的承保范围中都必须含有恐怖风险。针对恐怖风险的保险费由各保险公司收取，然后转交给CCS，在发生恐怖袭击事件后，由CCS负责组织理赔。因此，在承保恐怖风险时，CCS并不是作为再保险机构出现的，而是直接担当了保险人的职责。西班牙政府为CCS提供担保，在CCS无力承担赔偿责任时，由政府承担无限额的赔付责任，但是，到目前为止，西班牙政府尚未实际进行过赔付。[①]

三、恐怖风险保险问题探析与解决路径的选择

（一）对恐怖风险保险问题的再认识

从前面的论述中可以看出，大多数国家的恐怖风险保险都是在2001年的“911”恐怖袭击事件之后建立起来的，并且都存在某种形式的政府介入。[②]其实，早在“911”事件发生之前，恐怖袭击事件早已发生过多起，只不过其所造成的损失规模较小，基本上未引起商业保险公司的重视，这也说明了对于小规模的恐怖袭击风险，商业保险市场是完全可以应付的。事实上，即使在“911”事件发生之后，美国的保险业也并未将恐怖袭击造成的损失完全排除在承保范围之外，而是进行了限定，对于遭受恐怖袭击所发生的金额较小的财产损

① Tara Zager, Terrorism Coverage and the United States Insurance Industry: An International Inquiry in Search of a Long-Term Solution, 53 Drake L. Rev. 545 (2005).

② 少数国家的恐怖风险保险是在“911”事件之前建立起来的，其情况都比较特殊。英国的恐怖风险保险制度是在1992年的一起严重的恐怖袭击事件之后建立起来的，当时的情形与美国在“911”事件之后非常类似。

失，仍可获得保险方面的保障。由此可见，恐怖袭击风险保险之所以会成为一个问题，其主要是针对大规模恐怖袭击风险保险而言的。

"911"事件之后，国际再保险公司纷纷宣布退出恐怖风险保险市场，由于再保险业具有全球性、国际性，因此，不仅是美国，世界上其他国家的恐怖风险保险市场亦深受影响。在缺乏再保险保障的情况下，许多国家的商业保险公司也随之宣布拒绝承保恐怖风险。如何看待这一现象，学术界观点不一。尽管在多数人看来，这意味着商业保险市场在处理恐怖风险时的无能，是市场失败的表现。但是，亦有一种观点认为，这样一种"保险危机"，只是暂时性的，而非长久性的，此类事件在历史上也曾出现过，例如，美国在20世纪80年代曾出现过"责任保险危机"[①]，许多公司曾一度无法买到责任保险或无力承担费用激增的保费，但是，后来，保险市场逐渐恢复平稳，责任保险依然被留在商业保险市场上，而并未变成政府保险或受政府资助的保险。[②]在这种观点看来，"911"之后之所以会出现恐怖风险保险的短缺，是因为"911"事件所造成的损失金额特别巨大，许多保险公司因支出了巨额赔付而消耗了公司的大量资产，其财务结构以及保险法关于保险公司清偿能力的要求使其无力继续承保恐怖风险保险；另外，"911"事件之后，保险公司更新了对恐怖保险的风险评估模型，依照新的评估模型，保险公司在承保恐怖风险时需要提取更大比例的责任准备金，从而使得保险公司的财务结构进一步恶化，但是，这种短缺应该是临时性的，是可以由市场自我纠正的，无须政府干预。[③]然而，事实证明，后一种观点是过于乐观的。例如，美国在"911事件"发生后制定了《恐怖主义风险保险法案》，希望通过政府的短期干预来解决商业保险市场上的恐怖风险保险短缺和保费高昂的问题。美国政府原本是希望在商业保险市场恢复正常后便退出，然而，时至今日，政府仍难以从恐怖风险保险机制中退出，因为，在法案通过后，恐怖袭击风险的保费曾出现过小幅小跌，但不久又进入上升通路，一些大城市的地标性建筑仍难以获得恐怖风险保险，其保费依然高昂；一项研究表明，如果政府从恐怖风险保险计划中退出，那么，70%～80%的商业保险

---

① George L. Priest, The Current Insurance Crisis and Modern Tort Law, 96 Yale L.J. 1521 (1987).

② Anne Gron and Alan O. Sykes, Terrorism and Insurance Markets: A Role for the Government as Insurer? 36 Ind. L. Rev. 447 (2003).

③ ibid.

公司将会重新退出这一市场。[①]

如果我们承认仅仅依赖商业保险市场自身的力量，的确难以解决恐怖风险保险的问题，那么，我们需要探究为何会如此，恐怖风险与其他风险具有哪些区别，其是否具有可保性。对于这一问题的回答将会影响到我们接下来需要探讨的问题，即是否需要政府干预，以及政府应采取何种介入方式。

从保险学的角度来看，保险人承保的是风险，但并不是所有的风险均具有可保性。可保风险需要满足以下条件：

首先，可保风险需具有可评估性。保险是以风险的存在为前提的。风险，即意味着不确定性，对于单个风险单位而言，损失的发生以及损失金额的多少是不确定的。但是，对于风险集合而言，从整体上看，需要具有相对的可确定性，即对于损失发生的概率与损失的金额是可以预先评估的，因为，如果对此无法评估，那么，保险人便无法确定保险费率，也无法确定应为其承保的风险提取多少责任准备金。

其次，必须存在大量的、同质的且相互独立的风险单位。保险，意味着风险从被保险人处转移至保险人处，然而，保险并不是万能的。保险人之所以愿意承保，在于它能够较好地实现风险的分散，但是，只有其能够集中足够多的同质且相互独立的风险，才能使得"好"的风险与"坏"的风险处于均衡状态，才可运用大数法规则，真正实现风险的分散。对于可保风险而言，其损失的发生往往是随机的，并且，在每一时间，通常只有小部分风险发生损失，因此，保险人可以实现风险的分散。

再次，对于保险人而言，承保此类风险须具有商业上的可行性。保险公司，作为营利性商业机构，逐利是其本性。只有当一项业务具有可获利性时，它才会从事。现实中，对于某些保险业务，有时保险人虽然可以对被保险人的风险水平进行准确的评估，但是，由此而计算出的保费数额有可能非常高，以至于无法吸引到足够多的投保人，从而使得保险人无利可图，在这种条件下，承保虽然在技术上可行，但在商业上实际上是不可行的。

如果我们参照以上标准来考察大规模恐怖袭击风险，可以发现，最起码在目前阶段，其并不具有纯粹商业上的可保性。

① Jeffrey Manns, Insuring Against Terror？112 Yale L.J. 2509（2003）；Insurance Information Institute, Terrorism Risk and Insurance，网址：http：//www.iii.org/media/hottopics/insurance/terrorism，访问时间：2013年6月3日。

首先，迄今为止，对于大多数国家和地区而言，遭受大规模恐怖袭击的次数依然很少，保险人在对恐怖袭击风险进行评估时，缺乏足够的相关数据资料，无法运用大数法规则对未来的预期损失进行准确的估计，既无法预测遭受恐怖袭击的频率，亦无法预期损失的数额，甚至最坏的情形是什么都无法确定。事实上，预测恐怖袭击造成的损失比预测地震等自然灾害更为困难，因为，对于后者，保险公司毕竟还有一些资料可以依赖。另外，与自然灾害不同，恐怖袭击的发生不是随机的，而是精心策划的，是蓄意行为，因此，更加难以预测。如果保险人无法预测损失发生的频率及损失数额，那就无从确定保险费率和责任准备金，对保险公司的资本金的要求和偿付能力的要求是否需要进行调整，亦无从解决。①

其次，恐怖袭击所造成的损失往往非常集中，从而使得保险人难以进行风险的分散。恐怖分子为了达到其目的，往往喜欢选取经济发达的或具有政治影响力的大城市或具有标志性的建筑、人群进行袭击，因此，愿意投保的人，往往是风险程度非常高的，最有可能提出索赔的人，因而，在自愿投保的情况下，容易诱发逆向选择，亦使得保险人承保的风险难以分散。

再次，大规模恐怖袭击所造成的损失往往非常巨大，保险公司在承保时往往非常谨慎。现实中，恐怖风险保险突出的问题是，一些大城市的摩天大楼或具有标志性的建筑难以获得保险，即使美国在颁布了《恐怖主义风险保险法案》后，该问题亦未完全消失，因为这些建筑遭受恐怖袭击的风险往往都比较高，保险公司不愿承保，或保险费非常高，这也从侧面反映了对于保险人而言恐怖风险保险缺乏可获利性。

（二）关于政府介入恐怖风险保险的争论与选择

在确定纯粹的商业保险市场自身无力解决大规模恐怖袭击风险后，接下来要回答的问题是，我们应该怎么办？从理论上讲，断定商业市场的失败，并不必然意味着政府干预是必要的或合理的，因为，政府干预亦不是万能的，而且，政府干预亦存在成本。因此，在理论界，对于政府是否应该介入恐怖风险保险，存在许多争议。

支持政府介入恐怖风险保险市场的观点认为，除了保险市场失败的理由外，政府介入的另一个理由在于，政府来承担或介入恐怖风险保险，是一种有

---

① Michelle E. Boardman，Known Unknowns：The Illusion of Terrorism Insurance，93 Geo. L.J. 783（2005）.

效率的机制安排。因为,恐怖袭击的发生往往与政府的内政和外交政策密切相关,政府对于恐怖袭击风险的产生至少应负部分责任;另外,政府花费了大量的人力物力收集与恐怖袭击有关的信息,但这些信息可能因国家安全的原因而不宜向私人保险公司披露,但政府可将其用于政府保险计划中,从而可更准确地估计恐怖袭击风险,因此,在预防或减少恐怖袭击方面,较之私人保险机构,政府处于更有利的位置。[①]

反对政府介入恐怖风险保险的学者则认为,尽管政府拥有强大的收集情报的能力,但是,以往的经验表明,政府在风险定价和经营保险业务方面远不如商业保险公司做得好。[②]还有学者进一步指出,以政府保险来替代私营商业保险,会产生许多问题,会干扰正常的市场信号传递机制,例如,政府在确定保险费率时,如果迫于政治压力而将保费设置得比较低,那就有可能产生鼓励人们采取冒险行为的后果,从而有可能造成更大的损失,并加重全体纳税人的负担;又如,有时人们在保险市场上买不到某种保险,并不必然是一个需要纠正的问题,而有可能是一种风险警示,例如,有些建筑物买不到保险,可能是因为它毗邻核电厂或超出了工程设计的高度。[③]

在本文看来,如果政府事先不介入恐怖风险保险,那么,当大规模恐怖袭击发生后,单凭私人保险业的承保范围和偿付能力,将很难完全消化掉大规模损失,在这种情况下,对于任何一个国家的政府而言,出于政治责任的考虑,都会不得不在事后采取成本更为高昂的事后救济方式。因此,政府有必要对恐怖风险保险进行介入,但介入的方式有多种选择,如提供保费补贴、提供担保、提供借款、担当再保险人等。

如果我们认为,恐怖风险,从保险精算的技术角度,具有可保性,只是因为风险水平过高而不得不将保费设定在很高的水平,从而使其丧失商业上的可行性,那么,最直接的解决办法就是,由政府提供保费补贴,从而将保费水平降下来,这样既可以吸引投保人投保,亦可使保险人获得一定的利润。[④]然而,目前多数观点仍认为,恐怖风险保险最大的问题在于损失的集中以及损失数额

① Jeffrey Manns, Insuring Against Terror? 112 Yale L.J. 2509 (2003).

② Anne Gron and Alan O. Sykes, Terrorism and Insurance Markets: A Role for the Government as Insurer? 36 Ind. L. Rev. 447 (2003).

③ Robert H. Jerry, II, Insurance, Terrorism, and 9/11: Reflections on Three Threshold Questions, 9 Conn. Ins. L.J. 95 (2002).

④ 例如,我国对农业保险采取的就是国家财政补贴的模式。参见《农业保险条例》(2013年3月)。

的巨大，这有可能使保险公司陷入清偿不能的境地，正如在“911”之后一些再保险公司所声称的那样：“不可能用有限的资本来承保无限的风险。”由政府来担当再保险人的角色或担当最终责任人、担保人、借款人，都可以起到分散保险人承保风险的作用，并且，可以为保险公司提供流动性支持。[①]特别是在再保险公司纷纷撤离的情况下，政府来担当再保险人，可以起到稳定保险市场的作用。实际上，无论采取哪一种政府介入方式，都会存在国家财政对恐怖风险保险的补贴，只是补贴程度不同而已。现实中，真正具有较高的遭受恐怖袭击风险的财产，往往集中于那些大都市的具有标志性的建筑，而广大乡村地区遭受恐怖袭击的风险则比较低，因此，由国家财政支持的恐怖风险保险制度会涉及财富转移的问题，其需要解决的一个基础问题是：恐怖袭击的风险应当由谁来承担？是全体纳税人，还是高风险财产的所有者？

四、关于建立中国的恐怖风险保险制度的建议

我国目前尚无专门的恐怖风险保险制度，但是，已有一些保险公司在其人身保单与财产保单中将恐怖袭击所造成的损失列为免责事项，对此值得关注。从国外的经验来看，商业保险公司通常只是在财产保险的承保范围中将恐怖袭击风险排除在外，一般不会涉及人身保险，而且，即使是在财产保险中，对于小规模的恐怖袭击损失风险亦是在承保范围内的，因此，真正被商业保险公司排除在外的，需要专门机制来解决的，实际上仅限于大规模恐怖袭击所造成的风险。因此，国内有些保险公司在其保单条款中不加区别地将恐怖风险一概排除在外的做法，实际上是一种反应过度的做法。

在中国目前这种环境下，一旦发生大规模的恐怖袭击事件，其结果很可能是政府针对个案采取临时性的政府救济或补偿措施。如前所述，采取这样一种方式，具有许多弊端，因此，我们应借鉴国外经验，未雨绸缪，建立起可预期的恐怖风险保险机制。

中国政府可以借鉴英美国家的做法，建立起商业保险公司、再保险公司和国家财政多层次分担的保险机制。针对恐怖风险保险中保险人的风险难以分

① 具体的政府介入方式往往存在多种形式，例如，政府在发挥再保险作用时，可以直接由政府机构扮演再保险人的角色，更多的时候由政府发起设立再保险机构，由该机构从事再保险业务，政府可为该机构提供担保，或建立政府、再保险机构、商业保险公司等多层责任分担机制。在政府提供支持的情况下，例如，政府担当再保险人，有的国家实行免费政策，有的国家则要向私营保险公司征收再保险的保费。

散的难题，可以由保险业协会或者政府发起设立恐怖风险再保险公司，为商业保险公司提供再保险。签发保单、收取保费和确定保险费率可由商业保险公司负责，其承保后可向恐怖风险再保险公司进行再保险；恐怖风险再保险公司可以按市场化运作向国内和国外的商业再保险公司进行分保。当发生恐怖袭击并造成损失时，可由承担原保险业务的商业保险公司承担第一层的赔付；当损失超出一定金额时，可由恐怖风险再保险公司承担第二层的赔付；如果损失特别巨大，超出再保险限额时，可由政府对超出部分承担赔付责任。这样一种制度设计的优点在于，一方面，再保险机制和政府承担最终赔付责任的安排，可以解决商业保险公司所面临的偿付能力的难题；另一方面，可以将政府对保险市场的干预程度保持在比较低的限度内，例如，对于原保险的费率，仍由商业保险公司依市场化机制来确定，从而可以依据保险费率的变化来向被保险人传递风险评估的信号。另外，对于大规模恐怖风险保险，在国外实践中往往采用多家保险共保的方式，在必要时应给予反垄断方面的豁免。①

需要说明的是，政府介入恐怖风险保险的路径选择并非永久性的或一成不变的。因为，恐怖风险保险之所以会成为一个难题，主要原因在于有关恐怖袭击的数据资料过少，以至于难以对恐怖风险进行准确的评估和计算。因此，随着相关数据和保险经验的积累，不排除在条件成熟时，可逐步减轻政府的介入程度，淡化其政策性保险的色彩。

① 周学峰：《保险业适用反垄断法问题研究》，载《比较法研究》2016年第5期。

《民法典》与保险消费者个人信息保护

任自力[①]

一、《民法典》关于消费者与个人信息保护的创新性规定

(一)《民法典》明确规定了消费者的法律地位

关于消费者的法律地位,虽然《中华人民共和国消费者权益保护法》(以下简称《消法》)等民事特别法中早已有规定,但其在民事基本法中却是一个新生事物。这一点从我国民事基本法的条款变迁上可以看出。比如,1986年的《中华人民共和国民法通则》(以下简称《民法通则》)第104条规定,"婚姻、家庭、老人、母亲和儿童受法律保护。残疾人的合法权益受法律保护"。据此,《民法通则》作为民事基本法,从权利主体上来讲,其仅突出强调了对老人、母亲(即妇女)、儿童、残疾人这4类人的保护。消费者概念出现在民事基本法中始于2017年的《中华人民共和国民法总则》(以下简称《民法总则》)。《民法总则》第128条规定:"法律对未成年人、老年人、残疾人、妇女、消费者等的民事权利保护有特别规定的,依照其规定。"此规定为《民法典》第128条全盘继受,消费者正式进入《民法典》,成为与未成年人、老年人、残疾人、妇女并列的第5类民事权利受特别保护的法律主体,具有了民事基本法上的明确法律地位。《民法典》的规定郑重宣告了消费者与未成年人、老年人、残疾人、妇女一样,均属于法律上的弱势群体,其民事权利应受到法律特别保护。《民法典》同时明确了民事基本法与民事特别法在保护消费者利益时的适用顺位,即民事特别法对消费者权利有特别规定的,适用该特别规定,无特别规定的,

① 任自力:北京航空航天大学法学院教授、博导,中国法学会保险法学研究会副会长兼秘书长。本文原载于《保险研究》2020年第8期。

则适用《民法典》的一般性规定。

长期以来，因我国民事基本法中缺乏对消费者地位的明确规定，在处理消费者纠纷时，除了遵循民事主体、意思表示、合同权利义务等民事基本规则外，司法实践中更多依赖的是民事特别法，相关特别法除了《消法》之外，主要还有4类：一是有关产品质量方面的立法，如《中华人民共和国产品质量法》《中华人民共和国进出口商品检验法》《国家标准管理办法》《行业标准管理办法》《企业标准化管理办法》《中华人民共和国产品质量认证管理条例》等；二是有关产品安全保障方面的立法，如《中华人民共和国食品安全法》《中华人民共和国药品管理法》《化妆标识品管理规定》等；三是有关公平交易的立法，如《中华人民共和国计量法》《中华人民共和国价格法》等；四是有关金融商品与服务方面的立法，如《中华人民共和国商业银行法》《中华人民共和国证券法》《中华人民共和国保险法》《中华人民共和国证券投资基金法》《中华人民共和国信托法》等。在一定程度上，可以说，这些特别法规范构成了我国消费者权益保护立法的主体与核心。

《民法典》作为市民生活的百科全书，其对于消费者法律地位的明确规定，具有非常重大的意义。该规定不仅表明，消费者作为一个弱势群体的法律地位和民事权利在民事基本法层面得到了确认，而且使得我国原有的散见于各种民事特别法中的有关消费者权益（包括但不限于消费者个人信息权益）保护的规范，获得了一个总的引领，从而在立法体系上，形成了一个从民事基本法到民事特别法的完整规范体系。这对于引导经营者严格遵循消费者保护的各种立法规范，以及便利司法裁判、便利消费者依法维护自身权益等，都具有重要的现实价值。

（二）《民法典》将个人信息保护规定提升至一个新高度

首先，《民法典》填补了我国民事基本法关于个人信息保护规定的不足。在个人信息保护方面，我国在相当长一段时期内主要依赖的是刑事与行政性规范。2009年刑法修正案七中首次使用了“个人信息”的表述。[①]在此之前，如1982年《中华人民共和国宪法》（以下简称1982年《宪法》）使用的是“通信秘

① 即“国家机关或者金融、电信、交通、教育、医疗等单位的工作人员，违反国家规定，将本单位在履行职责或者提供服务过程中获得的公民个人信息，出售或者非法提供给他人，情节严重的，处三年以下有期徒刑或者拘役，并处或者单处罚金。”（《刑法》第253条第2款）

密”而非“个人信息”概念。[①] 1997年年底公安部发布的《计算机信息网络国际联网安全保护管理办法》使用的也是“通信秘密”概念。2011年修订后的《中华人民共和国居民身份证法》对国家机关、金融教育等特定机构泄露居民身份证上记载的个人信息的行为规定了罚则。2012年《全国人大常委会关于加强网络信息保护的决定》,要求任何组织和个人不得窃取或者以其他非法方式获取公民个人信息。2013年修订后的《消法》规定,消费者在购买、使用商品和接受服务时,享有个人信息依法得到保护的权利;经营者收集使用消费者个人信息,应当遵循合法正当必要的原则,明示收集使用信息的目的方式和范围,并经消费者同意;经营者侵害消费者个人信息得到保护的权利的,应当承担相应的民事责任、行政责任等法律责任等。[②]此后,个人信息才进入民事法规制范畴。2017年的《民法总则》在民事基本法中首次引入了个人信息的规范,但仅有2个条款。相较于《民法总则》,《民法典》在人格权编的第六章单设隐私权和个人信息一章,对个人信息保护问题进行了专门规范,其关于个人信息保护的条款亦显著扩充,除了“隐私权和个人信息”一章中的8个条款外,总则编有3个条款、人格权编一般规定等章节中有12个条款,前后共计有20个条款与个人信息保护直接相关。另外,在《民法典》合同编与侵权责任编中也存在不少条款与个人信息保护间接有关。这些条款共同构成了我国民事基本法中关于个人信息保护的制度框架和基础,对于包括保险消费者在内的个人信息的保护而言,这些规定作为一般法规则均具适用性。

其次,《民法典》规定为保险消费者等个人信息主体维护自身权益提供了民事基本法依据。在《民法典》出台之前,国内有关个人信息保护的法律法

① 参见1982年《宪法》第40条:“中华人民共和国公民的通信自由和通信秘密受法律的保护。除因国家安全或者追查刑事犯罪的需要,由公安机关或者检察机关依照法律规定的程序对通信进行检查外,任何组织或者个人不得以任何理由侵犯公民的通信自由和通信秘密。”

② 参见《消法》第14条、第29条、第50条。但《消法》并未规定个人信息主体到底享有哪些具体的权利。

规、部门规章及行业标准等有30余部。[①]相关规范在法律属性上，既有民事法规范、行政法规范，也有刑事法规范，其中多数系部门性、专业性规范，一般民众了解程度较低；在对个人信息含义及侵害个人信息行为的认定标准上，存在明显差异，甚至有不少冲突与矛盾。这些立法规范，对于保护消费者个人信息、遏制侵害消费者个人信息的违法违规行为虽然起到了一定作用，但由于其散乱规定于数十部法律法规或部门规章中，相关规定之间缺乏一个内在的逻辑体系，部分内容甚至存在冲突或矛盾现象。故十分不利于司法及行政执法部门准确适用相关规定解决个人信息保护方面的争议，也不利于保险消费者等个人信息权益的有效保护。《民法典》作为民事基本法，其对于个人信息保护的规定，在法律逻辑层级上具有统帅其他民事特别法规范的作用，可为现有的个人信息保护规范提供民事基本法的规则支撑和体系支持[②]，并有助于消除已有规范之间的冲突和标准不统一问题。同时，考虑到罪行法定与刑罚的谦抑性，以及无法律明确授权不可为的行政执法原则，在制止侵害个人信息行为方面，民事救济相对于行政或刑事救济具有明显优势，《民法典》的规定为保险消费者等个人信息主体追究违法行为人的民事责任提供了民事基本法依据，有利于实现更充分的个人信息权益保护。

再次，《民法典》对个人信息法律属性及保护原则的明晰利于保险消费者等个人信息权益的实现。在我国民事立法中，长期只有隐私权而无个人信息的规定。近年来，随着互联网、大数据、云计算等技术的快速发展，个人信息的商业价值日益显著，企业不当收集利用个人信息的现象日益普遍。《民法典》

① 其中，法律有《刑法》《消法》《中华人民共和国网络安全法》《中华人民共和国电子商务法》，规范性文件有《全国人民代表大会常务委员会关于加强网络信息保护的决定》《国务院关于大力推进信息化发展和切实保障信息安全的若干意见》，司法解释如《最高人民法院、最高人民检察院关于办理侵犯公民个人信息刑事案件适用法律若干问题的解释》，部门规章如《电信和互联网用户个人信息保护规定》《网络交易管理办法》《互联网保险业务监管暂行办法》《中国人民银行金融消费者权益保护实施办法》《App违法违规收集使用个人信息行为认定方法》等，行业标准规范如《网络交易服务规范》（SB/T 10519—2009）、《电子商务模式规范》（SB/T 10518—2009）、《第三方电子商务交易平台服务规范》《信息安全技术公共及商用服务信息系统个人信息保护指南》（GB/Z 28828—2012）、《互联网企业个人信息保护测评标准》《电信和互联网服务用户个人信息保护定义及分类》（YD/T 2781—2014）、《电信和互联网服务用户个人信息保护分级指南》（YD/T 2782—2014）、《侵害消费者权益行为处罚办法》《2015年全国民事审判工作会议纪要》《个人信息保护技术指引》（PCAC/T 0001：2016）、《信息安全技术 个人信息安全规范》（GB/T 35273—2017）、《互联网个人信息安全保护指南》《个人金融信息保护技术规范》（JR/T 0171—2020）、《信息安全技术 个人信息安全规范》（GB/T 35273-2020）等。

② 王成：《个人信息民法保护中的模式选择》，《中国社会科学》2019年第6期。

采纳了学界主流观点[①]，即个人信息权与隐私权都属于人格权，但二者间存在明显差异，隐私权是一种精神性的人格权，个人信息权是一种集人格利益和财产利益于一体的综合性权利。隐私是自然人的私人生活安宁和不愿为他人知晓的私密信息，个人信息可能是隐私或非隐私信息，个人信息的利用通常关涉公共利益。基于这种认识，《民法典》采用了将个人信息和隐私权分置规定的立法技术，在规定个人信息主体权利的同时，一并规定了个人信息处理的原则和条件、信息处理主体的义务与免责事由等规范，而非简单使用个人信息权之表述。这种设计与规定充分考虑到了大数据时代个人信息保护与信息利用之间的平衡问题，更利于保险业等数据产业的发展及保险消费者等主体个人信息价值的充分发挥。毕竟，在当下的信息社会，个人信息的价值只有在运用中才能充分体现出来，对个人信息的保护必须兼顾到个体利益与数据产业、数字经济发展等社会公共利益两个方面。

二、保险消费者个人信息保护的内涵界分

（一）保险消费者概念的提出及其范围

现代社会，保险消费日益成为人们生活不可或缺的组成部分。随着保险市场的发展，保险产品的类型日渐多样化，保单条款的设计也日益专业化、复杂化。保险产品本身的专业性与复杂性，保险服务本身的信用性、虚拟性与杠杆性，保险代理人销售保险产品过程中普遍存在的劝诱性或诱导性，以及保险产品买卖双方之间在资金、信息、专业知识和能力等方面存在的客观差异，使得购买保险产品的自然人在交易中处于明显的弱势地位。因此有必要在法律体系上将之纳入消费者范畴，承认其消费者地位，以使其能够享受到消费者相关法律之保护。[②]

围绕保险消费者概念应否被纳入保险立法，国内学界近年来存在较大争议，支持与反对的声音均有。从近年来保险法的立法与修订进程来看，反对意

---

① 王利明：《论个人信息权的法律保护：以个人信息权与隐私权的界分为中心》，《现代法学》2013年第4期。

② 这正如《消法》2013年修订时的背景：随着经济社会不断发展，我国的消费方式、消费结构和消费理念发生了很大变化，在消费者权益保护领域出现了不少新情况新问题，有必要适时修订这部法律，完善消费者权益保护法律制度。

见无疑是主流意见。本文作者之前也持反对意见[①]，但随着近年来国际上金融消费者保护运动的不断深入，本文作者认为，在立法中适时引入保险消费者甚至金融消费者概念的积极意义正在迅速提升。理由包括：首先，立法是对现实生活经验的总结。当一个概念已成为民众耳熟能详、高频使用的词汇时，在立法中对之进行回应和确认，为民众提供更准确的行为指引和预期，这是法律制度的应有功能。其次，法律概念与法律制度本身需要与时俱进。当一个领域经过较长时间的发展，具备一定的独立性特征之后，法律术语及规则也需要作出相应调整。正如我国《民法典》中关于有名合同的种类较之前立法有明显增多一样，保险消费在人们日常生活中的地位正在日益提升，保险产品及服务对于增进民众生活幸福感及提升社会治理水平也日益重要。在此背景下，将保险消费者概念适时入法已具有高度合理性。再次，以金融消费者的概念为例，代表性的国外立法实践亦表明，其概念与范围主要是实践塑造而非理论推衍的产物，与一国的金融监管模式和监管体制有着不可分割的内在联系。[②]故在保险消费者概念应否入法问题上，首先应关注中国的保险消费与监管实践，而不应过多拘泥于传统的消费者概念或理论体系。

关于消费者之定义，学界通常以是否具有生活消费之目的为判断基准，各国立法例则以"是否包含法人"将消费者分为2种[③]：一种主要指自然人，如英国、欧盟、俄罗斯等；另一种除自然人外，还包括社团组织等法人团体，如中国、韩国等。中国现行《消法》中的消费者范围并未区分自然人与法人，也未规定消费者仅限于自然人，其强调的是为生活消费的目的购买商品或服务。[④]从民法"法无禁止即可为"的基本理念来看，法人或其他组织应均可纳入消费者范畴。从国内地方性立法及司法实践来看，法人及其他组织被纳入消费者范畴

---

① 当时持反对意见的主要理由是，考虑到消费者概念本身的宽泛性与复杂性，比如商品与服务种类繁多，若每一类商品均创设一个消费者概念入法，如商品房消费者、水电消费者、保险消费者、储蓄消费者等，既不实际也无必要。

② 廖凡：《金融消费者的概念和范围：一个比较的视角》，《环球法律评论》2012年第4期。

③ 邱锦添、胡胜益、林克宪：《金融消费者保护法与案例解析》，元照出版公司，2012，第1–3页。

④ 《消法》第2条规定："消费者为生活消费需要购买、使用商品或者接受服务，其权益受本法保护；本法未作规定的，受其他有关法律、法规保护。"

亦不鲜见。[①]

本文认为，考虑到保险消费者系金融消费者的下位概念，中国保险消费者范围的界定，在参照上述观点与立法的同时，还应充分关注代表性国家或地区的立法情况。依据美国1999年《金融服务现代化法》，金融消费者系主要为个人、家庭成员或家用目的，从金融机构得到金融商品或服务之自然人。英国《2000年金融服务与市场法》中的金融消费者是指为贸易、商业、职业之外的目的接受金融服务之任何自然人。英国《2012年消费者保险披露与陈述法》进一步规定，消费者须为自然人，且其缔结保险合同的唯一或主要目的必须是非商业性的。[②]中国台湾地区的所谓“金融消费者保护法”规定，“本法所称金融消费者，指接受金融服务业提供金融商品或服务者”。据此，自然人和法人均属于金融消费者之范畴，但该法同时将专业投资机构及具有一定财力或专业能力之人或法人排除在金融消费者范围之外。依据日本2001年《金融商品销售法》，在金融商品交易中相对于金融机构所具有之专业知识，无论自然人或法人，均属于信息较弱势一方当事人，故自然人和法人均可为金融消费者。简言之，就金融消费者的定义而言，英、美两国立法均将其限定为自然人，而日本、中国台湾地区则均认可自然人之外的法人可以为金融消费者。由这些域外立法可知，不论是在消费者抑或金融消费者的范围上，均存在是否限于自然人的差异，世界范围内不存在一致的看法，立法上无论采取何种模式均可找到其理论依据及参照样本。故对中国而言，关键是找到更适合中国国情的做法。

针对保险消费者的含义与范围，中国现行立法对之尚无界定。但已有涉及金融消费者权益保护的相关规范性文件。比如，国务院办公厅2015年11月发布的《关于加强金融消费者权益保护工作的指导意见》提出要健全金融消费者权益保护机制，保障金融消费者的各项权利。中国人民银行2016年12

---

① 比如，1998年3月28日重庆市人大常委会颁布的《重庆市消费者权益保护条例》第2条将消费者定义为“本条例所称消费者，是指为生活消费购买、使用商品或者接受服务的个人和单位，其权益受法律、法规和本条例的保护”。审判实务中，单位作为消费者被严格限定在“为生活消费需要”的情形下。若单位购买的是最终消费品，且该商品不是用于生产经营的，可以认为是“为生活消费需要”。重庆市高级人民法院发布的《重庆市高级人民法院关于审理消费者权益保护纠纷案件若干问题的解答》（渝高法〔2016〕77号）第1条中亦承认《消法》中未明确规定消费者仅限于个人。深圳市中级人民法院2014年5月发布的《深圳市中级人民法院关于消费者权益纠纷案件的裁判指引》则规定，除了“为生活消费需要”目的外，为“打假”目的而购买商品或服务的公民、法人或其他组织也属于消费者。

② 在该法起草过程中，针对小型企业等商业保险消费者应否适用于与个人消费者相同的规则一直存在争议，有关消费者遭受不公平对待的抱怨也不仅仅局限于个人消费者领域。任自力：《英国2012年消费者保险（披露与陈述）法述评》，《保险法前沿》2012年第1辑。

月发布的《金融消费者权益保护实施办法》则规定了金融消费者的含义，即购买、使用金融机构提供的金融服务、产品的自然人，并规定金融机构应当建立保护金融消费者权益的各项内控制度。据此办法，保险消费者也应限于自然人。虽然小微企业及部分非企业性法人单位在保险交易中的实际地位与自然人相比具有类似性[①]，亦有部分国家或地区将部分法人或非法人组织纳入消费者范畴，但从域外立法来看，主流做法仍然是将保险或金融消费者限于自然人。这么做的理由，主要应当是认定消费者的标准简单易行、立法与执法成本均较低。反之，若将小微企业、非营利性法人或非法人组织纳入保险消费者范畴，则可能引发不少问题，比如，如何判定小微企业等购买保险是否是为了生活消费，尤其是这些主体的实际支付能力及其在保险交易中的谈判能力千差万别，何时应将之纳入保险消费者范畴、何时应将之排除在保险消费者范畴之外，实际执行起来会相当困难。因此，本文认为，借鉴国际立法主流做法，中国宜将保险消费者限定为自然人，并限于自然人主要为生活消费目的购买保险产品或服务的行为；未来，并应适时制定保险消费者的适当性标准，以实现对保险消费者的精准保护。比如，应将那些主要是投资理财型保险产品的购买人排除在保险消费者之外，因其购买保险产品的主要目的不是为了生活消费（获取风险保障），而是为了获取投资收益。

（二）保险消费者个人信息的范围与内容

关于个人信息的范围与内容，即什么信息属于个人信息，各国立法不同，主要存在3种做法与观点[②]：（1）关联型定义，即所有与个人相关联的信息均为个人信息。此观点为北欧及东欧部分国家采用，如《保加利亚个人数据保护法》规定，个人数据[③]是指涉及自然人的身体、心理、精神、家庭、经济、文化教育状况与社会背景的信息。（2）隐私权定义，即以隐私来界定个人信息，凡是个人不愿向外透露或较为敏感不愿为他人知晓的信息均为个人信息。美国、澳大利亚、新西兰、加拿大等英美法系国家立法多采用此定义方式。（3）识别型定义，即个人信息是能够直间接识别特定自然人的信息。欧盟《一般数

① 小微企业甚至需要给予某种形式的特殊保护，比如国务院近日颁布的《保障中小企业款项支付条例》即对于包括小微企业在内的中小企业在获得款项支付方面作出了特殊规定。据此条例，机关、事业单位从中小企业采购货物、工程、服务，应当自货物、工程、服务交付之日起30日内支付款项；合同另有约定的，付款期限最长不得超过60日。

② 黄薇：《中华人民共和国民法典解读》，中国法制出版社，2020，第208页。

③ 目前在各国的个人信息保护立法中，多数国家将个人信息等同于个人数据。参见王春晖：《〈网络安全法〉六大法律制度解析》，《南京邮电大学学报（自然科学版）》2017年第1期。

据保护条例》(GDPR)、日本及韩国的《个人信息保护法》均采用此观点。此观点也是目前理论与实务界的主流观点,并为我国《民法典》所采用[①],《民法典》出台前的立法也多采用此观点,如《中华人民共和国网络安全法》《信息安全技术 个人信息安全规范》《最高人民法院、最高人民检察院关于办理侵犯公民个人信息刑事案件适用法律若干问题的解释》等。[②]这些规定对于保险消费者个人信息的保护同样适用。根据这些规定,判断某种信息是否属于保险消费者的个人信息,应看其是否满足如下3个要件:(1)识别性,即通过该信息可以直接或间接确认某一特定自然人的身份。如通过身份证号、基因信息可直接确认某一自然人,这种识别为直接识别;间接识别是通过某种信息虽不能直接确认某人身份,但可以辅助其他信息来达成确认,如考虑到重名因素,仅通过姓名张三,我们通常还不足以确认某人的身份,若再加上其性别、年龄、具体住址等信息则可确认其身份;所有可以直接或间接识别特定自然人的信息均属于个人信息。(2)需有一定的载体,即个人信息必须能以电子或其他方式记录下来。(3)主体限于自然人,法人或非法人组织不是个人信息的主体。

另外,参照中国人民银行2020年2月发布的《个人金融信息保护技术规范》中对个人金融信息的界定,即指金融机构通过提供金融产品和服务或其他渠道获取、加工和保存的个人信息,具体包括个人的账户信息、鉴别信息、金融交易信息、个人身份信息、财产信息、借贷信息及其他反映特定个人某些情况的信息,本文认为,保险消费者的个人信息应当包括其个人账户信息、鉴别信息、保险交易信息、个人身份信息、保单质押贷款信息及其他能够反映其某

---

① 也有人认为我国民法典、欧盟GDPR,以及美国、澳大利亚、巴西、俄罗斯等国立法采用的均为识别+关联型个人信息定义。参见洪延青:"个人信息"的定义:民法典与GDPR,网址:http://www.mchz.com.cn/cn/about-us/Industry-News/info_366_itemid_3424.html,最后访问时间:2020年7月11日。

② 《中华人民共和国网络安全法》(以下简称《网络安全法》)第76条规定:"个人信息,是指以电子或者其他方式记录的能够单独或者与其他信息结合识别自然人个人身份的各种信息,包括但不限于自然人的姓名、出生日期、身份证件号码、个人生物识别信息、住址、电话号码等。"国务院信息标准化办公室依据《网络安全法》制定的《信息安全技术 个人信息安全规范》(2017年版/2020年版)规定:个人信息是指以电子或者其他方式记录的能够单独或者与其他信息结合识别特定自然人身份或者反映特定自然人活动情况的各种信息。《最高人民法院、最高人民检察院关于办理侵犯公民个人信息刑事案件适用法律若干问题的解释》第1条规定:"刑法第253条之一规定的'公民个人信息',是指以电子或者其他方式记录的能够单独或者与其他信息结合识别特定自然人身份或者反映特定自然人活动情况的各种信息,包括姓名、身份证件号码、通信通讯联系方式、住址、账号密码、财产状况、行踪轨迹等。"

些情况、具有识别性的信息。细言之，其中的个人账户信息，主要是指保险费支付账户及其相关信息，如账户开立时间、开户机构、账户余额、户名、支付信息等。鉴别信息是指用于验证主体是否具有访问或使用权限的信息，如信息主体登录密码、账户查询密码、交易密码、动态口令、短信验证码、密码提示问题答案等。保险交易信息，是指保险消费者在交易过程中产生的各类信息，如保单信息、索赔与理赔信息等。个人身份信息主要包括个人基本信息与个人生物识别信息，个人基本信息包括但不限于个人的姓名、性别、国籍、民族、职业、婚姻状况、家庭状况、收入情况、身份证与护照等证件类信息、手机号码、固定电话号码、电子邮箱、工作及家庭地址，以及在接受保险产品或服务过程中提供的照片、音视频信息等；个人生物识别信息则包括指纹、人脸、虹膜、耳纹、掌纹、声纹、眼纹、静脉、步态、笔迹等生物特征样本数据、特征值与模板等。财产信息，是指保险消费者的个人收入状况、拥有财产（不动产、车辆等）情况、纳税额、公积金缴存金额等。借贷信息，是指个人以保单质押贷款等形式发生借贷业务产生的信息，包括贷款发放及还款、担保情况等。其他信息主要是指保险机构等信息处理者在提供产品或服务过程中获取、保存的消费者的其他个人信息，以及对原始数据进行处理、分析形成的，能够反映特定个人某些情况的信息，如其消费意愿、支付习惯等。

三、《民法典》下保险消费者个人信息保护的主要规则及其审视

（一）保险消费者个人信息权益的主要内容及其实现困境

《民法典》第1037条规定，“自然人可以依法向信息处理者查阅或者复制其个人信息；发现信息有错误的，有权提出异议并请求及时采取更正等必要措施。自然人发现信息处理者法律、行政法规的规定或者双方约定处理其个人信息的，有权请求信息处理者及时删除”。据此，保险消费者对于保险机构等信息处理者也当然享有个人信息的查阅、复制、异议、更正、删除等请求权。当这些权利遭受侵害时，保险消费者可依据《民法典》的合同或侵权法规则追究信息处理者的违约或侵权责任。但是，保险消费者的这些权利规定并不当然意味着其可以轻易实现，这些权利能否实现完全取决于保险机构等信息处理者履行其法定或约定义务的情况。比如，依据《民法典》，信息处理者处理个人信息应当遵循合法、正当、必要原则，不得过度处理，并须征得被收集者同

意等。[①]依据《网络安全法》,网络运营者应当公开收集、使用个人信息的规则,明示收集、使用的目的、方式和范围,并经被收集者同意;网络运营者不得收集与其提供的服务无关的个人信息,不得违反法律、行政法规的规定和双方的约定收集、使用个人信息,并应当依照法律、行政法规的规定和与用户的约定,处理其保存的个人信息。[②]《网络安全法》自2017年6月1日生效以来已逾5年,网络运营者严格遵守上述规定按说是其法定义务,但从个人信息保护的实践来看,情况却不容乐观。依据《网络安全法》,网络运营者负有披露其隐私政策的法定义务。所谓隐私政策,是指保险机构等信息处理者应向消费者明示其收集使用个人信息的目的、方式与范围并取得用户同意的政策。隐私政策是实现个人信息保护机制"告知-同意"效力的最重要手段。[③]通过隐私披露政策,保险机构得以向保险消费者展示消费者个人信息保护的实践,保险消费者则可就信息披露中发现的问题向保险机构提出异议,敦促其改进信息收集与处理制度。隐私政策的有无及其完善程度决定着保险机构与消费者之间能否进行充分互动[④],并反映着保险机构遵守个人信息保护方面法律或合同义务的实际情况。但根据学者分析[⑤],访问量排前500名的中国大陆网站中公开披露其隐私政策的仅有348个,占比为69.6%,约三成网站在收集、使用用户个人信息时则处于黑箱状态,用户通常无法及时知晓其个人信息泄露和滥用的情况,这三成网站明显违反了《网络安全法》的规定。并且,即使是对于348个有隐私披露政策的网站而言,其在个人信息保护方面的实际操作距离规范要求仍差很远。比如,该348个网站遵守《个人信息安全规范》[⑥]的比例很低,其中,没有任何一家网站遵守个人信息的最小化收集原则[⑦],遵守确保个人访问要求的网站比例最高,也仅有142个。研究表明,访问量越高的网站,越倾向于披露隐私政策,其对用户个人信息的保护程度也越高。相对于淘宝、京东

① 参见《民法典》第1035条。

② 参见《网络安全法》第41条。

③ 高秦伟:《个人信息保护中的企业隐私政策及政府规制》,《法商研究》2019年第2期。

④ 冯洋:《从隐私政策披露看网站个人信息保护:以访问量前500的中文网站为样本》,《当代法学》2019年第6期。

⑤ 同上。

⑥ 该规范确立了信息处理者应当遵循的5项要求,依次为最小化收集、敏感信息保护、合理期间保存、确保个人访问、安全影响评估。

⑦ 其中包括访问量进入全球前20并是国内保险产品主要网销平台的淘宝、天猫、京东等网站。参见冯洋:《从隐私政策披露看网站个人信息保护:以访问量前500的中文网站为样本》,《当代法学》2019年第6期。

等具有保险产品网销资格的综合性网站，国内保险专业网站的访问量要小得多，故后者对消费者个人信息的保护程度也会低得多。因此，国内保险消费者个人信息保护目标的达成仍面临诸多现实困难。[①]

（二）保险机构在消费者个人信息保护方面的义务、责任与限制

首先，保险机构在消费者个人信息保护上的双重义务。根据《民法典》规定，保险机构作为信息处理者[②]，在保险消费者个人信息保护上负有两方面的义务：一是积极义务，二是消极义务。所谓积极义务，是指其在处理消费者个人信息时应当遵循合法、正当、必要的原则，不得过度处理，并须符合以下4个条件：（1）获得该自然人（投保人、被保险人）或其监护人的同意，法律行政法规另有规定的除外；（2）公开处理信息的规则；（3）明示处理信息的目的、方式与范围；（4）采取技术措施或其他必要措施确保其收集、存储的个人信息的安全，防止信息泄露、篡改、丢失。所谓消极义务，是指其信息处理行为不得违反法律、行政法规规定或双方约定，不得泄漏或篡改其收集、存储的消费者个人信息，未经消费者同意也不得向他人非法提供该等个人信息，除非是经过匿名化处理、无法识别特定个人且不能复原的信息。《民法典》上述规定实质上是对我国《网络安全法》等已有规范内容的原则提炼。因《网络安全法》等已有规范在规制侵害个人信息权益行为时提供的主要是一种行政救济，对民事救济的规定非常粗略[③]，故《民法典》规定对于《网络安全法》等已有立法规定而言是一个重要补充。当然，从对个人信息的具体规范内容上来看，《网络安全法》《信息安全技术 个人信息安全规范》等已有规定更具可操作性，《民法典》相关规定的落地尚有赖于《网络安全法》等已有规则的真正实施。比如，《民法典》下信息处理者的双重义务在《网络安全法》中体现对网络运营者的8项

① 这种困难从2019年年底国家互联网信息办公室、工业和信息化部、公安部、市场监管总局联合制定的《App违法违规收集使用个人信息行为认定方法》中也可得到印证，该办法列出了6大类、31种违法违规收集个人信息的行为，主要包括未公开收集使用规则；未明示收集使用个人信息的目的、方式和范围；未经用户同意收集使用个人信息；违反必要原则，收集与其提供的服务无关的个人信息；未经同意向他人提供个人信息；以及未按法律规定提供删除或者更正个人信息功能，或者未公布投诉举报方式等。

② 相较于《网络安全法》规制的个人信息义务主体为网络运营者，《民法典》使用了信息处理者的概念，来统一指代对个人信息的收集、存储、使用、加工、传输、提供与公开等行为主体，其覆盖的主体范围明显更大。

③ 比如，《网络安全法》在其法律责任一章17个条文中，仅有1个条款规定了民事责任，即“违反本法规定，给他人造成损害的，依法承担民事责任”。其他条款均系行政甚至刑事责任的规定。

要求[①]：对个人信息的收集和使用应当遵循合法、正当、必要原则，并经被收集者同意；不得泄露、篡改、毁损其收集的个人信息；应明示收集使用信息的目的、方式和范围；未经同意，不得向他人提供；应采取必要措施，确保个人信息安全，必要时应及时采取补救措施；应当建立健全用户信息保护制度；个人发现其违背法定或约定收集使用个人信息，或者信息有误的，有权要求其删除、更正；应及时受理并处理相关投诉和举报等。这些要求与世界普遍承认的个人信息保护基准基本一致。[②]依据《网络安全法》制定的《信息安全技术 个人信息安全规范》对于信息处理者的义务有更进一步的规范，如个人信息收集者应当遵守最小化收集原则，对个人信息的收集应当与所提供的产品或服务直接相关，不得无限制收集；对于敏感信息的收集使用应当获得信息主体的明示同意，并采取加密等安全措施；个人信息的保存期限应为实现其目的所必需的最短时间，超出后应及时删除或匿名化处理；应向个人信息主体提供访问其信息的方法；应定期（至少每年一次）进行个人信息安全影响评估并不断改进个人信息保护措施等。这些规定作为国家推荐标准为保险机构履行保护保险消费者个人信息义务提供了具体指引。

其次，保险机构在保险消费者个人信息保护方面的责任与限制。如前所述，保险机构等信息处理者在处理消费者个人信息时，不得违反法定或约定义务，否则，即须承担相应法律责任。保险消费者可援引《民法典》中的合同或侵权法规则追究信息处理者的民事责任，或援引《网络安全法》等规定追究信息处理者的行政甚至刑事责任。就民事责任而言，根据《民法典》第127条，信息处理者承担民事责任的方式包括停止侵害、排除妨碍、消除危险、继续履行、赔偿损失、支付违约金、赔礼道歉等。这些责任方式可以单独或合并使用。同时，鉴于保险机构对保险消费者个人信息的合理使用是保险业得以发展壮大的基础，基于确保保险机构对消费者个人信息的合理使用，培育保险业的持续创新能力，保险机构有权援引《民法典》关于信息处理者民事责任例外的规定[③]，主张在如下3种情形下的信息处理行为无须承担民事责任：一是保险消费者（自然人）或者其监护人同意的范围内合理实施的行为；二是合理处理保险消费者自行公开或其他已经合法公开的信息，但保险消费者明确拒绝或处

---

① 参见《网络安全法》第41–49条。

② 冯洋：《从隐私政策披露看网站个人信息保护：以访问量前500的中文网站为样本》，《当代法学》2019年第6期。

③ 参见《民法典》第1036条。

理该信息侵害其重大利益的除外；三是为维护公共利益或者保险消费者合法权益、合理实施的其他行为。《民法典》对于信息处理者的这种责任限制内容，对于确保保险机构和保险消费者个人之间的利益平衡、确保保险业的不断创新是非常必要的。

四、《民法典》时代保险消费者个人信息保护制度的完善建议

（一）应坚持保险消费者个人信息保护与利用平衡发展的理念

人类社会现今已进入信息社会，个人信息从未像今天这样拥有巨大价值，并被如此方便地收集、存储、分析、利用，个人信息从未像今天这样被如此轻易地传递、交易、滥用、侵犯。[①]人类社会同时已进入大数据时代，以个人信息为核心的数据产业、数字经济已经成为各国重点发展的新型经济形态。在个人信息保护上，《民法典》确立的双重保护机制，即一方面强调对个人信息的保护与信息处理者的责任，另一方面强调对信息处理者数据利益保护[②]之立法设计充分借鉴了欧美的立法经验，并考虑到了包括保险业在内的中国数据产业发展的现实。[③]保险业作为中国数据产业的重要组成部分，用户信息、用户数据是其核心资源，其风险测算与产品开发均须以大数法则为基础，而大数法则的运用必须以对保险消费者海量个人信息的收集、利用为前提。随着大数据技术的运用，"可识别"个人信息的范围在不断扩大，原本不具有可识别性与经济价值的部分信息，经大数据分析之后也完全可能具备可识别性与经济价值。[④]因此，保险机构存在最大化收集消费者个人信息的动机与行为选择，这种选择与消费者基于知情同意原则限制其个人信息被过度收集、利用的要求之间存在客观冲突。消费者权益的充分保护是保险业发展壮大的前提，保险消费者个人信息权益保护制度的不足，会对保险机构过分索取利用消费者

---

① 郝思洋：《大数据时代个人信息保护的路径探索》，《北京邮电大学学报（社科版）》2016年第5期。

② 在个人信息法律制度建设上，欧盟长期坚守隐私和个人信息作为公民基本权利不容侵犯的底线，其结果是导致其数据产业发展薄弱，美国则采取了更为灵活的以市场规制为主的策略，较好地实现了个人信息权利保护和数据产业发展之间的平衡。《民法典》在个人信息保护上的规则设计采取了类似美国而非欧盟的做法，也正是考虑到了个人信息保护与数据产业发展之间的平衡需要（季卫东文）。

③ 周辉：《网络隐私和个人信息保护的实践与未来：基于欧盟、美国与中国司法实践的比较研究》，《治理研究》2018年第4期。

④ 对于保险机构等信息处理者而言，消费者个人信息的经济价值很多是来自于对相关信息的二次开发，二次开发的结果在信息收集之前常常难以预料。例如，谷歌对于个人搜索记录的收集，一开始并未预料到这些数据可以被用来预测流感，只是在大数据产业高速发展之后，谷歌才开始挖掘出这些数据的流感预测功能。

个人信息的行为形成反向激励，甚至完全架空消费者对其个人信息享有的权益，并最终危及保险业的健康发展；但同时，如果对保险消费者的个人信息保护过度，对保险机构的信息处理行为施加过多限制，又会提高保险机构收集利用个人信息的成本，增加大数法则的使用困难，阻碍保险业的创新和服务能力提升，最终利益受损的还是保险消费者。因此，有必要在立法、司法及行政执法上不断丰富查阅请求权等保险消费者个人信息权益内容、提升其个人信息保护力度，同时对保险机构在信息处理中形成的新型财产权利，如数据库权、数据资产权、数据经营权等进行及时确认，从而实现保险消费者个人信息权益不同主体间的利益平衡。

（二）应进一步完善保险消费者个人信息保护与利用的具体规则

如前所述，在保险消费者个人信息的保护与利用之间存在潜在的利益冲突。《民法典》等法律确立的个人信息保护规则依赖于知情同意原则，即信息处理者将个人隐私政策告知个人，然后由个人决定是否允许个人信息被收集；信息处理者对个人信息的收集利用应当遵循合法、正当、必要原则，不得收集与其提供的服务无关的个人信息，不得过度处理。但何谓正当、必要，何谓过度？是否与信息处理者日常经营有关的信息均属于与其提供服务有关的信息？相关规则均需要进一步明晰。只有当相关规则进一步明晰之后，才能给个人信息相关利益主体提供更稳定的行为预期，相关行为主体也才能更好地确定自己的行为边界。就相关规则的进一步明晰而言，本文认为，应从以下4方面入手：第一，尽快明确保险消费者个人信息收集时的正当与必要性标准。在此方面，可参考国家互联网信息办公室等联合制定的《App违法违规收集使用个人信息行为认定方法》，将如下行为纳入“违反正当、必要原则”的信息收集行为，并明确行为人的法律责任：收集的个人信息类型或打开的可收集个人信息权限与现有业务功能无关；因用户不同意收集非必要个人信息或打开非必要权限，拒绝提供业务功能；程序新增业务功能申请收集的个人信息超出用户原有同意范围，若用户不同意，则拒绝提供原有业务功能，新增业务功能取代原有业务功能的除外；收集个人信息的频度等超出业务功能实际需要；仅以改善服务质量、提升用户体验、定向推送信息、研发新产品等为由，强制要求用户同意收集个人信息；要求用户一次性同意打开多个可收集个人信息的权限，用户不同意则无法使用等。凡属上述行为，均应严格追究行为人的法律责任。第二，推行“普遍免费+个别付费”的服务模式、完善消费者个人信息提供的知情同意原则。长期以来，互联网企业基于知情同意原则、通过提供免费服务来换取消费者提供个人信息与注意力的模式虽然是一种行之有效的经营模式，但此模式会导致消费者知情同意原则的虚化、导致企业过分索取利用消费者个人信息，并会将个人信息敏感型消费者排除在部分服务之外，进而损及消费者与服务提供者之间的信任关系。[①]因为，对于大多数消费者而言，其在交易中的弱势地位决定了其通常无选择不同意的权利和能力。鉴于企业收集利用个人信息的目的主要是为了借助大数据技术，分析用户喜好，对其进行精准画像，进而向其推送相关商品或服务信息，而普遍免费模式下对信息敏感型消费者的排斥，不利于企业市场影响力的提升。故有必要适时确立并推行"普遍免费+个别付费"的双重服务模式，确保个人信息敏感型消费者有权在付费、限缩其个人信息提供范围后继续使用相关服务应用的其他功能。第三，将保险中介机构履行消费者个人信息义务情况作为监管重点。鉴于国内保险产品的销售主要是经由保险中介渠道完成[②]，保险消费者个人信息的处理权也主要掌握在保险中介机构手中，故应将保险消费者个人信息保护的重心放在保险中介渠道上，同时明确保险公司对其渠道的连带监督责任，让保险中介机构与保险公司共同担负起保护消费者个人信息的义务和责任。第四，将有关个人信息保护的国家推荐标准明确为保险机构的法定义务，并不断强化后端监管措施。鉴于保险交易的专业性和复杂性，让保险机构承担更重的信息披露义务是各国保险监管中的通常做法。考虑到保险消费者个人信息保护方面的现实困境，将《信息安全技术　个人信息安全规范》中关于个人信息保护的国家标准规定为保险机构的法定行为标准，同时强化其后端行为监管措施，一旦出现保险机构违反法定义务处理消费者个人信息的情形，比如违反匿名化和不能复原原则、出现消费者个人信息泄露事件等，即应依法追究保险机构的法律责任，以切实提高其违法违规成本，从而实现保险消费者个人信息保护之目的。

（三）应强化保险消费者个人信息保护中的民事救济措施

我国个人信息保护立法长期以来存在重公法、轻私法的倾向。[③]这种倾向的表现为：在立法中，多行政责任而少民事责任的条款规定；在追究侵害个人

① 张新宝：《"普遍免费+个别付费"：个人信息保护的一个新思维》，《比较法研究》2018年第5期。

② 如2019年中国保费收入的87.07%是通过保险中介渠道实现的。参见"解读姜波文章，保险中介市场大有可为，金字塔向扁平发展"，网址：https：//www.sohu.com/a/401142231_99957909，访问日期：2020年6月11日。

③ 王成：《个人信息民法保护中的模式选择》，《中国社会科学》2019年第6期。

信息行为人的法律责任时，重行政甚至刑事责任、轻民事责任。同时，在现有监管体制下，针对个人信息违法违规行为的监管权由各类政府监管机构分散行使[①]，分散式或运动式执法是相关监管执法的常态。这些监管执法方式虽各有其优点，但其缺陷却更明显。比如，分散式执法导致各监管机构间监管职权不明，各机构都不将个人信息保护作为自己的主要工作职责；运动式执法不具有可持续性，运动结束后，其效力逐渐淡化，且运动式执法中执法行为、执法程序本身的合规性也常常面临质疑。在具体执法措施上，监管机构针对侵害个人信息的行为虽可以采取责令改正、警告、罚款甚至吊销营业执照等行政处罚，但其限于人力、物力等因素，实践中很少对违法企业进行行政处罚。监管机构往往是在出现大规模个人信息滥用和泄露等丑闻引发舆情后，才启动针对涉事企业的行政处罚程序[②]，而未能发展出常态化、积极的执法手段。这一现状导致相关监管机构在针对包括保险消费者在内的个人信息保护上陷入一种动辄得咎的监管困境。有学者进而提出[③]，传统的向信息主体赋权、要求企业承担保护个人信息义务的做法在实践中并未能为个人信息提供有效保护，企业隐私政策的本意是让企业向消费者披露其个人信息的收集、使用、储存规则，进而寻求消费者的同意，但该政策事实上仅仅制造出一种消费者有能力控制其个人信息的假象，企业的法律义务往往在告知消费者并获得其同意的那一刻便已经完成。本文认为，就中国现阶段而言，要求企业承担保护个人信息义务的制度设计效果不彰的根源是相关法律规则未能严格执行及部分规则操作性不足，其解决之道应为进一步强化企业等信息处理者的责任和义务，并进一步完善相关法律规则。毕竟，对个人信息的保护，其实质是维护个人对其信息的支配，维护个人的人格尊严。而即使是对个人信息保护存在差异的美国法与欧洲法近年来也呈现出共同趋势，即在数据开发、共享中普遍重视对

---

① 以中国对APP个人信息收集使用的监管为例，其监管权目前主要集中在4个部门，分别是国家互联网信息办公室、工业和信息化部、公安部和国家市场监管总局。这4个部门大致覆盖了APP生产运营的大部分行政管理工作，2019 年年初联合发布了《关于开展APP违法违规收集使用个人信息专项治理的公告》。与此同时，国家发改委等十余个部门也具有关于APP个人信息收集使用的行政监管权与执法权。事实上，在个人信息收集与持续保护过程中并没有独立的常设监管部门及执法机构，通常是各部委在某个时间段集中抽查，不可避免地存在执法尺度及标准的差异，多部委监管的情况一定程度上影响了执法的稳定和可预期性，无形中导致企业的合规与创新成本提升。郜江丽：《关于App收集个人信息实务及规范研究》，《北京航空航天大学学报（社会科学版）》2019年第4期。

② 冯洋：《从隐私政策披露看网站个人信息保护：以访问量前500的中文网站为样本》，《当代法学》2019年第6期。

③ 庆启宸：《个人信息保护制度的重构：由公地悲剧模型展开》，《情报理论与实践》2019年第10期。

个人信息的保护。[①]

就国内保险业而言，保险机构履行消费者个人信息保护义务的实践情况并不乐观，面对超范围收集个人信息等各种违法违规行为，保险消费者的诉讼维权成本高昂，消费者多选择以向监管部门投诉的方式来解决问题。这反过来给监管部门带来巨大监管压力，尤其在监管部门现有人力、技术存在严重不足的情形下。本文认为，此一现状的改变可从两个方面入手：第一，应进一步明确中国银保监会消费者权益保护机构在保险消费者个人信息保护领域的主导性监管地位，充实其在监管人力、监管技术方面的力量，赋予其更多的行政监管权，发挥其监管效率高等优势。第二，应适时在保险消费者个人信息保护领域引入集团诉讼制度，充分发挥民事救济与民事责任机制的作用。保险消费者个人信息权益属于典型的小额、易腐性权益，传统民事诉讼模式下，消费者的个人维权成本远远超出其维权的可能收益，且通常面临举证责任困难等诸多不利因素，这些都严重抑制了消费者追究违法行为人民事责任的积极性。集团诉讼制度作为一种公认的可有效保护小额、易腐权利的民事救济制度，将其引入到保险消费者个人信息保护领域，可充分调动起广大受害消费者个体对违法行为人的监督积极性，有利于在实质上降低消费者的维权成本，并显著提高保险机构等信息处理者侵害消费者个人信息行为的违法违规成本。

① 王利明：《数据共享与个人信息保护》，《现代法学》2019年第1期。

保险金信托之逻辑进路与制度构建

李　华[①]

一、问题的提出

在私人财富管理领域，大额人寿保险与家族信托是被财富管理机构重点推荐的财富管理工具。在家族财富管理中，银行的高净值客户往往会被推荐大额人寿保单和家族财富信托，并被推荐具有风险隔离之功能。人寿保险具有人身保障和投资理财的功能，兼具普适性、资金杠杆和一定的避税功能，被寻求规避风险的高净值人士广泛接受。近年来，由于国家产业调控日趋严厉，市场风险逐渐加大，致使很多民营企业出现了债务危机。如何将家族财富传承与民营企业的发展风险相隔离，是家族财富传承首先要解决的问题。随着各级法院执行力度的加大和对失信被执行人的惩戒，被执行人所投保的人寿保险单的现金价值已经成为各级法院执行的财产[②]，其所谓的风险隔离功能随着保护债权人的民事执行程序的推进而丧失。作为私人财富管理的另一个重要工具，家族财富信托被认为是具有较人寿保险更强的资产隔离、财富传承之功能。但由于社会大众对大额人寿保单、家族信托、遗嘱安排等财富管理工具理解不深，单一的财富传承工具难以实现家族财富的有效传承。而且，由于对风险隔离功能认识过于片面，一些中介机构歪曲引导助长投机性，使得家族财富管理工具设计不当，影响财富传承最终目标的实现。为破解大额人寿保单和家族信托作为单一财富传承工具的不足，金融机构开发出人寿保险金信

① 李华：南京大学法学院副教授。

② 通说认为，人寿保险单的现金价值不具有人身依附性和专属性，并非被执行人及其所扶养家属所必需的生活物品和生活费用，不属于《最高人民法院关于人民法院民事执行中查封、扣押、冻结财产的规定》第五条所规定的不得执行的财产。

托这一新型的财富传承工具，将人寿保险与信托密切结合起来，以期实现家族财富顺利传承的目的。然而，保险金信托是否就是简单的"保险+信托"的所谓"双剑合璧"[①]？现行保险金信托实践是否符合家族的财富传承和民营企业代际传承之要求？在民法典视域下，保险金信托作为保险与信托相结合的创新，除了应遵守民法典的一般理论之外，还需要结合保险法和信托法理论，对其内在逻辑进行深度分析，消除理论纷争，构建保险金信托规则，寻求中国法语境下的保险金信托的实施路径。通过确定各主体之间的权利义务关系，实现财富传承之目的，隔离财富传承与民营企业发展的风险，进而实现家族企业治理结构现代化，为民营企业的发展提供内生动力和外在制度保障。

二、保险金信托之诠释与价值定位

（一）保险金信托诠释

《中华人民共和国保险法》（以下简称《保险法》）第12条规定，"人身保险是以人的寿命和身体为保险标的的保险"。人寿保险属于人身保险之一种，以被保险人的寿命为保险标的，且以被保险人的生存或死亡为给付条件的人身保险。人寿保险的受益人可以是投保人或被保险人，也可以指定第三人作为受益人。《中华人民共和国信托法》（以下简称《信托法》）第2条规定，"本法所称信托，是指委托人基于对受托人的信任，将其财产权委托给受托人，由受托人按委托人的意愿以自己的名义，为受益人的利益或者特定目的，进行管理或者处分的行为"。保险金信托是综合考虑人寿保险与信托制度功能的优缺点，通过制度嫁接，创设一种新的家族财富传承工具。通说认为，保险金信托，又称人寿保险信托，是指以保险金或保单受益权作为信托财产，由委托人（通常是投保人）和受托人（信托机构）签订信托合同，当达到保险合同约定的赔偿或给付条件时，保险公司将保险金交付于受托人，由受托人按照信托合同的约定的方式管理、运用信托财产，并将信托财产及收益，按照约定赔给信托受益人的一种家族信托。[②]有学者根据保险金信托的运作原理，认为保险金信托，又称人寿保险金信托、人寿保险信托，是指以保险金或保单受益权作为信托财产，由委托人和信托机构签订信托合同，当保险合同约定的保险金赔偿或

---

① 白云、陈希：《保险金信托：保险+信托"双剑合璧"》，载《金融博览（财富）》2018年第2期，第44页。

② 李升：《财富传承工具与实务》，中国法制出版社，2018，第216页。

给付条件成就时，保险公司将保险金交付于受托人（信托机构），由受托人依照信托合同进行管理和运用，并按约定方式与时间将信托财产及其收益交付于信托受益人的活动。[①]

保险金信托是人寿保险与家族信托两种工具合作的产物，结合了人寿保险与家族信托的双重优势，能够在一定程度上满足客户生前及身后对家族财富的管理和安排。从保险金信托之本质来看，其仍属于信托的法律范畴。信托在英国是一种高度发达的财产管理制度[②]，依英美信托之法理，信托本质上为财产法之一环，具有高度的物权性，有别于一般的债权契约。从大陆法系的民法原理来看，信托即是由信托财产转移或其他处分，具有物权效力。[③]信托成立后，受益人不仅对受托人享有债权性质之给付请求权，尚享有物权追及效力之撤销权，具有与物权性质相当接近的特定性和独立性。但如从管理义务之发生来看，依据信托本旨及目的管理信托财产之债务，则可认为信托具有债权效力。契约与信托在某种程度上皆重视第三人效力及忠实义务问题，两者似有互相融合之趋势。[④]

（二）价值功能

1. 财产传承功能。在保险金信托下，个人财富能够根据计划有安排地流进和流出，全面升级了高净值客户的资产传承规划，具有强大的功能。在人寿保险金进入家族信托后，该资金由信托公司完全根据信托合同进行投资、理财并最终遵照信托合同按期、按需向信托受益人分配信托收益。保险金信托的核心功能在于弥补人寿保险金的不足、受益分配方案不够灵活和再管理缺失。保险金信托可以约束投保人子女或其他受益人按投保人生前的意愿妥善运用保险金，或者避免人寿保险单被列入投保人的清算资产以及课征遗产税的问题。在人寿保险中，保险公司在保险事故发生后，会一次性向保险受益人支付大额保险金。人寿保险确实可以使投保人和受益人有储蓄收益的同时，获得税务递延或者免税优惠，但它本身也不能被当作一种理财工具和规避所有税的灵丹妙药。[⑤]对保险受益人拿到保险金后的挥霍财产问题并无任何有效约

① 任自力、曹文泽：《保险金信托的法律构造》，载《法学》2019年第7期，第83–84页。

② 何宝玉：《信托法原理与判例》，中国法制出版社，2013，第42页。

③ 王志诚：《信托之基本法理》，元照出版公司，2005，第6–7页。

④ John H. Langbein, The Contractarian Basis of the Law of Trusts, 105 YALE L. J. 625, 654–55(1995).

⑤ 孔庆龙：《家族财富管理与民营企业可持续发展：企业与家族二元治理下的三极互动效应》，载《清华金融评论》2018年第10期，第29页。

束，这是人寿保险的不足之处。而且，如果保险受益人负有债务，则其取得的保险金将直接面临债权人的追索，人寿保险也无法避免受益人范围和能力不足的问题。在保险合同产生赔付成为信托计划之前，其业务本质仍然为普通保险。因此，在未产生理赔时，保险金信托的财产并非信托财产，无法具备信托财产独立性的优势，随时有可能面临投保人的债务、婚姻等多重风险，也无法按照委托人（投保人）的意愿灵活进行财产分配。特别是对于身故赔偿类型的保险金信托，客户的保险金信托计划在信托生效前往往会面临几十年的保险财产安全风险。对于资金量较大的高净值客户而言，保险金财产安全的风险将进一步扩大。

2. 财富管理功能。在人寿保险金信托的工具结构下，在人寿保险金进入信托公司后，信托公司将根据信托合同来向信托受益人分配信托收益，而委托人完全可以通过信托契约之约定，根据时间安排和受益人的实际情况向信托受益人分配全部或者部分保险金及其投资收益。通过将家族信托嫁接到人寿保险，既能满足委托人后代的资金需求，又能有效防止后代挥霍财产。人寿保险金信托综合了人寿保险和家族信托的优点，依托人寿保险所具备的资金杠杆功能，搭建人寿保险与家族信托间的通道，进一步释放家族财富管理领域的巨大市场需求。而人寿保单、家族信托作为多主体法律结构，在功效和作用上有异曲同工之处，可以实现两者之间的相互补充。将人寿保险与家族信托相结合，可以合理地控制受益人分配资金的时间和节奏，防止保单出现合同主体消失等复杂功能，是一种创新应用。

3. 破产隔离功能。从信托的角度观察，以信托方式管理财产的制度优越性主要源于信托的破产隔离功能。所谓破产隔离（bankruptcy remote），是指委托人或受托人不能支付或破产时，受益人仍然能够就信托财产保持其收益，并可以对抗委托人和受托人的普通债权人的追索。这是由信托财产的独立性所决定的。[①]家族信托除了传统的保值增值的功能之外，更具有家庭与企业之间风险隔离的功能、指向性传承功能、事务性管理功能。一些机构出于销售目的，将保险和家族信托过度包装变成避债避税的工具，误导客户对家族财富管理工具的理解和认识，从而造成因工具使用不当带来的风险。[②]

① 蒲坚等：《论信托》，中信出版社，2014，第78页。

② 孔庆龙：《家族财富管理与民营企业可持续发展：企业与家族二元治理下的三极互动效应》，《清华金融评论》2018年第10期，第29页。

4. 税收筹划功能。由于我国采取的是累进税率，收入越高则适用的边际税率越高，信托的一个重要功能就是转移和分散财产，可以在面对征税财产数量较大的情况下，采用《信托法》有效地降低课税，以减少纳税人的负担。

三、保险金信托构造之逻辑基础

（一）保险金信托之法理基础

信托关系以财产权的转移为成立要件，发生所有权、管理权与受益权的三权分离。[①]所有权分割是信托的精髓，委托人通过向受托人转让特定的财产权，从而创设了受托人对信托财产名义上的所有权，受益人则取得该财产实质上的受益权。信托财产的独立性是信托目的达成的关键，信托财产的最根本特征在于其独立性，构成信托的基础。[②]

经济学理论认为，权益分割理论是经济有效运行的理论基础，也是经济运行规律的体现。财产所有权人的独占与在不同主体之间进行合理安排，会产生不同经济运行模式和更高的配置效率。委托人通过信托契约将财产权转移给受托人予以管理，因受托人具有财产管理的绝对优势，可以更好地对受托财产进行保值增值的管理。信托关系中受托人享有信托财产的所有权，受益人享有受托人管理财产所产生的收益，实现了信托财产的所有权主体与受益权主体的分离。

（二）保险与信托基于财富传承目的之契合

人寿保险作为财富传承的工具之一，以人身保险作为理论基础，通过投保人向保险人缴纳保险费，为自己或他人投保，以子女作为受益人的制度设计，实现家族财富的传承。人寿保险可以避免法定继承和遗嘱过程中的复杂程序，在被保险人生存到一定的年龄或身故时，传承给投保人在保险合同指定的受益人。从投保人的财富管理来看，投保人通过缴纳保险费，在保险合同约定的事件发生时，由于保险费的杠杆放大财富功能，保险公司赔偿的人寿保险金额大于所缴纳的保险费，显著放大传承的财富。根据保险法原理，由于受益人取得保险金是基于收益权而非基于继承权，故受益人可以回避因继承财产缴纳个人收入所得税的问题。由于人寿保险金具有较强的专属性，在指定受益人的情形下，保险金不会作为被保险人的遗产，避免继承人之间产生继承遗产的

① 在自益信托的情形下，所有权和收益权并不分离，此处是指他益信托。

② 蒲坚等：《论信托》，中信出版社，2014，第97页。

纠纷。但人寿保险在财富传承上也存在不足之处，在投保人存在债务的前提下，投保人缴纳的保险费所形成的保险单现金价值，有可能因投保人成为被执行人，其人寿保险单的现金价值因保险合同的被强制解除而退还保险单的现金价值，从而使人寿保险的财富传承功能丧失。在受益人先于被保险人死亡时，保险金作为被保险人的财产，由继承人继承，人寿保险设立的财富传承之目的也无法实现。

信托作为一种特殊的财富管理制度，其行为是由两种行为组合而成，其一为财产之移转或其他处分行为，其二为形成受托人对信托财产应付管理处分义务之行为。[①]基于信托，委托人将自己的财产委托给信托公司，财产的所有权即发生转移，实现财产所有权、管理权和收益权之分离，具有财产隔离和保护作用。信托财产独立于委托人未设置信托的财产，独立于受托人的独立财产和其他委托人的财产。在财富传承中，利用信托所具有的财产独立功能，实现风险隔离的作用，达到委托人的财富保护和个性化传承之目的，是一种财产管理和转移的制度安排，可实现信托财产的保质增值。出于对未成年子女利益的考虑，通过信托，受托人定期向子女支付一定的信托受益款项，但子女不能直接提取信托基金，以防止子女挥霍信托基金，这样可以比较可靠地保障子女的生活、未成年人利益。在受益人成年时或者达到委托人认为合适的年龄、有能力承担一定责任时，再将信托的资本及收益交给受益人。对于浪费者后代而言，如果子女或家庭成员有不良生活方式或者没有行为能力，把资产直接转移给不能很好地管理资产的子女或其他家庭成员，需要授权给受托人按照信托条款定期向受益人提供收入，以满足其生活需要，防止受益人挥霍浪费信托财产。

人寿保险和信托都是家族财富传承的主要工具。人寿保险如不采用趸缴方式缴纳保险费，而是通过分期缴纳保险费，可以实现财富杠杆扩大的功能，故人寿保险的使用范围较大。但在人寿保险合同存续期间，难以实现风险隔离功能，如投保人在合同期间负有债务，可能会被法院执行保险单的现金价值而使其财富传承目的难以实现。同时，由于在保险事故发生后，保险公司对受益人一次性支付高额保险金，受益人如何使用高额保险金问题是投保人必须考虑的问题，以防止受益人挥霍和浪费巨额的保险金。信托具有起点高、设计复杂以及运作成本高的特点，使用范围局限于高净值的客户。基于财富传承

---

① 王志诚：《信托之基本法理》，元照出版公司，2005，第9页。

之目的,将人寿保险契约和信托契约结合起来设计为人寿保险金信托,通常由保险契约的投保人以保险金作为信托财产设立信托。当被保险人死亡或保险期满时,保险理赔金或满期保险金直接由保险公司拨付信托专户,由信托业者依据信托契约约定的方式运用,并定期分配信托利益予受益人,再于信托终了时,将剩余的信托财产交付于信托人。[①]易言之,投保人与保险公司签订人寿保险合同之后,再和与保险公司合作的信托公司签订信托合同,约定未来的保险金直接进入信托账户,成为信托财产,由信托公司进行管理和运作,并将信托财产及收益按照信托合同的约定,分配给信托合同所指定的受益人。由此可见,人寿保险与信托在家族财富传承上具有高度的契合性。

四、域外经验:保险金信托运行机制之比较

由于各国(地区)的法律传统和制度设计之目的不同,人寿保险与信托结合的法律构造并不统一,呈现不同的模式。

(一)美国的信托机构主导模式

不可撤销人寿保险信托(irrevocable life insurance trust)作为一种遗产规划工具,以规避联邦遗产税为主要目的。不可撤销保险金信托可用于一般的财产规划,以实现未来收入支出的灵活性,从而最大限度减少所得税。[②]通过将保险从被保险人的遗产中移除,既不属于被保险人所有也不应支付列入被保险人的遗产之中。不可撤销信托成为为遗产提供流动性高的绝佳工具。[③]从投保人的角度,人寿保险信托计划通常涵盖以下需求:(1)提供必要的现金以支付税收、行政开支、债务和各项杂费;(2)为子女最需要抚养的时期提供必要的金额,即子女在成长和上学期间、寡妇的生活以及被保险人的退休期;(3)提供特殊物品,如教育、额外礼物、慈善礼物等。通过将保险纳入信托,可以避免多次转移,从而减轻税收负担。[④]不可撤销人寿保险的创立,是通过投保人以其生命为保险标的投保人寿保险,保单的所有权将不可撤销地转让给受托人。投保人将保单实际交付于受托人后,受托人将成为每份保单的受益

---

① 温俊富:《实用信托法》,正典出版文化有限公司,2007,第76–77页。

② William S. Huff, The Irrevocable Life Insurance Trust, 38 ARK. L. REV. 139, 139(1984).

③ Tegeler, J. W., The Irrevocable Life Insurance Trust: Opportunities and Pitfalls, 1(4) J. Retirement Plan. 35, 35(1998).

④ Schauer, F. H., Drafting Life Insurance Trust Agreements: From the Trustee's Viewpoint, 1939 A.B.A. Sec. Real Prop. Prob. & Tr. Proc. 179, 179(1939).

人，如果不这样做，死亡时的收益将支付给非最初指定的受益人。[①]人寿保险信托应当是明确的不可撤销和不可补偿的，受托人不应对未来的保费支付承担责任。信托应包含，允许受托人在被保险人的生命周期内，如果信托变得不经济，或者未来保险费没有支付，或如果处于任何原因需要终止信托时，对指定的受益人进行酌情分配。[②]该模式是基于避税的目的将保险金从被保险人的应税遗产中分离出来。美国不可撤销人寿保险信托的设立程序是通过委托人在信托机构开立信托账户，与信托机构订立信托合同，并将人寿保单纳入信托，委托人将保单的一切权益转让给信托机构，由信托机构成为新的保单持有人及受益人。[③]除弗吉尼亚州外，所有州都有特殊的豁免法规，禁止被保险人的债权人扣押保单的现金价值，即使被保险人有权改变受益人。[④]在被保险人生存期间，无论是在被保险人有权撤销的情况下，还是在受益人被不可撤销指定的情形下，受益人的债权人显然都无法取得保单的现金价值。信托的设立人可以通过加入一项挥霍条款来阻止受益人的债权人获得信托收益或本金。

委托人将保单所具有的一切权益转移给受托人，即受托人为保单的所有者。受益人拥有不可撤销的、法律上已经确定的未来收益，实现了保单与被保险人的完全分离，达到美国税法关于死亡保险单免征遗产税的规定。[⑤]美国的保险金信托是以信托公司作为人寿保险的受益人，委托人将保单的一切权益转移给信托公司，由信托公司代委托人行使对保单的一切权利。在保险事故发生后，被保险人不再享有变更保险合同受益人，抑或变更保险合同其他条款的权利。信托公司获取保险金并进行财富管理，当委托人去世后，保险公司将保险金按时足额地转移到信托账户，信托公司对其按信托契约中的规定进行安排和运营，其目的在于避税和对信托受益人的收益予以管理。

（二）日本委托人分别签约模式

2010年，日本中央三井信托银行与美国保德信保险公司的日本子公司合作，共同开发了“安心支持信托”的人寿保险信托产品。日本模式是由委托人分别与保险机构、信托机构签订合同。保险金信托在日本被称为“生命保险

---

① William S. Huff, The Irrevocable Life Insurance Trust, 38 ARK. L. REV. 139, 141, 142 (1984).

② ibid.

③ 任自力、曹文泽：《保险金信托的法律构造》，《法学》2019年第7期，第86页。

④ Schauer, F. H., Drafting Life Insurance Trust Agreements-From the Trustee's Viewpoint, 1939 A.B.A. Sec. Real Prop. Prob. & Tr. Proc. 179, 182 (1939).

⑤ 唐嘉伟：《境外保险信托业务的模式》，载《银行家》2015年第11期，第123页。

信托”，设立目的主要是为了防止保险受益人浪费保险金，以及对之进行有效管理运用，同时也包括利用信托机制来减免税负。[①]与美国模式不同，日本的保险金信托是由信托公司直接在被保险人死亡后领取保险金，而不是仅获得投保人的保单。[②]

日本设立寿险信托的目的同样是为保证受益人合理使用保险金，首例保险金信托产品出现在大正十四年的三井信托公司。与美国、英国不同之处，日本的寿险信托属于典型的“保险金信托”，其信托财产为被保险人身故后的保险金。日本相关法律规定视受理保险金信托的保险公司为信托公司、视其行为为信托行为，其显著特点就是日本的保险金信托的受托人可以是专门的信托公司，也可以直接就是保险公司。[③]

生命保险信托是指委托人与保险公司签订保险契约，同时与受托人签订信托契约，在保险事故发生后，受托人领取保险金进行管理运用，受益人一般为委托人的家属子女。日本生命保险信托与美国在运营模式中的区别主要是委托人既与保险公司签订保险合同，又与信托机构签订信托契约。保险公司和受托人之间的联系仅仅是资金的划拨，可以看出，保险和信托的联系不如美国那般紧密。[④]

日本的《保险业法》第 5 条规定允许经营生命保险事业的保险公司经营信托业务，因此，日本的生命保险信托呈现出2种格局：保险公司为信托受托人和信托机构为信托受托人。以保险公司为信托受托人是指信托委托人同时也是保险投保人，而保险公司在承保的同时又担任信托受托人的身份，在信托发生后，由保险公司按照契约管理经营信托资产。实际上，保险公司只是同时兼具了两个身份，真正的经营上依然是分离的。以信托机构为信托受托人是比较普遍的运营模式。具体来说，当保险合同签订后，委托人将保险金债权让与信托机构，也就是在保险发生赔付后，保险金的领取权利让与信托机构，之后信托银行作为信托受托人进行此类型的保险信托。

（三）我国台湾地区模式

我国台湾地区运用最广的人寿保险金信托，普遍认为是金钱债权信托之

---

① 任自力、曹文泽：《保险金信托的法律构造》，《法学》2019年第7期，第86页。

② 刘旭东：《保险金信托的风险分析及改进路径》，载《上海保险》2017年第12期，第47页。

③ 李薇、李牧霏：《论金融混业经营趋势下我国的保险金信托》，载《社会科学辑刊》2012年第5期，第157页。

④ 唐嘉伟：《境外保险信托业务的模式》，载《银行家》2015年第11期，第125页。

一种，是指投保人与保险人签订保险契约，再由保险受益人与信托契约受托人签订信托契约，约定于发生保险理赔或保险金给付时，由保险公司直接将保险金交付受托人，受托人再依信托契约之约定管理运用，为定期或不定期支付资金给受益人。[①]保险合同中的被保险人即为投保人，保险受益人为其子女，并在协议中写明明确放弃处分该份保险合同的权利。再由子女与信托公司签订一份信托协议，指定其自身为委托人和受益人。[②]我国台湾地区学者认为，保险金信托，多在保险事故发生后，由受益人向保险公司申请理赔，并非由受托人直接向保险公司申请理赔，所以这种保险金信托只是将已经确定的保险金交付信托，仍是一种金钱信托。[③]保险契约的受益人并非受托人，而是信托契约之委托人。

台湾地区的人寿保险信托是委托人以其本身为被保险人，第三人（通常是子女）为保险受益人签订保险合同，保险受益人再作为信托委托人与信托机构签订信托合约，以自身为信托受益人。当委托人身故发生理赔或者满期发生保险金给付时，由保险公司将保险金交付信托机构，并由信托机构按照信托约定将信托财产分配给受益人，于信托终止或到期时，交付剩余资产给信托受益人。此处所指的保险受益人、信托委托人和信托受益人是同一人。[④]

五、实现民营企业可持续发展的保险金信托制度设计

（一）目标设定：民营企业可持续发展与家族财富传承

保险金信托选择何种运作模式，首先要从设立保险金信托的目的和动机考虑。在外部经济环境复杂多变、家族企业普遍面临代际交接的背景下，企业家对于家族已积累的财富管理需求日益旺盛，并且管理目标从单纯的资产增值向资产安全、传承等多元发展，同时希望通过有效的家族财富管理提升企业竞争力，形成家族与企业的协同发展、长治久安。[⑤]人们逐渐认识到提前安排个人和家庭的财富管理与传承的重要性，财富管理和传承的最佳设计是信托。[⑥]保险金信托通过引入长期规划和适宜的激励机制，运用多种方式引导后

---

① 汪信君、廖世昌：《保险法理论与实务》，元照出版公司，2017，第447页。

② 刘旭东：《保险金信托的风险分析及改进路径》，载《上海保险》2017年第12期，第47页。

③ 温俊富：《实用信托法》，正典出版文化有限公司，2007，第76页。

④ 唐嘉伟：《境外保险信托业务的模式》，载《银行家》2015年第11期，第124页。

⑤ 孔庆龙：《家族财富管理与民营企业可持续发展：企业与家族二元治理下的三级互动效应》，载《清华金融评论》2018年10月，第26页。

⑥ 高凌云：《被误读的信托：信托法原论（第二版）》，复旦大学出版社，2021，第5页。

人树立正确的财富观和价值观，引入第三方实施约束机制，避免后人对财富的任意挥霍，确保财富的保值增值。通过增加合理的分配方式和支付条件，激励后代在前人的基础上发扬优秀的家族精神和传承努力奋斗的品质，保证其财富有效传承，促进其可持续发展。[①]保险金信托所要实现的目标主要是风险隔离、后代的生活保障以及税收筹划。[②]

（二）保险金信托法律关系主体构造

在人寿保险法律关系中，存在着保险合同的当事人，即投保人和保险人，还有保险合同的关系人，即被保险人和受益人。在投保人为自己投保的情况下，投保人和被保险人是同一人；但在投保人为他人投保时，投保人和被保险人并非同一人。投保人指定自己或他人（比如子女）为受益人，如为前者，不会发生通过人寿保险产生财富传承之功能；如为后者，可以通过人寿保单中受益人的指定，产生财富传承的效果。基于财富传承之目的，人寿保险的设计通常采取投保人以自己或配偶作为被保险人投保人寿保险，指定子女作为人寿保险的受益人。在信托法律关系中，存在着委托人、受托人和受益人三方主体。委托人通过信托契约，将财产委托给受托人管理，受托人遵循善良管理义务，管理和运营财产，并根据信托契约约定的条件，向信托受益人支付信托财产及收益。

当人寿保险与家族信托相结合，人寿保险之法律关系与信托法律关系并存。由于人寿保险与信托结合的模式不同，导致保险金信托法律关系主体呈现重合和差异。在先保险后信托的模式中，投保人与委托人身份重合，保险受益人改变后保险受益人与委托人身份重合，保险受益人改变前保险受益人与信托受益人身份重合。在先信托后保险模式中，受托人与投保人身份重合，信托受益人与保险受益人身份重合。当然，由于各国（地区）人寿保险金信托运行机制不同，上述主体身份还有一定的变化。

（三）保险金信托运行机制之比较

1. 先保险后信托运行机制

2014年中信信托和中信保诚人寿推出的保险金信托产品，以高净值人士作为投保人，以本人或配偶作为被保险人，向保险公司投保人寿保险。投保人

---

① 刘旭东：《保险金信托的风险分析及改进路径》，《上海保险》2017年第12期，第46页。

② 张传良、鲍新中：《财产保护类家族信托模式及其产品设计》，《金融理论与实践》2015年第3期，第102页。

再作为委托人与信托公司订立信托合同，并通过将保单受益人变更为信托公司，向信托公司转移保险金请求权。在保险事故发生后，信托公司获得保险赔偿金，并对保险金进行管理，按照信托合同的约定支付给信托受益人。[①]该保险金信托的构造由于保险单投保人与信托合同的委托人是同一人，当投保人（委托人）无力偿还债务时，投保人（委托人）的债权人可能会申请法院执行保险单的现金价值，进而导致保险合同的解除，使得信托公司的"保险金请求权"落空。

为应对难以规避的不确定性风险，保险金信托的设计作了一些调整和变化，主要改变是投保人不仅将保险单受益人变更为信托公司，还将保险单投保人也变更为信托公司。委托人将后续保费金额的后续货币资金作为信托财产交付给信托公司，由信托公司作为投保人继续缴纳后续保险费。此时，信托财产不仅包括"保险金请求权"，还包括货币资金。由于后续保费是作为信托财产交付信托公司，可以实现投保人债务风险与信托财产的隔离，但该方案中信托财产还包括"保险金请求权"，还是易引起保险单的现金价值被执行的风险。

2. 先信托后保险运行机制

在保险驱动信托无法实现风险隔离的情况下，保险金信托的制度设计转为先信托后保险的模式，即由委托人与信托公司签署信托合同，委托人将未来需要缴纳保费的资金交付于信托公司。信托公司以委托人作为被保险人，以信托公司作为保单受益人。该运行机制是由信托驱动保险，可以运用信托机制实现对保险金的风险隔离，从而使继承人得到全部保险金。[②]信托驱动的运行机制是委托人先与受托人签订信托契约，当委托人将现金交付给受托人之后，再向保险公司购买人寿保险，等到将来发生保险理赔时，此保险金可在受托人的管理下，按照委托人的指示照顾受益人并支付相关费用。这要求委托人先成立家族信托，再以信托资产购买人寿保险。优点在于委托人以家族信托的方式，将资金转至受托人名下，再由受托人用信托资金购买人寿保险，实际上是用家族信托对委托人未来可能出现的债务进行了隔离，从而避免了由委托人亲自投保时，人寿保险保单因委托人将来发生的债务而被强制执行。不足之处在于根据《保险法》规定，投保人在订立人寿保险合同时，应对被保

① 白云、陈希：《保险金信托：保险＋信托"双剑合璧"》，《金融博览（财富）》2018年第4期，第46页。

② 李升：《财富传承工具与实务》，中国法制出版社，2018，第220页。

险人具有保险利益。[①]该运行机制要求受托人对委托人的寿命和身体具有保险利益，必须根据《保险法》第32条第2款的规定，征得委托人的同意。

在模式选择方面，是选择保险驱动信托还是选择信托驱动保险，抑或创新其他形式，主要的出发点是要看保险金信托设立所要实现的目的，要发挥其何种功能，故在保险金信托运作机制上，可以采取灵活应对的策略，根据委托人所要实现的目的，合理地选择合适的保险金信托运作模式。

（四）建立保险金信托监察人制度

基于家族财富传承之目的，委托人通过信托转移信托财产，由受托人进行财富管理，受托人必须像一个有能力且谨慎的人在处理自己的类似业务中那样适用自己的技能并尽到谨慎义务。[②]这种义务在信托法律关系中是基于信任或信用而负的信义义务，我国《信托法》第25条规定，“受托人管理信托财产，必须恪守职责，履行诚实、信用、谨慎、有效管理的义务”。虽然《信托法》给受托人设定了忠诚义务、注意义务以及谨慎投资义务，但由于受托人控制和管理受托财产，如出现违反受托义务并滥用权力，则会有“败德行为”之情形发生，如挪用受托财产等行为，势必违反对委托人的义务，损害委托人及信托受益人之利益。为防范受托人的道德风险，有必要设置保险金信托监察人制度，加强对受托人行为的监督。

我国《信托法》第64条规定，“公益信托应当设置信托监察人”。只针对公益信托设置了强制性的信托监察人条款，原因在于公益信托受益人较为广泛，对受托人的信托活动的监督难以实施。在家族信托业务推广过程中，信托受益人不确定、不存在以及为保护受益人之利益，是要求设立信托监察人最广泛的情形，毕竟家族信托的设立主旨之一便在于实现家族财富的世代传承。[③]尽管法律没有设置私益信托下的信托监察人制度，但信托当事人可以通过达成合意的方式自行增设信托监察人，以保护受益人的利益，并对其权利义务关系进行不违反法律、行政法规强制性规则的自由安排。[④]

保险金信托监察人制度的构建有利于维护保险金信托的稳定开展和保障

---

① 白云、陈希:《保险金信托：保险 + 信托“双剑合璧”》,载《金融博览（财富）》2018年第4期,第46页。

② 高凌云:《被误读的信托：信托法原论（第二版）》,复旦大学出版社,2021,第97页。

③ 李超、陈晶:《论我国家族信托监察人制度的构建》,《重庆交通大学学报（社会科学版）》2015年第4期,第36页。

④ 赵廉慧:《信托法解释论》,中国法制出版社,2015,第488页。

保险金信托受益人受益权的实现。①对于民营企业家而言，充分发挥保险金信托的家族财富传承，寻求信托财产的安全，维护信托受益人的利益是其要考虑的问题。在我国信托受托人行为尚不规范的情形下，设立保险金信托监察人制度，对于该制度的推广和发展具有积极的意义。

六、结论

保险金信托作为家族财富传承和管理的重要工具，对于民营企业家财富的传承意义深远，信托的高度灵活性和受托人的信义义务可以实现财富代际传承之目标。保险金信托的设立目的在于避免各种税收负担，特别是避免被征收高额的遗产税，但我国目前的税法对信托的税收问题没有特别规定，信托是否有避税的功能还有待观望，是否能够避免将来有可能起征的遗产税尚需看将来的税收法律制度设计。又因保险金信托方案设计基本上是借鉴域外的经验进行改造的结果，本土化改造需要充分考虑我国当前的法律环境。制度供给亦需要考虑市场之需求，在民营企业发展风险日益增加的情况下，家族财富传承与企业经营风险的隔离是民营企业家优先关注的问题，也是保险金信托制度设计首先应考虑的因素。此外，保险金信托的制度设计也应提前评估税收法律制度的可能变化，特别是未来税收变革给保险金信托带来的影响。基于此，在充分考虑到民营企业家不同需求的前提下，保险金信托方案应避免单一化，应给民营企业家较大的选择空间，使保险金信托成为广受企业家欢迎的家族财富传承与管理工具。

---

① 周延礼、高皓、罗钧：《论保险金信托监察人制度的构建》，载《保险研究》2020年第9期，第32页。

政策性营业损失保险制度研究

潘红艳[①]

引 言

保险是转嫁风险的制度，运用保险实现和加强社会稳定符合保险行业的本质以及社会治理的科学性要求。从风险视角观察，“新冠肺炎”（以下称为“COVID-19”）[②]疫情防控实质上是综合的、各类风险的总爆发。从疫情防控视角观察，我国在疫情期间采取的一系列经济、法律、行政措施，实质上是将对人生命健康的保护顺位置于经济增长之前，进而举全国之力采取的一场人类和疫情相抗衡的战役。“世界主义的思想家认为，在理想状态下，不管人们生活在世界上什么地方，每个人都应当被以同样的方式对待。”[③]历经COVID-19，如何构建符合疫情防控整体战略需求，并且能够为疫情结束之后建立新秩序提供支撑的风险转嫁制度，深值探究。

回顾我国此次COVID-19持续期间，酒店、餐饮、旅游、电影、体育竞技等企业纷纷遭受巨大冲击，形成了巨额营业损失。这些损失成为将来再次发生此类疫情时的营业损失风险。在疫情防控期间，经济下行，企业不论大小，难免受到疫情的牵连，经营遭受不同程度的重创。从经济运行的表层观察，多数人员密集型的消费型企业，诸如商场、电影、线下教育培训、洗浴中心、超市、

---

① 潘红艳：吉林大学法学院金融与保险法制研究中心主任，吉林大学理论法学研究中心/法学院副教授。本文原载于《中国政法大学学报》2021年第5期。

② 国家卫生健康委于2020年2月7日发布《关于新型冠状病毒肺炎暂命名事宜的通知》（国卫医函〔2020〕42号），决定将“新型冠状病毒感染的肺炎”暂命名为“新型冠状病毒肺炎”，简称“新冠肺炎”。本文中使用世界卫生组织（WHO）认定的“COVID–19”。

③ 安东尼·吉登斯，菲利普·萨顿：《社会学（第七版）下》，赵旭东等译，北京大学出版社，2015，第996页。

酒店、餐馆、酒吧等场所，入不敷出甚至濒临倒闭或者已经不堪重负而纷纷倒闭的例子，不胜枚举。以我国电影业为例，2019年春节档票房为58.59亿元，2020年春节档全军覆没。据估算，仅电影、餐饮零售、旅游3个行业，2020年春节7天假期的直接经济损失就超过一万亿人民币。[①]疫情对民营企业、小微企业的影响更是可想而知。从经济运行的深层观察，投资、消费、出口均受到疫情不同程度的影响。企业停工减产，制造业、房地产、基建投资等基本停滞。

疫情发生、发展以及防控期间内，企业经营活动或基于疫情防控需要被法定禁止，或基于人流控制被迫停止和减少。仅以2020年1月下旬至2020年2月为例，我们拣选各地有代表性的对抗COVID-19采取的营业禁止措施，以观察相关经营主体的营业活动中断情况[②]：2020年1月23日，湖北省对旅游行业采取措施，要求全省旅行社从当日起暂停经营活动，不再组团收客；已经组团的一律取消或延期。2020年1月24日，黄冈市所有影剧院、网吧和室内公共文化、旅游及娱乐场所暂停营业，黄州区中心市场实行休市管理；合肥市酒店、宾馆无条件接受宴席、房间的退订退费。2020年1月26日，武汉市除经许可的保供运输车、免费交通车、公务用车外，中心城区实行机动车禁行管理。2020年1月27日，孝感市除防控保障指定单位外，所有宾馆酒店、饭店餐馆、农庄等暂停营业。2020年1月29日，仙桃市所有学校、培训机构、托管机构一律不得招生和开课。2020年2月初至4月底，全国进入全面抗疫状态，大多数城市都采取严密隔离措施，许多大中小企业暂停营业活动，员工远程上班，各大中小企业遭受到了前所未有的巨大损失。我国既存的商业性营业损失保险不直接承保疫情防控造成的营业损失；疫情防控造成的营业损失之巨大、波及面之广泛也超出了商业保险可以合理和有效应对的范围。如果能够借鉴商业营业损失保险的经验，构建符合疫情防控时期社会关系属性特征的政策性营业损失保险，则可以有效地解决这一问题。

一、政策性营业损失保险的法治必要性

“撇开所有的技术细节不论，法治的意思就是指政府在一切行动中均受到事前规定并宣布的规则约束。”[③]应对疫情防控，我国已经构建了以宪法为

① https://mp.weixin.qq.com/s/d5J3dkrvYUeLKXK74HVEjA，最后访问日期：2020年2月1日。

② https://mp.weixin.qq.com/s/Hc0g9IQJEqJJj_1uQSUOww，最后访问日期：2020年2月5日。

③ F.A.Hayek，The Road to Serfdom，Chicago：The University of Chicago Press，2007，p. 112.

核心的法律制度体系，政策性营业损失保险是实施疫情防控法律制度的必然要求。《中华人民共和国宪法》第67条、第80条、第89条规定了不同情形下的“紧急状态”，成为我国紧急状态立法的宪法依据。其他与疫情防控相关的准据法主要包括《中华人民共和国突发事件应对法》（以下简称《突发事件应对法》）、《中华人民共和国戒严法》（以下简称《戒严法》）、《中华人民共和国传染病防治法》（以下简称《传染病防治法》）等。

以企业经营活动为视角，综观疫情防控的法律制度总体走向显现出以下特征：疫情防控时期，授权政府实施控制疫情发展的具体措施，依托市场体系保障戒严区域、疫情集中区域以及其他区域的基本生活需求，对有碍于控制疫情的企业活动进行限制和禁止；疫情防控结束后，由政府负责制定戒严区、疫情集中区域以及其他区域恢复和重建包括经济秩序在内的社会秩序的具体措施。防控、戒严、控制企业经营等综合措施的目的在于“恢复和重建”，政策性营业损失保险补偿恢复企业经营活动所需的资金，具有满足疫情防控需求的法治必要性。

（一）政策性营业损失保险是《突发事件应对法》的必然要求

1.《突发事件应对法》的立法导向

疫情的暴发属于《突发事件应对法》规定的突发事件，疫情的暴发符合突发事件的内涵，依据为《突发事件应对法》第3条规定，即“本法所称突发事件，是指突然发生，造成或者可能造成严重社会危害，需要采取应急处置措施予以应对的自然灾害、事故灾难、公共卫生事件和社会安全事件”。依据该法第2条规定“突发事件的预防与应急准备、监测与预警、应急处置与救援、事后恢复与重建等应对活动，适用本法”，发生突发事件，政府有权中止可能导致危害扩大的生产经营活动。该法第49条第4款还规定：“禁止或者限制使用有关设备、设施，关闭或者限制使用有关场所，中止人员密集的活动或者可能导致危害扩大的生产经营活动以及采取其他保护措施。”

虽然在《突发事件应对法》中没有直接规定政策性营业损失保险的内容，但是，从该法的规定中可以获得该部法律涵盖以保险分散突发事件造成损害风险的立法导向，该法第35条规定：“国家发展保险事业，建立国家财政支持的巨灾保险保障体系，并鼓励单位和公民参加保险。”前述法律规定显示：应对突发事件，政府采取限制和禁止营业等措施；发展保险事业，鼓励受到紧急事件影响的主体参加保险。可见，突发事件的立法导向中包含着以保险制度补偿突发事件造成的损失的内涵。

2.《突发事件应对法》中的重建和恢复制度

我国《突发事件应对法》规定了突发事件结束后的重建和恢复制度。该法第59条对突发事件结束后，恢复生产生活常态秩序做了规定；第60条对重建恢复工作的物质支持做了规定；第61条对重建恢复工作的政策优惠做了规定。该法第59条规定："突发事件应急处置工作结束后，履行统一领导职责的人民政府应当立即组织对突发事件造成的损失进行评估，组织受影响地区尽快恢复生产、生活、工作和社会秩序，制定恢复重建计划，并向上一级人民政府报告。"第60条规定："受突发事件影响地区的人民政府开展恢复重建工作需要上一级人民政府支持的，可以向上一级人民政府提出请求。上一级人民政府应当根据受影响地区遭受的损失和实际情况，提供资金、物资支持和技术指导，组织其他地区提供资金、物资和人力支援。"第61条第1、2款规定："国务院根据受突发事件影响地区遭受损失的情况，制定扶持该地区有关行业发展的优惠政策。受突发事件影响地区的人民政府应当根据本地区遭受损失的情况，制定救助、补偿、抚慰、抚恤、安置等善后工作计划并组织实施，妥善解决因处置突发事件引发的矛盾和纠纷。"

重建和恢复生产生活秩序的一个重要组成部分就是企业经营行为的继续。可见，继续经营不仅符合企业自身利益的需求，也是疫情之后恢复重建制度的应有之义。采取政策性营业损失保险，可以弥补企业营业中断及营业收入消减的损失，也符合突发事件后重建恢复法律制度的需求。

（二）政策性营业损失保险是《戒严法》的必然要求

我国《戒严法》第5条规定："戒严地区内的人民政府应当依照本法采取必要的措施，尽快恢复正常社会秩序，保障人民的生命和财产安全以及基本生活必需品的供应。"因疫情防控需要实施戒严的地区，存在企业发生营业损失的风险。实施戒严期间，各经营企业的营业中断以及营业消减属于大概率事件。疫情防控期间，企业经营面临3种状况：第一，为了控制疫情的传播而被强制关闭；第二，为了控制疫情而被政府征用；第三，疫情的威胁导致经营行为陷入困境甚至中断。与此同时，企业需要支付银行的贷款、经营用房的租金、维持企业基本运转的员工工资等各项费用。实施政策性营业损失保险可以确保戒严地区在戒严期间的经济损失获得补偿。

（三）政策性营业损失保险符合《传染病防治法》的要求

2020年1月20日，国家卫生健康委员会作为国务院卫生行政部门发布2020年第1号公告，"将新型冠状病毒感染的肺炎纳入《传染病防治法》规定的乙类传染病，并采取甲类传染病的预防、控制措施”。依据该法第42条规定：传染病暴发、流行时，县级以上地方人民政府在必要时并报经上一级人民政府决定，可以采取限制、三停、封闭等紧急措施。具体包括：限制或者停止集市、影剧院演出或者其他人群聚集的活动；停工、停业、停课；封闭可能造成传染病扩散的场所等。集市、影院以及其他人群聚集的企业在传染病暴发和流行期，依法被封闭或者限制营业，必然发生营业中断损失。以政策性营业损失保险对这些损失予以补偿，对恢复之后的经济运营活动十分必要。

二、政策性营业损失保险的可行性

“如果有一件事情，促使它产生的某种力量是容易解释清楚的，那么这件事情就完全具有可能性。”[①]考察疫情防控下的政策性营业损失保险的现实可能性，需要同既存的各项保险产品相衔接，进行多维度的综合探查，以获得其实施的可行性。

（一）保险运营原理对实施政策性营业保险的启示

保险市场化的现实逻辑是以营利为目的和生存竞争为前提的，所有的保险经营概莫能外。如何保证保险公司的盈利目标实现是决定政策性营业损失保险制度存亡绝续的核心问题。

一般而言，保险公司是依据大数法则的原理加以运营。一方面，利用投保群体的互助形式，向群体成员提供一定的风险保障；另一方面，通过保险经营来获得盈利。大数法则支撑保险经营的运作原理在于，同类危险的投保群体发生的风险在事先预测的风险比率之内。这样才能保证收入的保险费够保险金支出之用，保险公司的收益水平直接取决于保险运营的“三差”。这“三差”应当经过保险精算事先预设，预设过程必须合理、公正、公平、科学：不仅要根据大数法则以科学的精算方法，计算风险发生率以及以上的费用率和资产运用率，还要参照市场价值，并考虑投保群体的承受能力等因素来精准定价。

1. 保险运营的“风险差”

保险运营的“风险差”是保险公司收取的保险费和保险金的支出之间的费用差额（保险行业内惯常称“死差”，实际上“死差”是对寿险而言，而财险亦有“风险差”，在本文中，我们把这种“差额”统一称为“风险差”）。实际上是保险公司根据大数法则预测的风险发生率和实际风险发生率之间的差异。

---

① 约翰·格雷：《人类幸福论》，张草纫译，商务印书馆，1997，第5页。

在保险经营中，某时期某一险种发生损失的概率是不确定的，是一个随机变量。但对于足够大的投保群体，其风险损失发生的概率是相对稳定的。投保人购买保险产品的根源在于，万一发生保险事故，投保人的保险费负担与所获得的保险金赔付之间的差额（保障）水平。如果实际风险发生率低于预设风险率，则盈，发生“风险差益”；反之则亏，发生“风险差损”。

2. 保险运营的“利差”

保险运营的“利差”是保险公司收取的保险费的资金运用预定利率和资金运用实际利率的差额。如果资金运用的结果是实际利率高于预定利率，则被称为“利差益”，反之称为“利差损”。

3. 保险运营的“费差”

保险运营的“费差”是在收取的保险费中，包含预设该产品的经营管理费用，如果实际管理费用低于预设费用，则盈，发生“费差益”；反之则亏，发生“费差损”。在政策性营业损失保险中，我们可以历时的疫情时期的营业损失数据为基础，获得政策性营业损失保险的“风险差”“利差”“费差”数据。具体实施路径可以综合2003年“非典”和此次COVID-19疫情形成的宏观经济统计数据，以及全国范围企业营业中断时间、损失的数据，获得政策性营业损失保险所需的数据。将这些数据作为精算的基础，作为政策性营业损失保险的经营前提，即可兼顾保险市场主体的盈利目标的实现。

（二）商业营业损失保险对实施政策性营业损失保险的启示

我国保险市场上现有的商业营业损失保险，不能直接承保疫情造成的营业损失，因为该风险已经超越现有产品的风险预测范围。但现有的商业营业损失保险已经形成了对一般风险状态下，确定营业损失险保险费率的方法、确定营业损失的方法以及对营业损失进行理赔的方法。构建政策性营业损失保险各项具体制度时，可以借鉴保险公司前述产品的操作方法。

考察我国商业营业损失保险产品可知，其承保范围具有以下特征：承保范围包括不可抗力因素和人为因素造成的营业中断损失。不可抗力因素包括：火灾、爆炸以及因火灾导致的烟熏；雷击、台风、飓风、龙卷风、暴风、暴雨、洪水；空中运行物体坠落；供水、供热、供气管道爆裂；自动喷淋系统故障。某保险公司《零售、服务业综合保险条款》附加营业中断损失保险约定：“对文中列举的原因导致被保险人营业中断时，保险人按照约定负责赔偿被保险人的损失。人为因素包括但不限于：由于被保险人的供应商处所或过程承包商在施工过程中发生保单责任范围内的保险事故而造成财产损毁或损失，由此造成被保险人营业中断或受到干扰应视作等同于被保险人处所财产损毁而造成被保险人营业中断或受到干扰之损失。"[①]"由于被保险人的供应商、顾客、委托加工企业处所或工程承包商施工过程中发生保单责任范围内的保险事故而造成财产损毁或损失,由此造成被保险人营业中断或受到干扰应视作等同于被保险人处所财产损毁而造成被保险人营业中断或受到干扰之损失。"[②]

传染病造成的营业损失属于商业营业损失保险的限制性承保条款。依据某保险公司的《营业中断保险附加条款》K11条约定的内容:"保险合同所列明的损失一词应具有下列含义:(1)由于营业处所发生传染病,而取消客房预订或不能接受预订;……保险人对每次事故损失所引起的本条款项下的索赔,不负责事故发生后头三天的损失。被保险人务必注意使一切物件适合其原定用途,并应克尽职责,使营业处所避免发生上述意外事件,是保险人负担任何赔偿责任的先决条件。"保险公司承保传染病造成的营业中断损失有2个前提条件:传染病发生在营业处所,以及传染病的发生不是基于被保险人的故意行为所致。上述2个前提条件显示:对于疫情防控中非发生在营业处所的传染病造成的营业中断损失,商业保险公司并不承保。可见,转嫁非发生在营业处所的传染病造成的、COVID-19疫情造成的营业损失无法完全依赖既有的商业营业损失保险,只能以政策为导向,同时借鉴商业保险运营经验才能实现。

(三)既存的政策性保险对实施政策性营业损失保险的启示

我国已经成功运营了农业保险、出口信用保险、巨灾保险等政策性保险,对转嫁农业风险、出口信用风险、巨灾风险起到了重要作用。从前述政策性保险的发展中,我们能够获得探查政策性营业损失保险可行性的路径。

1. 政策性农业保险的启示

构建怎样的政策性营业损失保险的法规体系?农业保险的系列调整规范可资借鉴。作为农业保险的纲领性文件,我国已经制定了《农业保险条例》;同时,通过系列重要文件进一步推进农业保险的落实和发展,比如2019年2月,中共中央办公厅、国务院办公厅印发了《关于促进小农户和现代农业发展有机衔接的意见》,提出建立健全农业保险保障体系的政策导向。推广农房、农机具、设施农业、渔业、制种等保险品种。推进价格保险、收入保险、天气指

① 《华泰财产保险股份有限公司营业中断保险附加条款》K04。

② 《华泰财产保险股份有限公司营业中断保险附加条款》K06。

数保险试点。鼓励地方建立特色优势农产品保险制度。鼓励发展农业互助保险。政策性农业保险的发展对于转嫁多层次的农业风险，提升农业发展能力发挥了重要作用。

2. 政策性出口信用保险的启示

政策性营业损失保险的初衷在于以保险金赔付疫情防控时期企业的营业损失，使各行业恢复继续经营的能力。以行业支撑视角观之，我国出口信用保险的发展轨迹提供了重要的启示。

我国出口信用保险产生于1985年，国务院发布的《关于扩大机电产品出口的第128号文件》中，首次提出在我国按照国际惯例开办出口信用保险。1988年，国务院决定由中国人民保险公司办理机电产品出口信用保险业务。[①] 2006年6月，国资委发布《中央企业全面风险管理指引》。作为助力“一带一路”重要的企业风险转嫁工具，以及政策性保险体系的重要分支，出口信用保险发挥了重要的作用。

3. 政策性巨灾保险的启示

此次COVID-19疫情暴发得以迅速控制，依赖于我国政府采取的一系列措施和政策，整个过程体现出以国家财政支撑和应对疫情的总体特点。疫情防控初期，我国就已经安排667.4亿元资金用于支付疫情防控专项补助、重点疫区补助、基本公共卫生服务和基层疫情防控以及科研和物资储备等经费。疫情结束之后，我们更采取了综合性、多层次并且行之有效的复产复工政策。[②] 2020年2月1日，人民银行会同财政部、银保监会、证监会、外汇局联合出台了30条政策措施，要求银行、证券、保险等各类金融机构积极改进金融服务，开设支付、国库、外汇、现金、信贷、金融基础设施的服务通道，保持金融服务的连续性和便利性。对受疫情防控影响暂时遇到困难的企业，不盲目抽贷、断贷、压贷。

在没有进行巨灾保险试点之前，我们救灾的模式是：民政部拨款，定点救灾。巨灾发生之后的救灾活动如此，灾后重建也如此。民政部拨款源自于国家统一的财政拨款，国家财政源自于国民的税收。巨灾保险的出现，改变了这一状况。2014年以来，深圳、宁波、云南、四川、广东、黑龙江等地相继开展巨

① 王稳：《出口信用保险起源、发展与趋势》，载《中国保险》2016年第6期，第10页。

② http://www.scio.gov.cn/video/42502/Document/1672917/1672917.htm，最后访问日期：2020年2月10日。

灾保险试点，并取得了一定的灾害风险管理成效。进而以巨灾保险的形式逐渐实现从国家财政统一拨款，向专项危险专项保险治理，有民间、社会力量，包含商业保险机构参与的方式转变。[①]从风险治理模式转变的视角，巨灾保险为政策性营业损失保险提供了有益的启示。

三、政策性营业损失保险的功能导向

政策性保险和我国经济政策直接关联，其实质是以保险的形式贯行国家政策。商业保险、政策性保险、强制保险分别体现了保险的不同效力，从自愿到政策介入与引导再到法定强制，最终均要回溯至保险市场和保险实践中。而市场主导和私益本位贯行于保险实践，营利性是最终决定保险公司能否存亡的前提。这样，虽然原理层面，保险具有社会（更准确的说是"社群"）风险防范以及风险治理的功能，但是这一功能的发挥是以保险的营利性（或称私益性）为前提的，同时也必须在保险市场之中进行。在此前提下，构建完善的政策性营业损失保险制度，需要对这一制度的功能导向进行综合探析。研究政策性营业损失保险的功能导向，我们需要紧密结合疫情防控这一社会关系存在的背景，综观法律调整以及经济政策2个维度，探查政策性营业损失保险同两者内在功能导向的契合度，进而判定政策性营业损失保险能否满足疫情防控中法律调整和经济政策的要求，最终探查这一制度是否符合疫情防控时期社会治理的需求。

（一）政策性营业损失保险符合疫情防控时期法律调整的功能导向

功能，意指事物或方法所发挥的有利作用，旨在揭示事物的有用性，价值亦然。"功能主义是将社会看作一个由相互联系的各个部分组成的系统，当其平衡发展时，就可以平稳运作产生社会团结。"[②]探查法律调整的功能导向的过程，实质是对法律调整的社会关系内在价值进行挖掘的过程。"法律是一种权力价值（power value）的形式，而且是社会中权力决策的总和。…能使决策同那种保证这些决策得以执行的有效控制结合起来的正式认可的权力，乃是法律过程的实质所在。正式权力同有效控制的这种结合，产生了一系列决策，

---

① Hongyan Pan, Research on Problem Analysis and Countermeasure of the Pilot Schemes in Catastrophe Insurance，载《圆光法学》2020年第3期，第224页。

② 安东尼·吉登斯、菲利普·萨顿：《社会学（第七版）下》，赵旭东等译，北京大学出版社，2015，第622页。

这些决策的目的在于促进社会价值与社会预期相一致。”①应然的法治状态囊括利益均衡和价值考量的过程，与法治的需求相融合，我们将社会治理区分为外在治理和内在治理两个层面，外在社会治理的核心在于探查社会关系中的多维度利益，内在社会治理的核心在于探查社会关系中的多维度价值。“价值的确在一套体系中的不同层面运作，并且有些是目的性的。……核心价值比权利更为普遍。”②我们需要结合疫情防控的属性，获取疫情防控时期法律调整的价值位阶和功能导向。

1. 政策性营业损失保险有助于实现公共利益保护

弗吉尼娅·赫尔德（Virginia Held）在《公共利益与个体利益》一书中将公共利益理论分为“占优论”“共同利益论”以及“一元论”。这三种理论将公共利益划分为2个层次：社会整体规则的制定层次以及具体问题的法律调整层次。③在疫情防控中，需要保护个体以及群体的健康和生命安全，需要维护社会医疗以及基本生产生活秩序。公共利益保护成为疫情防控中替代常态社会中多维度价值的核心价值，原因在于，疫情防控是对生产、生活等常态社会秩序的冲击甚至打破，调整疫情防控的法律制度在功能导向和价值选择上，均有别于调整常态社会关系的法律制度。个体主义与集体主义在公共事件时期发生了本位性转换，经济向度的自由市场需要服从于公共利益的保护。可见，以法律、政策限制和禁止不利于疫情防控的营业行为，暨采取“暂停营业”的调整措施，有助于公共利益保护功能的实现。

相应地，依据法律和政策作出的决策，其风险应当而且只能以法律和政策的方法加以应对和防范，这就使得政策性营业损失保险具有了与“暂停营业”的疫情防控措施相匹配的公共利益保护功能。

2. 政策性营业损失保险凸显“整体计划性”

“法律是社会关系的调节器，对社会关系的原始状态进行剖析，是精准的确定法律保护对象的特殊性，并针对这种特殊性设计法律保护方法的科学路径。”④从疫情防控时期政策和法律调整的内核出发，决策的高效、措施的上行下效成为统领各项法律制度的必要选择。“计划受欢迎的原因很大程度应归于这个事实，即每个人当然都希望我们应当尽可能合理地处理问题，同时应尽

① E.博登海默：《法理学法律哲学与法律方法》，邓正来译，中国政法大学出版社，2017，第203页。
② 道恩·奥利弗：《共同价值与公私划分》，时磊译，中国人民大学出版社，2017，第60页。
③ 迈克·费恩塔克：《规制中的公共利益》，戴昕译，中国人民大学出版社，2014，第12-13页。
④ 潘红艳：《论〈保险法〉对投保群体利益的保护》，载《法制与社会发展》2019年第4期，第203页。

量运用我们所能获得的预见。……每一个政治行为都是（或应当是）有计划的行为。”[①]作为调整抽象社会关系的法律，无法也不应当对各种细节作出详尽确实的规定，法律制度的构建根基更侧重于对类型化社会关系的利益均衡。在疫情防控中，如何作出高效以及行之有效的决策，需要交由负有公共管理职责的政府具体实施。通过政府统一实施有计划的决策措施达到防控疫情的最终目的。有鉴于此，整体计划为导向的行为方式成为替代常态社会中的综合行为方式的最优选择。

在“整体计划性”的前提下，政策性成为法律调整疫情防控时期社会关系的必要补充。对疫情期间营业中断造成的损失，以政策性保险的方式进行风险转嫁，是“整体计划性”的应有之义。

（二）政策性营业损失保险符合疫情防控时期经济政策的功能导向

探查疫情防控背景下经济政策的功能导向，是检视政策性营业损失保险是否符合经济政策的导向和规律的前提。疫情防控时期实施何种经济政策，是一个复杂而多元的问题。首先，从疫情防控的特点出发，经济政策的确定应当具有及时性及变化性。疫情防控的发生、预警，以及确定、启动防控措施等决策，是与一线医疗发现、医学对新生病毒的基本认知、病毒传染性以及传播途径等为基础及科学前提的。疫情防控时期经济政策应当与疫情防控的发展时段相匹配，在遵从医学时段性定论的基础上制定和实施。

然后，从疫情防控时期经济活动的特点出发，需要围绕疫情防控制定适度的经济政策：既不能为防止疫情扩大化而采取全面禁止经营的经济政策，过于严格的经济管控措施会造成市场失去活性，无法保障基本生产生活需求；也不能采取与疫情防控背道而驰的松散经济政策，过于宽松的经济管控措施会导致人群不当集中，病毒感染加剧以及感染人数增加等不良后果。

满足疫情防控民众的基本生活需求，优先满足紧急救援、区域管制、疑似人群隔离等疫情防控措施的经济需求，是符合疫情防控时期的经济政策。采取统一的、计划的经济活动，是贯行疫情防控经济政策的重要方面。禁止和限制不利于疫情防控的营业行为，成为疫情防控时期经济政策的应有之义。在此过程中，必然产生企业因营业中断或者受限而遭受损失的结果，设立政策导向性的营业损失保险，分散和弥补这一损失，符合疫情防控时期经济政策的基

① 弗里德里希·奥古斯特·冯·哈耶克：《通往奴役之路》，王明毅、冯兴元等译，中国社会科学出版社，2019，第60页。

本需求。

疫情防控背景下，贯行公共利益为本，计划性决策为主导的法律调整方式，与此相匹配，经济政策需要发生改变：以计划为主，以自由竞争为辅，成为服从于疫情防控法律调整以及经济生活正常的具体需求的导向。

"经济政策的推行是前述客观需要与主观介入（制定、实施经济政策的人）的结合。经济政策的科学化取决于制定和推行经济政策的主体、制度是否具有充分、客观的理论和实际支撑；进行充分、客观的理论论证；以及对充分、客观的论证结论进行充分、客观、全视角的考量和采纳。"[①]考量政策性营业损失保险是否符合疫情防控时期经济政策的功能导向首先需要对疫情防控时期经济政策进行多维度的探查。

在常态社会中，法律调整经济关系。经济政策的贯行路径，常常借由法律制度得以实现，以法律制度实现经济政策的贯彻实施是经济政策得以运行的重要路径。在疫情防控背景下，经济政策也与法律制度并行不悖，疫情防控法律制度的需求以及法律对这一非常态时期的经济活动的特殊调整，必须服务和服从于疫情防控法律制度的功能导向，即保护公共利益、实现整体计划性决策。

四、政策性营业损失保险的制度构建

从前文分析可知，针对疫情防控时期的营业损失风险，建立政府引导、市场主导的政策性营业损失保险是充分发挥保险市场资源配置优势和政府公共管理职能的风险转嫁路径。一般而言，法律对保险关系的调整可以分解为2个层次：第一，确定保险制度运营过程中固定成为交易惯例的规则，将这些交易惯例进行拣选，使之成为保险法律的组成部分；第二，探查保险关系中符合保险原理的利益需求，确定法律调整保险关系应然的价值，在此基础上确立具体保险法律制度体系。在政策性保险的制度建构中，应首先遵从和顺应保险原理，然后探查和解析商业营业损失保险的架构，在充分保障商业保险和民间社会力量参与市场的基础上形成法律调整的根基，以法律诱制的方式逐步形成政府引导、市场主导型的政策性营业损失保险的基本架构。

采取政策性营业损失保险的过程应当是，以政策介入和推进营业损失保

---

① 潘红艳：《"一带一路"视域中的出口信用保险法律问题研究：从亚当·斯密的"重商主义"谈起》，载《兰州学刊》2019年第3期，第69页。

险，进而引发保险市场主体的积极性，一旦形成了良性的保险市场层面的参与度和竞争状态，政府即可将政策性营业损失风险交由保险市场运营。如果市场运营的结果是保险公司入不敷出，纷纷选择退出该种保险的经营，政府重新及时介入，再次采取保费补贴等方式激发市场主体参与经营的积极性。同时，鉴于营业损失风险的特殊性，政府和市场可以协同发挥作用，既不是完全交由市场，也不是退回到完全由政府管理、防控和承担营业损失风险的阶段。

具体路径包括：政府搭建营业损失风险信息的平台并向参与经营的保险公司提供信息支持，政府提供营业损失风险研究和预防等经费支持，政府运行营业损失风险数据化管理公共服务系统。具体制度构建包括以下方面。

（一）政策性营业损失保险单的投保主体范围及运营路径

1. 政策性营业损失保险投保主体范围

政策性营业损失保险的投保主体范围的确定，应当符合保险基本原理的要求。

笔者曾经分析过，“从单一的、外观的、显性的保险合同我们仅仅能看到作为保险合同双方当事人的投保人和保险人。回溯至保险的运营机理，综合的、内在的、隐性的保险合同双方主体其实是投保群体和保险人。保险人并非从自己的腰包中拿出钱来支付保险金，而是源自投保群体保险费的累积”[①]。

因此，为了增强保险公司的赔付能力以及参与政策性营业损失保险的市场积极性，在投保主体的范围上，不宜限制为疫情防控影响集中的企业或者从事某类行业的企业，所有企业均可以依据各自制定的风险控制方案选择参加。

2. 政策性营业损失保险的运营路径

结合我国公共政策运行规律的探查，政策性营业损失保险的具体运营可以行政区划为基础推行。我国公共政策的实施是由中央政府为主体发动，通过压力型（自上而下型）体制向下推动的。[②]表现为，上级凭借财权和人事权的优势，通过纵向的高位推动，动员下级执行政策。地方政府运用政策的空间弹性操作政策，进而形成公共政策在落实过程中的省、市、县和乡四个治理场域。[③]

① 潘红艳：《“相互保”的属性探查：以确定保险的坐标为切入点》，《上海保险》2018年第11期，第52页。

② 荣敬本：《从压力型体制向民主合作体制的转变：县乡两级政治体制改革》，中央编译出版社，1998，第257页。

③ 贺东航、孔繁斌：《公共政策执行的中国经验》，《中国社会科学》2011年第5期，第74页。

由于疫情防控的发生有其区域性特征，各个地区发生的程度会有所不同，以本次COVID-19疫情防控为例，重灾区是湖北省，尤其是武汉市、黄冈市等地区。而我国其他地区相对重灾区而言，疫情较轻。疫情较重地区和疫情较轻地区对应的行政措施的强弱不同，政策性营业损失保险的理赔程度，亦有不同。因此，采用行政区划为基础推行的方式，符合在我国构建政策性营业损失保险的机制。

（二）政策性营业损失保险的运营模式

1. 政策性营业损失保险运营的难点

疫情防控下的政策性营业损失保险的制度构建，其运营的难点有以下3个层次：第一，大规模的疫情防控属于几十年不遇或百年不遇。我国近年出现的大规模疫情防控，就是2002年11月的SARS（严重急性呼吸综合征）和这次的COVID-19。而像COVID-19这样大的规模事件，疫情严重地区的企业遭到巨大经营损失的情况，可谓百年不遇。第二，如果实施政策性营业损失保险制度，那么投保人长期缴纳保费，而出险的概率又属于百年难遇，一是企业可能遭遇大规模的疫情而发生损失的概率过于低下，二是企业承担保费支出的动力很小。第三，若是政策性营业损失保险的制度只应对上述百年难遇的疫情防控下发生的营业性损失，承保范围太小，如按一般财险模式运营，该保险制度难以建立。

2. 政策性营业损失保险运营模式的探索

（1）政策性营业损失保险的保险费来源

保险制度的运营，根据大数法则所测算的风险发生率，来收缴能应对该风险发生率足以支付保险金的保险费。因此，可采用“公助”“互助”“自助”“赞助”的多层次保费分担模式。在保险费的公助来源上，可以借鉴农业保险、出口信用保险以及巨灾保险的经验。农业保险、出口信用保险、巨灾保险是我国和很多国家和地区比较典型的政策性保险，三种保险的共同特点是运用财政补贴保费的形式对农业、出口等行业形成双向的利益疏导机制。一方面，以“你转嫁风险，政府掏腰包”的保费全额或高比例数额补贴引导农民和广大农村经营组织等主体的风险转嫁意识；另一方面，以大规模的农业风险和出口行业风险转嫁需求引导保险公司参与其中。进而发挥保险市场竞争层面的优势，转嫁农业风险、出口行业风险、巨灾风险，在此基础上形成一般市场机制下保险公司唯恐避之不及的农业风险、出口行业风险、巨灾风险的转嫁机制。在保费收入的互助来源上，就是因各个省市和地区大数参保人投保，互相之间形成了一种互助的关系，当某一省市发生保险事故（疫情）时，没有受到影响的省市所缴纳的保费，可以用于保险事故发生地的企业营业损失的补偿。

在保费收入的自助来源上，政策性营业损失保险制度属于法定保险。根据法律规定，一定行业的企业应当无条件加入该保险，例如，商店、各种娱乐场所、工厂、旅馆、各类公司等。自助，就是上述这些企业每年自担保费，加入保险，以防万一。在保费收入的赞助来源上，就是各类社会团体、慈善机构、个人等因疫情防控的发生，通过国家机构的捐款，其可作为保险费来源的一部分。

以上的公助、互助和赞助的保险费均进入保险制度特设的资金池内；而自助（企业自己承担）的部分，进入企业专用账户中，每年按照中央银行的1年期定期存款利息计息，并入该账户。

（2）政策性营业损失保险的运营机构

运营机构可由商业财产保险公司担任，保险公司接受政府的委托，运营该险种。与国家法定保险和其他政策性保险相同，采用非营利经营原则，达到收支平衡，如果出现亏损，采取由再保公司再保和国家托底的模式。

（3）政策性营业损失保险的费用运营模式

我们认为，保费可采用储蓄型模式，保险期限为一年期，保费年缴方式，满一年后，可随意取出，第二年再缴纳。保费中的“自助部分”，满一年期后，亦可将该保费留在保险账户上，保留账户储蓄按照央行一年定期的法定利息支付。公助部分（国家支付的部分），进入各个地区的资金池，企业（被保险人）不能提取。利息归资金池所有。万一发生风险，经营该保险的机构，将根据保险条款约定补偿该企业在疫情防控下发生的营业性损失的保险金。如何核定损失，补偿多少保险金，都需要按照政策性保险产品的设计要求来执行，但是，保险金以补偿损失和维持正常营业为度。保险金的支出，首先使用企业账户部分的保险费。如企业账户部分不足，启用特设的资金池的保险费。如果发生重大疫情，企业账户和特设的资金池的保险费用尽，而再保公司的保险金也无法填补特设的资金池亏空时，由中央财政最后托底。

（4）政策性营业保险的再保险

有鉴于保险金支出的数额巨大和承保的风险波及面广泛，政策性营业损失保险应当建立再保险制度。允许商业保险公司与再保公司共保，同时规定它们必须将其中的一定比例进行再保安排。再保应当组成再保团，按照招标方式，安排再保和再再保。万一出现原保、再保、再再保等补偿损失以后，仍有补偿资金缺口时，国家作为最后托底的机构，在最为紧急状态下，可动用财政预算予以最后托底，补偿缺口金额。这种立体多元的再保险模式“不仅有利于促进保险公司之间的竞争，也有利于分担国家介入再保险市场的压力”[①]。

（三）政策性营业损失保险的承保范围

与疫情时期的疫情防控需要相匹配，根据法律规定需要对企业营业行为采取中断或者限制的，其营业损失应当完全纳入政策性营业损失保险的承保范围，包括以下两种情况。

（1）基于法律规定需要采取中断营业的企业营业中断期间一定比例的（比如30%）的损失（更为精准的比例有待于进一步研究以后确定）而不是全部损失。原因在于，在特殊情况下，企业不能完全依靠保险来补救，因为大规模疫情发生时，损失多发，需要填补和救助的主体很多，所以对于企业营业中断的损失，只要能够补偿企业基本的员工开支、社会保险等费用即可。

（2）基于法律规定需要采取限制营业的企业，与正常营业期间比较产生的一定比例的营业损失；对于企业行为因为遭受疫情防控影响，企业自主决定中断营业或限制营业的，原则上应当由商业营业损失保险公司予以承保，政策性营业损失保险仅承保一定比例的损失即可。包括两种情况：一种是基于疫情影响，采取中断营业企业的部分损失，承保部分损失的比例可以参考同类未遭受疫情防控影响企业同时期的经营收入与遭受疫情防控影响企业的经营收入差额确定。另外一种是基于疫情影响，需要采取限制营业的企业，与正常营业期间比较产生的部分损失，承保部分损失的比例可以参考同类未遭受疫情防控影响企业同时期的经营收入与遭受疫情防控影响企业的经营收入差额确定。

（四）政策性营业损失保险的保险金赔付前提

政策性营业损失保险的保险金赔付是以企业在疫情防控中必须采取营业中断措施为前提的。在疫情防控期间，基于生产和消费的供求变化，引发生产手段和生产方式的链状反应。一方面，局部市场以及部分商品因为疫情而出现销售疲软；另一方面，局部市场以及部分商品却因为疫情而发生销售昌隆的现象。疫情防控期间，企业的经营活动受制于多种因素和环境的变化。但是，市场规律以及企业的经营惯性依然发挥作用，除了基于法律规定禁止继续营业和限制营业的企业以外，其他企业的经营活动不必然中断。许多企业采取营业中断的应对措施，反而引发市场反应的萧条，适度的商业经营，不仅可

① 潘红艳：《巨灾保险试点问题解析及对策研究》，载《行政与法》2021年第2期，第89页。

以满足日常所需，也可以稳定人心，对保障企业员工生活也十分必要。我国商务部办公厅于2020年2月5日发布《关于组织做好商贸企业复工营业工作的通知》，引导具备条件的企业尽快复工营业。同时，政策性营业损失保险是以疫情防控以后企业可以继续经营为前提的，如果企业破产，则超出保险的赔付范围，将进入破产法律调整的范畴。

五、结语

COVID-19肆虐全球，很多国家都采取了十分严厉的封城措施，疫情防控的大规模化，一方面需要采取各种隔离病毒的手段，另一方面普通市民和企业需要进行生活和商贸。应对这种百年或数百年未遇的大规模疫情，在采取封城等措施之后，需要通过本文所探究的政策性营业损失保险来补偿企业因对抗病毒而产生的损失，以期企业能在经历过百年或数百年未遇的大规模疫情之后，能有充足的实力和经济能力重新出现在世界经济舞台。此研究如何具体落地，将成为下一个值得研究和实施的课题。

长期护理保险体系构建探讨

陈冬梅[①]

一、建立长期护理保险制度的意义

（一）积极应对人口老龄化，保障老人晚年生活

截至2021年年底，我国60岁及以上人口达2.7亿，占总人口的18.9%，65岁以上人口达2亿，占总人口的14.2%。我国2000年已进入老龄化社会，老年人口规模大，增速快，高龄化明显。

同时，我国老年人整体健康状况不容乐观：一是超过 1.8 亿老年人患有慢性病，患有一种及以上慢性病的比例高达 75%，失能、部分失能老年人约 4 000 万；二是我国 2018 年人均预期寿命 77 岁，但是健康预期寿命仅为 68.7 岁。这说明我国老年人患病比例高，进入老年后患病时间早，带病时间长，生活质量不高。

1982年我国将计划生育政策定为基本国策，提倡晚婚、晚育、优生、少生，有效提升了社会资源配置和人均资源水平，但同时也催生了我国的人口老龄化问题，且过快地限制生育使得我国目前进入“未富先老”的窘境。世界上大多数发达国家进入老龄化社会时，人均GDP都能达到10 000美元以上，如美国在1950年进入老龄化社会，人均GDP为10 645美元，日本在1970年进入老龄化社会，人均GDP为11 579美元，而我国在2000年步入老龄化社会时，人均GDP仅为946美元，远低于发达国家进入老龄化社会时的水平。2016年放松生育限制，全面开放二胎，但响应不高，生育率未见显著提升，我国人口老龄化仍处于高速增长状态。

---

① 陈冬梅：复旦大学经济学院副教授，中国法学会保险法学研究会理事。

我国的老龄化还伴随了高龄化的特征，老年人慢性病患病率高，长护险制度的建立有助于保障老龄人口的晚年生活，减轻子女的压力负担，提升老年人的生活水平。

（二）老年人口抚养比升高，急需专业长护制度

随着人口老龄化问题的日趋严重，我国劳动人口抚养比逐渐升高，家庭对于老年人的照护能力逐渐减弱。根据国家统计局资料显示，2018年我国老年抚养比已经升至16.8%，劳动人口的抚养负担越来越大。而随着生育率不断降低，家庭规模逐渐小型化，传统的家庭养老模式已经无法满足老人需要的照护水平，我国社会急需长护险制度，由社区以及护理机构分散家庭照护失能老人的压力。且专业护工或经过培训的家属可以更有针对性地护理老人的生活起居，有效利用医疗资源，缓解社会和家庭的压力。

（三）划分医疗和照护服务，合理配置社会资源

目前我国的医疗保险和养老照护服务有不少交叉项，长护险制度的建立促使医疗和老年照护独立划分，优化资源配置。长护险出现之前，老人出现慢性疾病或是身体机能下降后，大多会去医院接受治疗，包括住院的照护和康复过程，治疗过程时间长、见效慢，给医疗资源造成了不小的负担。同时，由于医疗保险和长期照护保险的费用差异，还给医疗保险的支付造成压力，医疗资源处于低效配置状态。

长护险制度建立后，随着医养结合制度的推进，社区和护理机构提供失能失智老人专业的照护服务，且老人能享受长护险的费用报销，而不用去医院接受治疗护理，不用占用稀缺的医疗资源，从而促进社会资源的合理配置。

（四）有助于预防失能失智，提升整体健康水平

建立长护险制度，包括注重社区内对于预防失智失能的宣传、预防检查等，有利于提升全民健康水平。根据国务院《"健康中国2030"规划纲要》的要求，要加强老年痴呆症等的防护干预，助力健康老龄化。对于老龄人口的失智失能要从预防抓起，可从社区、居家层面进行疾病知识的科普宣传。

（五）加速适老产业发展，促进"健康中国"建设

建立长护险制度后，将打开我国的照护产业新市场。长护险制度对失能失智老人进行补贴，从需求端提升老人的支付能力，带动供给端的劳动力配置需求。老年人对于照护服务的需求一直存在，长护险制度的建立有助于将潜在需求转化为现实需求，从而扩大相关市场：长期照护产业对专业护工的大量需求、辅具的创新生产、服务的完善提升等有大量需求，长护险制度的建立

将加速这些产业的发展，提供更多就业岗位，形成新的经济增长点。

表1　长护险相关政策支持

时间	政策文件	支持内容
2016年10月	国务院《“健康中国2030”规划纲要》	加强老年痴呆症等的防护干预。推进老年医疗卫生服务体系建设，推动医疗卫生服务延伸至社区、家庭。健全医疗卫生机构与养老机构合作机制，支持养老机构开展医疗服务
2019年3月	国务院《政府工作报告》	要大力发展养老特别是社区养老服务业，改革完善医养结合政策，扩大长护险制度试点，让老年人拥有幸福的晚年，后来人就有可期的未来
2019年4月	《国务院办公厅关于推进养老服务发展的意见》	加快实施长期护理保险制度试点，推动形成符合国情的长期护理保险制度框架。鼓励发展商业性长期护理保险产品，为参保人提供个性化长期照护服务
2019年10月	十九大四中全会	积极应对人口老龄化，加快建设居家社区机构相协调、医养康养相结合的养老体系
2019年11月	国务院《国家积极应对人口老龄化中长期规划》	健全以居家为基础、社区为依托、机构充分发展、医养有机结合的多层次养老服务体系，多渠道、多领域扩大适老产品和服务供给，提升产品和服务质量
2020年9月	国家医保局、财政部《关于扩大长期护理保险制度试点的指导意见》	在总结前期试点经验的基础上，提出扩大长期护理保险试点政策，明确建立独立险种的方向，进一步细化筹资和待遇支付政策，完善管理运行机制，扩大试点范围，新增14个试点城市

二、国内长期护理保险试点与发展

我国长期护理险的试点工作始于2016年。2016年6月，人力资源社会保障部办公厅印发了《关于开展长期护理保险制度试点的指导意见》，提出开展长期护理保险制度试点工作的原则性要求，确定15个地区开展长期护理保险制度试点，并将吉林和山东两省作为国家试点的重点联系省份。国家医疗保障局、财政部在2020年9月发布《关于扩大长期护理保险制度试点的指导意见》，新增北京石景山区、天津市、山西晋城市等14个市（区）试点长期护理保险制度。至此，长期护理保险制度试点市（区）已扩至49个。典型试点城市包括青岛、上海、南通。

三、长期护理保险体系的构建

查阅国内外相关文献并做实地调查，基于长护险发展的国际经验和国内试点，提出长护险体系构建目标、原则和特征，供批评指正和进一步探讨。

（一）构建目标

1. 短期目标是聚焦重点人群，化解突出矛盾。着重解决老龄化率高，长期失能人员的护理和日常照料困难的问题，减轻失能人员的家庭负担。

2. 长期目标为探索建立独立于社会医疗保险制度之外的可持续的长护险发展模式。

3. 发挥政府和市场作用，完善保险制度，实现医养相结合，推进长护产业可持续发展。

4. 最终建立覆盖全员、多元筹资、保障基本、待遇分级、鼓励居家、适合地情的长护保险制度，减轻因年老、疾病、伤残等导致失能人员家庭长期照护的事务性及经济负担，努力提高参保人员的生活质量和人文关怀水平，共享经济社会发展成果。

（二）构建原则

1. 长护保险的建立和实施与本地经济社会发展水平和各方承受能力相适应，保障基本照护需求，坚持整体设计、分步实施、量力而行、逐步完善。

2. 长护保险与医疗保险相对独立、相互衔接，实行分类管理。

3. 长护保险基金按照以收定支、收支平衡、略有结余的原则筹集和使用，独立核算、专款专用，接受社会监督。

（三）构建特征

1. 保障对象在初期可定位为城镇弱势群体和重度失能人士

在试点初期，长护险应将重度失能人士作为保险对象，尤其是其中的困难群体。包括未成年人（含在校学生）以及城镇最低生活保障家庭、特困职工家庭、完全或大部分丧失劳动能力的重残人员（1～2级）。参保群体从城镇职工起步比较简单可行。财政应当针对这部分困难群体进行补贴。最好在国家规定的报销比例大体不变的情况下，增加一定的保障金额，提高待遇。

随着试点的深入，长护险要加入轻中度失能人群范围。长期看，要实现全生命周期的管理，扩大保障人群范围，做好失能预防。

2. 筹资模式宜采用多元渠道

长护险基金筹资模式采用个人、单位、政府多渠道筹资形式，明确各主体地位和作用，同时强调各个主体的责任与义务，确保长护险基金运行的稳健性和可持续性。多元化筹资模式可逐步改变长护险主要依靠医保基金运作的模式，将长护险制度从医疗保险制度中剥离，减少长护险制度对医疗保险基金的依赖，扩展长护险基金发展的空间。

长期来看，要保证长护险筹资的独立性。长护险的筹资政策正在朝着更加具有独立性的方向发展。2020年，《国家医保局 财政部关于扩大长期护理保险制度试点的指导意见》规定，用人单位缴费基数为职工工资总额，起步阶段可从其缴纳的职工基本医疗保险费中划出；个人缴费基数为本人工资收入，可由个人账户代扣代缴。新文件中去掉了关于“划转职工医保统筹基金结余”的表述，这种思路的改变将有利于增强长护险的独立性和稳定性。

此外，要保证长护险基金的独立性。长护险的基金管理也是考量其运行独立性的重要一环。目前，参照现行社会保险基金的相关管理制度，各试点城市普遍对长护险基金进行单独管理、专款专用。同时，可通过建立健全长护险基金监管制度确保基金运营安全有效。

3. 长期可采用居家与机构护理并重的护理模式

家庭式长期护理即传统意义上的养老方式，以家庭作为长期护理单元，独立完成长期护理，其基本支持系统为血缘关系，目前是我国老年长期护理的主要模式。家庭护理的优点是能让护理需求者继续生活在家中，可以享受家庭的温暖、家人的支持与对情感慰藉的需求，但由于家庭规模的小型化、核心化，以家庭为核心的传统护理模式正面临着冲击和弱化。另外，随着观念的转变和经济的发展，越来越多的年轻人离开家庭，空巢家庭的出现对传统的家庭护理模式提出了挑战。同时，老人年龄的增长、身体日渐衰老、慢性疾病的发生与进展对家属护理能力提出了新的挑战，基于以上种种原因，传统家庭护理逐渐由居家护理所取代。

居家护理是以家庭护理为主，社区机构护理为辅，在为居家老人提供照料服务方面，又以上门服务为主，托老所服务为辅的整合社会各方力量的养老护理模式。这种模式的特点在于：让老人住在自己家里，在继续得到家人照顾的同时，由社区的有关服务机构和人士为老人提供上门服务或托老服务。长期护理服务由社会或社区的专门组织和机构中的专业人员和从业人员及少量志愿者提供，不同于家庭式长期护理，属于社会化的服务形式。居家护理既能降低护理成本，又可以提升老年人的生活质量，因而成为国际上较为通行的一种养老方式，尤其在中国，居家养老符合老年人的传统心理和情感需要，可以根据老人失能程度，在日常生活照料、医疗照护、精神慰藉这三方面给予服务。建议涉及医疗服务的部分由社区医护人员或家庭签约医生团队提供，其余生活照料可由保姆或家属提供。

有的日间照护中心可结合社区医院提供护理和上门服务，但是目前数量还较少，需要更多的示范和政策扶持。结合当地社区医院是一种可行的方式。

短期可采用居家护理模式。但随着家庭小型化的加剧，独居老年人的增多，家庭的服务能力在不断下降，在这一背景下，机构护理成为老年人的必然选择。机构式长期护理指老年人住在医疗机构或者养老机构，由机构内的专业人员提供服务。主要包括医疗机构和养老机构。

老年人因身体机能退化，患病概率增加，需要住院治疗的概率很大。但在医院主要是以治疗疾病为目标，分级护理的划分主要依据病情的轻重缓急和自理能力，没有针对老年人具体的分级和护理标准。目前，各医院对老年人仍缺少人性化、个性化的护理，健康、康复护理仍有待完善和提高。

养老机构中老年长期护理服务分级标准始于 2001 年民政部出台的《老年人社会福利机构基本规范》，规范规定：养老机构内老年人的护理级别根据生活自理能力和需求划分为三级，即自理老年人（一般照顾护理）、介助老年人（半照顾护理）、介护老年人（全照顾护理）。但是该规范没有进一步明确护理级别判定的详细标准。至今许多养老机构中护理等级的划分没有统一的标准和依据。

因此，从长期看，对于失能老人护理的提供，建议居家与机构护理并重。对入住养老机构的老人采用统一的评估标准，根据入住的养老院提供的护理等级内容作为护理服务内容。有护理院或医护部的养老机构，涉及医疗服务部分建议由养老院提供；无医疗条件提供的养老院建议与社区医院合作或允许邻近医院的医生护士多点执业，由家庭签约医生团队或邻近医护人员提供。

护理服务体系的建立方面，居家服务计划由护理机构自行制订，可采用套餐模式。套餐模式可防止护理机构出于趋利的动机出现服务错配、过度供给、费用超支的现象，而且可以针对不同失能失智等级人群提供差异化供给，有利于长护保险供需匹配，实现基金使用的高效性。另外，也约束护理机构的趋利动机，避免服务机构和参保人“勾连”的道德风险，从而有利于提升服务质量。

4. 建立责任分担机制,实现经办机构市场化

建立长护险制度,需要政府、企业、社会和家庭及个人等各方面共同努力。在长护险制度建设过程中,政府责任主要包括:

(1)在长护险运作过程中,扮演统筹支配的角色。

(2)建立动态稳定的筹资机制,多渠道筹集资金。此外,政府还要按照居民人均可支配收入增长情况和基金收支情况,适时调整基金筹资标准。

(3)在具体的服务管理模式上,政府对于定点服务机构的资格准入和协议管理模式,应当设立严格的机构资格准入条件、准入流程、服务内容管理以及退出机制,提升服务质量,加强监管力度。

(4)地方政府或医保局等部门采取失能失智预防措施,与定点服务机构、商业保险公司等合作,组织有关失能失智的讲座、活动等。同时开展失能失智风险评估,对不同等级的失能失智老人进行针对性干预。

医疗机构是长护险经办流程中不可或缺的一环。医疗机构应与定点照护服务机构紧密联系,承接符合条件的参保人员,为其提供医疗服务(主要是床位照护服务及其他医疗设备等)。医疗机构管理办法可对定点照护服务机构的人员、设备、规模等基本条件的设定提供相应的标准。

定点照护服务机构负责具体经办工作,应积极配合地方政府或医保局等部门,结合当地基金运行情况和失能失智人群的具体需求和支付能力,制定针对性护理服务支付标准,建立合理的待遇清单,满足失能失智人群的护理服务需求,提升护理服务质量。此外,还要接受医疗保险基金管理中心的业务指导。

商业保险公司作为长护险项目的市场化经办机构,扮演着重要的角色。它们牵头提供日常经办服务,是经办服务的供给者、市场主体的协管者、服务体系的建设者。

5. 商业保险公司可深度参与长护险主要环节

保险公司深度参与长护险的主要环节,整合、衔接、管理第三方服务主体,保障服务的完整性和支付结算,推进长护险的专业性、独立性和社会化。

(1)商业保险机构不仅可以承担长护险的经办工作,还可以组建社会化专业经办机构,负责长护险的评估鉴定、服务供给和稽核监管工作。试点城市南通已经形成专业化经办的雏形。从管理架构来说,南通的照护中心是社会化组织而非保险公司的分支机构,中标单位负责组建,各家分摊费用,在社会上招聘专业人员。

(2)推广运用相关的服务管理标准,与时俱进地改善服务体系。例如引

入居家护理服务先进的护理技能培训课程，加强护理人员的技能培训。定期展开专项调研，关注市场需求供给的动态变化，及时改善服务体系与待遇标准，提升服务质量与效率。

（3）共享商业保险技术资源，整合护理服务的优质资源。商业保险机构是连接护理服务产业资源的关键一环。配合当地长护险政策的发展，适时引入各类居家护理服务公司、辅具租赁公司以及失能失智预防公司，完善护理服务体系。

（4）帮助当地构建长护险立体式风控体系。发挥失能失智老人评估、风险筛查以及采取预防措施等方面的专业优势。在长护险的诸多环节中，风险评估最重要，评估决定筹资标准，筹资标准决定待遇标准。长护险各地政策呈现碎片化特征，主要是筹资标准还没有统一，保险公司可主推相应评估标准，帮助制定相对完善的制度体系。

另外，长护险可采取多家保险公司共保。长护险与其他社会保险项目相比相对复杂，涉及多方主体。具体做法上可以遴选一个主承办方，选择3～5家保险公司共保，充分利用各个保险公司的资源。

6. 建立辅具服务体系，打通护理产业发展链

长护险是保险制度而不是救助制度。通过长护险政策逐步引入居家服务、辅具租赁等各种服务产业，并实现资源整合。仍以南通为例，经办保险公司帮助引入了两家居家护理服务龙头企业：从日本引入辅具租赁资源，促成其与央企的合作，在南通成立实体公司；引入综合为老服务公司，负责失能失智预防工作。引入产业上下游关联资源，如日本的洗消工厂，负责辅具的清洗回收业务，形成联动效应。

建立辅具服务体系是未来长护险建设的重点。对此可以参考日本的介护制度，逐步引入辅具配适、回收、清洗等关联服务，完善经办管理能力。长护险一端掌握治护端，另一端联系着很多关联产业，打通辅具租赁、失能预防、居家护理等相关产业，形成相对独立且完整的产业链，对当地的就业和产业能产生明显的带动作用。南通试点已经初步形成产业带动的效果。

7. 科技赋能长护险基础设施建设

在长护险发展过程中，着眼于长期，需要构建连接养老服务需求与专业公司养老服务供给的智能中介服务体系。在这个过程中，可以与新型科技企业合作，推进技术开发，利用科技手段进行风险的预防和监测。例如，可引入金融领域的面部测保识别技术，可以更好地定位失能失智人员的失能等级，降低

道德风险，提高监管效率。同时，可以更加精准地匹配服务与失能人群，提高长护险保障力度和基金支出效率。

此外，还可以不断将新开发技术应用于风险管理。如基金风险的自动预警系统，事先规定违法违规行为，建立考核规则，统筹部署相关功能，实现智能风险防控目标。

8. 服务体系建设从“保失能”过渡到“保健康”

从试点城市看，目前长护险支出比例比较低，基金结余多，保障人群窄。要覆盖更多保障人群，一方面可用较小基金投放覆盖更多人群。原先只保重度，可过渡到轻度乃至失能高风险人群都可以享受一定的基金支持；另一方面，失能预防是比较好的保障方案。从长期来看，随着人口老龄化的加剧，筹资缺口一定会出现且很难解决，开源非常困难，只能采取节流，减少发生率，降低风险。因此，长期应促进“保失能”向“保健康”的转变。建立失能预防站，对管辖区内的风险干预服务机构进行准入及日常管理，对服务过程进行监督，并全面评价干预效果，促进“保失能”向“保健康”的转变。失能失智预防工作还要制定合理的效果评价体系，可以降低基金赔付，提升基金风控能力。

在这个过程中，可发挥商业保险公司的协同作用，配合医保局共同建立风控体系，建成明确风险发生责任主体、完善机构风险内控制度、建立机构分类考评体系，推动“定点机构自我管理”的风险内控模式。

此外，还可引入养老运营管理公司，提升养老机构自身的造血能力和管理能力，提升养老机构的管理水平。

9. 建立长护险配套措施

当地医保局可成立长护处（或科）等部门进行对接，地方政府或医保局、社保局等可以首先以办法、方案、细则等形式颁布出台系列配套政策措施，为推动长期护理试点实践提供政策依据，并为进一步深化扩大实践提供政策体系基础。

目前，长护险面临的最大问题是专业性机构和专业人员相对缺乏，从业人员队伍不稳定，专业化水平不高。建议建立统一规范的护理人员认证方式和居家护理服务培训体系，利用财政资金、就业资金与失业保险基金开展养老护理人员的教育与培训，在人员队伍建设方面实现提升。鼓励养老机构、护理机构等做上门服务；激励家政公司、健康科技公司等迅速转型为居家护理服务公司。

参考文献

［1］陈冬梅，袁艺豪．人口老龄化背景下我国长期护理保险需求的分析：以上海市为例［J］．上海大学学报（社会科学版），2015，32（6）：13–22.

［2］高春兰．老年长期护理保险制度：中日韩的比较研究［M］．北京：社会科学文献出版社，2019：89–104，135–152.

［3］荆涛，杨舒．长期照护保险制度的国际经验及借鉴［J］．中国医疗保险，2017（10）：67–70.

［4］纪文芳．德国长护险筹资机制探析及对我国的启示［J］．上海保险，2020（3）：47–50.

［5］李建梅，卫勇平．上海市长期护理保险制度的筹资与待遇支付浅析［J］．中国医疗保险，2017（10）：50–53.

［6］刘俊荣，黄远飞，范阳东．广州市建立长期护理保险制度研究［M］．北京：红旗出版社，2018：63–79.

［7］李磊，郭磊．以色列护理保险制度及启示［J］．中国社会保障，2016（10）：79–80.

［8］李天俊．美国长期护理保险体系的发展与启示［J］．劳动保障世界，2020（6）：37–38.

［9］刘晓宇．我国长期护理保险筹资模式研究［D］．青岛：青岛大学，2019.

［10］李月娥，明庭兴．长期护理保险筹资机制：实践、困境与对策：基于15个试点城市政策的分析［J］．金融理论与实践，2020（2）：97–103.

［11］倪培凡．南通市长期护理保险制度的现实困境与优化路径：基于日本经验启示［J］．价值工程，2020，39（19）：253–255.

［12］邵文娟．试点阶段我国长期护理保险制度的经验总结：以青岛市为中心［J］．长春大学学报，2018，28（1）：7–11.

［13］杨桂彬，谢宏忠．我国长期护理保险制度试点服务项目的比较分析：基于上海、南通、青岛三个城市的比较［J］．西安建筑科技大学学报（社会科学版），2020，39（3）：35–41，71.

［14］美国卫生和公共服务部网站。

［15］Brown J R, Finkelstein A. Why is the market for long-term care insurance so small？［J］. Journal of Public Economics，2007，91（10）：1967–1991.

［16］Zhou M G, Wang H D, Zeng X Y, et al. Mortality, morbidity, and risk factors in China and its provinces, 1990—2017：A systematic analysis for the Global Burden of Disease Study 2017［J］. The Lancet，2019，394（10204）：1145–1158.

商业健康保险中等待期条款的性质定位与规则适用

王家骏[①]

一、问题的提出：等待期条款的效力认定

等待期条款作为商业健康保险中广泛存在的特有条款，在我国实践中通常拟定为，从合同生效之日（或复效之日）起的一段时间内，若出现承保疾病，保险人退还保险费、终止保险合同。[②]问题在于，在我国保险法的告知义务规则中，保险人仅在投保方故意或重大过失违反义务时免除责任，且重大过失情形中需考虑因果关系。而在等待期条款中，当投保方[③]因无过失或一般过失未如实告知保前身体状况，而在等待期内出现疾病时，保险人仍可根据该条款

① 王家骏：华东师范大学法学院讲师，法学博士。本文为上海金融法院2020年度课题“人身险免责条款法律问题研究”的阶段性研究成果。

② 如《阳光人寿团体重大疾病保险条款》（阳光人寿〔2018〕疾病保险112号）中拟定：“自本合同生效之日起90天内，被保险人发生下列情形之一的：（一）本合同约定的重大疾病；（二）因导致本合同约定的‘重大疾病’的相关疾病就诊，本公司不承担给付重大疾病保险金的保险责任，本合同效力终止，本公司将无息退还该被保险人所交纳的本合同的保险费。这90天的时间称为等待期。”《工银安盛人寿珍爱e生特定疾病海外医疗保险条款》（工银安盛人寿〔2018〕医疗保险001号）中拟定：“若被保险人在等待期内发病或被确诊为白血病、特定疾病的，我们不承担任何保险责任，并向您无息退还已收的本合同全部保险费，本合同效力终止。”“本合同生效日起90天内（含第90天）为等待期，续保时无等待期。”《健康保险管理办法（草案）》（2005年）第18条第3款曾界定为：“保险责任等待期指按照产品条款约定，保险公司在保单生效后免于赔偿责任的时期。”在国家标准中，该条款被界定为：“从保险合同生效日或最后一次复效日开始，至保险人具有保险金赔偿或给付责任之日的一段时间。”参见《保险术语（GB/T 36687—2018）》第4.3.3.3项。

③ 由于我国保险法在人身保险合同中采取投保人、被保险人和保险人的三分法，为论述方便，本文将与保险人相对的投保人、被保险人一方统称为投保方。

终止合同。这种较法定规则更为严苛的效果，不免存在逃避甚至架空告知义务规则的嫌疑。[①]

由于该条款直接决定着赔付结果，立法又未作针对性规定，逐渐成为商业健康保险纠纷中的焦点。[②]在司法裁判中，也出现了某些否定该条款效力的观点：（1）不当缩减保障期间。等待期条款是对保障期间的实质缩减，免除了保险人本应承担的责任[③]；（2）违反对等原则。保单的费率标准包含了等待期间，设定免责显然违反了对等原则[④]；（3）不当免责。该条款明显限制了投保方的主要权利，根据《中华人民共和国保险法》（以下简称《保险法》）第19条应属无效[⑤]；（4）直接或混合地否定效力。有相当多判决未有说明地径直适用第17条（明确说明义务）或第19条否定其效力[⑥]，或同时适用两种条款[⑦]。在理论上，还有早期观点认为，该条款对未带病投保却在等待期内患病的投保方实属不公。因而，当投保方未带病投保且不存在主观欺诈时，保险人仍应承担责任。[⑧]

上述否认观点的缺陷不言而喻：缩减保障期间、违反对等原则的理由会在合同自由、对价平衡等方面受到强有力的反驳[⑨]，未明确说明和不当免责的

---

① 如2014年发布的最高人民法院《关于适用〈中华人民共和国保险法〉若干问题的解释（三）》（征求意见稿）第7条第一款拟定："订立保险合同时，保险合同约定的事故已经发生或者确定不发生的，保险合同无效，但当事人双方均不知道的除外。"但该条最终被删除。若该条继续存在，在基础原理上实际已否定了等待期条款。

② 参见《中国银保监会办公厅关于2018年上半年保险消费投诉情况的通报》（银保监办发〔2018〕66号）、《中国保监会关于2016年保险消费投诉情况的通报》（保监消保〔2017〕11号）、《中国保监会关于2015年保险消费投诉情况的通报》（保监消保〔2016〕7号）。

③ 参见内蒙古自治区扎兰屯市人民法院（2017）内0783民初1310号民事判决书。

④ 参见吉林省长春市朝阳区人民法院（2014）朝民初字第2531号民事判决书。

⑤ 参见云南省保山市隆阳区人民法院（2018）云0502民初2168号民事判决书。

⑥ 关于以第17条和第19条为依据的判决统计，参见曹明哲：《健康保险合同中等待期条款的效力和裁判路径研究》，《法律适用（司法判例）》2019年第6期。

⑦ 参见内蒙古自治区乌兰浩特市人民法院（2018）内2201民初1664号民事判决书；浙江省杭州市下城区人民法院（2011）杭下民初字第713号民事判决书。

⑧ 参见偶见：《订立观察期条款旨在防止带病投保而非刻意排除保险人应承担的风险：与庄长兴先生商榷》，《保险职业学院学报（双月刊）》2013年第5期，第65页；代瑞：《质疑与重构：健康保险合同中等待期条款的正当性》，《海南大学学报（人文科学版）》2009年第3期；周玉华：《保险合同与保险索赔理赔》，人民法院出版社，2001，第930页。

⑨ 参见叶启洲：《健康保险复效观察期间条款的效力：台湾"台中地方法院一〇二年度保险字第十四号判决"》，《月旦裁判时报》第36期（2015年6月）。

依据也存在滥用法条的固有问题[①]。这些混乱观点反映的核心问题是:等待期条款的具体性质究竟为何?是否违反了告知义务的法定规则?这也决定了在承认该条款效力时对发病时间、因果关系等问题的判断标准。现有立法的空缺和解释思路的混乱显然不能与近年来商业健康保险快速发展的政策要求相适应。对此,本文将重新审视等待期条款存在的合理性基础,分析条款内容的界限,探究司法裁判的方式,并期望对监管规则的改善提出有益的参考。

二、等待期条款作为变相保证的实质

等待期的目的是为了抵御健康保险中显著的疾病隐匿和逆向选择问题,这使得该条款必须采取更为严格的甚至较现有立法有所退化的规则,也决定了其变相保证条款的属性以及与告知义务等规则的区别。

(一)存在基础:商业健康保险中风险的特殊性

商业健康保险中存在着特殊的逆向选择问题:第一,疾病通常有一定的潜伏期,须累积至一定程度才可确诊,即使现代技术也难以推测准确的发生时点。因而在保险实务上,疾病时间的判断就成为难题。[②]"因为疾病相对于意外事故来说更容易假装"[③],投保方极易借助该种隐匿性,在发现疾病后才投保,且此事实牵涉双方权益甚深,极易产生争议[④];第二,疾病的隐匿性导致善意的投保方也难以察觉事实,加之时间认定的困难,可能使保险人承担已发事故,侵害了保险的根本理念,造成保费的集体上升[⑤];第三,作为健康保险的成熟形态,医保合作中极易产生医生为获得保金而串通欺诈的情形。"医疗费用不仅与被保险人之健康状况有关,且易受医师之左右,道德危险较高……易发生逆选择现象。"[⑥]

可见,商业健康保险中存在着疾病时间认定困难、逆向选择严重等问题,因此,投保方天然倾向于带病投保,并在索赔后立即退出,这就将保费负担转移到长期投保群体,产生对低风险群体的排挤,造成"劣币驱逐良币"的恶性

---

① 相关研究参见马宁:《保险人明确说明义务批判》,《法学研究》2015年第3期。

② 参见叶启洲:《健康保险复效观察期间条款的效力:台湾"台中地方法院一〇二年度保险字第十四号判决"》,《月旦裁判时报》第36期(2015年6月)。

③ 埃米特·J.沃恩、特丽莎·M.沃恩:《危险原理与保险(第八版)》,张洪涛译,中国人民大学出版社,2002,第386页。

④ 参见江朝国:《保险法逐条解释(第四卷 人身保险)》,元照出版公司,2015,第798页。

⑤ 同上。

⑥ 陈彩稚:《保险法(增订三版)》,三民书局,2012,第310页。

循环。[①]以善意和衡平为基础的现代告知义务虽有所应对，但这需以投保方的善意可有效披露危险状况和事后可确定事故或危险因素出现时间为前提。[②]而在商业健康保险中，投保方的认识与事实间容易产生较大差距，在事后的事实证明上又存在困难，告知义务便难以发挥作用。[③]这种危害“较一个火灾保险公司去承保被保险人一个已经被焚毁的建筑更甚”[④]。

（二）条款设置：假设方式与客观标准

上述问题决定着在商业健康保险中需要既能避免证明难题，又能应对逆向选择的特殊方式，由此也决定了等待期条款的设置：第一，假设性方式。等待期系根据临床医学经验，推断出某些疾病从患病到显现症状的时间，以此为基准，将订约后一定期间显现的病症，推定为合同订立前即已发生。[⑤]这一方面避免了对疾病发生时点的认定困难，另一方面也隔绝了带病投保的恶意[⑥]；第二，客观性标准。该条款不考虑主观状态，期间内一旦出现病症即认定投保前疾病已经发生，避免证明难题以防止已发生的危险[⑦]，“此属保险契约本身目的性之限制。准此，一般健康保险契约之保险人为确定承保风险及降低承保成本，于契约中约定契约生效后之等待期间条款”[⑧]。

由上，等待期条款是以统计为基础，采取假设方法，从风险概率上杜绝一切逆向选择和带病投保的可能。这是在难以证明投保方主观状态和客观事实的情况下，通过容忍一定程度上更严格的限制，弥补告知义务的缺陷，换取界定时间上的明确性，限制可能的逆向选择[⑨]，降低对高风险人群的吸引力[⑩]，在

---

① See The Pre-Existing Conditions Rule, at http://www.ombudsman.gov.au/publications/brochures-and-fact-sheets/phio/the-pre-existing-conditions-rule(last visited on Nov. 11, 2020).

② 参见樊启荣：《保险契约告知义务制度论》，中国政法大学出版社，2004，第79–81页。

③ 参见许慧如：《论健康保险中“等待期间”之约定》，《万国法律》第183期（2012年6月）。

④ See David Norwood, John P. Weir, Norwood on Life Insurance Law in Canada, 2nd edition, Toronto, Carswell, 1993, p.24.

⑤ 参见叶启洲：《论健康保险之保前疾病、追溯保险与被保险人之善意：相关实务见解综合评析》，《科技法学评论》2009年第2期。

⑥ 参见江朝国：《保险法逐条解释（第四卷 人身保险）》，元照出版公司，2015，第798页。

⑦ 参见叶启洲：《论健康保险之保前疾病、追溯保险与被保险人之善意：相关实务见解综合评析》，《科技法学评论》2009年第2期。

⑧ 我国台湾地区“台中地方法院一〇二年度保险字第十四号判决”。

⑨ See Ermanno Pitacco, Health Insurance: Basic Actuarial Models, Cham, Springer International Publishing, 2014, p.39.

⑩ See Timothy Stoltzfus Jost, “Private or Public Approaches to Insuring the Uninsured: Lessons from International Experience with Private Insurance”, 76 N.Y.U. L. Rev.419, 477 (2001).

总体上降低保费[①]。

（三）实质属性：变相保证条款

等待期条款的存在与疾病的隐匿性、技术的局限性和逆向选择的显著性存在着密切的联系，这与保险业早期的情形极为相似：由于经营技术的落后，必须采取客观主义标准从而杜绝任何可能的恶意。[②]由此，等待期条款的特征也指向了产生于相同根源的保证条款。

1. 作为保证条款的表征

第一，涵盖范围上，等待期条款是通过假定方式确定投保方的身体状态，确保其符合承保前提，这与保证条款最大限度框定合同成立时保险标的的危险状态，排除特定危险因素的作用相当[③]；第二，判断标准上，等待期条款与保证条款同样必须被严格遵守，约定状况的出现与损失的关系并非考虑对象[④]，也不考虑主观状态[⑤]，这其实是对健康状态的保证[⑥]。而任何对于此类保证的违反都将使保险人免责，此时投保方是否如实告知已无关紧要[⑦]；第三，具体效果上，等待期条款的目的在于排除已存在的事故[⑧]，在违背假设事实的情况下，保险人不再承担保险责任[⑨]。该效果与一般保险合同中违反"条件"的效果实质相同[⑩]。

---

① See Tom Baker, "Containing the Promise of Insurance: Adverse Selection and Risk Classification", 9 Conn. Ins. L.J. 371, 382 (2003).

② 参见王家骏：《我国保险法告知义务"全有全无模式"之批判与制度改革选择》，《法律科学（西北政法大学学报）》2018年第1期。

③ 参见樊启荣：《保险契约告知义务制度论》，中国政法大学出版社，2004，第331页。

④ See Joseph C Veneziano, Insurance: the Law of Australia, 2nd edition, Pyrmont, Thomson Reuters (Professional) Australia, 2014, p.360.

⑤ See Baris Soyer, Warranties in Marine Insurance, 3rd edition, London, Routledge-Cavendish, 2016, p.6.

⑥ 解释上，保险法上的保证通常指被保险人向保险人作出的担保某种事实存在或不存在，或者为或不为一定行为的承诺。See Raoul Colinvaux, The Law of Insurance, 5th edition, London, Sweeta & Maxwell, 1984, p.203.

⑦ See Mark Cannon, Brendan Mcgurk, Professional Indemnity Insurance, 2nd edition, Oxford, Oxford University Press, 2016, pp.148–150.

⑧ 参见我国台湾地区"台中地方法院一〇二年度保险字第十四号判决"。

⑨ 如《英国1906年海上保险法》第33(3)条规定："按照上述定义，无论保证对风险是否重要，均是一种必须严格遵守的条件。如果被保险人不如此遵守之，除非保险单另有明示规定，从被保险人违反保证之日起，保险人解除责任，但不妨碍在违反保证之前产生的任何责任。"

⑩ See Joseph Veneziano, Insurance: the Law of Australia, 2nd edition, Pyrmont, Thomson Reuters (Professional) Australia, 2014, p.176.

2. 作为保证条款的实质

等待期条款作为保证条款的实质并非仅来自表征上的归纳，这些相同特点产生于同样的背景和目的：商业健康保险面临着信息严重不对等、逆向风险严重和技术受限等早期保险经营中的典型问题，保险人难以有效确定保险标的的实际状态，进而将某些条款当然作为合同的基础性条款，以维持合同根本。[①]这种客观性条款的设置能够为保险人提供有效明确的方式以对风险进行隔绝和控制。[②]因而与其说等待期条款是对告知义务的补充，不如说是对早期手段的妥协性回归。在保险精算上，等待期的设置也被认为是健康保险可以提供保障的严格条件[③]，这与保证条款在最大程度上的保护缺乏风险信息和风险控制能力的保险人的目的[④]实属同质。

实际上，对于健康状态的陈述确实可能成为保证条款的对象。早期英国判例中，对自己健康状态的陈述被认定为告知的范围，而对他人的陈述则可能构成对事实的保证，这是因为在后种情形中投保方实际并不知晓，难以为告知义务所有效涵盖。[⑤]澳大利亚法律改革委员会在1982年报告中也指出，在实践中某些对事实的绝对保证被重新表述为除外责任，典型者即在健康保险中通常排除任何保前疾病，即使投保方没有也不可能合理地意识到这些疾病。[⑥]

3. 等待期条款的性质定位

由此，等待期条款可解释为变相的保证条款：投保方对自身在投保前没有患有承保疾病作出了承诺，只是在是否有带病投保问题的判断上，因为时间认定等难题，采取了假设方式进行倒推。从分类上，等待期条款应属确认性、明示性的保证条款。[⑦]当然，等待期条款与保证条款仍有区别：前者以假设方式下的推定事实为基础，后者则以客观事实为基础；前者设有固定期间，后者

---

① 参见马宁：《保险人明确说明义务批判》，《法学研究》2015年第3期。

② See J. Hare, "The Omnipotent Warranty: England v. the World", in Huybrechts M.A. et al. eds, Marine Insurance at the Turn of the Millennium, Vol. 2, 2000, p.42.

③ See Ermanno Pitacco, Health Insurance: Basic Actuarial Models, Cham, Springer International Publishing, 2014, p.33.

④ 参见马宁：《保险法中保证制度构造及其现代化转型：以英国为视角》，《环球法律评论》2011年1期。

⑤ See Nicholas Legh-Jones, John Birds, David Owe, MacGillivray on Insurance Law, 11th edition, London, Sweet & Maxwell, 2008, pp.264–265.

⑥ See The Australian Law Reform Commission: Insurance Contracts, No. 20, at 112(1982).

⑦ 等待期条款的变相保证性质应当属于Warranties of Past or Present Fact，即对于过去或现实状况的保证。See John Birds, Birds' Modern Insurance Law, 8th edition, London, Sweet & Maxwell, 2011, p.168.

则一般无时间上的限制。

由上可以确定等待期条款与告知义务的关系：(1)前者作出的是保险事故是否已经发生的判断，后者作出的是风险因素是否已合理告知的判断；(2)前者是针对所有承保疾病的保证，即投保方是否告知并不影响等待期条款对疾病的排除；(3)前者并非对后者的客观化，两者交叉于投保方可能意识到带病投保的领域。

将等待期条款定位于变相的保证条款并非否认免责条款的性质。相反，无论免责条款形式如何，只要实质上能达到免除或限制责任的效果，均应被认为属于免责条款。[①]但这种定位仅能成为信息控制的依据，国内理论上长期争论的该条款是否属于明确说明义务对象的问题，也难以真正透视该条款的内容控制方式。[②]而且，在实践中还存在着将该条款的效果设计为向受益人支付相当于缴纳保费的保险金的情况。[③]而探究该条款的特性仍需回到其变相保证条款的属性中，以确定规则适用的方式。

三、固有问题与可能的矫正方向

将等待期条款作为变相的保证条款绝非刻意在理论上复杂化，无论是告知义务还是免责条款等均无法发现该条款的特征。而只有在明确其特有属性后，才能从经营实践和立法规范间的冲突中观察该条款所带来的问题。

(一)相对强制性规范的检验

等待期条款之所以面临较多的批评，可能在于我国《保险法》上天然的未承认保证条款。立法沿革上，普通法和大陆法的保险法虽起源相同，但在保证制度上遵循了不同发展路径。[④]17世纪英国法院基于合同自由的理念开始认为保险合同中保险人设定的某些特定条款是保险人提供保障的条件，一旦违

① 参见刘宗荣：《免责约款之研究》，台湾大学1985年博士学位论文，第1页。

② 国内前期理论探讨多聚焦于等待期条款是否属于免责条款。笔者首先肯定该条款仍属于免责条款的范畴，2019年《健康保险管理办法》第39条也将其作为明确说明的对象。但仅信息上的控制难以明确该种条款的司法裁判标准，也使得该种具备“核心条款”特征的等待期条款极易被法院所不当排除。现有的行业典型案例也多仅聚焦于其是否属于明确说明的对象，参见泰康人寿保险股份有限公司《人身保险合同中的等待期条款是否属于免责条款》，中国保险行业2019年度十大保险诉讼典型案例(2019年12月3日)。

③ 参见江苏省高级人民法院(2017)苏民再353号民事判决书。

④ See Baris Soyer, Warranties in Marine Insurance, 3rd edition, London, Routledge-Cavendish, 2016, p.6.

反保险人即可免责[①]，并在18世纪的判决中形成了对保证条款的应用规则[②]。与之相反，同期的大陆法则要求对应条款必须关系到合同的基础，且对条款的违反与损失具有因果关系的情况下，保险人才可免责，并未在陆上保险法中发展出承认保证条款的规则。[③]

比较而言，普通法上的保证制度系对任何可能危险增加的特定情形和效果作出预先的约定，从而应对承保期间风险增加的问题，而没有“保证”概念的大陆法系国家，保险人主要利用法律关于风险变更的规定限制和控制承保风险。[④]在我国法对于逆向选择控制的义务群上，几乎都采用了因果关系和重要性标准，加之告知义务等规则对主观主义的采纳，作为变相保证条款的观察期条款与我国立法遵循大陆法理念和现代告知义务规则必然产生冲突，由此也受到了来自大陆法甚至普通法本身的讨论。

大陆法上，通常认为告知义务属相对强制性规范，在主观状态、重要性和因果关系上，一般不允许保险合同做有利于保险人的变更，否则将会将投保方陷入严重不利的境地。[⑤]其意义在于设定最低的合同内容标准，以符合保险法的监督性质并避免保险人借助格式合同剥夺投保方权益。[⑥]在德国法上，联邦法院最初将等待期的目的视为限制主观风险，进而认为该条款违反了作为相对强制性规范的告知义务规则。但此后则改变观点认为，该条款还承担了排除在合同前发生却未被发现疾病的功能，这种必然僵化的时间限制具有很大的优势，它带来了更清晰的划分和法律确定性。[⑦]《德国保险合同法》第197条也对等待期条款作出了承认性的规定。再如我国台湾地区所谓“保险法”第127条规定，对于订约前已发生的疾病，无论当事人是否善意，保险人均无须承担保险责任，这也符合保险原理和合同法上自始客观给付不能的处理方

---

① See Jefferies v Legandra, 4 Mod. 58(1692); Lethulier's case, 91 Eng Rep 384(1692); Gordon v Morley, 93 Eng Rep 1171.

② 参见李春彦、李之彦：《保险法告知义务及其法律规制》，法律出版社，2007，第4页。

③ See J. P. Van Niekerk, The Development of the Principles of Insurance Law in the Netherlands from 1500 to 1800, Volume2, Oxford, Hart Publishing, 1999, p.957.

④ 参见徐仲建：《海上保险保证：完善抑或摒弃》，《国际经济法学刊》2018年第4期。

⑤ 参见马天柱：《相对强制性规范：保险格式条款规制的特殊技术》，《保险研究》2016年第11期；江朝国：《保险法论文集(一)》，台湾五南图书股份有限公司，1993，第139页。

⑥ 参见陈俊元：《保险代位之存费是否属强制规定之辩证》，载编辑委员会编《保险法学之前瞻：林勋发教授六秩华诞祝寿论文集》，元照出版公司，2011，第150–151页。

⑦ See Langheid/Wandt/Hütt, 2. Aufl. 2017, VVG § 197, Rn.1–3.

式。[1]

在普通法上，还存在着禁止保险人将投保方的告知义务作为保证的规定，这也是在防止告知义务不合理的严格化。如《澳大利亚保险合同法》第47条规定当投保方未意识且不可能意识到疾病的存在时，保险人不得以此限制或排除其责任。该条的意图在于避免保险人通过将某种行为定位为投保方的保证来规避法定规则。[2]但其最初并没有考虑到等待期问题，这也在早期引起了争议。在*Asteron Life Ltd. v Zeiderman*案中，地区法院曾以第47条否定了等待期条款，而州上诉法院的多数观点认为，第47条针对的是保险合同前存在的病症，而等待期条款仅考虑合同成立后的状况，不考虑合同前投保方究竟是否患有疾病。[3]对此，澳大利亚人寿保险与理赔协会2004年的报告指出，等待期是一个常见的、可被接受的特有条款。它使保险人免受早期潜在的欺诈索赔，如果适用第47条，保险人可能会被迫要求潜在投保方进行广泛的医疗筛查，或收取更高的保费，这将与保险法的理念直接冲突，对此应修改47条以表明不适用于等待期条款。[4]而最终立法审查小组则认为2004年的判例已解释清楚，没有修改的必要。[5]澳金融调查专员服务处同样认为第47条系针对广泛排除责任的条款，而并非针对排除特定保前疾病的条款，因此该条并不适用于等待期条款。[6]

（二）保证条款性质带来的固有问题

上述讨论反映出等待期条款合理性的2个基础：对逆向选择的绝对隔离，而非对善意投保方的不当限制；为保险经营带来了极为重要的明确性。实际

---

① 参见叶启洲：《论健康保险之保前疾病、追溯保险与被保险人之善意：相关实务见解综合评析》，《科技法学评论》2009年第2期。

② See Peter Mann, Mann's Annotated Insurance Contracts Act, 6th edition, Pyrmont, Thomson Reuters (Professional) Australia, 2014, p.293.

③ See Asteron Life Limited v Zeiderman [2004] NSWCA 47.

④ See Australasian Life Underwriting and Claims Association: Review of the Insurance Contracts Act 1984: Final Submission of the ALUCA on Provisions of the Insurance Contracts Act other than Section 54, at 15(2005).

⑤ See Department of the Treasury, Australia: Final Report in Insurance Act 1984, at http://icareview.treasury.gov.au/content/Reports/FinalReport/10_Chapter8.asp#P1086_198125 (last visited on July 10, 2020).

⑥ See Australia Financial Ombudsman Service: The FOS Approach to Section 47 of the Insurance Contracts Act 1984, at 4(2015).

上，这些承认的基础仍在于该条款是降低风险概率的重要条款[1]，这是一种正当善意的区别对待[2]。而这也反映了告知义务规则的存在并不能否定等待期条款。但这种合理性也不能否定等待期条款的保证性质，尤其在上述*Asteron*案中，持不同意见的法官和某些消费者团体仍认为该条款存在保证的性质。[3]

等待期条款受到司法实践排斥的原因仍在于其与早期保证条款相同的严苛性特征。保证条款促进了尚属幼稚期的保险产业的发展，通过保证将不能识别的风险完全排除在保险之外是合乎情理的。[4]但随着经营技术的发展，其严苛性受到了长期的、普遍的质疑。如1980年英国法律委员会的报告指出其不公平之处在于：无重要性要求；无因果关系要求；保险人可因纯粹技术原因免责，这种早期的保证条款"毫无疑问需要进行修改"[5]。2006年苏格兰法律委员会的报告指出保证条款被违反的情况下，即使被保险人进行补救，保险人仍可拒绝给付保险金并获得全部的保费[6]，2007年两机构更指出投保方可能无法合理意识到保证条款的存在[7]。这些问题显然造成了实质的不公，保证条款也已经成为保险人随意免责的工具。[8]

现有等待期条款显然也存在着相似的问题：（1）等待期内发生的病症，究竟系疾病本身，还是与疾病相关的因素，并不明确，这也影响到对重要性的考察和证明责任的分配；（2）当等待期内疾病与后发疾病不存在因果关系时，实际并未引起最终的损失，此时免除保险人责任则明显欠缺基础；（3）等待期条款以合同终止为效果，但若期内疾病被完全治愈，假设上带病投保的基础即难

---

① See Tom Baker, "Containing the Promise of Insurance: Adverse Selection and Risk Classification", 9 Conn. Ins. L.J. 371, 382 (2003).

② See David Norwood, John P. Weir, Norwood on Life Insurance Law in Canada, 2nd edition, Toronto, Carswell, 1993, p.24.

③ See Chris Rodd: "Section 46 of The Insurance Contracts Act: Is It Defective?" 37(1) Tec. Couns, CGU Ins. 1, 1(2014).

④ 参见徐仲建：《海上保险保证：完善抑或摒弃》，《国际经济法学刊》2018年第4期。

⑤ See The Law Commission: Insurance Law: Non-Disclosure and Breach of Warranty, No.104, at 82, 90–91(1980).

⑥ See Scottish Law Commission: Insurance Contract Law: Issues Paper 2 "Warranties", at 38, 62 (2006).

⑦ See The Law Commission and Scottish Law Commission: Insurance Contract Law: Misrepresentation, Non-Disclosure and Breach of Warranty by the Insured, No. 182 (Consultation Paper) and No. 134 (Discussion Paper), at 174 (2007).

⑧ See Baris Soyer, "Beginning of a New Era for Insurance Warranties?", 3 Lloyd's Maritime and Commercial Law Quarterly 358, 359–365 (2013).

以成立。这些标准显然相当苛刻[①]，“这种类型的除外责任与相似的保证一样令人反感”[②]。

上述问题有着相同的原因：在面对信息不对称和风险隐匿的问题上，保险人采取客观化和绝对化的条款以杜绝逆向选择固然具有合理性，但在该类条款缺乏限制的情况下，保险人就可不当免责，这也会刺激保险人不再认真核保，使得本来防范逆向选择的条款恶化为保险人逃避责任的工具。尤其等待期条款在适用中违背对价平衡原则和诚信原则时，就难以为现有立法理念所接受。

（三）保证条款改革思路作为矫正途径的可能

在作为普通法代表的英国法中，关于保证条款的晚近理论和立法建议多提出应当考虑保证事项是否足以构成保险合同的基础、是否与最终的损失间存在必然联系[③]，当重要性和因果关系不存在时，此时保证条款就失去了其设定的依据。而且，当违反保证的情况可以纠正时，对价平衡也就得到了矫正，回归到了保险合同所要求的状态。如1980年的报告提出应当对事件的重要性、损失原因等方面进行考察等。[④]这些改革思路集中体现在《英国2015年保险法》中：违反保证的法律后果由终止变为中止；有条件地将纳入因果关系；限制保证条款的滥用；要求保险人确保“不利条款”的透明性。[⑤]

上述改革的背后隐含了对诚信原则的重新思考与定位，平衡了投保方和保险人的利益[⑥]，以实现诚信规则向诚信解释原则的改良[⑦]，减少保险人滥用这种严苛规则不当免责的可能。可见，作为变相保证的等待期条款，在可以实现其对于逆向选择隔离和降低保险费率的基础上，应有“软化”严苛性以避免保险人不当免责的可能。尤其是在后文所呈现的司法案例中，对于重要性的审视、因果关系的考察均会成为争议的焦点。对此应借鉴保证条款上的改革

---

① See Hussain v Brown, 1 Lloyd's Rep 627 (1996).

② See The Australian Law Reform Commission: Insurance Contracts, ALRC Report No. 20, at 112 (1982).

③ 虽然在英国法律委员会的报告中否认了对因果关系的提法，但在《英国2015年保险法》第11(3)条中仍然加入了被认为是肯定了因果关系的标准。参见张金蕾、潘秀华：《中国海上保险法律制度修改的再审视：以〈2015年英国保险法〉为背景》，《中国海商法研究》2015年第4期。

④ See The Law Commission: Insurance Law: Non-Disclosure and Breach of Warranty, No.104, at 86 (1980).

⑤ 参见《英国2015年保险法》第10条、第11条、第17条第(3)项。

⑥ 参见郑睿：《英国海上保险保证制度改革评析》，《中国海商法研究》2016年第2期。

⑦ 参见初北平：《海上保险的最大诚信：制度内涵与立法表达》，《法学研究》2018年第3期。

经验,对等待期条款的适用进行合理化矫正。

四、司法裁判中的重要性考察与因果关系判断

(一)重要性视角下的疾病发生标准的确定

1. 争议与问题实质

司法实践中出现较多的问题是,在等待期内投保方出现异常的健康状况,但在期后才确诊,此时即面临疾病发生时间的确定问题。现有判决中,有观点以确诊日期为疾病发生时间,其多以前期诊断不能证明疾病的出现①或不利解释②为理由,此可称为确诊说。而另有观点认为应以症状的出现时间为准,此类判决多以前期症状系疾病的表现③或通常解释④为依据,此可称为症状说。

首先,症状说的缺陷显而易见。该标准并未考察投保方是否会将某类症状联系到相应疾病,而从保证条款的改革理论审视,症状本身仅属于关系到保险事故的因素而非事故本身,其并非必然关系到合同成立的基础,不当然具备重要性。并且,等待期条款本在于倒推疾病时间,症状说会使得这种倒推变成了对症状的倒推而非疾病的倒推,这相当于变相地延长等待期,重新带来了症状与疾病关系的证明难题。在日常生活中,某些轻微或常见症状很难引起投保方甚至医生的特别注意,若采用症状说,投保方需进行检查,这种不现实的要求也将推定的保证事项无限扩大化,混淆了告知和保证的界限。

比较而言,确诊说虽能区分保险事故和风险因素,避免变相保证范围的实质扩大,但也存在一定的问题:若完全以确诊为准,会鼓励投保方隐瞒出现的症状而故意拖延诊断。这实际是将所有并非事故本身的风险因素都排除在了保证范围之外,而未考察其是否可能已触及合同的基础。该问题的焦点在于:既要控制投保方可能的恶意,又要避免证明难题的反复,防止给投保方增加不合理的负担,这需要确定究竟何种情形可被认为具有足够的重要性从而涉及合同的成立基础。

---

① 参见北京市第三中级人民法院(2016)京03民终995号民事判决书;辽宁省沈阳市中级人民法院(2016)辽01民终7360号民事判决书。

② 参见河北省沧州市中级人民法院(2016)冀09民终3591号民事判决书;江苏省南京市中级人民法院(2015)宁商终字第1820号民事判决书。

③ 参见黑龙江省哈尔滨市中级人民法院(2015)哈民三商终字第366号民事判决书,但该判决最终被黑龙江省高级人民法院(2017)黑民再410号民事判决书撤销。

④ 参见新疆维吾尔自治区乌鲁木齐铁路运输中级法院(2016)新71民终26号民事判决书。

2. 重要性标准下的规则适用

传统的保证条款通常被假定为合同的基础。代表性批评指出，这种方式使得保险人可基于不重要的因素而随意免责。英国法上的晚近立法观点认为，保证事项需对合同成立有足够的重要性。在判断上，除事故本身外，仅有明显的、直接关系到事故的因素才能成为保证的事项，该事项必须确实足以影响到保险人承保的基础和判断。[①]

基于等待期条款变相保证的性质，前述关于发病时间的判断，实质上是等待期中何种症状可成为变相保证对象的认定，这也意味着需审视症状的重要性。在主观标准上，对重要性的认识固然存在着不同的角度和知识背景，但从合意基础来看，基于一般投保方的认识才是其进入合同的前提。[②]因而，症状必须在常识上能够与疾病相互联系，或已显现足以使一般投保方引起注意并寻求诊断、治疗或护理的病症[③]，才可以认为具有重要性。如《澳大利亚2007年私人健康保险法》规定，病情出现的标准应当是对一般投保方或者“合格的全科医生”是相当明显的体征，也是对重要性的标准要求。

由此，对期内症状应从3方面考察：首先，需判断症状与疾病在程度上的联系，如症状的出现难以联系到疾病本身，则不能证明疾病的出现；其次，需判断症状与疾病在时间上的联系，如仅为慢性症状，则不应视为疾病的出现；最后，症状的出现需具备较强的迫切性，如其仅为一般的不适而不需要进一步检查时，也不能视为疾病已经出现。在规则适用上，当足够明显的症状已经出现时，投保方应及时进行进一步诊断确定症状或通知投保方，否则应认定疾病已经发生。当然，对于该标准的判断，仍应当结合投保方本身所处的知识背景，尤其在投保方具备一定医学知识背景的情形下，需作出适当调整。[④]

（二）等待期内与期后疾病的因果关系判断

1. 存在因果关系可能时的标准认定

在期内和期后出现的疾病相近时，有法院主张，保险事故或其原因在期内

---

① See The Law Commission: Insurance Law: Non-Disclosure and Breach of Warranty, No.104, at 83–84(1980).

② See The Law Commission: Insurance Law: Non-Disclosure and Breach of Warranty, No.104, at 21 (1980).

③ 参见山东省高级人民法院(2018)鲁民申4040号民事裁定书。

④ 参见山东省烟台市牟平区人民法院(2017)鲁0612民初2537号民事判决书。

已出现，故无须承担责任。[①]但更多的法院通常采取较严格的标准，即只要在名称上非属同类，就不能证明疾病已出现。如常见的期内甲状腺结节与期后甲状腺癌的情况多被认为未达到等待期的约定情况。[②]

该问题实际关系到原因的出现是否构成对假设保证事项的违反。传统上保证条款通常将事故发生的原因均作为违反保证事项，且这种因果关系并不做近因原则上的考察。但在发展中发现，如果将因果关系毫无限制地扩大，实质上是在扩张保证范围以使保险人轻易地免责。对此，英国法的判例逐渐有观点认为，仅在近因关系上可引起违反保证事项的原因，才能成为保证的延伸范围。如果存在可能的中断事件，或者在因果关系的距离上过于遥远，都不能视为保证事项本身。[③]

因而，当期内与期后疾病存在可能的因果关系时，仍需要进行2方面的判断：第一，期内疾病必须能够是保险事故产生的必然性或决定性原因，如果存在中断的情形则不应触及等待期条款。美国多数法院的判决认为只有当期内疾病与保险事故存在并发型或决定性因果关系时，保险人才可免责。而这些疾病不能造成保险事故或者只是一个较远的关系时则不能适用[④]。第二，期中疾病必须在等待期内足以导致保险事故的出现。如果该种疾病同样仅能是慢性发展的特征，从假设性上仍仅能是属于保前的隐藏病因，尚不能认为在保前保险事故已出现。

与等待期前症状出现问题结合，当投保方在等待期内出现足以引起注意的非承保疾病时，也应有进一步检查或通知保险人的义务。但在期内检查仍无法诊断出承保范围内的疾病时或保险人未作出调查时，则应认为此非承保的疾病仅能被推定为在保前的其他因素，非欺诈情形下保险人仍应当承担责任。

2. 不存在因果关系时保险人的责任承担

实践中还存在期内与期后出现疾病完全不同的情形，当投保方未作及时

---

① 参见辽宁省沈阳市中级人民法院（2018）辽01民终10013号民事判决书。该案中，法院以期内诊断为承保疾病的可能性较大为由支持了保险人的主张。

② 参见江苏省苏州市中级人民法院（2018）苏05民终294号民事判决书；河北省唐山市中级人民法院（2015）唐民二终字第1711号民事判决书。

③ See John Birds, Insurance Law in the United Kingdom, 2nd edition, London, Wolters Kluwer, 2014, p.87–91.

④ See Jeffrey W. Stempel, Peter N. Swisher, Erik S. Knutsen, Principle of Insurance Law, 4th edition, New York, LexisNexis, 2011, p.959.

通知且两者均属于承保疾病时，则会产生保险人是否可免责的问题。若只从文义理解，一旦在等待期内出现疾病，保险人即享有终止权。但该种与早期保证条款相似的效果也受到了长期的批评：若损失与保证的违反间不存在因果关系，就不会给保险人在风险测评上造成影响。不能当然地以保证的违反承认保险人的终止权，仍需考察违反事项与损失之间的关联，以确保条款的公正性与必要性。[①]如《英国2015年保险法》第11(3)条即进行了该方面的修改。从变相保证角度，当前后疾病不存在明显因果联系时，期中出现的疾病对损失并没有直接影响，保险人的终止权就不存在正当性基础，且期后疾病属投保方不能认知的范围，仍符合可保性的要求，此时仍需承担责任。此外，由于等待期为权利排除条款，应由保险人就疾病在等待期内发生举证。[②]虽然从医学角度任何疾病的发生都可能会对其他疾病产生影响，但基于近因原则的要求，不同疾病间的证明仍需显示其显著性和直接性。

（三）与告知义务的适用区分

等待期条款与告知义务所规范的事项非属同类。投保方事前非因故意或重大过失而未如实告知，但在等待期内发病的，保险人仍可基于等待期条款免除责任。相反，虽在等待期内未发病，但投保方确实违反告知义务时，投保方仍可主张免责。现有裁判中将告知义务和等待期条款区分判断也反映了该种原理。[③]

国内有较多观点主张，等待期条款属相对免责条款，即投保方在等待期中发病，若其未带病投保且不存在主观故意，保险人应承担责任。[④]但这种观点显然忽视了等待期条款解决证明难题的目的，将问题踢回了原位。因而，保险人没有必要证明投保方对告知义务的违反。[⑤]同理，即使在期后根据医学诊断

① See Baris Soyer, "Beginning of a New Era for Insurance Warranties?", 3 Llo. Mar & Com. L. Q. 358, 359(2013).

② 参见许慧如:《论健康保险中"等待期间"之约定》,《万国法律》第183期(2012年6月);叶启洲:《健康保险复效观察期间条款的效力：台湾"台中地方法院一〇二年度保险字第十四号判决"》,《月旦裁判时报》第36期(2015年6月)。

③ 参见广东省中山市中级人民法院(2017)粤20民终4497号民事判决书;河北省石家庄市中级人民法院(2019)冀01民终4334号民事判决书。

④ 相关论述参见方乐华:《保险与保险法》,北京大学出版社,2009,第371页;偶见:《订立观察期条款旨在防止带病投保而非刻意排除保险人应承担的风险：与庄长兴先生商榷》,《保险职业学院学报》2013年第5期；代瑞:《质疑与重构：健康保险合同中等待期条款的正当性》,《海南大学学报(人文科学版)》2009年第3期。

⑤ See Prölss/Martin/Voit, 30. Aufl. 2018, VVG § 197 Rn.1–3.

推测认为疾病已存在较长的时间，除有证据表明投保方存在欺诈，保险人不能免责。

还可能存在的竞合是，告知义务的抗辩期间（两年）经过后保险人是否可再根据等待期条款主张免责？根据前述，等待期内所发生的疾病被推论为保前疾病，因而在解释上，这种保前疾病不能适用不可抗辩条款。[①]况且，等待期条款属于合同另行约定的终止事项，与告知义务规范对象不同，此时保险人仍可主张免责。[②]

五、基于社会功能实现的监管限制

等待期条款的设置并非单纯的私法问题。商业健康保险在整个健康保障体系中占据重要地位的情形下，等待期的设置关系到保障的稳定性甚至是劳动自由的问题，允许保险人任意设置该条款将会造成患病人群难以获得医疗保障的"逆向效应"[③]，甚至产生对"人权的挑战"[④]。因而从社会功能的角度，仍需对该条款进行监管上的限制。

（一）条款终止效力限制

我国现有等待期条款以事实上的终止为后果，这与早期保证条款的效果相同，但其引起的不当效果也引起了激烈的批评：当违反保证情形被纠正后，风险因素即被消除，对价重新回归平衡，若仍使得保险人完全免责则毫无合理性根据。[⑤]而且不可逆地终止合同效力反而显然有可能刺激投保方故意隐瞒事实，扩大损失可能。对此，英国立法重新改革了违反保证的后果，即将原来的终止后果改为中止，在违反保证的事件被纠正之前，保险人不承担责任。[⑥]

以此而论，期内疾病的发生虽可视为对保证的违反，但若该疾病治愈时，应视为对违反状态的纠正，此时仍符合投保标准。即使在一般情形下，在承保

---

① 参见陈某诉中国平安人寿保险股份有限公司乐山中心支公司人身保险合同纠纷案，"最高人民法院发布19起合同纠纷典型案例"（2015年12月4日）。

② 参见广东省广州市中级人民法院（2016）粤01民终7766号民事裁定书。

③ See Barry V. Bye, Gerald F. Riley, "Eliminating the Medicare Waiting Period for Social Security Disabled-Worker Beneficiaries", 52 Soc. Sec. Bull. 2, 3 (1989).

④ See David Norwood, John P. Weir, Norwood on Life Insurance Law in Canada, 2nd edition, Toronto, Carswell, 1993, p.24.

⑤ See Robert Merkin, "Reforming Insurance Law: Is There a Case for Reverse Transportation," English and Scottish Law Commissions, at 59–60 (2005).

⑥ 参见《英国2015年保险法》第10（4）条。

期间内再次罹患保前已经治愈的疾病，保险人仍应承担责任。[①]对已治愈的疾病，倒推上属于影响事故的风险因素而不属于事故本身。若保险人在保障范围上直接排除某种疾病，则保险人自可免责，相反则仍应当承担保险责任。但是，对于某些非疾病的风险因素，比如家族病史等，并不能认为属发生过的病症，保险人不能以此免责。

（二）连续投保中条款的排除

在连续投保的情况下，投保方前期已存在保险保障，在理论上没有隐瞒疾病的必要，该种情况下已不存在等待期存在的前提性条件。换而言之，投保方的逆向选择是在存在保险合同的基础上才产生的，若合同已经存在，仅需要继续持有健康保险即可，根本无须转换保险合同或保险人。

实际上，在商业健康保险起到重要作用的情况下，这种连续投保中等待期间的设置有着极为重要的影响。尤其在团体保险中，当投保方在变更工作的时候若仍存在等待期条款，则不得不进入保障的空白期，这会造成其不敢轻易更换工作，即“工作锁死”的困境。如美国1996年《健康保险携带和责任法案》中规定，连续投保的情况下，针对既存症的等待期限应根据前一保险合同的等待期进行排除或扣减，且当旧保险和新保险的间隔不超过63天时，也应适用该规定。[②]《德国保险合同法》第197条规定也作出了几乎相同的规定，并将间隔期设定为相似的2个月。再如《澳大利亚2007年私人健康保险法》第75条规定，投保方若连续持保超过12个月，在连续投保中或中断不超过7天的情形中等待期条款应被排除，但对保障范围或费用扩张的部分除外。此外《澳大利亚2015年私人健康保险规则（产品准则）》第9条对如军人等特殊人群投保间隔不超过2个月的情形也排除等待期的适用。

反观我国健康保险实践，投保方中断连续投保或转投其他险种均要适用等待期条款[③]，这对长期投保的投保方并不公平。因而在监管规则上，在对同一险种连续投保时，自应取消等待期的适用。而在短暂中断投保的情况下，由于存在前期等待期的检验，此时也应当将中间间隔的时间扣除后投保险种中

① 参见叶启洲：《论健康保险之保前疾病、追溯保险与被保险人之善意：相关实务见解综合评析》，《科技法学评论》2009年第2期。

② See 29 U.S. Code § 1181（c）（2）.

③ 如《英大附加百万无忧重大疾病医疗保险条款》拟定，“初次投保或续保间断后重新投保本附加合同时，被保险人自本附加合同生效之日起90日（含）内因意外伤害（见7.2）之外的原因导致初次发生本附加合同约定的重大疾病（见7.3），由该重大疾病产生的治疗无论是否发生在此期间内，我们均不承担给付保险金的责任，但将返还本附加合同的累计已交纳保险费（不计利息），本附加合同终止”。

的等待期。即使在投保不同险种的情况下，对于前后险种中相同的承保疾病的情况下，也应在前期已有的保险金额内进行理赔，以尽量减少等待期的不合理应用。[①]

（三）条款期间的合理控制

我国立法中，目前仅有2019年《健康保险管理办法》对等待期作出了180天以内的限制，但其对不同的险种并无任何区别。虽然等待期的设置往往与保险费设计相对应，但当等待期间过长进而导致过度限缩该保险合同的保护功能与契约目的时，则应作出限制。[②]且基于病理的不同，不同疾病可能的潜伏期也并不相同，毫无区分的设置时间限制也难以同该条款的目的相匹配。

在比较法上，典型立法例也多对不同情形下等待期的期限进行了区分限制。如《德国保险合同法》第197条规定对一般病情的限制为3个月，但在分娩、心理治疗、口腔治疗、牙齿修复中为8个月，长期护理保险则为3年。与之相类似的是，《澳大利亚2007年私人健康保险法》第75条对一般情形的限制为1年，但对精神病治疗、康复治疗等情形限制为2个月，对分娩、心理治疗、口腔治疗等情形则不能超过8个月。我国台湾地区"人身保险商品审查应注意事项"第78条则规定除癌症保险及重大疾病保险外，等待期间最长不得超过30日。

这些对于等待期的区分限制更多地关注到了不同险种和疾病的特征，这关系到保险人和投保方之间的公正平衡。[③]基于此种经验，我国制度在监管上应着重从2个角度对等待期进行限制：第一，从生理特征角度，在限制风险概率的前提下，不同的疾病种类可以适用不同的等待期。[④]如对于分娩、口腔疾病等容易确定显现期限的病症予以较为明确的限制，而对于癌症等具有潜伏性的重大疾病则可设置更长的等待期限。第二，从经营特征角度，对于长期护

---

① 参见浙江省杭州市富阳区人民法院(2019)浙0111民初3366号民事判决书。"本案两份保险合同期限仅间隔十三天，原告何卫平前一份保险到期后不愿意继续投保，发现患癌后再带病申请投保的可能性几乎不存在。案涉保险合同虽表面上未连续投保，但在现有证据证明何卫平或朱旭阳在合同到期前即向天安财险公司富阳支公司要求'续保'。"

② 参见叶启洲：《健康保险复效观察期间条款的效力：台湾"台中地方法院一〇二年度保险字第十四号判决"》，《月旦裁判时报》第36期(2015年6月)。

③ See The Parliament of the Commonwealth of Australia, Private Health Insurance Bill 2006 (Explanatory Memorandum), p.45.

④ See Ermanno Pitacco, Health Insurance: Basic Actuarial Models, Cham, Springer International Publishing, 2014, pp.33–34.

理保险，基于其合同期间具有长期性的特征，对于等待期的延长自属当然。但在一年期健康保险等短期险中，其目的仅在于追求一定期限内的健康保障，过长的等待期显然会违背投保方对于短期健康保险的期望，对此应进行不同比例的缩减。

此外，团体保险系由用人单位集体投保产生，是否投保或何时投保已非投保方所控制，逆向选择即失去了存在的基础。因此，当健康保险作为通过工作获得的福利时，该条款防止逆向选择的作用就微乎其微。[①]在团体保险日益成为商业健康保险重要经营形式的背景下，这种不合理的设置将会造成“工作锁死”的状态，因而在团体保险中等待期条款也应被排除。

六、结语

作为变相的保证条款，等待期条款的作用在于确保逆向风险问题严重的健康保险市场的健康运行，应承认其合法性。但由于我国保险法上对客观性和绝对性的天然排斥，以及该条款基于性质所带有的固有缺陷，有必要从保证条款的改革视角缓和该种条款的严苛性。在规则的调适上，应当着重明确该条款与告知义务的适用关系，并根据症状的重要性和因果关系，确定保险人的责任承担。

还应注意的是，在商业健康保险成为国民健康保障体系重要组成部分的背景下，等待期条款的设置直接关系到对社会福利和就业自由的促进。在内容控制和监管规则上，应注重对该条款存在基础的考察；在投保方连续投保或间隔期较短的情况下，应当缩减甚至取消等待期的限制；在时间上，应当根据不同疾病隐藏的期限长短设置等待期条款的最长期限，以促进等待期条款在市场中的合理化。

① See Tom Baker, Insurance Law and Policy: Cases, Materials, and Problems, 2nd edition, New York, Aspen Publishers, 2008, p.168.

网络互助的理论属性及法律监管研究

胡　鹏[①]

一、问题的提出

2021年年底，国内最大的网络互助平台“相互宝”宣布关停，人们对网络互助的讨论再次发酵升温。2021年年初开始，美团互助、水滴互助、轻松互助等10家互助平台相继宣布关停。如今，“相互宝”宣布关停，意味着在中国发展了10年的网络互助遭受严重挫折。事实上，网络互助具有参与门槛低、保障额度高、普惠价值明显等独特优势，自其诞生以来就非常受中低收入群体的欢迎，在一定程度上弥补了我国社会保险保障不足和商业保险成本高的缺陷。2020年3月，《中共中央　国务院关于深化医疗保障制度改革的意见》明确把网络互助纳入我国医疗保障制度体系，并支持网络互助有序发展，可见国家对网络互助社会价值的肯定及其长远发展的关切。然而，网络互助自诞生以来始终伴随着强烈的质疑和争议。网络互助的理论属性为何？网络互助与商业保险、慈善公益有何联系与区别？网络互助应由哪个部门监管？又该如何监管？……这些问题始终困扰着理论界和实务界，不得其解。2020年9月，我国银保监会打击非法金融活动局更是严厉批评：当前网络互助处于无主管、无监管、无标准、无规范的“四无”状态，一直游走在法律与监管的边缘。[②]可见作为互联网创新的标杆、曾风生水起的网络互助仍有许多基础性问题悬而未决，亟待进一步深入研究。

---

① 胡鹏：上海立信会计金融学院讲师，法学博士。本文是上海市哲学社会科学规划青年课题“平台经济下灵活就业人员工伤保险法律制度的构建研究”（2021EFX008）的阶段性研究成果。

② 中国银保监会打击非法金融活动局课题组：《非法商业保险活动分析及对策建议研究》，载《保险业风险观察》2020年第4期。

本文拟对网络互助的理论属性及法律监管这2个本原问题展开研究。首先，梳理网络互助与保险的异同，以保险的法律构成要件为界分标准，对网络互助并非保险展开严谨的法律逻辑论证。其次，深入阐释网络互助与慈善的相互关系，论证网络互助本质上属于互惠型慈善范畴，而非纯粹利他的传统慈善。最后，根据网络互助的业务特点，廓清网络互助的监管部门，尝试构建对应的法律监管体系。希望本文的研究对促进网络互助行业规范化发展有所助益。

二、网络互助与保险的契合与差异

（一）网络互助与保险的契合之处

1. 网络互助与保险具有相同的经济内涵

保险起源于人类最原始的互助共济理念，是由面临同类危险的个人聚集起来成立危险共同团体，当某一成员遭受事故需要补偿时，由其他成员为其提供经济上的帮助，以分散和消化危险。保险具有“一人为众，众为一人”的互帮互助性质，是现代社会最为常见且十分成熟的风险分散和补偿机制。而网络互助是指具有相同风险抵御需求的人，通过互联网平台聚合在一起，成为某项互助计划的一员，大家遵守互助协议的约定，形成风险共担、助人自助的网络互助关系。具体而言，会员通过网络互助平台加入互助计划，经过观察期后，互助资格即可生效，当会员不幸患病时，全体会员帮助患病会员均摊互助金，互助范围涵盖各种常见及罕见大病。[①]两相对比可知，网络互助与保险在业务实质上高度相似，两者都是基于互助共济的风险分散和补偿机制。目前，学界频繁使用“类保险”一词来指称网络互助，这足以揭示出两者具有相同的经济内涵，也使得网络互助注定与保险纠缠不清。

2. 网络互助符合相互保险、交互保险的结构特征

相互保险是保险的特殊类型，它以“相互性”为核心特征，也即相互保险组织成员兼具所有人和投保人双重身份，相互保险组织由投保人拥有，为投保人利益服务，投保人能够参与相互保险组织治理，并进行民主决策。相互保险更加侧重投保人之间的社团关系，而非以股东的商业利润为目的，这也是其与股份制保险的本质区别。[②]网络互助也不存在外部股东，而是为全体会员的共

① 陈令：《网络互助平台风险及防控对策研究》，北京邮电大学2018年硕士学位论文，第3–4页。

② 刘燕：《相互保险与股份保险比较》，载《中国金融》2016年第24期。

同利益设立，并借助互联网平台实现会员间的“共保、共享、共治”。有学者认为：网络互助的运营模式和发展趋向最符合相互保险的特征，可以作为广义的相互保险。①

相互保险的组织形式也十分丰富，主要有相互保险公司、相互保险社、交互保险社三种类型。有学者进一步认为：网络互助的运作架构与交互保险社的早期形态十分相似。②具体而言，交互保险是指具有相似风险保障需求的人以互相帮助、共摊风险为目的，通过专业的第三方管理者将自身风险与他人进行互相交换。其中，进行风险交换的人称为认购人，第三方管理者称为实际代理人。③这种安排的特点是成员之间直接建立债权债务关系，每一成员既承保其他成员的风险，其自身风险又为其他成员承保，而无须通过保险公司这一中介。在早期的交互保险中，每个社员都有一个账户，社员所交的保费、投资收入、赔偿损失及经营费用支出都在账户上。当入不敷出时，保险社可向社员摊收额外的费用，当账户上有盈余时，社员可以分红。④可见，网络互助的运行机制与交互保险非常相似。此外，实际代理人也是交互保险的显著特色。实际代理人是交互保险社聘请的独立第三方，负责交互保险的风险管理和日常事务，但其本身并不承担任何风险。网络互助中，网络互助平台为会员提供信息撮合服务、负责日常的运营管理，平台自身不承担任何风险。显然，网络互助平台与交互保险的实际代理人在地位上十分相近。

（二）网络互助与保险的显著差异

1. 中心化的保险vs.去中心化的网络互助

是否建立了“中心化”的风险分散机制是两者的最大区别。保险的风险分散是众多投保人把自身风险集聚到保险公司，再由保险公司向单个投保人承担保险赔偿责任。其中保险公司是风险集中与分散的中心和连接点。然而将风险集中于中心化的保险公司并非风险分散的唯一方式。网络互助就运用了“去中心化”的分散风险方式，其依托数字技术和互联网平台创建了风险分摊社群，加入的会员承诺共同承担其他会员的风险，互助事件发生后每位会员等额均摊互助金。其中，会员的风险并非由网络互助平台承担，而是直接分散

---

① 刘天宇、朱文浩：《网络互助计划在中国：发展概观与性质厘定》，载《金融法苑》2018年第1期。

② 金雪儿：《网络互助的性质定位与监管对策：以e互助为例》，载《法律与新金融》2016年第2期。

③ 完颜瑞云：《交互保险：一种值得借鉴的新型保险组织形式》，载《中国保险报》2016年11月29日，第007版。

④ 许桂红：《保险学》，东南大学出版社，2010，第241页。

到各个会员，因而摆脱了传统保险“中心化”和“一元化”的风险分散路径。

2. 预收保费的保险vs.费用事后分摊的网络互助

费用交纳的先后亦是两者的显著区别。实践中，保险公司往往事先收取保费，并提取责任准备金，再向被保险人做事后的经济补偿。而网络互助采取的是“费用事后分摊”模式，会员在加入网络互助时事先无须交费，互助事件发生时，各个会员再进行事后分摊。网络互助所分摊的费用在会员之间直接转移，平台作为第三方管理者根本没有累积资金池，亦无所谓提取责任准备金。由此，网络互助消除了传统保险公司一直存在的死差益和利差益收入，仅收取管理费，同时利用数字技术提升互助事件的参与感和透明度，实现了更纯粹的互助保障。

3. 差别保费的保险vs.均一费用的网络互助

“差别保费制”抑或“均一费用制”也是两者的重要差别。为防止逆向选择和交叉补贴，保险公司会根据年龄、性别、健康状况、职业等要素，对被保险人进行危险程度划分，制定差异化的保险费率，即“高风险者高费率、低风险者低费率”。只有这样才能减少劣币驱逐良币，维持危险共同体的稳健运行。而网络互助采取“均一费用制”，互助事件发生后，所有加入的会员等额均摊互助金，会员的交费不因年龄、性别等因素而有所差异。此外，由于互助事件数量和会员人数不断变动，会员每期所要均摊的费用并不固定，这与保险公司预收确定数额的保费也有所不同。

三、网络互助并非保险的法律逻辑证成

（一）目前认为网络互助并非保险的理由并不充分

网络互助与保险有许多显著差异，因此学界普遍认为网络互助并非真正意义上的保险。但若以前述差异为判断依据，似乎在逻辑上存在明显谬误，无法从根本上把网络互助与保险区分开来，具体而言：

1. 不得以费用交纳的先后判断网络互助并非保险

有学者认为：网络互助采取“费用事后分摊”模式，不符合我国《保险法》的规定及保险合同成立的一般要件，此是网络互助并非保险的原因之一。[①]笔者认为前述观点值得商榷。事实上，保险合同为诺成性合同早已是学界共识，只要投保人提出保险要求，保险人同意承保，保险合同即告成立，并不以投保

① 李伟群，沈志康：《“相互保”处罚决定落地后引发的深层思考》，载《上海金融》2019年第7期。

人交纳保费作为保险合同成立的要件。虽然在保险实务中，保险合同成立时交纳保费最为常见，然何时交纳保费是当事人的意思自治范畴，法律也允许保险合同成立后交付保费。因此不得以费用交纳的先后，作为判断网络互助并非保险的依据。

2. 不得以费用是否经过精算判断网络互助并非保险

保险人承担的危险与收取的保费应呈对价关系，保险制度才能稳健运行。这要求保险人在计算保费时要运用十分严谨的精算技术，将客户划分为不同的风险等级，并分别制定差异化的费率，以确保保险人能够收到足额且公平的保费。而网络互助采取等额均摊的定价机制，会员当期分摊的费用取决于互助事件数量和会员人数，与个体会员的风险水平无关。这种简单粗暴的定价机制虽然使公众产生量出为入、费用透明之感，但并未遵循精算定价的公平原则。因此有学者认为：保费须经过精算是现代保险业的基石，而网络互助采取未经精算的“均一费用制”，这是其并非保险的重要论据。[①]

笔者认为前述观点仍有待商榷。其一，保险人采取精算技术、实施差别费率，固然体现了保险制度的科学性。但在保险业发展早期，因尚未系统化建立精确的精算技术，保险人也仅凭经验计算收取保费。纵然经历了数百年的发展，保险人已建立了系统化的资料库，并拥有较为先进的精算技术，但并非表示其所收取的保费，与所承保的风险能够精确匹配。原因在于，保险本即是保险人就不可预料的未来风险加以承担，精算技术所算得的差别保费，也仅是基于过往经验所得，并非表示其将来必定如此发生。[②]换言之，保费经过精算以及差别保费制，仅仅是构成保险制度的充分条件而非必要条件。其二，保费的厘定除了与风险挂钩外，还受到大量其他因素的影响，如市场竞争策略、同类产品价格、保险监管要求等。[③]如社会保险的缴费是按参保人工资基数的一定比例扣除，费用通常由政府、单位和个人共同负担，而与参保人的个体风险水平无关。再如，近两年风靡全国的“惠民保”，其亮点是不分年龄、不分男女、老少同价。“惠民保”对所有参保人适用均一费率，这并不否定其保险商品的本质属性。因此，所收取的费用是否经由精算所得，不可作为判断“保险”与“非保险”的根本依据。纵然网络互助采取了未经精算的“均一费用制”，亦无

① 程海宁：《“相互保”商业模式问题分析》，载《金融法苑》2019年第1期。

② 罗俊玮：《互助与保险之界线？：以台湾高等法院台中分院101年度金上诉字第290号刑事判决为中心》，载《法令月刊》2014年第5期。

③ 孙祁祥：《保险学（第六版）》，北京大学出版社，2020，第235页。

法推导出其并非保险。

（二）网络互助与保险的区分标准：保险之构成要件

由前述分析可知，某些外在差异不可作为判断网络互助并非保险的根本依据。产生谬误的原因在于，这些差异通常是人们基于日常经验而对网络互助和保险所做的一种事实性描述，得出的结论往往是感性的、经验性的，无法触及两者内在的法律边界。保险的构成要件是某一业务得以被定性为保险所必须具备的基本条件，缺少其中一项，便不能定性为保险。保险的构成要件不仅能将“保险”与“非保险”区分开来，也能将保险产品与其他金融产品区别开来。[①]因此，区分网络互助与保险必须以保险的构成要件作为判断依据。

保险的构成要件可细分为5大要素：危险、补偿需要性、团体性、有偿性、独立的法律上请求权。[②]其一，“无危险则无保险”，危险的存在是构成保险的第一要件。其二，危险的发生可能产生人身或财产上的损害，因而有补偿的需要，这是发挥保险功能的前提条件。其三，团体性是指保险以互助共济为基础，聚集多数人的资金以补偿少数人的损失。其四，有偿性是指投保人必须交纳保费作为保险人承担危险的对价，这是保险区别于政府救助、慈善捐赠的要素之一。这里有偿性仅指交纳保费即可，而无关保费交纳之先后以及保费是否由精算所得。其五，独立的法律上请求权是指被保险人在保险事故中遭受损失，从而对保险人具有法律上请求赔偿给付之权，该请求权是法律所支持的，并非没有法律约束力的请求。一些互助团体在特定事故发生时对成员提供的无法律约束力的经济援助则不属于“保险业务”。[③]

（三）网络互助缺乏构成保险所必要的独立法律上请求权

网络互助与保险的法律边界要对照5项构成要件逐一检视。很显然，在前4项要件上网络互助与保险完全相同，而第5项要件“独立的法律上请求权”是网络互助并非保险的核心依据。[④]具体而言：

---

① 曹顺明，赵鹏：《论“保险业务”的实质判定标准：兼析经营延保、救援服务是否构成非法经营保险业务》，载《保险研究》2015年第9期。

② 叶启洲：《保险法实例研习（第三版）》，元照出版公司，2013，第7–19页。

③ 曹顺明，赵鹏：《论“保险业务”的实质判定标准：兼析经营延保、救援服务是否构成非法经营保险业务》，载《保险研究》2015年第9期。

④ 依叶启洲教授所言，独立的法律上请求权可分为“独立性”和“法律上请求权”两方面。所谓“独立性”系指保险关系所生的补偿请求权，必须是独立存在的，而非附属于其他法律关系的从给付义务或附随义务或团体成员资格。“独立性”在本文中并不涉及，故下文仅侧重对“法律上请求权”进行论述，特此叙明。

1. 从保险合同角度观察

虽然就经济内涵而言，保险是多数人之间的互助共济，保险人是众多投保人聚合而成的危险共同体。但从保险合同角度观察，保险合同是由投保人与保险人双方主体订立的，投保人仅得向保险人行使法律上的请求权，个别投保人彼此间并不能要求给付。换言之，在保险私法关系中，只有保险人才是独立承担危险、进行给付的法律主体，这排除了各个投保人之间的法律关系，个别投保人彼此间并不产生危险承担的责任。而在网络互助中，平台仅是信息撮合中介，而非互助协议约定的危险承担主体，会员对平台没有法律上请求权，平台也不承担给付分摊金的义务。患病会员的互助金是由全体会员事后均摊，单个会员彼此间发生了直接联系。加入互助计划时，会员承诺彼此分摊互助金性质上属赠与行为，但在实际分摊前，会员有权随时撤销赠与，受助会员不得强制请求该会员履行赠与义务（《中华人民共和国民法典》第658条），这导致会员间的互助请求权随时可能消灭。因此在网络互助中，并没有独立承担危险、进行给付的法律主体，会员间亦缺乏稳固的法律上请求权，此是网络互助并非保险的根本原因。

2. 从保险监管角度观察

从保险监管角度观察，保险人是独立承担风险的主体，这意味着投保人通过交纳保费实现风险最终向保险人集中和转移，保险人得以建立保险基金，以偿付能力为核心的现代保险监管体系也由此建立起来。而网络互助以当期均摊的收入来支应当期互助金的给付，平台仅扮演代收代付角色，根本没有积累资金池，也无所谓偿付能力之确保。纵然网络互助符合相互保险的结构特征，但相互保险仍属于保险范畴，相互保险组织亦需依法建立互助基金、确保偿付能力。由此可见，网络互助并不符合以偿付能力为核心的保险监管逻辑，难以落实风险承担责任。事实上，银保监会也曾多次表态：网络互助无法保证刚性赔付，捐助者不能预期获得确定的风险保障回报，网络互助与保险产品存在本质差异。[①]

四、网络互助属于互惠共利的新型慈善

（一）认为网络互助并非慈善公益的理由

网络互助中，会员分摊互助金属捐赠行为，能够及时救助因突如其来的疾

---

① 2016年11月《保监会有关部门负责人就网络互助平台有关问题答记者问》。

病陷于困境的会员，避免因病致贫返贫，因此网络互助在客观上具有慈善公益的效果。一些网络互助平台也自称是“纯公益性组织”，以公益为目的，并不赚取利润，还在民政部门注册并取得了公益牌照。[①]但目前学界普遍认为网络互助与慈善公益有所不同，理由有二：

其一，根据《中华人民共和国慈善法》（以下简称《慈善法》）第34条，慈善捐赠是“基于慈善目的，自愿、无偿赠与财产的活动”。其基本特征是以自愿为原则，进行不以获得回报为目的的单向赠与行为，主要目的是为了“利他”，而不是为了“利己”。反观网络互助，会员之间的捐赠行为表面上看是单向的、自愿的、无偿的，客观上也有益于公众，但其实不然。首先，会员参加网络互助的主观目的在于“自我保护”，也即会员是以分摊一定数量的“助他”资金为对价换取未来其他会员“助我”的权利。[②]因此，网络互助并非单向的、无偿的“利他”，而是会员为转移自身风险而进行的双向的、有偿的“利己”行为。其次，会员的捐赠行为是其加入互助时签订契约（即互助计划成员规则）所课以的义务，会员只有履行了分摊义务才能维系其会员身份，否则将被清退出互助计划，因此会员的捐赠行为也并非出于自愿。[③]

其二，根据《慈善法》第4条，开展慈善活动应当遵循非营利原则。而网络互助平台明显具有商业性质，除收取一定比例的管理费外，部分平台开始逐步利用网络互助集聚的庞大客户资源，探索建立健康咨询、保险产品销售、线上商城等商业模式。[④]实践中，众多投资机构之所以热捧网络互助这种带有公益性质的社群，动机就是将网络互助视为“流量平台”，试图借此打造交易场景和商业模式，最终寻求流量变现。如果过度主张网络互助的公益性，将严重抑制资本逐利的天性，不利于网络互助行业的可持续发展。[⑤] 2017年7月，民政部颁发《慈善组织互联网公开募捐信息平台基本管理规范》明确规定：网络互助不属于慈善募捐，公开募捐信息不应与网络互助信息混杂。这一规定从制度层面把网络互助与慈善公益作了实质剥离。

---

① 例如，“夸克联盟”在2016年9月正式获得民政局颁发的公益牌照，成为国内率先拥有正规公益资质的网络互助平台。

② 郑秉文：《网络互助的性质、风险与监管》，载《宏观经济管理》2020年第10期。

③ 刘天宇、朱文浩：《网络互助计划在中国：发展概观与性质厘定》，载《金融法苑》2018年第1期。

④ 蚂蚁集团：《网络互助行业白皮书（2020年）》，蚂蚁集团，2020，第13页。

⑤ 关佳、李楠：《网络互助的风险及监管》载《民主与法制时报》2018年12月13日，第006版。

（二）网络互助并非纯粹利他的传统慈善

诚如前所述，慈善是不以获得回报为目的的单向赠与行为。在道德层面，慈善体现出一种超越功利考量的无私奉献精神，彰显了人类最高尚的道德情操。但在网络互助中，会员间的捐赠行为并不是大公无私的无偿赠与，而是夹杂着会员的自利性动机——每一个会员都希望自己在帮助他人的同时，也能得到来自他人的帮助。若以道德标准来衡量网络互助，其恐怕无法被纳入慈善范畴。然而，仔细思考则会产生一些常识性疑问：假如捐赠夹杂着利己动机，但客观上却有益于社会大众，难道一概将其排除于慈善之外？慈善捐赠的动机纷繁复杂且潜藏于心，当如何判别？慈善捐赠难道只是单方面的无偿施舍，而不容许成员间实行规则化的互帮互助？显然，这些疑问难以一概而论，有必要进行深入考量。

我们不能否定现实中存在基于纯粹利他动机而进行的慈善捐赠，但无论是主观认知还是客观实践，大多数情况下的慈善捐赠并非仅仅出于利他动机，还夹杂着诸多利己的动机，例如追求个人荣誉地位、获得潜在的利益、体现社会身份和认同等。[①]之所以如此乃根源于人类是“理性的经济人”，不会天生具有纯粹利他之心。我们对慈善的理解要摒弃道德洁癖，不能片面地要求慈善动机必须单纯无私且不掺杂任何功利性的“杂质”。过度强调无私利他的单向受益模式不利于慈善事业的发展，而在利他中实现利己，形成“双向受益”和“互惠共利”的格局，才更符合慈善实践。[②]事实上，准确判断慈善动机这一主观心理状态非常困难也没有必要，我们对慈善捐赠要更多地从效果利他的角度考量，不仅要少去拷问慈善背后的动机，更要对掺杂利己动机的慈善行为多加包容。

基于对慈善动机的理性分析，笔者认为在网络互助中，纵然会员在加入互助计划时存在某种自利动机，但会员分摊互助金本质仍属于捐赠行为。不管会员潜在的动机为何，网络互助聚集众多会员的力量，切实减轻了患病会员的经济负担。我们不可一味地拔高对网络互助的道德要求，而片面否定其增进社会公益的客观效果。同时，网络互助没有要求会员纯粹无私地利他，而是倡导会员在帮助他人的同时，在未来也能得到其他会员的帮助，也即“关爱他人、守护自己”。这更符合人类“理性经济人”的实际，改变了传统单向受益的

---

① 李喜燕：《慈善捐赠中非利他性的正当性及其法律边界》，载《人大法律评论》2016年第3期。

② 玉苗、慈勤英：《论道德与慈善及公益的关系》，载《桂海论丛》2012年第6期。

慈善模式，实现了会员间的“双向受益”。如果说传统慈善注重单向度的“给予”，而现代公益则强调双向度的“参与”。网络互助并非纯粹利他的传统慈善，而应属于互惠共利的互惠型慈善①，其依托数字技术搭建风险分摊社群，不仅传播了“助人自助”的公益理念，更实现了会员间的“多维互动”，将松散的社会成员凝聚成一个规则化、透明化和可互动的慈善共同体，通过广泛的社会参与，为我国社会保障体系提供了重要的民间支点。

（三）正确理解网络互助的无偿性、自愿性和非营利性

一些学者认为慈善必须符合无偿性、自愿性和非营利性，而网络互助是有偿的、非自愿的和营利性的，此是网络互助并非慈善的又一重要论据。但笔者认为一些学者对此问题存在相当程度的误解，理由如下：

1. 会员彼此间的捐赠行为本质上是无偿的

慈善捐赠是无偿赠与财产的活动，所谓无偿乃指受赠人取得捐赠标的物而无须支付任何对价。网络互助中，会员彼此间分摊互助金本质上属于捐赠行为，捐赠会员无偿地把金钱转移至受赠会员，而受赠会员在法律上无须支付任何对价或回报。纵然捐赠会员在捐赠时十分期待未来自己也能得到其他会员的帮助，但这并不构成真正意义的“对价”或者“回报”，因为捐赠会员的“期待”仅仅是一种不确定的、十分微弱的希望，这种希望能否最终实现没有法律上的保障，随时可能因互助计划终止而归于消灭。或有论者认为，全体会员在加入互助计划时已承诺共同分摊互助金，平台也通过信用评分等数字技术来促使成员守约，这能够保证所有会员按时足额分摊。但笔者认为，在法律层面，会员的分摊承诺没有任何法律约束力，因为在实际分摊前，会员可随时退出互助计划而免予分摊，受助会员也不得强制请求该会员履行赠与义务。若互助计划终止，捐赠会员“自助的期待”根本无从实现。事实上，在慈善捐赠中，人们在捐助他人的同时，通常都希望以后自己遇到困难时也能从他人那里得到帮助，只不过网络互助把这种“助人自助”的理念显性化和规则化了而已，实质上并不悖离慈善捐赠“无偿性”的特点。

2. 会员捐赠系出于自愿，而非受契约强制

有学者认为：网络互助中，会员捐赠是履行互助契约所课以的义务，会员只有履行了分摊义务，才能维系其会员身份，否则将被清退出互助计划。会员

① 杨朝清：《社会保障需要更多“抗癌公社”》，载《光明日报》2012年7月23日，第002版。

的捐赠行为是受互助契约的强制，并非出于自愿，不符合慈善的自愿性。[①]笔者认为前述观点在论证上并不恰当。事实上，会员是出于对网络互助价值理念的认同而自愿加入互助计划，相应地也自愿遵守互助契约及各项互助规则，包括按时足额分摊互助金。会员加入互助计划、遵守互助契约均系其独立自主且真实的意思表示，不存在任何的外在强制。会员作为捐赠主体自觉履行互助契约所定的分摊义务是其自愿捐赠的必然结果，不存在所谓“受契约强制”而被迫捐赠。将会员自觉自愿地遵守分摊规则视为“受契约强制”，进而否定会员捐赠的自愿性，明显存在逻辑错误。退一步而言，即便会员在加入互助计划后不愿进行分摊，平台亦无法通过互助契约或其他手段强制会员分摊，会员只不过是退出互助计划、丧失会员身份而已。因此，就其本质而言，会员的分摊行为系其独立自主自愿作出的捐赠行为，不存在平台或互助契约的外在强迫。

3. 对网络互助非营利性的理性分析

有论者认为：网络互助平台通过收取管理费、拓展商业链条而表现出明显的商业性，这与慈善的非营利性明显相悖。[②]笔者认为该观点稍显片面，未能深刻理解“非营利性”的真实法律内涵。营利与非营利，其标准并非在于主体是否从事了商业活动或者经营性活动，而在于其是否向设立人或者会员分配所取得的利润。即便某一组织从事营利性活动，但不以分配盈余于成员为目的，仍不影响其非营利性或者公益的特性，只要其将所有盈余留存于组织内部，用于支持章程所规定的公益事业即可。[③]网络互助平台是信息撮合中介，自身无任何盈余留存，会员分摊互助金属于捐赠行为，而非从事营利性活动。虽然平台向会员收取一定比例的管理费，也是因开展慈善事业需要管理和运行成本，此为《慈善法》第60条所允许。目前争议最大的是平台运营方试图借助网络互助的流量优势，打造商业生态圈，寻求流量变现，这是网络互助悖离慈善公益“非营利性”的主要论据。笔者认为，慈善与商业之间的界限并非泾渭分明，慈善、商业与互联网三方融合，能够为中国的慈善转型注入更多动力。我们所要做的并非是把慈善与道德牢牢捆绑，让网络互助与商业完全切割，而是要尽力矫正平台运营方寻求流量变现而枉顾会员权益的行为偏好，使网络

① 刘天宇、朱文浩：《网络互助计划在中国：发展概观与性质厘定》，载《金融法苑》2018年第1期。

② 蚂蚁集团：《网络互助行业白皮书（2020年）》，蚂蚁集团，2020，第13页。

③ 金锦萍：《论作为商主体的非营利法人》，载《法治研究》2021年第3期。

互助回归风险管理及分散的正常轨道。

综上分析，网络互助本质上符合慈善无偿性、自愿性和非营利性的三大特征，且属于双向受益、互惠共利的新型慈善。“一方有难，八方支援”是中华民族的传统美德，《慈善法》第110条规定：“城乡社区组织、单位可以在本社区、单位内部开展群众性互助互济活动。”可见邻里相帮、患难相恤的民间互助共济活动一直广泛存在，亦为我国慈善立法所认可。网络互助只是把线下小型、分散的民间互助进行了数字化改造，在网络社区的陌生人之间搭建了规则化、透明化和可互动的慈善共同体。明确网络互助的慈善性质，并加以监管和引导，不失为我国慈善事业改革创新的一大探索。

五、网络互助法律监管体系的构建

网络互助作为我国社会保障体系的重要补充，必须结束“裸奔”状态。一方面，要根据网络互助的业务特点，合理确定网络互助的主管部门，构建外部监管框架。另一方面，要重视自我治理，利用数字技术增进网络互助的社团性，加强会员的自我教育和自我监督。

（一）网络互助社会保障属性较强，应由民政部门监管

主流观点认为网络互助应由银保监会监管，纳入保险监管框架。理由是网络互助与保险具有高度趋同性，银保监会最接近网络互助的业务实质，对风险保障领域和行业的监管也最具有经验，由银保监会作为网络互助的监管部门最为合适。[①]但笔者认为，民政部门比银保监会更适宜作为网络互助的监管部门。

其一，保险商品的供给者——保险公司历来是各国保险监管的重点对象，我国亦是如此。围绕着保险公司的财务状况、公司组织及市场经营活动，对应的偿付能力监管、公司治理监管以及市场行为监管也渐次展开，从而形塑了我国“三支柱”的现代保险监管框架。[②]保险公司是保险监管的逻辑起点，没有保险公司，保险监管则无从谈起。而网络互助是十分松散的风险分摊社群，平台仅扮演代收代付角色，并无所谓中心化的危险承担者即保险公司，也无法适配偿付能力监管、公司治理监管和市场行为监管等保险监管措施。因此，绝不可把网络互助归入银保监会的保险监管框架之中。

① 郑秉文：《网络互助的性质、风险与监管》，载《宏观经济管理》2020年第10期。

② 郑伟：《改革开放40年的保险监管》，载《保险研究》2018年第12期。

其二，论者之所以呼吁尽快把网络互助纳入银保监会监管，原因还在于网络互助业务的开展是建立在货币往来的基础之上，本质上属于金融活动。[①]若发展失控，极有可能重蹈“P2P网贷”的覆辙。[②]笔者认为，虽然网络互助与“P2P网贷”在形式上相近，都是利用“点对点”技术实现个体间资金的移转，但两者存在本质差别。网络互助是针对可能发生的纯粹风险，通过会员间的相互分摊而建立的一种风险分散和补偿机制。会员分摊的互助金额度小且永久捐赠给了受助会员，捐助会员不得索回互助金。而“P2P网贷”中，投资人是以获利为目的暂时让渡资金的使用权，投资人贷出的本金越多，信用风险越高，投资利率也越高，这显然属于投机风险。实践中，投资人动辄借出几十万、上百万，平台跑路或倒闭导致本金不能兑付的风险相当高。网络互助分摊额度小、没有资金池，与之相比完全不是一个量级。通过比较可知，网络互助的业务对象是补偿纯粹风险所造成的损失，而非寻求资金增值，其社会保障属性远强于金融属性，不至于发生类似“P2P爆雷”的风险。

其三，网络互助涉众人数多，对道德风险和信息风险的敏感度高，涉众风险远大于金融风险。[③]因此，网络互助的监管重点并非在于偿付能力，而在于确保会员对互助计划的知情权、防范平台的道德风险，这恰恰与对慈善事业的监管目标不谋而合。事实上，我国广泛存在的民间互助组织一直都是由各地民政部门监管，比较典型的例子是中国船东互保协会和中国职工保险互助会，两个协会均是在民政部注册登记，由民政部主管。[④]网络互助只是把线下的民间互助活动进行了线上的数字化改造，提升了社会保障的普惠性和公益性，其虽具有互联网基因，但本质上仍属于慈善公益事业，由民政部门主管网络互助行业自然顺理成章。民政部门在本系统既存有社会救助、社会福利和慈善事业的法律监管机制，将网络互助纳入其中可实现监管资源共享，有助于推进多层次社会保障体系建设。

（二）围绕网络互助平台的治理结构搭建外部监管框架

尽管网络互助平台宣称其仅提供信息撮合服务，自身不承担任何风险。

① 宋占军、宋蒙蒙：《网络互助平台定性及监管归属分析》，载《保险理论与实践》2016年第11期。

② 李晓林：《网络互助平台风险不容忽视》，载《中国保险报》2016年11月7日，第001版。

③ 郑秉文：《网络互助的性质、风险与监管》，载《宏观经济管理》2020年第10期。

④ 中国船东互保协会和中国职工保险互助会虽然都带有“保险”字样，但两者并非我国《保险法》规定的商业保险公司，所从事的活动也并非保险业务。参见《最高人民法院关于中国船东互保协会与南京宏油船务有限公司海上保险合同纠纷上诉一案有关适用法律问题的请示的复函》（[2003]民四他字第34号）、《中国保险监督管理委员会关于船东互保协会问题的复函》（保监办函[2003]78号）。

但毫无疑问，网络互助平台正凭借数字技术而具备了影响众多会员行为、塑造社群规则的强大能力，平台自身也不再停留于“单纯信息中介”的消极角色。网络互助平台成为主导者客观上会滋生侵害会员权益的弊端。如《相互宝成员规则》第七条规定：“平台可以对本规则进行调整。如您不接受调整，可随时退出；如您未选择退出，则表示同意并接受调整后的规则。”网络互助平台单方面行使规则制定及修改权，而广大会员只能选择接受或退出，平台俨然成为网络互助的主宰者。再如，平台作为代理人负责互助案件的调查审核，并按当期会员人数确定分摊金额，每一会员分摊多少取决于互助案件是否真实、会员人数是否真实，显然这些关键数据掌握在平台手中，平台极易产生造假牟利的道德风险。虽然平台设定了互助的公示程序及监督举报机制，但由于单个会员分摊金额很小，掌握的信息少，会员所能发挥的监督作用相当有限。值得注意的是，目前网络互助都是由背后的科技公司运营，科技公司作为发起者和组织者签署《互助计划条款》和《成员规则》。[①]网络互助平台并不是独立的法律主体，导致广大会员和监管机构追究平台责任存在一定的困难。

笔者认为，平台治理结构是平台行为的控制器，监管机构可围绕治理结构为网络互助平台设定最低限度的法律标准。具体措施如下：其一，把网络互助平台明确定位为非法人组织，该组织以撮合成员彼此间进行慈善捐助为业务范围，在民政部门登记注册，依法开展非营利性的慈善活动。其二，网络互助的最高权力归全体会员，网络互助平台仅是作为全体会员的代理人。可明确要求建立会员大会制度，会员大会是网络互助计划的最高权力机构，负责审议互助规则的修改、选任第三方调查机构、决定互助计划终止与否等重大事项。在数字技术助力下，广大会员充分表达、凝聚共识，这正是发挥网络互助社交属性的优势所在。其三，信息公开是网络互助的题中之义，但单纯依赖平台的自我公开仍显不足，监管机构应加强对互助事件、会员人数等关键数据真实性的核查，并要求平台定期报告业务状况，防范平台的道德风险。其四，由于网络互助更多地依靠数字技术，设定最低限度的技术标准、建立完善的风险控制体系应是网络互助行业的准入门槛。监管重点在于防范平台系统性风险、提升会员数据信息的安全性、加强平台数据的不可篡改性等方面。其五，严格区分网络互助与保险，禁止网络互助经营或变相经营保险业务。禁止网络互

① 例如《相互宝重症疾病互助计划条款》中，“我们”指蚂蚁会员（北京）网络技术服务有限公司。“本计划”是指您为了自己或您家人与我们之间订立的“相互宝重症疾病互助计划”。

助设立资金池，使救助成为触发资金需求的唯一开关，以保证互助的纯粹性。

（三）培育“共保、共享、共治”的平台内部自治机制

会员彼此间发生直接联系是网络互助的核心特征。藉由互联网的社交属性，部分网络互助平台迅速积累了数千万甚至上亿会员，相应的自治机制也自发建立起来，其中包括争议解决机制、问答社区、互助案件展示、健康知识宣导、会员交流活动等版块。在监管真空之下，网络互助的内部自治起到了关键作用。因此在强化外部监管的同时，也必须培育内部自治机制，促进网络互助的自我调节。

以相互宝为例，会员可以通过“共议家园”和“赔审制”发表意见、参与社群治理。“共议家园”是指定期收集会员的合理热门建议，并邀请专家进行评估，对互助规则持续优化和完善。“赔审制”是指会员在申领互助金时，对审核意见存在异议，可以提请赔审团审议，由赔审人员对互助案件进行投票、讨论、评议并作出案件结论。赔审人员从相互宝会员中遴选产生，站在客观立场充分讨论和交流，进行案件评议。“赔审制”实质上创设了“准司法权”，其不仅能够灵活快速地化解会员间的互助纠纷，更唤醒了会员自主参与的主体意识。在会员的自我监督上，康爱公社、夸克联盟等互助平台还组织“探视团”对互助案例进行回访，探视团由本地会员组成，不仅送去全国会员的问候与祝福，还能进一步核实互助的真实性，防范欺诈行为的发生。在会员的自我教育上，一些互助平台在各地设立分会，定期组织线下公益活动，宣讲健康养生知识等。网络互助是依托互联网平台和数字技术创建的风险分摊社群，实施会员“共保、共享、共治”的协同治理范式，不仅增强了会员的凝聚力和归属感，还有助于平台价值的创造和平台秩序的维护。

六、结语

与成熟稳定的保险制度相比，网络互助存在赔付预期不稳定、定价简单粗放、风险管控能力较弱等问题，其能否可持续运行也备受公众质疑，一些头部网络互助平台相继关停更加剧了这种担忧。其实网络互助本就是自发的、松散的、不稳定的民间互助形式之一，这些固有缺陷不因其具备互联网属性而发生实质改变。但值得肯定的是，网络互助把线下小型、分散的民间互助进行了数字化改造，在网络社区的陌生人之间搭建了规则化、透明化和可互动的慈善共同体，极大地丰富了我国社会保障事业的内容与形式。我们不能用苛刻的眼光打量这一民间自生自发的互助共济机制，而要持开放包容的态度。

罹患传染性疾病是否属于意外？

——简评陈某诉平安人寿保险公司人身保险合同纠纷一案

陈禹彦[①]

一、陈某诉平安人寿保险公司人身保险合同纠纷一案

（一）案情简介

2012年，被保险人杨某在平安人寿保险公司投保了人生终身寿险，附加意外伤害保险、附加意外伤害医疗保险、附加住院费用医疗保险，受益人为陈某。附加意外伤害保险第2.3条约定“被保险人因遭受意外伤害，并自事故发生之日起180日内身故的，按基本保险金额给付意外身故保险金，本附加险合同终止”；第7.1条约定“意外伤害指遭受外来的、突发的、非本意的、非疾病的使身体受到伤害的客观事件”。

2016年，杨某患恙虫病到医院住院治疗。次日，杨某死亡。医院重症医学科出院证暨诊断证明载明，杨某系恙虫病脓毒性休克，多器官功能性不全。居民死亡医学证明书载明，杨某直接死亡原因为脓毒性休克，引起的疾病为恙虫病可能。恙虫病是由恙虫病立克次体引起的急性传染病，传播媒介为恙螨，潜伏期5～20天，严重者可因心肺肾衰竭而危及生命。

之后，平安人寿保险公司根据寿险、医疗保险向陈某赔偿了保险金，但以不属于附加意外伤害保险赔偿范围为由拒绝理赔。

陈某遂诉至法院请求理赔，平安人寿保险公司辩称：被保险人并不被确诊患有恙虫病，恙虫病属于传染性疾病，根据保险合同的约定因疾病所致的伤害不属于保险责任的范围，即使杨某因患恙虫病死亡，也不属于意外伤害保险

---

① 陈禹彦：上海兰迪律师事务所律师、高级合伙人，法学硕士。

的赔偿范围。一审法院支持了陈某的诉请。

平安人寿保险公司上诉称：保险人承担赔偿责任的前提是直接的单一原因伤害致死，涉案被保险人被恙螨叮咬而患恙虫病到其最终死亡的结果，没有任何起决定性、最有效，以及不可避免会发生保险事故的原因。一审法院认定被保险人的死亡事实与其所受伤害之间存在直接因果关系，违反了保险法的近因原则。二审法院驳回上诉，维持原判。

（二）裁判要旨

本案争议焦点：一是被保险人杨某的死亡是否属于"意外伤害"死亡，二是保险公司能否援引免责条款拒绝赔付。针对上述问题，法院认为：

首先，保险合同属于格式条款，双方当事人对"意外伤害"的理解产生分歧，因此应结合合同的其他条款与案件事实，从保护被保险人的合法利益角度出发综合考虑。据此，杨某的死亡为被恙螨叮咬所引起，法院认定属于外来的、突发的、非本意的、非疾病的客观事件。其次，杨某直接死亡原因为脓毒性休克，引起的疾病为恙虫病可能。上述因果关系链条足以证明杨某死亡的直接原因系恙螨叮咬而患恙虫病致死亡，恙虫病的成因为恙螨叮咬，系保险合同约定的意外事故所致，且与死亡后果存在直接的因果关系。最后，保险公司未能举证证明伤害结果是由被保险人的故意、疾病或约定的其他免责事由所造成，因此保险公司不能免责。

对于该案裁判要旨的理解，我们拟通过如下理论性分析进行解释，并在文末给出结论。

二、国内外关于"意外"的定义和构成要件

（一）我国保险实务中关于"意外"的认定

我国《保险法》虽然明确将意外伤害保险规定为人身保险的重要业务之一，但未明确规定意外伤害的定义。1998年7月，中国人民银行在其公布的《航空旅客人身意外伤害保险条款》中第十二条释义，"意外伤害是指遭受外来的、突发的、非本意的、非疾病的使身体受到伤害的客观事件"。这一说法在

我国保险实务中通常得到直接或变通的沿用。[①]因此,“意外”需同时满足“外来的、突发的、非本意的和非疾病的”4个要素成为保险业的常规。

在我国,意外险中的“意外”并没有一个严格的明文定义,“意外”的含义基本上寄托于保险合同的契约自由,并且可能因为合同条款的措辞而变化,例如制定“被保险人患法定传染病”“被保险人因疾病,包括但不限于非因意外伤害导致的细菌或病毒感染而导致身故”等免责条款使交易风险进行分配。但是,此类格式条款措辞中的“疾病”究竟是作为意外方式还是伤害结果免责?如何认定“疾病”不在承保责任范围内?对于意外的认定中“非疾病的”这一限定词究竟如何理解,是否是认定意外的构成要件之一?由于实践中保险人与被保险人对此类条款存在理解不一致的情况,因此也导致司法上对相关保险责任的判定表现出相当程度的混乱和不一致。

(二)域外立法与司法实践上关于“意外”的认定

约翰·F.道宾[②]阐释了保单中对“突发原因”和“意外结果”的限定,美国法院对意外事故的通常定义为“在事实发生的根本效力或损害发生的范围上无法预见、非故意的反常事件”,即以“无法预见”和“非故意”作为反常事件的限定标准。即使当保单中明确对由疾病或身体虚弱导致的伤害后果免责,法院执行此类免责条款也仅仅适用于人体内在的病理性因素(即原因)所导致的具有可预见性的损害后果。因此,美国在保险法理论上和司法实践中均未将“非疾病性”作为意外的构成要件之一,且一般通过“因果关系”的概念对意外事故的认定加以理解。

德国保险合同法第七章规定了意外伤害保险,第178条明确规定了“意外伤害是指由于突发外部事件对被保险人身体产生外部冲击并导致其非自愿健康受损的事实。除非有相反证明,否则上述事实应被推定为非自愿的”[③]。其中“突发外部”作为致害原因的限定词,且用“非自愿”来限定“健康受损”的

---

① 例如,中国人寿保险股份有限公司《国寿百万如意行两全保险利益条款》第十一条释义:“意外伤害指遭受外来的、突发的、非本意的、非疾病的客观事件直接致使身体受到的伤害。”(参见http://www.e-chinalife.com/files/policy/baiwanliangquan2017.pdf,最后访问时间:2020年2月14日);中国平安财产保险股份有限公司《法定传染病身故条款》第二十六条释义:“意外伤害,指以外来的、突发的、非本意的和非疾病的客观事件为直接且单独的原因致使身体受到的伤害。”(参见http://baoxian.pingan.com/upload/file/baoxian_pdf/pajiwuyou2020.pdf?WT.mc_id=TCW-BD2-HYDT-xz2018-001319&WT.srch=1,最后访问时间:2020年2月14日)。

② 参见约翰·F.道宾:《美国保险法(第四版)》,梁鹏译,法律出版社,2008,第140页。

③ 参见孙宏涛:《德国保险合同法》,中国法制出版社,2012,第99页。

致害结果，基本符合“突发的、外来的、非自愿的”3大特点。在沙银华教授的著作中，关于日本保险法中构成伤害保险事故的3要件为偶然性、外来性、急剧性[①]（与突发性一致），其中也并不包含非疾病之要义。

不同于中国大陆将“意外”的含义完全寄托于保险合同意思自治的契约约束，中国台湾地区所谓“保险法”第131条明确规定：“伤害保险人于被保险人遭受意外伤害及其所致残废或死亡时，负给付保险金之责。前项意外伤害，指非由疾病引起的外来突发事故所致者。”[②]刘宗荣教授[③]指出意外危险发生必须具备的3要素：偶然性、外来性、急激性。林勋发、谢文瑜[④]在台湾司法案例评析中指出，法律明文中“非由疾病引起的”仅系强调“原因”出自外来而非人体内在。江朝国教授指出我国台湾地区“最高法院”对外来性的认识，已经开始从“来自自身之外之事故”向“内在原因以外之一切事故”转变，即非疾病性仅仅是对外来性的强调。

另外，澳门商法典第1056条[⑤]规定：“突然、外来、剧烈、非保险人或受益人愿意之原因所造成之导致暂时或永久伤残或死亡之任何身体伤害，视为人身意外。”其中，以“突然、外来、剧烈、非本意”作为致害原因的限定词，且对“身体伤害”类型做了列举式说明，明文表意明确。

因此，在理论上，“非疾病性”并不属于意外的构成要件之一，更不是指人体不患有任何疾病，只是说意外伤害保险中的“意外”相对于被保险人的身体而言必须是外来的，非因自身内发的或者遗传的疾病，属于“外来性”的应有之义。否则，意外伤害保险将沦为与其他人寿保险、健康保险无异。

三、意外伤害“因果关系”的适用——基于我国保险纠纷典型案例

在我国，2003年发布的《最高人民法院关于审理保险纠纷案件若干问题的解释（征求意见稿）》第19条规定：“人民法院对于保险人提出的其赔偿责

① 参见沙银华：《日本保险经典判例评释》，法律出版社，2011，第148页。

② 原文参见http://law.moj.gov.tw/LawAll.aspx？pcode=G0390002，最后访问时间：2020年2月27日。

③ 参见刘宗荣：《新保险法：保险契约法的理论与实务》，中国人民大学出版社，2009，第434页。

④ 参见林勋发、谢文瑜：《意外伤害事故之认定与举证责任之分配》，《保险专刊》2017年第1期。

⑤ 原文“A personal accident is any physical injury provoked by a sudden, external and violent cause, independent of the will of either the insured or the beneficiary, which produces temporary or permanent disability, or death.”（参见http://bo.io.gov.mo/bo/i/99/31/codcomen/codcom1001.asp，最后访问时间：2020年2月27日）

任限于以承保风险为近因造成的损失的主张应当支持。近因是指造成承保损失起决定性、有效性的原因。”但是此后并未将近因原则列入正式的法律条文，所谓“近因”和“近因原则”在司法判例上并没有统一的认定标准。

关于因果关系的认定以及单一原因下对“近因”的认识，笔者对如下意外伤害保险纠纷实务典型案例加以梳理以便理解。例如，在广东省高院再审案件（2019）粤民申7637号中，法院认为：被保险人意外摔伤同时造成了脑血管疾病，并进而造成其死亡，被保险人脑血管疾病并非意外事故发生之后过了一段时间才出现，故可以认定被保险人死亡的近因是摔伤这一意外事故，而非脑血管疾病；又如，在江苏省南通市中级人民法院二审案件（2019）苏06民终1792号中，法院认为：如果多种原因连续发生而导致损失的，一般认定最近的、具有决定作用的原因为近因，但是后因是前因的合理延续或直接的必然结果时，则前因属于近因。造成被保险人死亡的原因是严重颅脑损伤合并并发症，该情形系被保险人发生交通事故的合理延续及直接结果，即交通事故应认定为近因。

但是在多因致损的复杂情况下，近因原则还需借助“比例因果关系”进行综合判断。《最高人民法院关于适用〈中华人民共和国保险法〉若干问题的解释（三）》第二十五条规定：“被保险人的损失系由承保事故或者非承保事故、免责事由造成难以确定，当事人请求保险人给付保险金的，人民法院可以按照相应比例予以支持。”该条款旨在解决被保险人损失的发生原因既包含保险责任范围内的原因、又存在非保险责任范围内的原因以及免责事由这种多因共存的复杂情形下，是否应当给付保险金以及给付保险金赔付比例计算方式的问题。上海市浦东新区人民法院（2009）浦民二（商）初字第5838号案件就是一个较为典型的案例，法院认为：本案中意外骨折和肺部感染都是导致被保险人死亡的原因，意外骨折和肺部感染作为保险事故发生的连续的原因，有先后之分。如果本案纯粹是由摔跤导致死亡，那么保险公司应承担全部赔付责任。鉴于骨折、肺部感染与死亡结果之间的有机联系，骨折构成了死亡的主要诱因，因此确认保险人应承担意外伤害身故赔偿金30%的赔付责任。此案则是根据事实关系判断具体事件中，承保危险对承保损失的发生在原因力上所占的比例，并根据该比例来决定保险公司的赔偿责任。

四、“因果关系认定”与“举证责任分配”下对“非疾病性”的理解

首先，“非疾病性”的含义偏向于在对具体意外方式的理解上，其不属于意外的构成要件。由于因果关系的判定问题通常与保险人举证责任的承担密切相关，因此，笔者认为对于“非疾病性”，最好放在因果关系的认定中进一步理解，具体案例分析如下：

例如，在上海市黄浦区人民法院（2012）黄浦民五（商）初字第5472号案件中，法院认为，保险条款中约定“非疾病的”特征是指由于该疾病直接致使身体受到的伤害，并不能排除投保的被保险人未患有任何疾病，也不能简单理解为只要是夹杂了疾病的因素和外力的因素，就能认定是疾病的因素直接导致死亡。普通的哮喘病不足以导致死亡，本案正是由于徐某某服用蜂皇浆身体不适，严重到顷刻间心跳和呼吸停止，况且，医院出具“居民死亡医学证明书”，写明徐某某的直接死亡原因是窒息，引起窒息的疾病或情况栏目中却是空白，故医院没有明确引起窒息的原因是哮喘，因此徐某某喝蜂皇浆引发窒息死亡的事件亦符合“非疾病的”特征。又如，在四川省成都市中级人民法院（2018）川01民终16375号案件中，法院认为，首先张某在事故发生前多次体检显示，其肺部无任何疾病，身体健康，因此可以排除是其自身肺部疾病导致的死亡。其次，急性肺水肿系外来因素给身体带来的一种病理性反应，即从低海拔地区进入高海拔地区后，由于外部环境的改变，如高原氧气稀薄、气压低等外在因素导致身体机能变化而造成肺部受损，也就是说急性肺水肿是意外方式的结果，高原反应本身符合意外的认定中“外来性”的特征。

其次，在举证责任的分配上，原因意外说与结果意外说最大的区别在于，其将被保险人及受益人所负的举证责任范围①扩大至意外事故发生的“原因”。首先，被保险人或受益人必须在证明造成意外结果的同时，证明意外结果是保险责任范围内的意外原因所致。被保险人无法证明产生伤害结果的近因系意外时，由被保险人承担不利后果。例如，在北京市西城区人民法院一审案件（2014）西民（商）初字第25229号中，法院以“在认定被保险人是否因遭受蚊虫叮咬而引发黄热病致死该因果关系时，由于根据病历和诊断证明等显示，被保险人并未被确诊患有黄热病，也没有任何证据显示被保险人的疾病是

---

① 参见上海市保险学会：《保险典型案例评析》，上海人民出版社，2016，第281页。

由蚊虫叮咬而引起”驳回起诉。在昆山市人民法院一审案件(2015)昆商初字第00769号中，法院即以“本案被保险人死亡的直接原因为恶性疟疾病，现原告缺乏证据证明被保险人的死亡属于合同约定的以外来的、突发的、非本意的和非疾病的客观事件为直接且单独的原因致使身体受到的伤害”驳回起诉。当然，笔者认为，“直接且单独的原因”实则极大增加了原告的举证责任难度，导致法院自由裁量的口径较大，该保险条款在实践中的合理性值得商榷。

相反，若从意外结果的角度予以考量，较为典型的例如黄山市黄山区人民法院(2019)皖1003民初661号案件，法院认为，吴某的死亡原因经司法鉴定中心鉴定为主动脉夹层动脉瘤破裂后心包填塞死亡，据此，平安财保黄山支公司认为吴某的死亡系其自身疾病导致，但同时在鉴定意见书分析说明中认为，“死者因摔跌造成的颅脑损伤，颅内出血量较少，不足以致死，但加速了被鉴定人的死亡过程”，由此可见，该鉴定意见书并未排除摔倒对吴某的死亡结果的作用。即使吴某系因其自身疾病原因导致摔倒，但其自身疾病发作与其死亡的后果之间并不存在必然的或者高度盖然性的因果关系，该案件认为损害结果对吴某而言仍系“意外结果”，属于意外伤害保险的承保范围。当然，目前从意外结果的角度来认定意外的案件较少，笔者认为该处理方式避免了格式化的保险条款对交易风险不合理的分配，直接将非疾病性的原因造成的意外后果纳入理赔范围，从被保险人的角度去看伤害后果是否处于被保险人的意识之外，更具理论上的合理性，也更能体现保险法对可保风险的定位与理解，值得提倡。

最后，关于保险公司如何实现疾病免责的抗辩。例如，在上述蜂皇浆致死案件中，如果保险公司要免责，则应当举证证明哮喘病以及哮喘病和死亡两者之间有直接的关系，然而保险公司并没有足够的证据证明哮喘对徐某某窒息死亡的直接影响力，因此保险公司不能免责。另外，在上述类似感染恶性疟原虫后死亡的案件中[①]，被保险人最终死亡原因是脑型疟，但引致脑型疟是一种结果状态，产生该结果的原因，即被保险人务工期间受恶性疟原虫感染这一事故。案涉保险条款责任免除情形不包括因感染恶性疟原虫而死亡的情形，保险公司主张被保险人的死亡是脑型疟这种疾病导致，自然不符合近因原则的适用。

综上，上述案件中外来物、气压低等致害原因均非被保险人的人体内在原

---

① 参见(2013)江中法民二终字第213号、(2019)粤19民终8434号判决书。

因，而是来源于被保险人的身体之外，均应认定其外来性。比如核辐射、细菌、病毒等泄漏导致的损害最终呈现方式都是疾病，但其诱因乃是外来的核辐射、细菌、病毒等因素，并非身体内在原因所致，因此意外方式符合外来性。即使保单中一般会排除由疾病引起的伤害后果，但是“非疾病性”并非指被保险人损害的表现形式不是疾病，而是指造成伤害的实质性诱发因素不能是疾病，由外来因素引起的疾病并不在此限定之内。所以，上述近因产生的影响力对应的损害结果则应当属于保险公司承保的范围。如果保险公司引用免责条款拒绝赔偿，却未能提供充分证据佐证导致被保险人损害后果的近因属于免责事由，法院自然会否定保险公司援引免责条款的抗辩。

五、关于“非疾病性”的几个实务疑难问题

（一）流行性感冒不属于意外险承保范围

流行性感冒（简称“流感”），是流感病毒引起的急性呼吸道感染，也是一种传染性强、传播速度快的疾病，一般具有季节性高发的特点。根据《中华人民共和国传染病防治法》第三条规定，流感属于丙类传染病。流行性感冒为何通常不属于意外险承保范围？笔者拟从上述意外的定义以及保险的原理做以下分析：

首先，在意外的认定上，由于流感季节性高发的原因，在特殊时期对于当地人民并不符合“不可预见性”的特点（即根据事件发生的频率而估定，程度不应超过正常而合理的水平），因此不属于意外险之“意外”。其次，保险公司对于常见的流感有历史数据作为精算基础，如果“意外”的范围被扩大到常见的流感，特定时期赔付率极高，不符合持续经营的要求。可保风险要求经济可行的保费[①]，保险公司必须将承保的风险控制在一定的范围内，如果低廉的意外险的承保范围对普通流感予以倾斜，自然不符合可保风险的要求，也是对投保意外险的风险共同体中其他投保人的不公平。

（二）银保监会允许将新冠肺炎纳入意外险扩展责任，同时禁止销售新冠肺炎单病种产品

首先，从定义上分析，新冠肺炎属于急性呼吸道传染病，已被纳入传染病防治法规定的乙类传染病，并采取甲类传染病的预防、控制措施。与普通流感

---

① 参见乔治·E.瑞达，迈克尔·T.麦克纳马拉：《风险管理与保险原理》，刘春江、王欢译，中国人民大学出版社，2017，第31页。

相同的是，按照惯例，法定传染病等疾病均被列在意外险的免责条款中，因此一般的意外险是不能赔的。但是与普通流感不同的是，此次新冠肺炎疫情产生具有明显的突发性，新冠病毒的传播途径不明确，不仅可以通过呼吸道和飞沫传播，甚至包括气溶胶传播等方式，且存在人与人交叉感染等情形。因此例如在交通工具、公共场所等不慎感染新冠病毒导致肺炎进而产生后续伤害后果，很明显对于当事人而言属于具有"不可预见性"的意外。

其次，从监管政策的角度出发，保险是风险管理的基本手段，保险制度本身有着承担社会公共责任的作用。因此，此次新冠肺炎疫情特殊时期，基于某种程度社会职能的要求，部分意外险有针对性地对感染新冠肺炎导致的残疾或身故进行责任扩展，或将新冠肺炎等法定传染病均纳入承保范围。其依据则在于将上文所提的疾病除外责任进行了删除，或是将保险责任条款进行扩展，严格按照意外的构成要件进行理赔。

但是，在响应国家政策的同时，银保监会基于有关人身保险精算制度的规定以及风险管理的需求，禁止保险机构研发针对新冠肺炎的单病种保险。[①]相关通知明文禁止销售没有精算定价基础的单病种产品，原因在于目前新冠肺炎的来源，传播途径、重疾率、致残率、死亡率均无法精确推算，那么保险公司并没有完整的资料和数据计算预计承担的理赔风险，因此损失的概率无法进行预测，自然没有适应当前市场需求的保险产品。如果允许这种没有精算基础的单一责任产品面世，那必然违反了可保风险的要求，使得保险沦为与赌博无异。

六、结论与建议

（一）关于陈某诉平安人寿保险公司人身保险合同纠纷一案的判决

就意外的定义而言，承上所言，是否为意外则需要厘清意外要件之真意，本案中被保险人系在保险期间出工被恙螨叮咬，此为外来原因所致的身体伤害，符合"外来性"；被恙螨叮咬乃无预期的情况下突然发生，不具备可期待性，符合"突发性"；该事件并非基于被保险人故意而为，即使被保险人了解其行为存在一定的危险性，但并非自愿为之，因此符合"非本意性"。据此，被保险人的死亡为被恙螨叮咬所致，其乃因外来的、突发的、非本意的、非疾病的客

① 参见《关于加强银行业保险业金融服务配合做好新型冠状病毒感染的肺炎疫情防控工作的通知》《关于做好财产保险业新型冠状病毒感染肺炎疫情保险理赔服务和保险产品开发有关工作的通知》。

观事件直接致使身体受到伤害的，属于意外。另外，感染病毒之所以符合“非疾病”性，也正是因为单独就病毒而言，其属于外来因素；而后导致的肺炎才属于疾病，病毒本身不属于人体内在的疾病，符合“外来性”标准。若被保险人感染病毒致害符合上述意外的构成要件，自然属于意外伤害。

在因果关系上，因为本案并非多因一果，因此直接运用近因原则进行判断。在本案中，就因果关系的链条而言，被恙螨叮咬虽然不属于被保险人死亡的直接原因，但是确实是脓毒性休克致死，引起的疾病为恙虫病可能。被恙螨叮咬、恙虫病可能、脓毒性休克和死亡之间具有先后的因果关系，被恙螨叮咬是死亡的诱发因素。如果仅仅因为直接导致死亡的原因是脓毒性休克，而不属于保险合同约定的非意外事故，从而拒赔，明显有违公平合理原则。

就举证责任而言，被保险人需要证明产生伤害结果的近因系意外，而保险人若主张免责，则免责事由属于保险公司的举证责任。本案中，原告已提供被保险人杨某重症医学科诊断证明及居民死亡医学证明，杨某直接死亡原因为脓毒性休克，引起的疾病为恙虫病可能。此为已经尽到初步的举证责任，而保险人若认为被保险人被恙螨叮咬而患恙虫病致死，没有任何起决定性、最有效，以及不可避免会发生保险事故的原因，则应当举证落入免责条款的近因，然其并未尽到相应的举证责任，因此应承担举证不利的法律后果。

（二）针对新冠肺炎在意外险中的理赔实践

当然，因为本案我们并没有看到原始的证据材料和保单，仅是针对公开信息进行评析。

就此次新冠肺炎而言，首先，感染外来的新冠病毒完全符合“非疾病”的意外方式，在理论上因新冠肺炎暴发的突发性和传播途径的多样性造成感染病毒的“不可预见性”，因此在公共场所不慎感染新冠病毒导致后续残疾或身故等后果，完全有可能满足意外事故的构成要件。其次，银保监会也鼓励保险公司对新冠肺炎扩展责任范围，应赔尽赔。但是，同时在“不得借疫情渲染炒作保险产品，不得销售吸引眼球的噱头类保险产品，不得销售没有精算定价基础的单病种产品”的监管要求下，针对此次疫情防控的产品，目前多种意外险产品多以扩展责任险或法定传染病专项险种出现。

对于投保人而言，应当审慎注意免责条款的约定。例如，“在保单生效前，确诊或疑似感染新型冠状病毒的,不属于责任扩展范围”[①]。另外,有新冠肺炎患者接触史而处于医学隔离或医学观察中的被保险人,以及出现过发热、乏力、干咳、呼吸困难等症状(普通感冒引起的除外)的人群,也可能会因健康告知不通过而无法投保。因此,投保人在投保时应当明确购买保单的保险责任。而对于罹患新冠肺炎是否属于意外事故,保险公司是否承担责任,则需要针对个案在因果关系上进行严格认定,予以判断。

总之,意外伤害保险本身涉及社会民生,条款具有高度的技术性和复杂性,因此其社会效益使得我们不得不从法理上厘清意外的本意,并结合保险的原理以及司法实践审视其条款内容的合理性。目前,监管机构也正在积极研究出台意外伤害保险纯风险发生率表,对于未来意外险产品的研发也将提供更多的精算规则支持。意外险作为保险的重要组成部分和经济补偿机制的一个重要方面,为提升全社会利用商业保险等市场化手段应对风险的意识、增强全社会风险抵御能力作出了重要贡献。针对此次新冠肺炎的意外险产品扩展责任险更是从人民利益的角度出发,切实地发挥了意外伤害保险的基本功能。

① 例如众安守护保保险责任特别说明,参见https://sky.baoinsurance.com/m/short/trial?accountId=512580368&wareId=20494&esId=15848776&authorizeId=1237368915307266048,2020年3月1日访问。